大明王朝家裡事兒

<table>
<tr><td>英宗正統（天順）帝 **朱祁鎮**</td><td>它似乎即將傾跌進深谷裡，卻又像是要展翅飛翔

（曾卓《懸崖邊的樹》）</td><td>詩解：皇帝幹了兩任，前半截糊塗，後半截精明；他的命運證明了：上帝對所有人都公正，我們只需要等待。</td></tr>
<tr><td>代宗景泰帝 **朱祁鈺**</td><td>如殘葉濺血在我們腳上，生命便是死神唇邊的笑

（李金髮《有感》）</td><td>詩解：一個最幸運的人，一個很不幸的人，兩種命運，集合在他身上。</td></tr>
<tr><td>憲宗成化帝 **朱見深**</td><td>看這滿園的欲望多麼美麗

（穆旦《春》）</td><td>詩解：一個一團和氣、至情、多才多藝，而生育力旺盛的人。</td></tr>
<tr><td>孝宗弘治帝 **朱祐樘**</td><td>一道小河，平平蕩蕩地流將下去

（冰心《春水》）</td><td>詩解：他對妻子的愛，漸漸成為傳奇；他本是一個平庸的人，竟也幸運地進入最著名帝王的行列。</td></tr>
<tr><td>武宗正德帝 **朱厚照**</td><td>從明天起，做一個幸福的人

（海子《面朝大海 春暖花開》）</td><td>詩解：他是一個特立獨行之人，戲劇小說就喜歡這樣人，所以經常在戲裡做主角。</td></tr>
<tr><td>世宗嘉靖帝 **朱厚熜**</td><td>完整等於缺陷，飽和等於空虛，最大等於最小，零等於無限

（陳敬容《邏輯病者的春天》）</td><td>詩解：他一生煉丹修仙，只落得一個壞脾氣；但他二十多年不上朝，卻乾綱獨斷，權柄緊握。</td></tr>
</table>

穆宗隆慶帝
朱載坖

在擺著無數方向的原野上／這時候，他一身擔當過的事情碾過他，卻只碾出了一條細線

（穆旦《線上》）

詩解：性格平庸、聲名不顯的皇帝，人們記不得，他在位的六年，是大明王朝最後的餘暉。

神宗萬曆帝
朱翊鈞

這汗津津的一身疲憊，冷冷地包裹著我蒼涼的心

（苗曉《烏騅別霸王》）

詩解：眾人皆知他的懶惰，而不知他的痛苦；無論是生前還是身後，他沒有得到任何的同情。

光宗泰昌帝
朱常洛

生命脫蒂於苦痛，苦痛任死寂煎烘

（袁可嘉《沉鐘》）

詩解：二十年的痛苦等待，太長；一個月的天子，太短。

熹宗天啟帝
朱由校

多麼快，人生已到嚴酷的冬天

（穆旦《冬》）

詩解：童年懵懂，遊戲無知，終成婦寺的玩物。

思宗崇禎帝
朱由檢

一切死亡都有冗長的回聲

（北島《一切》）

詩解：危牆之下，十七年的苦撐，最後只換得煤山頂上的一根槐枝。

前 言

這部書 2013 年 7 月首發於天涯論壇的「煮酒論史」版，帖名曰「明宮鬧鬼」，它是目前中國圖書市場上第一部全面揭開明代宮廷祕史的著作。

這是我第一次在網路上發表作品，雖說是每日更新，但並非現寫現發表。我直到現在仍然認為，歷史寫作是需要沉澱的，不管是通俗作品，還是學術論著。過去說「搞歷史」是坐冷板凳，正為此意。一部好的歷史作品不是連夜趕工就能夠趕得出來。這部書首發時，全書已經完稿，為此花費了我近一年的業餘時間。然而網路發表就像賣切片蛋糕，巨型磨盤那樣大的一塊蛋糕，卻須一片片切了販賣。如此拿過初稿，修改一點發表一點，每天兩三千字，這種寫作和「發表」，對我來說是全新的體驗。

網路發表作品，作者與讀者直接「面對面」，二十四小時無障礙，這使得作者可以隨時吸收讀者意見，在與粉絲互動的同時，對全文的內容、章節及文風等做出各種必要的調整。在這個過程中，我對該書的框架及發展脈絡有了更為清晰的思路：我決定對內容進行擴展，寫成一個宮廷系列，定名為「明宮揭祕」系列。

網路文章是沒有字數限制的，不僅沒有限制，有時候還多多益善。本書寫下來，全文長達五十萬字，對於一部實體書來說就嫌太長了。故在編輯的建議下，將該書做成三部曲，將已寫成的拆成兩部，分別出版，同時進行第三部的寫作。且因「鬼」這傢伙頗犯時忌，無法做正式的書名，不得不重新擬名。看官朋友，您手中拿的這本書，為「明宮揭祕」系列的第一部，《大明王朝家裡事兒》則是它的大號。

「明宮揭祕」三部曲，在內容上是如此安排的⋯

第一部以大明王朝男性成員為中心，主要寫明朝皇帝父子、兄弟之間的糾葛與鬥爭，講述的是朱氏王朝的私密血腥家史。

第二部將視角放在朱家的女性成員上，講述帝后的恩愛情仇，揭祕後宮嬪妃以及她們的「外家」皇親國戚們或喜或悲、大起大落的波折命運，其中牽出好幾個大案，都是沒人寫過的，尤請注意。

第三部繼前兩部講明宮的主人之餘，這一部專講那些在後宮「用事」，並且權傾朝野的閹奴們。

這三部作品，獨立成書，又相互銜接，共同編織成一部完整的明代宮廷祕史。

所謂「祕史」，絕非炫奇以招攬生意，「絕密」二字，也非故作神祕，故弄玄虛。看官，包治百病的小廣告貼得滿街巷都是，但有誰把它當皇榜揭？絕密也好，祕史也好，意在表明，我將透過大量內幕史料的發掘，帶領朋友們，一起深入大明王朝的後宮祕境，做一次有趣的、增益見聞的探祕之旅。

天子的後宮，紅牆如林，重門深鎖，對外人充滿誘惑，但到底難以一窺究竟。占據了北京內城中心相當面積的紫禁城（今中國故宮），是整個王朝最為神祕、也最令人神往好奇的所在。中國人最喜歡「圍觀」，可恨的是，我們的目光無法像紅外線一樣，穿透層疊的宮牆，直擊皇帝和他三千佳麗的日常起居，就是爬到北京前門城樓上去也不行！但宮牆只能阻擋人的視線，卻無法阻止人們的耳朵去聽、嘴巴去傳、想像力去神馳，無法阻擋「市井小民」以他們的方式去穿越。自古以來，不斷流傳著關於內廷的種種傳說，有些前代故事還被編入戲曲，廣為傳唱。

但總括來說，宮廷史資料，尤其是信史，非常貧乏。

清初開《明史》館，毛奇齡奉命參與《后妃傳》的撰寫，他馬上遇到這個問題。他說自己「歷探中祕，以為必有異聞畸事，可補疏略」，可謂信心滿滿。然而細查「正史」（包括《明實錄》、《起居注》

及其他官方檔案）才發現，書中所記只是些「冊封年時及后妃崩死喪葬諸禮節，而他無所有」。這可怎麼辦？毛先生只好到「外史」（即野史）中去搜尋資料。幸虧他家藏一本《宮闈記聞》，乃以此為綱，再補充一些資料，得以完差。毛奇齡透過抓圖，得到天順、成化、弘治至正德這一段的編寫任務，待公事畢了，資料還有剩餘，他也沒浪費，編成《勝朝彤史拾遺記》一書。

令毛老先生頭疼的，正是纂修宮廷史必然迎頭碰上的問題：史料不足。如其所言，官修正史中的資料多是些冊封、喪葬禮儀，殊乏鮮活的事例，日常起居之態更是沒有；較為豐富多樣的資料來自野史，然民間記事，很難溯源，真偽難辨。

我的辦法是，資料不足的問題，還得靠努力獲取更為全面的資料來解決，尤其是那些相互牴牾、矛盾的史料，透過細緻分析，使之參互，以確認哪一種記載更為可信。

這樣做有兩個好處：第一，許多看起來疑似難解之謎，由於相關資料的拼接，其原委、關聯、線索就如芙蓉出水一般清晰呈現出來，煥然而解。比如仁宗朱高熾為何失愛於其父？過去多說他因肥而遭厭，恐非正確。本書從靖難之役到永樂年間紛繁複雜的政爭關係中，做細密的梳理，提出新論：仁宗朱去他父親的愛與信任，是因為他在參與是否起兵「靖難」的決策時，發表了錯誤意見，一時言語唐突，他為此付出了二十餘年的沉重代價。諸如此類的新觀點、新見解，在本書纍纍而發，層出不窮，請看官鑒之。

第二個好處，使我們在觀察、認識一些歷史人物或事件時，升至應有的高度，而不會陷入瑣碎的資料，泥於陳說，無所發現。

這方面最典型者，莫如我綜合各說，對建文帝生死之謎做出的判斷。本書第一次揭示明成祖朱棣以及仁、宣三代服食丹藥的真相，進而討論明代宮廷「吸毒」的家史，指出明宮中頻繁出現的「鬧鬼」現

象，既是殘酷宮闈生活的表現，也與帝王們沉溺於道教修合燒煉之術密切相關。本書所展現的眾多史事，不少都是第一次集中論述（如成祖三子爭嗣、宮廷鬧鬼與剿鬼等），其觀點與結論多屬獨見，讀者在本書中絕不會看到任何的重複襲說，或言不及義的胡扯。

可以說，我透過大量資料的細密分析，找尋到一道深入歷史現場的「後門」。

而這個後門，不是隨便哪個歷史寫手都能隨意開啟的。因為作者必須掌握豐富的史料，對相關問題素有研究，擁有強大的研究背景——而我作為一個歷史研究者的優勢，於此得到淋漓盡致的彰顯。在寫作過程中，我用一個詞形容自己的感受：痛快！新史料、新見解，層層疊疊、源源不斷，占據了本書的主要篇幅。

我是一名學術研究者，雖然在這之前，為《紫禁城》、《看歷史》等多家大型文史類期刊供稿，撰寫一些幾千字的短文，幾年下來，篋內也積了十餘篇。但如前所言，以連載的方式和以那樣長一個篇幅完成一部通俗歷史作品，卻是第一次。當我嘗試著跨界，利用自己的專業知識，在網路發表一部有關明代宮廷史的通俗讀物時，發覺自己首先必須走好平衡木。

我所受的專業訓練是學術的。而學術論文的寫作，唯求其創新與規範，包括行文風格、注釋、文獻引用等，而不存在讀者看不看得懂或取悅讀者的問題。而當我寫這樣一部通俗作品時，我不得不在文風上，表達上做出必要的調整，以方便讀者流暢地閱讀。史蒂芬‧霍金在寫作《時間簡史》時說過，一本通俗讀物中每多出現一個公式，都將會使銷量減少一半，即便那公式出自愛因斯坦之手。對於這部書來說，「公式」就是文言文。為此，我盡量把所引用的古文融入到論述中，或者做現代語的翻譯，這既是為了降低閱讀門檻，也是為了保障全書文風的一致性。我時刻提醒自己，可不要把一個有趣的「後宮」主題，寫成一塊令人難啃的麵包。

有意思的東西，必須用有趣的方式表達出來，我希望每一個詞都浸注更多的深意，冒出趣味的泡泡。但是否達標，還請看官鑒定！

我寫這部「明宮揭祕」系列本書，獲得了許多編輯及學界朋友的鼓勵和支持。一些出版社編輯在與我分別交流時，表達了一個共識：如今在網路上發表的通俗史文，多乏深度，文筆也雷同，這類作品在經歷了它的狂飆突起之後，實際上已然退潮。他們認為，學者放下身段來為大眾寫作，才是大勢所趨。

我新近結識的一個朋友，做了一個很通俗的比喻：「通俗史文這個領域，有產階級不去占領，無產階級就去占領了。」他說的「有產階級」，指的就是那些對歷史真正有研究、有自己的觀點、掌握大量史料的學者。人們讀史，最終是想獲得知識與啟示，但其前提是，他們手捧的讀物，必須是真正有價值的。

本書在天涯論壇首發後，得到了許多讀者朋友的熱捧，並在當年天涯論壇十大作品的網路票選中進入前十。我特借此地對朋友們的厚愛表示感謝，希望得到你們的繼續支持，我將在史海奮臂鼓浪，為讀者朋友們奉獻出更多、更好的作品。

胡丹

目錄

第一卷

起點為零

第一章 頭無片瓦，腳無尺土

明代江南四大才子之一的祝枝山，性格狂放不羈，他手生六指，卻偏好記奇聞異事。在他的筆記《前聞記》裡，記了這樣一件事，說國初時，太祖朱元璋在南京建了一座歷代帝王廟，廟成後，親自臨祭，先和每位前輩帝王乾了一杯，然後折回漢高祖劉邦的神位前，笑著說：

「劉君，今廟中各位，當日得天下，無不有所憑藉。唯有我你二人，不階尺土一民，只憑手中三尺長劍，掙來這份大家業。來，你我多飲兩杯！」

豬（朱）皇帝向牛（劉）皇帝致以特別的敬意。從此形成定例，南京歷代帝王廟每年一次的大祀，什麼三皇五帝、鳥生魚湯，酒都只准吃一爵，唯獨劉邦在帝王廟有混不下去的意味？

老朱如此厚此薄彼，豈非故意製造矛盾，讓老劉稍能盡興，可飲美酒三大觥。

這故事當然不可信，但它寫豬、牛兩位農家皇帝，惺惺相惜，以「勸君更盡一杯酒」的生動形式，指出這樣一個事實：大明之太祖，與大漢之高祖，都是以板寸頭兒（平民）的身分躍過龍門，化鯉為龍的。

這樣的話頭，其實對明朝人來說，並不新鮮。

明中期人郎瑛在《七修類稿》裡有一段頌辭，道是：「自古帝王之興，要麼位高，要麼勢重，其事業之成就，無不擁有奇資重本；便是那漢高祖劉邦，雖然出身低微，到底也做過一任泗上亭長，哪及得上我朝太祖，頭無片瓦，腳無寸土，幹出那樣一番大業？」

拜託，郎老先生！您就差揭穿朱皇帝托過缽、行過乞的老底啦！

依他的口氣，「我太祖」不把劉邦比下去，不足以證明他曾經混得有多慘。好像劉邦做過小小的亭

長，就有所援引憑藉了，而本朝太祖，禿瓢一個，光棍一條，匹夫一介，才是真正的「不階尺土者」。

郎瑛本為誇耀之詞，不想吹牛過了頭，變成「流氓無產階級萬歲」了。

其實前代「不階尺土」而成就大業的皇帝盡有，譬如蜀主劉備，雖被人恭稱一聲皇叔，發達之前不還在街上編草鞋賣——每天被城管欺負，有沒有！

但為何明代人只管抬愛劉邦，而罔顧其他好漢叫屈呢？只因前世帝王中，唯有劉邦的成功，最具跨時代的偉大意義。

漢代以前，每一個國家，無論其大小，都有久遠的譜系可以追溯。

夏代的情形，無文獻可證，說不清楚。以殷商為例，在開國之君湯以前，可考的世系即有十三代，一直可上推到幫助大禹治水的契。到湯滅夏時，國勢強盛已久，商朝不是突然暴發致富的。

周朝也一樣，始祖後稷以下，可考者有十餘世，在武王克商前，有公亶父、公劉、太王、王季等，都是名人，然後才是文王；到文王之子武王伐紂時，老姬家在關中「周原」之上經營已數百年。

秦朝，從秦仲立國，中經文、穆、獻、孝等公，稍稍蠶食六國，到始皇帝乃成帝業，也有六百多年的歷史。

中國當代史學大師顧頡剛先生說，漢以前的朝代，都是由小國變大國，由大國而為共主，這是普遍的規律，從未有平民做天子的。然而平民做天子的傳說，在戰國時期卻很流行，比如舜，最初只是一個鰥夫，後來登上帝位，他就是孟子所說的「匹夫而有天下者」。

有這樣一種思潮作背景，漢室之興可謂順天應命，劉邦前所未有的以平頭百姓的身分登天子之位，遂與堯、舜、禹、湯等聖王的興起一樣，成為可誇的盛事。司馬遷忍不住連呼「大聖」，說高祖劉邦「王跡之興，起於閭巷」，他正是傳說中那位將從小巷裡走出來的大聖人。

所以在《史記·高祖本紀》裡，司馬遷不憚如此介紹本朝高祖和他的令尊與令堂：

「高祖，沛（縣）豐邑中陽里，姓劉氏，字季。父曰太公，母曰劉媼。」

太公是老年男子的尊稱，劉太公就是劉老先生；媼指上了年紀的婦人，劉邦的媽媽被稱為劉老太太，連娘家姓氏都沒留下。

劉邦字季，他有兩個哥哥，一個叫劉伯，一個叫劉仲，伯仲叔季，都不是正名兒，等於喊劉家老大、老兒和老三，差不多就是個無名氏。

恰好朱家兄弟也是這樣，按著順序排，分別叫重四、重六、重七；朱元璋在族兄弟中行第為八，故名朱重八，等於就叫朱老八。

貧賤之家，不就是如此嘛？

前後一千五百年，漢、明二朝的開國之君，都創造了屌絲逆襲成功的典範。

劉邦白手起家，掙來偌大一份家業，已足以向老太公和世人炫耀，而不必另有附會。漢朝的皇帝都可以唱：「爸爸劉老三是我的神話。」漢代的宗廟歌曲，如《郊祀》、《房中》等，宣揚漢德，誇辭甚多，但始終沒有提及高祖的先人。

直到漢末，才有書生破天荒地喊出：「漢家，堯後，有傳國之運。」至此劉家才有了一位非常榮耀的祖先：「五帝」之一的堯。

劉家的世系也漸漸補齊，到東漢班固作《漢書・高帝紀贊》時，從劉邦往上，已「考」出極為遠長的源流和世系——這便如同補鍋，補上去的，一定是從別處剪來的碎鐵，並非是它原有的。劉家的真老祖，誰曉得在哪條街賣過炊餅呢！

朱元璋自述家世，原也本本分分，不請名人來造勢。元末至正二十三年（1363年），他事業有成，想起追闡祖德，便寫了一篇《朱氏世德碑》，自我介紹道：

「我的先父娶了先母，大哥重四公生於盱眙，二哥重六公、三哥重七公，皆生於五河。我是老么，是全家搬到鐘離（即鳳陽）後所生。」

碑文老實，並未諱言老朱家「名不見經傳」，說明朱元璋尚存質樸，沒有興趣編造神話故事和不尋常的來歷去唬人，這與他動輒說「朕本江淮布衣」、「朕本農夫」是一致的。

朱元璋不是沒動過追捧一位名人作祖先的念頭，想來想去，姓朱的裡面還是數南宋大儒朱熹名氣大，便打算在修《玉牒》（皇室的家譜）時，挖個坑，把朱老夫子埋進去。

一日，朱元璋在上朝時，和一名外地來京的小吏談話，聽說他姓朱，立刻來了興致，親切地追問這位「同宗人」：

「你是哪裡人？」

小吏答道。

「小臣是徽州人。」

「徽州出人才，朱夫子就是你們徽州人。」朱元璋笑道，「莫非你是朱子之後？」

「小臣不是朱子的後人。」

小吏老實答道。

孰料說者無意，聽者有心，小吏一番話竟然撥動了皇上的心弦，書中接下來寫道：「帝心頓悟」。

原來朱元璋聯想到自己想冒認朱熹為祖的事，突然醒悟了⋯⋯「人家一個小吏都不隨便冒人之後，我堂堂享國之人，又豈可妄認祖宗？」因發一嘆，從此便把那念頭打消了。

此事不知真假，但朱元璋在位時所刻《朱氏世德碑》和《皇陵碑》裡，確實沒有朱文公的大名。

第二章　朱重八的「大風歌」

《世德碑》是老朱家的第一篇家譜。在朱元璋動筆寫它的前七年，即元順帝至正十七年（1357年）六月，朱元璋作為占據今安徽和州的地方武裝郭家軍的一名成員，隨軍渡過長江，占領太平、句容等地，並於第二年攻克元朝江南重鎮集慶路，將其改名為應天府，也就是後來大明王朝的帝都南京。

這是朱元璋「龍飛」的關鍵時期，過去人籬下的他，自渡江後開始獨立發展，不僅擁有了自己的基本班底與部眾，還在江東占據了一塊穩固而富庶的根據地，不再是「流寇」了。

發達的朱元璋，比以往任何時候都需要宗族的支援。他記得父親說過，老朱家的本宗出自句容（今中國江蘇屬縣），地名朱巷，此地就在南京城外不過四十里，他立即派人去尋訪。

其實朱家的世次，頂多能推到五世祖「仲八公」。仲八公生三男，老三「百六公」是朱元璋高祖。百六公生二男，長子「初一公」是其祖父。初一公生二男，老二朱世珍便是朱元璋的「先考」了。

朱世珍有四個兒子，叫重一、重二、重三、重五；朱父娶了泗州人陳氏，也生了四個兒子，依著從兄弟的行第，分別叫重四、重六、重七和重八。老么重八便是朱元璋，他是父親在年近五旬時所生，算是老來得子。

朱家祖先的名字，從仲八公一路下來，初一十五，像是過節。元代的小民百姓，取名多是如此。唯獨到了朱父，遽然來一個「世珍」，便雅得有些怪異。其實這並非他的本名，他的名字毫不出奇，原叫朱五四。朱元璋當大官後，覺得用重八這個牛倌之名發號施令太顯寒磣，他的對頭張九四，都改叫張士誠了，於是改名為元璋，字國瑞，順帶替他已經過世的父親也改了名，他的哥哥重四、重六、重七也都

重新整編，分別叫作興隆、興盛和興祖。

據《朱氏世德碑》講，朱家在元朝是淘金戶。

元代實行嚴密的戶籍制度，把百姓強制編入「諸色戶計」，如儒戶、軍戶、樂戶等等，一旦入籍，子孫不能改業，世代對官府承擔義務，實際上就是官府的奴隸。而元代的定籍非常隨意，好比朱家世居句容，金不是當地的土產，教那些金戶哪裡淘金去！只好自家買金充貢。長此以往，無以為繼。朱家為重役所困，無計得脫，久之家計消乏，只有逃亡一條路。

朱元璋的祖父初一公，就是實在交不上賦稅了，才逃到泗州盱眙縣。祖父死後，兩個兒子不善經營，又逢上戰亂，家道更加衰落，不得已只好遷到濠州鐘離縣（今中國安徽鳳陽）的鄉下居住。

朱家離盱眙時，朱父才八歲，到朱元璋派人來訪親時，已過了七、八十年，這還哪能找得到親戚？不過不要緊，俗話說「富在深山有遠親」，朱家世代務農，忽然間出了個大官，還是統領本貫鄉土的大帥，誰不樂得來攀親，好求個蔭護？這一尋訪不打緊，同族父老昆弟竟來了四十多人。

朱元璋大喜，與他們「敘長幼之禮，行親睦之道」，彷彿當年劉邦衣錦還鄉，擊築而唱《大風歌》的情景再現。

當年劉邦被父老們簇擁著，人人嘴上塗蜜，話語可心暖人，把老三吹得暈乎乎，一曲才罷，就下令永遠免除「龍興之地」豐、沛二縣的賦稅。朱元璋當皇帝後，也下旨免除了最早幾塊地盤的賦稅——他坦承，這一手是學漢高祖的。

朱元璋在元至正二十三年（1363年）撰寫《朱氏世德碑》，不是無緣無故的。這一年的三月，身為韓宋「龍鳳」政權江南行省右丞相、吳國公的他，獲得一項重要榮譽：他的考妣三代，即父母、祖父母和曾祖父母，都被追封為吳國公和吳國公夫人。

龍鳳政權的小皇帝叫韓林兒，他的父親韓山童是白蓮教徒，元末紅巾軍的領袖，因為他自稱宋徽宗

第三章 陰間陽間都稱王

的子孫，口號是「反元復宋」，所以後來即以宋為國號。韓山童被元軍捕殺後，韓林兒在劉福通等人的扶持下建國登位，年號龍鳳，先後定都於亳州（今中國安徽境內）和汴梁（今中國河南開封）。

朱元璋與韓宋政權並無淵源，他本人也不是白蓮教或「明教」徒，但他在江南占據一塊地盤後，採取韜光養晦的策略，接受了當時在中原、淮上一帶實力雄厚的龍鳳政權的封爵和名義上的領導。當時的文書，都是先書「皇帝（韓林兒）聖旨」，再書「吳王（朱元璋）令旨」，紀年也採用龍鳳年號。元朝的至正二十三年，也就是韓宋的龍鳳九年。

此時的朱元璋，哪想到會有移步登天做皇上的一天？他的敵人多著呢！陳友諒（漢）、張士誠（吳）、明玉珍（夏），還有其他一些小諸侯，割據一方，實力都與他相若；正統的元朝，仍然占領著中原及北方的廣大地區。就是在他頭上，還頂著一個韓姓的小朝廷。這個朝廷一度非常強大，曾發兵三路北伐，一直打到元朝的上都（今中國內蒙古錫林郭勒盟境內）和遼東（今中國東北遼河以東），差一點把元帝國的寶座給掀翻了。可惜功虧一簣，龍鳳政權在北伐失敗後迅速衰落。為了籠絡依附於它的地方實力派，特賜給朱元璋祖上三代恩典。

朱元璋聞命，欣然接受，甚至還有點大喜過望，親自來到先人的墳前，焚黃告祭，把令人揚眉吐氣的喜訊傳送給地下的枯骨。

這個時候的朱元璋，還把別人賜的一頂小帽當寶。後來做了皇帝，昔日的主子在官方詞彙裡已變成「紅妖」和盜賊，他開始回避曾經臣服於龍鳳政權這段歷史，三代追封吳國公的事更不必提起，《世德碑》也遭毀棄——朱氏煌煌之德，才轉了個眼，竟成了諱史——這不是見風轉舵嘛！

朱氏四代世系表

（括弧內為追封之爵與號）

從祖父輩開始，朱家人就過著居無定所的生活，在亂世中輾轉求生。洪武元年（1368年）正月乙亥日，迎來了朱氏家族史上最為紅火旺盛的一天：老朱家最有出息的孩子重八公子在南京登基坐殿了！同一日，一大批因流離貧病而亡的朱家子孫在陰間稱了王。朱元璋將他已死的伯父、親兄、堂哥及侄子們，一概追封為郡王（明代郡王兩個字，如南昌王；親王一個字，如燕王）。

給死人加官進爵，屬於冥封，又稱為「贈」。我想，陰間陽世，閻羅王與皇帝各管一界，大明皇帝傳令閻羅殿，加封生死簿上已經勾了名字的人，豈非越界，干預地下之政？閻王聽不聽，我表示懷疑。

這些封王的「皇族」，說白了就是老朱家的男丁，除了大哥的兒子朱文正，全都死在朱元璋起兵之前，沒命看到朱家富貴昌盛的這一天；朱文正也沒看到，他在朱元璋渡江之前就投奔了叔叔，掏心掏肺、熱火朝天地幫叔叔做事業，結果朱家豪宅將成，他本人

卻被狠心的叔叔處死了。此話後文再述。

朱家男性成員封了王，女性該封公主。

朱元璋有兩個姐姐，大姐死得早，洪武三年（1370 年）追冊為太原長公主[1]，大姐夫王七一贈駙馬都尉。

二姐朱佛女，比四弟重八年長十三歲，在朱元璋到濠州（今中國安徽鳳陽）參軍的前一年去世。她與丈夫李貞育有一子，小名保兒。朱佛女死後，李貞帶著孩子潦倒於亂兵之中，「瀕死者數矣」。聽說內弟領兵駐守滁陽（今中國安徽滁州），就帶著兒子來投。

朱元璋此時剛剛攢了些勢力，「思親詢舊，終日慷慨」，對手足之親的到來異常之喜——「駙馬（李貞）引兒來我樓，外甥見舅如見娘」，這是朱元璋的原話。他把十六歲的保兒收為養子，命他隨己姓，取名朱文忠（即李文忠，在明朝建國前後復姓）。

朱元璋對二姐有著較深的感情。朱佛女出嫁後，對娘家人常有周濟，朱元璋還記得：「昔居裡閈之時，（二姐）曾有周旋之益」。洪武元年（1368 年）二月，朱佛女被追冊為孝親公主。「孝親」二字，在朱元璋眼裡，是二姐品德的最好評語。

亂世裡，孝親最難。雖然李家的日子過得也緊，但李貞對媳婦貼補娘家的行為，還是表示了理解。對此朱元璋銘感在心，久而彌深。李貞死後追封為隴西王，皇帝姐夫封王的，這還是首例。

朱元璋親自撰寫祭文，特地提到往事，說：

「過去生活異常艱辛，爸爸媽媽都非常憂戚，只有我二姐能夠行孝，而姐夫你亦能同之，時常有所資

<hr>

1. 明代制度，皇帝之姑封大長公主，姐妹封長公主，女封公主。

助，這才歡而不荒，勉強度日。」

朱佛女受封時還未下葬，朱元璋把她葬入李氏先塋，所有祠堂碑亭之制，「悉視功臣之贈爵為王者」[1]。洪武三年改冊為隴西長公主。後來因為李文忠被封為曹國公，又改稱曹國長公主。洪武元年，兩位皇姪女分別冊封為慶陽公主與福成公主，夫為駙馬都尉。

朱元璋除了一姪（朱文正）、一甥（李文忠），還有兩個姪女，即堂兄蒙城王與大哥南昌王之女。洪按定制，只有皇女才能封公主，王女封公主，明顯超越等級了。對此朱元璋解釋說，是「草創之時，未暇考究」。禮部引唐、宋舊制力爭，要求將皇姪女降封為郡主[2]。但朱元璋堅持原封，說：「我兄長死得早，只有這兩個姪女，豈忍遽加降奪。」保留了她們公主的位號，只是一年祿米只給五百石，比正牌公主少了三分之二。

蒙城王之女慶陽公主，一直活到永樂初年，在靖難之役時還出來辦了一回「外交」，可觀下文。

朱元璋稱帝後，把自家近親，不管活的死的（絕大多數是死的），逐一加封，安頓妥貼。然後寫了一篇《皇陵碑》，宣告大禮已成，可以告慰先人了。他興致很高，親自運筆，擬出底稿，令儒臣潤色。替皇上家寫墓文，這是莫大的榮譽，但儒臣接過底稿來一看，頓時傻了眼：碑文裡寫的盡是皇上過去如何流寓四方討生活，朝夕彷徨，艱難謀生；他的兄長們——這幾位可都陰封為王了！——為了生存，不得不改姓出贅，做了卑賤的贅婿。但還是頂不住天災加之、疾疫加之，父母兄弟相繼而亡，死後連塊葬地都沒有，要靠好心的善人施捨……活脫脫一副皇家慘運圖！

雖然這是皇帝「手錄大概」，臣下亦豈敢不用曲筆，否則怎麼叫「潤色」呢？

2 明代皇室女性成員的封號等級是：公主（帝女）、郡主（親王女）、縣主（郡王女）、郡君、縣君、鄉君。除了公主之夫稱駙馬，其餘的統稱儀賓。

結果把話說軟和了，皇上不滿意。他說：「儒臣粉飾之文，不足以為後世子孫之戒。」朱元璋心知臣下不敢寫實，遂自己包辦，把一把把辛酸淚，都記在帳本裡，好讓後人知曉，今天的幸福生活是怎麼來的，不可忘本。

這篇皇陵碑文，因為是朱家子孫憶苦思甜的教材，所以寫得極真，毫無掩飾。然而其中的內容，卻如自爆家醜，說什麼「上世以來，服勤農業」，又說「因兵南北，生計忙忙」，令大明的天潢貴冑難以為情，龍子龍孫羞於捧讀，便開始動手動腳，做起小動作來。

永樂時，花了很大的精力來重述太祖皇帝的發跡往事，其中用了很大的篇幅來講「聖瑞」，吹出一團「王氣」，把一個肉體凡胎的朱重八包裝成天降的大聖人。

歷史記事有這樣一種規律：舉凡偉大的帝王聖哲，多不是他們的親生之父射出的精華──所謂「生身之父」，好像只是個馬甲，掩蓋著神播野種的真相。

在南京明孝陵，立著一塊巨大、刻於永樂十一年（1413 年）的《大明孝陵神功聖德碑》，碑文中，明成祖朱棣以「孝子」的口吻，大講朱家「龍種」來歷之不凡，說：

一日朱母陳氏睡得正酣，忽夢到神靈送她一丸藥，燁燁發光，當即吞下。等一覺醒來，頓覺異香襲體，「遂娠皇考」，懷上了太祖皇帝朱元璋。這小子降誕之夕，有光燭天，甚是奇異。

果然朱大媽懷上朱元璋，沒他爹爹朱世珍什麼事！

那麼是誰，在朱大媽的夢裡竊了她的芳心，奪了她的貞潔？雖是神靈，做這等迷奸民女之事，就可以免罪乎？而那「野種」，反可以誇耀於世嗎？

在孝陵碑裡，那顆神聖的種子是從「夢境」來的，而在另一本據說是才子解縉編纂的《天潢玉牒》裡，說法更是神奇。說朱大媽有天在麥場打麥，見一道士，長髯簪冠，紅服象簡，在場中閒坐，用簡在手中撥玩一粒白丸。朱大媽好奇問：「此何物？」道人答：「大丹也。你若要，與你一丸。」陳氏接過

爹的專有之權，倒好像「龍種」都是什麼妖道或野物亂施下的。

法，好比描繪偉大人物，必要勾幾筆紅光、祥雲和喜鵲做襯托。但這樣瞎編的壞處，卻是剝奪了聖人親

我想，寫國史的，也不盡是冬烘秀才，他一定要這麼寫，大概這類飄渺文字已成為一種特定的筆

青樓文化發達，又出了西門慶、潘金蓮等許多奻夫淫婦，對於男女私情及生育那些事，應該全無神祕感

了。你要拿《明太祖實錄》裡這件事講給西門大官人聽，試猜他將如何噴笑？

了不起的大人物。這些「歷史故事」顯然不能作為青春期讀本，教給孩子們，否則孩子搞胡塗了：在外

類似的故事聽多了，發現聖人們的媽媽都挺嘴饞的，喜歡亂吃東西，一吃肚子就大，一生就生一位

這些附會神異的故事，今人當然不信了，古人信不信？可能是半信半疑。尤其是盛產名妓的明代，

不知道朱大媽吞食的是什麼催化劑，第二天，朱元璋就出生了，生時紅光滿室，像是發了一盆大火。

面亂吃東西，到底是好事，還是壞事？

餘香。

掌中。此丸放光，漸漸變大，十分神奇。道士說：「此美物，可食。」朱母就把它吞了，醒來口中還有

孕婦多夢，遂夢見一個黃冠道士從西北而至，來到朱家老宅南側的麥場，取出白藥一丸，置於朱母

帝，也不會瞑目的。

實錄首先說，朱母做異夢時，已然有孕在身，這等於還了朱父世珍一個清白，否則老爺子陰間稱了

好吧！

裡，故事的場景，由朱家麥場轉移到朱家老母的夢裡——做個春夢，總比和道士在光天化日之下野合

大概是這一情節中，有個野道士，容易令「思想複雜」的人懷疑朱母偷情。於是在《明太祖實錄》

貫室，異香經宿不散。

來吞下，再看道士，一瞬間已不見了——隨後，一個小男孩呱呱墜地，此子初誕之時，一道白氣自東南

朱元璋出身詭異，朱家的來頭也不得了，從窮門下戶變成了名族之後。永樂時重修《明太祖實錄》，細數朱氏的源泉，已上推到黃帝之孫、「五帝」之一的顓頊，說是周武王封顓頊之後於邾，春秋時改姓朱，世居沛國相縣，其後一部分族人遷到句容，便是朱元璋所出的那一支。就這樣，「不階尺土一民」的劉邦和朱元璋，到底還是不爭氣，原來他們也是有「憑藉」的！

朱元璋的家世，以他在世時說的最近情理，也最真實。他說過一句真心話：「吾昔微時，自謂終身田野一農民耳。」若非生在那個魔王混世的時代，哪容這樣一位英雄的崛起，離開了譜，調就亂了，再加上許多無聊文人幫忙捧臭腳，糊塗亂抹，朱元璋被他們改得越來越不像個人了。

不管怎樣，當朱元璋在皇帝寶座一屁股坐下時，定然唱嘆良多，朱氏家族那麼多人口，有命看到他今日冠冕堂皇的，不過六人而已（姐夫李貞、大嫂王氏、二嫂唐氏、外甥李文忠，和兩個侄女）。瞧這人世，何等險惡！這對他的心態，應該產生了重大影響。

第四章　我只想活下來

朱元璋的早年生涯，與一個地方豪強至為相關。此人姓郭名子興，是淮西定遠人，當元末天下大亂時，他盡散家財，廣納壯士，於元至正十二年（1352 年）春天，「集少年數千人，襲據濠州」。濠州即鳳陽，朱的家鄉，朱元璋的機會來也！

但當時的朱重八還看不出這是他人生的重大機遇。

這會兒他都可能不叫朱重八。早些年，因為家裡窮，養不活他，把他送到廟裡做了一名小沙彌，他應該還有一個法號。自江淮亂起，僧多粥少，廟裡也養不活恁多白吃的和尚，師傅便打發徒弟們出外游

方乞食，也算是災年逃荒的法子。朱重八在外晃蕩了三年，一無所成，而各地亂得愈來愈厲害，沒得法，只好回到廟裡。

但他就像掃帚星歸巢，災禍隨之而至，他回來沒多久，濠州就亂起來，一趟亂兵一過，把廟就給燒了。朱重八隨著僧眾，一哄而散。但逃至原野，舉目四望，前路茫茫，不知何處是容身之處。他信步走去，竟又回到梁倒柱歪，只剩殘垣斷壁的廟裡。

這個年輕和尚盤坐在一身煙薰火燎的佛像前，為自己算了一卦。

他向神靈請教的問題很簡單，一首當代的歌曲也唱過：

「我是不是該安靜的走開，還是該勇敢的留下來？」（原文：「出與處，孰吉？」）

他為自己設想的路有兩條：出亡，或留下繼續為僧。

他將杯筊[3]往地上一扔，連拋三次，均是不吉。

出與處都不好，那怎麼辦呢？朱元璋摸著頭，疑惑不解，忽然靈光一動：「莫非去投軍，才是昌運嗎？」

他試著按此念頭一擲，果然大吉。

「從軍不是一件容易的事啊，」朱元璋猶豫不決。「況且今日豪傑紛紛，兵匪不分，哪一家才是戡亂的真主，我可不知道呀，豈可隨便亂投。」

於是他復默禱道：「兵為凶事，從軍非我意，請神靈許我出逃避兵。」廟裡是再待不下去了，他希望能找到一個逃命的地方。然而禱畢再投，只見筊具躍然立起，分明在說：不許！不許！不許！

3　筊，又作杯筊，是一種占卜小工具，多用蚌殼或像蚌殼的竹木片做成，擲於地，觀其俯仰，以察吉凶，其實跟扔硬幣差不多。

這段故事記載在《明太祖實錄》裡，我懷疑出自後人的編造。為何呢？只因那位神靈太婆媽，而這個元璋太矯情。

神明夠義氣了，一再給他指明方向，但朱元璋不知好歹，依然賴在廟裡不動，直到有故交從軍中以書來招，他還是不為所動，偷偷將來信焚棄。

既然朱元璋透過占卜向神靈求告，神靈給出明確的答覆，他為何一再推諉不行，像隻戀巢的小鳥，此為大丈夫所為乎？他既不信神，卻為什麼向神禱告不休？而此禿頑劣，不聽話，神靈該請他吃爆栗，猛敲他光頭，促其警醒才是，為何竟容他在廟裡又多賴了近一個月？

而這段時間，樹欲靜而風不止。

在接到招他入夥的來信後沒多久，有人告訴朱元璋：「信的事被人知道了，要向官府舉報你，這可如何是好！」朱元璋不懼，慨然嘆息道：「我聽天由命罷了！」似乎他不走的意志轉為堅強了。

我就覺得奇怪了，他的本意不是出逃嘛，此時不逃，更待何時！怎麼還待上癮了？

過了三天，那個據說要告發他的人果然來了，朱元璋與之交談，察其辭色並無相害之意，於是說些好話，將其打發走，接下來就在廟裡窩著。

這樣過了十天，又有人來打小報告，說：「那傢伙不是不告發你，他只是不願自己做惡人，如今他請人告發你了！你宜審禍福，速決去就！」

這時，朱元璋才有些怕了。神靈提示了他三次，好心人警告了他三次，他終於考慮要走了。於是，朱元璋在「不獲已」的情況下，決定到濠州去投軍。

他投的可不是大元的官軍，而是處處揭竿而起的民兵，今天我們習慣稱之為「農民起義軍」，而從當時官府的角度，則是亂賊、匪夥。

看官，你現在明白《明太祖實錄》為何要編造朱元璋以上可笑的情節了吧？原來他費許多筆墨，不

過是要為投入匪軍的太祖皇帝正名，表明他的選擇，實在是無可奈何之舉。他本想做元朝的安分百姓，但神靈不許，險惡的環境也不同意，他是「不獲已」才為之的！——正所謂本不願與賊為伍，而為賊逼上梁山。

至正十二年（1352年）閏三月初一日，百無聊賴的朱元璋來到濠州城下。

僅僅在一個多月前，郭子興與孫德崖等人共同在此舉事，占領了這座城池。而元將徹里不花隨即率兵來攻，企圖規復該城，雖限於兵力有限，不能進取，但濠城內外的形勢仍然非常緊張。

當未來的大明天子昂首挺胸、傲然闊步，走進城來時，守門士兵卻狗眼不識金鑲玉，竟把這位偉大人物當間諜抓起來，還要殺他的頭。

有人見勢不妙，趕緊奔告郭子興，子興派人來解救，一面之下，因見朱元璋「狀貌奇偉異常人」，便把他留在左右，做了隨身親兵。

這是《明太祖實錄》的記載，與朱元璋本人的自述有異。

郭子興是朱元璋的恩主兼岳丈，若非郭子興的知遇與提拔，絕無後來的大明江山。所以在他死後，朱元璋始終對他懷有一份追憶，洪武中，封之為滁陽王，並親自為廟碑擬出底稿。

在滁陽王廟碑中，朱元璋回憶了那件往事，說：當初我挺身入濠，為門者所執，將欲加害。有人急告郭王爺，王乃親自騎馬（「親馳」）來救，將我撫之於麾下。

實錄說「遣人追至」，碑文則稱「親馳活之」，到底孰是孰非呢？

遣人與親馳，顯然是不同的。明末清初學者錢謙益說：「其緩急則有間矣。」這種現場感很強的事件，當然應以當事人的回憶為準。但《明太祖實錄》為何不從朱元璋的自述呢？對此錢謙益雖然有疑，卻未能給出解釋。

我懷疑可能是永樂初年重修的《明太祖實錄》，為了拉開太祖與「紅軍帥」郭子興的距離，苦心孤

詣地做了文字改動。

「紅軍」二字，在明朝建國後，已為盜賊的代名詞。雖然朱元璋並不否認在紅軍裡混過幾年，但他對紅巾軍的立場，已轉變為當政者對叛逆者的嚴責姿態。不過出於對郭子興的個人感情，他對昔日恩主的陰魂，仍是獎慰有加，又是追封，又是建廟，有時憶起往事，還忍不住落幾滴眼淚。他行事的矛盾，令後世修史者頗感為難。

朱元璋在《滁陽王廟碑》裡說了一些令後人不快的話，如「非王（郭子興），無以開萬世之業」，如「追思更生之恩，實帝業所始」，如「今大統既定，四海一家，推本尋源，實由於王」。這本是朱元璋對舊主的感念之詞，實錄在引用時一概給攪了水，加以稀釋，如廟碑稱郭子興為「再生父母」，實錄輒易為「郭公於我恩厚」，就連郭子興「親馳活之」，也要改為「遣人追至」。

其實，不管是親馳，還是遣人，這段記載都有未解的疑問：朱元璋就是濠州鐘離鄉人，是本地的土著，並無外鄉口音，門軍因何疑他是諜者，竟要殺他？亂世的一個窮小子，要殺輒殺，是誰跑去向郭子興求救？郭子興又為何肯耐煩下顧，親自來救一個敵探嫌犯的小命？

前文說朱元璋在廟裡時，有「故人自亂雄中以書來招」，我懷疑這位「亂雄」便是郭子興，也就是說，朱元璋在郭部有好朋友，他是應這位朋友之召去濠州的。而與他一同來的，應當還有一些夥伴，大家約好了，一齊來投郭元帥。

當時元軍仍威脅著濠州，局勢緊張，朱元璋一夥人進城時，可能因為興奮，口沒遮攔，胡亂打聽，結果被誤作敵人的密探。幸有夥伴逃得快，找到郭子興，講明緣由。當時小小的濠城之內，擠著郭子興、孫德崖及俞某、魯某、潘某等五支人馬，各稱元帥，互不相下。而郭子興性格孤僻清高，與其他四帥不合，受到他們的傾軋，被奪了事權，在家閒坐。逮捕朱元璋的，應該不是郭部人馬，他們本不待見郭子興，一聽朱元璋急切中搬出郭元帥的名頭，反而欲速其死，要拿他祭刀，殺雞給猴看了。

失意中的郭子興，一聽來投自己的人被抓，他是個火爆脾氣，當即挾著盛怒，親自騎馬去救。由於這幾個青年是好友介紹來的，郭子興對他們格外關照，尤其是朱元璋，還是他親手救下，從此便把他留在身邊。

其實二十四歲之前朱元璋的故事很簡單，他生於貧賤之家，窮困於少年，潦倒於青年，游方、做和尚、從軍，凡事不利，在那個亂世，處處危機四伏，隨時有丟掉性命的危險。而他的出身沒有任何奇異，他的身邊也沒有任何神靈的護佑，他的奮鬥既不是為了救民於水火，也不是為了打天下做皇上，他的全部目標，不過是為了生存，他如雷的呼聲只是六個字：

我只想活下來！

第五章　親兵成了恩主的養婿

朱元璋頗受郭子興重視，不久被提拔為「九夫之長」。九在中國語言裡常作虛數，「九夫長」應該不是官職，大約就是郭子興衛隊小隊長之類的職務吧！朱元璋貼身護衛元帥，有了近水樓臺的便利，「久之」，甚見親愛」，元帥還經常召他商議一些密事。

郭子興賞識朱元璋，見他二十五歲了，還是孑然一身，經與夫人商量，決定把養女馬氏嫁給他──這便是著名的馬皇后，她是朱元璋第一個女人，也是他終身唯一的正妻，死後謚作「慈孝高皇后」，亦省稱為「高后」。

馬后生於元文宗至順壬申年，即西元 1332 年。與朱元璋結婚時，已經二十出頭了，按照那個時代女子出嫁的年齡標準，已經達到剩女之中「鬥戰剩佛」的級別。

官史吹噓，馬氏是北宋太保馬默之後，居於宿州閔子鄉新豐里，「世豪里中」。家道到馬后之父馬公這一輩才中落，清人毛奇齡《勝朝彤史拾遺記》的解釋是「（馬公）善施而貧」。但我不大信，做好事能把祖產敗光？這位「慈善家」做得有點過火！我懷疑馬家壓根就沒「以貲豪里中」過，頂多趁幾個餘錢，卻因馬公好交朋友，吃吃喝喝，來來往往，不多的家產很快從指縫溜走了。

馬后生母鄭，在生馬后時難產死了，馬公殺了人，逃到定遠避仇。他與郭子興是刎頸之交，大概帶個女孩亡命天涯比較麻煩，便將馬后託付給老友，自己孤身潛去，從此再無音息。馬后便由郭子興夫婦收養。

馬公怎麼死的，史書並無交代，也未知其葬身於哪條溝洫之中。朱元璋曾派人多方尋找，皆無下落，只好給老丈人建了個衣冠塚，並追封其為徐王。

其實亂世之中，人如浮萍，馬公的遭遇並不奇怪，而作為開國皇后之父，只存徐王的空封，連大名都沒留下，這說明馬公在托孤時，馬后的年紀非常小，否則不應該記不得父親的名字。

有一種說法稱，馬公在郭子興占據濠州後，計劃回宿州起兵回應，從此下落不明，應非事實。

元末天下大亂，溝溝坎坎，旮旮兒兒，到處都是自立的武裝，不管是反元的，還是支持元廷的，都以主帥為中心，以其親族為核心，搭起權力的架構。郭子興有二位夫人，生有三個兒子和若干女兒，長子郭大舍死於起兵之初，次子郭天敘、郭天爵，還有郭子興的內弟張天祐，是郭氏集團的核心人物。朱元璋自娶了郭子興的養女，就由親兵部曲，變身為元帥贅婿，從此進入郭氏的核心權力圈。

且說郭子興與濠州城內其他幾位元帥，議事每多不合，他性子直亢，常常一言不合，即甩手而去，自個關在府裡生悶氣，不再出去。次數多了，孫德崖等人就凡事專決，不再找他商議了。

「主公還是應多出去管事。」朱元璋勸他道。

邊緣化的處境也讓郭子興覺得不安，只好老起臉，悻悻地到帥府理事。但沒幾天，又吵一架，仍是不歡而散，郭子興賭氣，又窩起不了。

濠州五帥之間，互相猜防，矛盾很深，力量又弱，哪是一個出真龍的所在？

這年九月，元兵收復中原重地徐州，該地紅軍首領彭早住、趙均用丟了地盤，率潰眾奔入濠州。這二人本是窮蹙來投，結果反客為主，壓在孫、郭等人之上。

這下好了，小小的濠州城裡，擁擠著那麼多支雜牌隊伍，不亂能行嗎？

外來的兩個「和尚」中，彭早住頗有智術，趙均用為人粗疏無主見，凡事唯諾。郭子興自以為與彭早住志氣相投，便只對他客氣，而輕視趙均用，引起後者的不滿。孫德崖早想除掉郭子興，遂趁機與趙均用聯手，趁郭子興外出時，突然發難，一鼓將其擒獲，戴上枷鎖，禁在家裡，準備殺掉他。

此時朱元璋人在淮北，聽說濠州發生內亂，急忙趕回來。他來到郭府，見府中早已亂成一鍋粥，卻只見女眷，男人們都不知跑哪兒去了。問他們的去處，但沒人肯告訴他。

「我難道是外人嗎？如何這般防我！」朱元璋大為不快，解釋道，「我回來是脫主公之難的！」

朱元璋可能沒把自己當外人，但郭家人真沒把他這位養婿當做可以倚信的親人。然而抵禦家難本是男人的事，男人們卻躲起來了，女人們也沒法，只得以實相告。

三人遂與郭子興的次夫人張氏一起去找彭元帥哭訴。

朱元璋找到天敘和天爵兄弟，對他們說：「主公向來厚待彭元帥，而薄於趙元帥。此事一定由趙元帥所發，此難非彭元帥不可解。」

這就是英雄眼光獨特之處，別人看不明白，他一下就找到了癥結所在。

彭早住果然不知，大怒道：「有我在此，誰敢害郭公！」立刻發兵包圍了孫家。朱元璋披甲持刀，與眾兵一起攻入，將郭子興從地牢裡解救出來。

如果沒有朱元璋，郭子興差點被害，朱元璋在危機時刻，表現出忠誠與機智，鞏固了主公對他的信任。

但此事也使一種尷尬的情勢凸顯出來：郭氏子弟皆是庸碌之輩，不堪重寄，而才幹最為卓越的，卻是養女之婿。莫說這女婿只是「掛個名」，他就算娶的是郭子興親生女兒，也不應危及天敘、天爵兄弟的權利。

平庸之輩往往有著強烈的妒忌心理，郭氏兄弟的本事一下被朱元璋比下去，不由得羞怒交加，他們又沒能力牢籠、駕馭朱元璋，只好靠加倍的忌恨來鞏固自信。

郭子興的心態則要複雜許多，他希望自己創下的這份家業由兒子們繼承，義婿朱元璋能成為他們的好幫手，他絕不願意看到朱元璋凌駕於其子之上。他一方面要維護朱元璋這個難得的將才，盡量安撫他，使之為己效力，將來為其子所用；另一方面，他又不可避免地傾向、縱容兒子，打擊、壓制朱元璋。這就使救主有功的朱元璋，因為功高震主，反而處於危險的境地。

在這樣的危局中，方顯出馬后之良配的價值。

馬后「聰明出人意表」，她利用郭家養女的身分，努力調劑夫君與郭家父子兄弟的關係，多次使朱元璋化險為夷。講個有名的故事：某次朱元璋遭郭氏囚禁，斷絕飲食，幾乎餓斃。幸虧馬皇后懷揣熱餅，偷偷送去給他，才使他免於死亡，馬后卻被熱餅燙傷了胸口。

然而這個故事，對不起，我同樣深表懷疑：為什麼馬后一定要把那麼燙的餅揣在懷裡？古人的衣衫並不薄，何以一定要貼身藏餅，以致把胸乳都燙傷了？郭氏既然要置朱元璋於死地，鐵定嚴密防護，豈容其妻送餅，才使其妻能救命，那麼朱元璋被關押的時間一定不長；如果長期關押（餓死人，至少也要十天吧？），馬后豈可一次又一次地懷餅以進？如果一張餅就能救命，那麼朱元璋被關押的時間一定不長；如果長期關押（餓死人，至少也要十天吧？），馬后豈可一次又一次地懷餅以進？最可疑之處還是，如此隱祕之事，如何被史家探知，又說「懷以進，肉為焦」，又說「其后肉有腐

痕」，就像寫鑑證實錄。但你怎麼知道的咧？須知，給馬后驗傷，是她老公的專利，你修史人難道撩人家內衣看過？——有時候，「修史人」故意編造情節，真是「羞死人」也！

我因此懷疑，馬后「竊炊餅」，只是一個夫妻共患難的恩愛故事，情節有誇大的成分。但它並不是完全空穴來風，《明太祖實錄》在追述馬皇后的種種美德時，有這樣一個記載：

「值歲大歉，（馬）后從上（朱元璋）在軍，嘗自忍饑，懷糗餌脯修供上。」

說因為軍中乏食，馬后自己捨不得吃，把好吃的藏在懷中，偷偷送給老公吃。她大概利用郭家乾女兒的身分，從物資保障較好的郭府偷拿的吧！脯修是乾肉，糗餌指米麥做成的食物，可以包括蒸餅，而一般泛指乾糧。

朱元璋入軍的第二年，濠州即遭元軍重兵圍困，元兵主帥是元廷重臣中書省左丞賈魯和大將月哥察兒。這次圍城時間非常長，直到次年賈魯在軍病死，元軍才解圍而去。後來朱元璋鎮守和州，元軍復舉大兵十萬來攻，困城三月，餉道俱絕，城中飲食皆盡。戎馬倥傯中，像這樣艱於食的情形經常發生。朱元璋後來回憶說：他與馬氏起於布衣，同甘共苦，當年在軍缺少飲食，馬后寧可自忍饑餓，也要「懷糗餌食朕」。

他特地提到一個典故：東漢光武帝劉秀微時，馮異曾送他豆粥麥飯吃，劉秀即位後，念念不忘，對馮異表示，一飯之恩，君臣當始終保全。朱元璋說自己所經歷的，比馮異供光武帝粥飯時的情景，「其困尤甚」。他與馬后的夫妻之情，也該「始終保全」。所以馬皇后在洪武十五年（1382年）去世後，他沒有再續弦。

當荒歉之年，馬后養於主帥之家，比當兵的吃得要好，她自己省下些心疼老公，本屬人之常情，然而實錄連用兩個「懷」字，不想引發聯想，後世文人竟衍出一個燙乳的情節，就未免聯想過甚，跡近難堪了。

第六章 叼坐末座的上將

在明朝官史的刻劃裡，太祖皇帝寄於郭氏籬下的這幾年，表現出卓越的才幹，立下汗馬功勞，但始終擺脫不了被人猜忌、排擠、打壓、甚至是毒害的境遇。然而這位英雄能屈能伸，屢屢得到神靈啟示和貴人相助，每到險處，自化為夷，終於踏出一片廣闊的天地。

是誰在加害太祖？實錄沒有明言，後來就坐實在郭氏兩位公子身上。嘉靖年間鄭曉著《吾學編》，就記了一件沒有得逞的謀殺事件。

說天敘與天爵兄弟，「忌上（朱元璋）英武得眾心，兵勢日盛」，妒心難耐，遂備下藥酒，計劃毒斃之，好絕後患。但不知怎地，被家人泄了密。朱元璋已經得到線報，果然郭家兄弟邀他赴宴。朱元璋做出高興無備的樣子，與二郭並馬而去。

走到半路，他突然做出一個詭異的動作：從鞍上急躍起，跪在馬上（這是一個高難度動作，難道老朱學過雜耍？），頭仰朝天，好像在聽什麼人說話。

郭氏兄弟不解，面面相覷，再看他時，已伏在馬上，頓首連連，然後旋過馬頭，衝二郭痛罵道：「豎奴！乃欲以毒酒害我耶？」二郭慌忙道：「哪有？」欲待辯解，朱元璋道：「適才空中有神人對我說，你二人欲以毒酒害我。」

「豎奴！乃欲毒我耶？」「哪有？」

「是！安敢有是！」朱元璋回馬便走，從此再不上郭府，而他與郭氏之間，嫌隙是越來越深了。

可嘆郭子興的兩個笨兒子，真以為天神泄其密謀，「駭汗洽背，下馬伏地」，口裡只管說：「安敢有是！安敢有是！」

這個故事被收入《明史紀事本末》，置於郭軍攻克滁州之後，儼然為信史。

看官，您若問：寫書的，你怎麼看？我只能說：我不知您信不信，反正我不信。朱元璋的這點猴把戲，看官，您若能問：寫書的，你怎麼看？我只能說：我不知您信不信，反正我不信。朱元璋的這點猴把

戲竟把郭氏哥倆兒嚇出一身臭汗，下馬叩頭，「自此不敢萌害意」（《明史紀事本末》語）。我不敢說朱元璋手段有多高明，只能說，郭氏兩兄弟若是如此，真比豬還笨，比驢還蠢。當然啦，天敘、天爵兄弟被明朝的官史刻劃為一對嫉賢妒能的飯桶，朱元璋卻是靈異附體，毒也毒不死，餓也餓不斃，還經常和神靈通電話。

郭氏兄弟這兩位朱元璋的大舅子，他們在歷史上的境遇，很像唐初的李建成、李元吉兄弟，被人說成整天不幹正事，也幹不了正事，唯以噁心加害一貫英明偉大正確的真命天子。手法也差不多，李世民不是差一點被他親兄弟置酒毒死嗎？

總之，經過勝利者動手動腳，歷史資料大量消失，真相隱祕難知，今人讀史，唯應記住一點：所謂「正史」，多是勝利者的功勞簿，切不可輕信。

明朝開國史中關於太祖受屈挨憋的種種記載，表明了朱元璋借人家屋簷立足的真實處境；朱元璋一直沒有自己的部眾，他開始擁有自家的班底，是從占領滁州開始的。

濠州經元軍長期圍困後，兵力損失較大，元兵撤退後，朱元璋回鄉募兵，一下子得兵七百。郭子興很高興，就任命他為鎮撫，統領這七百名子弟兵。但朱元璋為了避嫌，把人馬交了出來，只留下徐達、吳良、費聚等二十四人。這些人後來皆從朱元璋南略定遠、滁州，成為他最早的嫡系班底，建國後多封公侯，有的還與朱元璋結成親家。

閒話休敘，且說濠州的形勢日見艱難，若繼續頓在此地，不被人吞掉，也始終為人掣肘，朱元璋向郭子興建議，向外發展，另尋生存空間。恰好郭子興家鄉定遠縣張家堡有一支民兵，號稱驢牌寨，軍孤糧少，想找一個靠山。朱元璋便主動請纓，收編了這支武裝，得壯兵三千，其詳情頗為波折驚險，因與本書無關，恕不細述。

朱元璋即率此兵東進，在橫澗山夜襲另一支依附元朝的民軍，降其男婦七萬人，得精壯之兵二萬。

隨又挾此實力，南略滁陽。這就像滾雪球，越滾越大。

朱元璋順利拿下滁陽。這塊新根據地來的非常及時，因為在這當口，朱元璋預料的大亂果然發生了。彭早住、趙均用二人稱王後，矛盾重重，終至決裂，在濠州城裡火拼起來，彭早住被害，從此趙均用專兵，郭子興益發孤立，已無法立足，遂率所部萬餘人來到滁州。

郭子興入城後，檢閱滁州之兵，見朱元璋數月間連捷，擁兵達三萬餘人，真是且喜且憂。他開始設法削弱朱元璋的軍權，將他身邊任事的將兵官逐一調開，分置各營，甚至連剛剛來投，在軍中「掌書記」（管理軍中文書）的一介文吏李善長，也要撥到自己麾下。這大違李善長本意，拖著不肯去，郭子興不便強迫，只好作罷。其實郭子興起兵數年，始終鬱鬱人下，為人所制，名號不顯，終身亦不過一元帥。這便是郭子興不如朱元璋之處，所以郭子興看重的是兵權，對李善長這樣的帷幄經畫之才，並不真的看重。

朱元璋攻城掠地，立下大功，卻未獲得重賞，只得到一個「總管」的虛銜，且郭氏父子對他猜嫌愈深——「自是四方征討總兵之權，皆不得與」。《明太祖實錄》寫道：「上（朱元璋）雖見疏遠而事（郭）子興愈恭，未嘗有怨言。」恐怕不是沒有怨言，而是有怨而不敢言。

在郭部占據滁州後一年的時間裡，因為張士誠在高郵建立「大周」國，當了出頭的椽子，成為元朝的主要打擊對象。元朝以丞相脫脫為主帥，率領大軍，號稱百萬，圍剿張士誠，一時淮之左右皆震。本來郭子興也打算在滁州扯旗稱王，朱元璋力陳其利害，說稱王等於頭上塗蜜，徒然引蜂來蜇，滁州是一座山城，舟楫不通，商賈不集，又無形勝可據，若元軍來攻，是很難堅守的。郭子興只好放棄了稱王的念頭，後來當元軍來攻時，主動與元軍講和。由於元軍的主攻方向是高郵的張士誠，滁州得以苟完。

元軍進攻高郵，幾乎畢中原之力，但主帥脫脫受了讒言，被元順帝就軍中奪職，大軍一夜崩潰，江北的形勢從此陷入糜爛。江淮諸侯，紛紛趁機發展，郭子興占領了長江北岸的和州，獲得第二塊地盤。

元軍攻掠和州的，本是張天祐、趙繼祖、耿再成、湯和等人。但兵派出去不久，消息傳來，說攻城

失敗，郭子興忙命朱元璋率鎮撫徐達、參謀李善長等馳援。朱元璋到了和州，才知道前信不確，和州城已經攻下了。

郭子興得到戰報，大為高興，就命朱元璋「總守」和州。

奪取和州，朱元璋寸功未立，卻撿個大便宜，身任總兵，位諸將之上。然而朱元璋深知，諸將多是郭子興的舊部曲，要麼資歷與己比肩，要麼年紀比他長，一旦遽居眾人之上，恐眾心不悅。他要是倚郭子興的將令，在廳上高坐，發號施令，而被諸將當場駁了面子，那就太難看了！

怎麼辦呢？朱元璋想來想去，靈機一動，心生一計，他讓人悄悄地把帥府大廳上的公座都撤了，改在廳的正中設一木榻，「俟天明聚會時以觀眾情」。

五鼓時，諸將皆入，朱元璋故意後至，他進來一瞧，諸將悉已就坐，只把「左末一席」留給他。那時坐席尚右（即以右為上，尊者坐於右），看來，諸將並沒把他「總和陽兵」的任命當回事，竟然把最末一個席位留給總兵大人。

朱元璋一看「眾情如此」，悻然不樂，也毫無辦法，只好忝居末座。官史寫他「即就坐，不為異」——要我說，他是故作鎮靜。

幸虧朱元璋早有準備，大家如此坐成一團，顯不出尊卑次第，避免了一場紛爭。就這樣，朱元璋開始辦公理事了。

實錄常說，朱元璋一人如何功高，而總是遭到郭氏父子及其同袍的猜忌排擠。上面這段記載本意在張大朱元璋的謀略，卻不小心透露了一個事實：朱某人固然才幹出眾，但郭軍數年血戰，絕非他一人之功；諸將公會，他故意晚至，諸將各自擇座而坐，只留一個末席給他，這應當是朱元璋在當時郭軍中的真實地位，諸將或矜戰伐之功，或擅資格之老，並不把郭元帥的贅婿瞧在眼中。許多人還因為他倚仗乾老丈人的扶持，撈到不少便宜，非常鄙視他呢！

歷史是勝利者書寫的，此時在和州城廳事上高坐快談的郭部舊將們，將來或在與元軍的奮戰中戰殁，或被朱元璋人身消滅，盡化作了泥與土，只有那個手握郭子興的任命書，卻不敢上坐的小子，才是最後的勝利者，於是他將別人的戰功一概抹除，一切功勳，盡歸於己。

和州諸將中，並非所有將領都不服朱元璋，至少湯和就對他表示恭順。明初大儒方孝孺在湯和殁後，為他撰寫神道碑，提及和州之事，說太祖自取和州，諸將多是郭子興的「貴部曲」，「顧望未盡效臣禮」，對太祖無禮，唯湯和「聽命甚謹，帝心嘉焉」。

方孝孺此文筆法是過去文人行筆的通病，朱元璋守和州時，不過一將，資望尚不及郭子興舊部，大家不服氣他，如何就是不「效臣禮」呢？

湯和比朱元璋年長二歲，他在郭子興起兵之初即率眾來歸，累升管軍總管，資格比朱元璋老，而官位與之等。湯和此人長於韜晦，深於城府，他眼見朱元璋力量不斷增強，而軍中矛盾日益加劇，開始刻意敷衍與諸派的關係，並不像那些粗豪的將領，公然對朱元璋表示不敬。當郭子興死後，形勢大變，他立即堅定地站到朱元璋一邊，由郭子興舊部轉變為朱元璋的主要追隨者。

第七章　郭大帥豈是江東周郎

朱元璋由郭子興的親兵九夫長，再升鎮撫，升總管，二三年間，已擢至「總守」一城（郭部僅有兩城），其地位遷進之速，令人炫目。

朱元璋的成功並非僅靠神佑（在實錄裡，史官塞進了許多神靈指引、相助和庇佑的故事）和他個人的才幹，而與他和郭子興的翁婿關係無關。

朱元璋自與馬氏結婚，居於郭元帥「甥館」，便是今天所謂的「官二代」，再也不是托缽行乞的小行僧了。馬氏又善逢迎，把郭氏夫婦熨帖得舒舒服服，這對朱元璋軍中地位的快速上升，發揮了至關重要的作用。在一支主要依靠親族血緣維繫的私人武裝裡，沒有這層關係，要想獲得實權，幾乎是不可能的。實錄反復叨叨他們的太祖皇帝遭人「羨慕嫉妒恨」，實際上是在掩蓋這一層裙帶關係，以證明朱元璋的發達，完全出乎天命和他個人的「神武明聖之資」，等於在說：能力之外的資本都等於零。

到至正十五年（1355 年）春天「總守」和州時，朱元璋已成為郭部最為重要的將領之一，控制了郭部一半以上的實力。但從和州諸將不服其管束來看，朱元璋在軍中的地位仍不穩固。郭子興才是郭家軍的真正主宰，朱元璋的地位完全要靠這位主公兼丈人來維繫。

朱元璋在和州屁股還沒坐熱，一個意想不到的客人來了，此人正是濠州舊帥孫德崖。

孫部因為乏糧，到和州一帶來就食，他向朱元璋提出，入城借住數月。朱元璋應知，若放孫軍進城，昔日濠州二王、五帥共居一城的覆車之鑒又將重演，搞不好孫德崖再來個鳩占鵲巢，和州也將不保。他本該嚴拒才是，不料他卻答應了！

朱元璋有什麼理由同意其主公的宿敵入城？可千萬不要說，這是農民領袖發揚大無私的革命精神！實錄對此的解釋是：「（朱元璋）欲不許，彼重我寡，力不能拒」，是「不得已許之」的。

這個理由似難成立。要說孫部兵力強盛，朱元璋擔心無力抗拒，但就在不久前，元朝集兵十萬來攻，朱元璋以萬人拒守，三月間連出奇兵，連敗元兵，迫使其在夏天解圍而去。和州城不摧於十萬元軍，又何懼於一游寇孫德崖？況且孫部缺吃少穿，到處乞食，能有什麼戰鬥力？況且孫德崖與主公有不共戴天之仇，他難道毫不在乎？竟然不經郭子興允許，就讓孫部進了城。

在正史實錄裡，郭子興被描寫成一個眼光狹窄、記仇、行事急躁、不顧大局的人。他好容易才擺脫了濠州城擱淺沼澤的困局，占了兩塊獨立的地盤，事業大有起色，我之禁臠，豈容仇敵染指？

朱元璋此舉為何，郭子興一定很想知道答案。

果然，郭子興怒氣衝衝來了！

官史說，朱元璋獨領一城，嫉他的人簡直要瘋了，不停地進讒，郭子興不由聽信了，盛怒之下，親自來和州問罪。我卻認為，郭子興從滁州急急趕來，絕不會是因為普通的讒言，恐怕是朱元璋收納孫部的行為，令他心生疑懼，擔心朱元璋欲拿和州城作禮，改換門庭，投靠孫德崖。

朱元璋獲悉主公要來「督過」的消息，忙吩咐部下，主公日間不來，晚間必到，主公來後，當急速來報，我好親自出迎。

實錄在此不惜筆墨，記錄了一個太祖再遭人陷害的細節：郭子興夜間馳抵和州，恰好守門將領與朱元璋有隙，故意先將郭子興迎入，在館舍安置好，才去告訴朱元璋——他可能是要藉朱元璋的怠慢，激郭元帥之怒吧！

朱元璋聽說元帥已經進城，急忙到館舍來見。但郭子興怒目視之而不言，久之，方冷冷地問：「汝為誰？」

岳丈豈會不認得女婿，郭子興這麼問，是讓他捫心自省：你如何才有今日的？休要忘了姓什名誰、天高地厚！

朱元璋忙「稱名以對」，大概是答「小婿重八」吧。

「汝罪何逃！」郭子興責問道。

「誠有罪，」朱元璋先告了罪，然後道，「家事緩急皆可理，外事當速謀。」

「何謂外事？」郭子興含怒道。

以上對話引自實錄，它顯示出，朱元璋是一位語言大師兼職業水準的心理學家。郭子興怒衝衝來問罪，他並不自辯，先告罪討饒，以消滅元帥的火氣；郭子興問「你是哪位？」他裝傻充愣，老實回答……

「俺小朱啊！」一整個裝萌。郭子興本怪他專恣，不料一腳踢在棉花包上，衝擊力先折了一半。

朱元璋故意不請教「岳丈因何而來」，而是徑直道：「岳父大人所責小婿的，不過是家事，自家之事，緩點急點，都不打緊，慢慢再議不遲。」他明知郭子興此來，必為收容孫德崖之事，光套翁婿的近乎，是無法脫罪自明的。於是先發制人，試圖讓郭子興順著他設定的路來思考，所以故作緊張地拋出一件「外事」，果然成功地轉移了郭子興的注意力。

「孫德崖在此。」朱元璋道，眼睛瞪大，閃著曖昧的光。「過去主公為孫某所困，是小婿破其家將主公救出，今日主公與之相見，他難道會忘了舊仇？這真令人擔憂啊！」

聽他的話，倒好似孫、郭二人之來，皆出他意料之外，而他馬上想起舊事，立刻為主公的安危擔心起來。他不忘借機表白一下，當年郭為孫所困時，是他賣力搭救，一則令主公念舊日之恩，一則暗示，他與孫德崖有隙，是不可能站在他那一邊的。

瞧，簡單的幾句話，訊息量非常豐富，話該怎麼遞，何處塞包袱，哪裡埋地雷，他巧妙地駕馭著──誰敢說老朱心思不巧？他還善於打遊擊，故意拿郭、孫二人的「宿憾」說事，是以進為退、避實就虛、先入為主之計，以此先懾住郭子興，好模糊掉他此行問罪的焦點。

朱元璋「大驚，疑必有變」，一面急報郭子興備之，一面去見孫德崖，故意問：「您為何這麼快就走？」

孫德崖當晚也得到郭子興進城的消息，次日五鼓時分，他派人來對朱元璋說：「令嶽既然來了，我只好告辭。」

朱元璋察其辭色無異，就說：「今兩軍共處城中，若一軍突然開拔，怕下人無知，鬧出事來。不如

請貴部大隊先行，孫公留後，也好有個彈壓。」

孫德崖答應了，孫部即起營，一撥一撥地往城外開。

《明太祖實錄》在講此事時說，孫部開拔後，有為孫軍將領餞行者，邀朱元璋一起去，於是朱元璋裏在孫軍裡，出城二十里。此應為曲筆，並不可信。朱元璋此時異常擔心郭、孫二部火拼，豈肯親身犯險，去吃什麼餞行酒？我懷疑是朱元璋與孫德崖談妥條件，朱入孫軍為質，孫才答應留後彈壓。不然，孫德崖對郭子興固然蓄有宿憾，他何嘗不懼郭子興對他存有更深的仇怨？若非郭子興的令婿向他做了人身安全的保證，並親入孫軍做人質，他絕不會答應留在城裡。

然而，孫軍前部剛開出城，城裡郭、孫兩軍就幹上了，可能是郭子興趁孫軍主力出城之機，突然對孫德崖下手。

這幾乎要了朱元璋的命。朱元璋倒靈光，他一聽城裡打起來，策馬就逃，企圖脫離孫軍。但馬兒還未奮蹄，馬上的主人早已被一把扯下馬來，像粽子一樣捆起。只因孫德崖還在城中，生死不明，孫部也不敢加害。孫德崖的弟弟命人用鐵鍊將朱元璋鎖頸，派人到城中打探，知道孫德崖已被郭子興活捉。

過去郭子興在孫府作囚徒時，披上大枷，關在地牢，吃了不少苦頭，如今郭子興加倍還他，煉了一根更粗的大鐵鍊，將他牢牢鎖起。前仇馬上要報，郭子興大為高興，他在處死「孫朋友」前，請他喝絕命酒，並親自作陪。

虧得郭子興學貓，在咬死老鼠前先要牠一把，沒有立即殺掉孫德崖，否則朱元璋項上人頭也將不保。

這樣，兩軍各有一名重要人質，可以談判了。

如果郭子興真如朱家的御用史官所寫的那樣記仇、心胸狹窄，對朱某人充滿猜忌，那麼朱元璋就太幸運了，因為郭子興沒有借這個機會，將宿敵孫德崖與尾大不掉的養婿一併除掉──他只消殺掉孫德崖，朱元璋馬上人頭落地，一箭雙鵰，乾淨利索。

而事實是，當郭子興聽說朱元璋被抓後，非常著急，

將朱元璋釋放，而留徐達等為質，郭子興隨即開釋孫德崖，孫德崖回去後，將徐達放歸。

這一次是朱元璋一生遇到的最大風險，他被孫軍拘留了三天，幾乎有性命之虞。郭子興好不容易才

抓住死敵孫德崖，卻為了救女婿一命，被迫將嘴裡的骨頭吐出來。然而，朱家人一點都不領情，《明太祖

實錄》竟然這麼寫：郭子興因不能報憾，殺死孫德崖，「心常快快，憂悶致疾，久不起，遂卒」，說郭大

帥是生悶氣，活活把自己氣死的——簡直是江東周郎第二！

唉！「正史」如此誣人，亦枉稱為「正」！

第八章　悖恩的保護人

朱元璋是郭子興之死的最大受益者。

郭子興在時，其武裝是郭家軍，朱元璋為郭家之部將。作為在元末馳騁一時的豪傑，郭子興絕不會

像明代官史所描繪的那樣，是一個庸懦之輩。郭子興活著時，是郭氏集團唯一的核心，牢牢地控制著這

支武裝。可惜天不假年，才五十出頭，便駕鶴西去了（他正當壯年，可能是突發重病死的）。如果他再多

活一些年頭，歷史肯定會改寫，至少將來新的王朝，不大可能姓朱了。

郭子興在乙未年（1355年）三月突然病故，失去了頭領的郭家軍頓時分崩離析。雖然郭子興有二個

兒子繼承父業，另外郭夫人的弟弟張天祐，也參握兵權，但他們缺乏威望，難以控制軍中宿將，擁有較

多兵力的朱元璋，第一個就不會聽命於這兩位素不相合的大舅子。

在內部分裂之勢已形成的同時，郭部還面臨來自外部的威脅。孫德崖聽說郭子興去世，馬上派人來下

書，擺出老前輩的身分，曉以利害，令郭部「聽候約束」，他其實是打算借機吞併這支隊伍。郭天敘接

書後，非常憂慮，如果不答應，說不定孫德崖會來硬的，對郭部實施武裝繳械。

就在這時，北方局勢突然發生重大變故，最早在河南汝、潁一帶起兵反元的紅軍舊部，在沉寂數年

之後，實力重新壯大，杜遵道、劉福通等人從碭山夾河迎來已故首領韓山童之子韓林兒，在亳州稱帝，

號小明王，建號為宋，改元龍鳳。他們派人來和州聯絡，也希望收編郭子興這支隊伍。

在這個群雄混戰，崇尚叢林法則的亂世，一個僅僅保有兩城（滁州、和州），兵力不過數萬，又剛

剛失去主帥的地方武裝，就是案板上的魚肉，人人覷覦，萬難自存。

經反復權衡，郭氏認為，如果他們是一塊肉，一定要掉進某個強者的嘴裡，那也絕不會是死敵孫德

崖；而依附於兵鋒正銳的龍鳳政權，對於他們在夾縫中生存，倒是一個不錯的選擇。於是張天祐親往亳

州，接受招撫。很快，他帶回「朝廷」的委任狀，命郭天敘為都元帥，為全軍主帥，張天祐右副元帥，

朱元璋左副元帥。元制，右比左貴，故右帥地位要高於左帥。朱元璋任左副元帥，在軍中是第三把手，

地位僅次於郭天敘和張天祐。

對於這樣的人事安排，《明太祖實錄》的記載異常矯情，稱朱元璋聞命後，說了句大話：「大丈夫寧

能受制於人？」決定不接受任命。

這純屬一派謊言。

朱元璋一直到至正二十六年（1366年）冬溺死韓林兒前，始終接受龍鳳政權的官爵，並以龍鳳紀

年。只是後來做了皇帝，以紅巾軍為「紅妖」，才不肯承認這段「受制於人」的歷史。

雖然朱元璋並不甘心居於郭、張之下，但迫於時勢，一時也無可奈何，只好接受三帥「共府置事」

的局面。然而，這樣的「軍事民主機制」，正是郭氏餘眾致命的弱點。在群雄逐鹿、互相攻伐的亂世，

一支缺乏軍事強人統領的隊伍，未來是不容樂觀的。

這年五月間，和州等地遭遇嚴重的糧荒。江淮一帶，經過多年的兵燹，已是赤野千里、餓殍滿路，這支小隊伍無處籌糧，難以繼續在江北生存，遂決計渡江，向相對安定的江南發展。

但巧在此時，巢湖水寨因為被元軍和周邊民寨所塞，混不下去了，派俞通海來和州乞兵。這真是天賜良機，朱元璋與徐達等親信商議後，親自到巢湖與其首領李普勝等會面，招降了這支水軍。六月初，全軍順利渡江，一舉攻占江南牛渚、采石等磯，隨即乘勝攻破太平路[4]。

占領太平路後，郭部進行了政權建設：改太平路為太平府，置太平興國翼元帥府，朱元璋兼任大元帥，其親信李善長任帥府都事，潘庭堅為帥府教授，汪廣洋為帥府令史，以太平府耆儒陶安參幕府事。

我們不知道都元帥郭天敘和「第一副元帥」張天祐在新政權建設中發揮了什麼樣的作用，但從朱元璋兼領新設的翼元帥府，及其相關人事安排來看，這次改制是在朱元璋的主導下進行的。

渡江後，郭部構成已相當複雜，除了郭氏兄弟統領的郭子興嫡系與朱元璋所部，還包括在渡江前後收編降附的巢湖水師及民兵元帥陳埜先部萬餘人。這樣一支臨時拼湊在一起，各懷心思的隊伍，已不能再稱「郭家軍」了。太平府城內，還不知如何鬧哄呢！

郭天敘失去了號令全軍的力量，感覺難以與朱元璋共事，遂分兵轉戰江南，占領溧陽、句容等地。

然而九月間，郭天敘與張天祐在進攻元集慶路（即南京）的戰役中，不幸雙雙戰死。

二位元帥之死，主要是因為民兵元帥陳埜先暗中通元，臨陣叛變所致。

郭、張之死，雖由陳埜先之變直接造成，但間接上很可能死於朱元璋的陰謀。種種跡象表明，朱元璋早在七月第一次進攻集慶路時，已察知陳埜先懷有逆心。陳埜先是協同元軍進攻太平，失敗被擒，被

路是元代行省下的一級政區，明代廢路設府。太平路的治所在今中國安徽當塗。

迫降順的。他與朱元璋歃血為盟，表示追隨，從而重新握兵，參加了郭部對集慶路的進攻。但他很快恢復了與元軍的聯絡，設下圈套，誘朱軍來攻。

但朱元璋並不信任陳埜先，他接到陳埜先促他進兵的來信後，故意遲緩不前，卻讓毫不知情的郭、張二人繼續進攻集慶，結果跳進陷阱裡。九月，元帥郭天敘、張天祐，總管趙繼祖率軍從東南方向進攻集慶路東門，陳埜先部從其駐地板橋進攻南門，從寅時（凌晨三點到五點間）直戰至午時，交戰正酣時，陳埜先邀郭天敘過營飲酒，出其不意，將其殺死，又擒獲張天祐，獻給元軍。陳埜先隨即會同元兵，內外夾攻，郭軍大潰。

朱元璋借刀殺人之計成功，郭家二帥盡沒，尤其是除掉了名分在其上的大舅子郭天敘，使他在郭部中的地位爬到了頂點。

值得一提的是，陳埜先在追擊郭氏潰軍時，過於奮勇，被亂軍「溺殺」。說句公道話，從元朝的立場來看，陳埜先是文天祥似的忠臣烈士，朱元璋才是亂臣賊子。陳埜先死後，餘部三萬餘人在次年三月朱元璋規取集慶時，全部被其招降。

陳埜先臨陣倒戈後，巢湖水師也不穩了，其領袖李普勝、趙普勝藉口慶賀渡江之捷，擺下鴻門宴，企圖殺死朱元璋，將朱部吞掉。幸運的是——對於亂世豪雄，幸運太重要了！朱元璋成功的關鍵，在於他大多數對手和競爭者都不如他幸運——朱元璋得到密告，並未赴宴。他卻佯作不知，將計就計，數日後設宴回請，反而就席中拿下李普勝，將其處死。趙普勝知事情敗露，投奔長江上游的徐壽輝去了。巢湖水軍其他將領，如廖永忠、俞通海等人，都一心歸順了朱元璋。

此時的朱元璋，很有點見神殺神，見鬼殺鬼的陣勢。

至正十八年（1358年）七月，郭子興僅存的幼子，時任江南行省右丞的郭天爵，被朱元璋以謀叛的

罪名在建康（南京）誅殺。

此事官史無載，見於當時以「騎士」身分從軍的俞本所著《紀事錄》（又名《明興野記》）。《滁陽王廟碑》也提到此事，稱「（天爵）與群小陰謀伏罪」。「陰謀」，就是郭天爵被誅的罪名。

右丞之職是天爵之兄天敘戰死後，由韓林兒任命的，朱元璋同時被任命為平章政事。元制，平章從一品，右丞正二品，龍鳳政權的任命，確認了二人是以建康為根據地的那支武裝的頭領。這塊地盤在名義上是龍鳳政權的「江南行省」（「江南等處行中書省」的簡稱）。

其實在占領建康後，朱元璋已併郭氏之眾而有之，成為郭氏集團事實上的首領。郭天爵不過寄一空名而已。龍鳳政權的任命，實際上是對郭氏舊主在名分上的一種照顧。

現在的郭氏集團，其部眾包括三類：一是以徐達、常遇春等同鄉親信為核心的朱氏嫡系，一是郭氏餘眾，一是巢湖水軍。郭氏餘部又分兩種情況，一是以湯和、鄧愈、郭興（他的妹妹嫁給了朱元璋，即後來的郭寧妃）等人為代表，原為郭子興部將，後來見機轉舵，投順了朱元璋；一是以邵榮、趙繼祖等人為代表，他們地位較高，資格亦老，並掌握一定的兵權。

殘存的郭氏舊部，對於朱元璋來說，仍是一股異己的力量，他們不僅未與朱元璋重新調整關係，還對這位昔日同僚強化權力、排斥異己的做法頗有怨言，成為大權獨握的朱元璋必欲除之而後快的對象。

朱元璋首先除掉了擁有舊主之子名分的郭天爵，等於去除了郭氏餘眾重新聚合在一起反抗自己的一個條件。《明史·郭子興傳》說：「天爵失職怨望，久之，謀不利於太祖，誅死。」鬱鬱居於建康的郭天爵，未必有能力「謀不利」於朱，而以心懷不滿（「怨望」）加罪於人，差不多等於誅心之法了。朱元璋不放過他，正所謂斬草除根，勿使滋蔓。

在殘酷的戰爭歲月裡，郭部許多將領先後戰死，倖存者如邵榮、趙繼祖等人也在至正二十二年（1362年）被朱元璋以謀反的罪名處死，其姓名功績與其遺骨一起，湮沒於歷史的荒野之中。

郭天爵一死，郭子興便絕了後（又傳子興還有一位側室李夫人，生第四子郭老舍，洪武初回定遠老家務農，其子孫在鄉被稱為「郭皇親」），郭氏集團亦告覆滅。朱元璋則以郭子興的親信、部將和愛婿的身分，成為郭氏眷屬的保護人。

其實早在郭氏兄敗亡前，朱元璋與這哥倆已成為真郎舅。

原來郭子興有兩位張姓夫人，其側室小張夫人，育有一女，是郭子興最小的女兒。當初郭子興與妻子商議，要為朱元璋擇配，是小張夫人說：「方今天下大亂，正當收攬豪傑，一起成就功業。我觀此人舉止異常，我不收之，一旦為他人所親，誰與我共成事業？」提醒了郭子興，才決定將好友馬公之女許給朱元璋，使之成為自己的養婿，有了這樣一層關係，朱元璋自然不會跳槽了。而反過來，朱元璋也由此成為主公之婿，上升之階亦順暢了。

錢謙益在《明太祖實錄辨證》中指出，「滁陽王（郭子興）夫人生三子，皆與高帝不協，而次夫人獨能知高帝」。小張夫人智識過人，當郭子興在濠州被孫德崖逮捕，性命危急時，是她率郭氏兄弟從朱元璋奔告彭早住，使其夫得救；當朱元璋為讒言所攻時，亦是她一力周旋。郭子興死後，小張夫人知道自己母女的地位已無保障，默察形勢，深知唯有蔭蔽於今非昔比的贅婿，方為上策，於是決定把親生女兒郭氏嫁給朱元璋，即便為妾也在所不惜。

郭氏（即後來的郭惠妃）在這樣的環境下下嫁朱元璋，與馬氏姐妹共事一夫。朱元璋由昔日的親兵家人，一躍而為故主遺屬的保護人。

故主的兩個女兒都下嫁了朱元璋，養女馬氏在明朝建國後，被冊封為皇后，郭氏封為惠妃。郭子興是朱元璋一生中最大的貴人，是朱元璋發跡的提攜者，雖然兩人之間有不少猜忌和摩擦，但郭對朱恩德如山，至少兩次救過他的命（朱元璋初入濠州，與和州之變時）。朱元璋對沒有威脅的死人總還是大方的，在洪武三年，追封郭子興為滁陽王，妻張氏為滁陽王夫人，在滁州立廟致祭，並繪其三子圖像以從

祀。在親自撰寫的祭文裡，他不無感懷地說道：

「朕方從軍，幾為他人所害。惟王能活我，致有今日。盡平天下，家國已成，再生之恩，終世難忘。」

然而，此言若出肺腑，他何不為主公留下一縷血脈？何必將郭氏殺得乾乾淨淨！總之是說得到，做不到。

我們無法探知這位新郎官入洞房時的心態如何，但可確知的是，朱元璋這隻亂世之鳳，是在郭氏一族的焚火中涅槃重生的。

第二卷

皇子與儲位

第九章 虎毒不食子，還溺子

俗話說，虎不食子。朱元璋殺過侄子，殺過女婿，嚇死過外甥，但就是沒有殺子的劣跡，他對孩子們護愛有加，最重骨肉之情，他建立的明朝，是典型的家天下。

有人要問了：老朱是家天下，難道老李、老劉們搞的就不是家天下？誠然，歷朝歷代，無不是家天下，豬也好，牛也好，都是一家一姓的王朝。只是老朱的心胸看起來比以往任何開國之君都更狹隘，他不止要讓朱家人世代坐天下，還不許旁人從他家碗裡多舀一匙羹。

朱元璋的「歷史貢獻」，最為後人所推許的，是其開國定制，全面規劃、奠定了大明王朝政治體制的基礎。

開口閉口都是「太祖之制」的明代人自不必說，清人對朱元璋也是佩服得不行。《明史紀事本末》有一章專講太祖的「開國規模」。在順治皇帝眼裡，朱元璋簡直是天下第一明君，「歷代賢君」，如漢高、光武、唐宗、宋祖，都不如他。順治帝自然不是追星族中的「朱粉」——「愛沒有理由」，他推崇朱元璋，主要服服他是一代王朝優良制度的擘畫大師；他說：「古代賢君做事，有好的，也有不好的，不是三七開，就是四六開。唯有明太祖所定條理章程，規劃最為周詳，歷代之君都比不上他！」康熙皇帝下江南時，專程到孝陵叩拜，寫下四字評語：「治隆唐宋」。清代以來，有一句話：「清承明制」，叫得非常響，清朝的制度好，飲水思源，自然朱元璋開關之功，不可抹殺。

清人對朱元璋的評價是否恰如其分？我覺得有些過了。其實朱元璋創設的好些制度，在他身故之後，要麼廢棄不用，要麼被偷樑換柱，變成演出道具（最典型者，莫如早朝制度）；而一些基本制度，盤根錯節，難以移易，造成深遠的負面影響，給明王朝背上了沉重的歷史包袱，比如「宦官」這塊胎

記，就是從洪武朝的肚子裡生出來的，再有一個，便是那極為不合理的宗藩制度。

明代宗藩制的形成，決策缺乏科學性，在朱元璋身後不久即造成顛覆皇朝的大動亂（靖難之役）；該制度的內在矛盾和不合理性，隨著時間的延續，其不可持續性暴露無遺，成為制約明代社會經濟發展的主要障礙。

這糟糕體制的核心，便是蓬勃難過的私心，這裡沒有公義，也沒有理智。

朱元璋對孩子們很公平，一視同仁，不僅保證他們有飯吃，還要管飽。他的兒子，統統封王，王的兒子也都為王。明代宗室的分封制度是這樣的：

皇子皆封親王，親王嫡長子繼承王位，餘子皆封郡王；郡王嫡長子繼承王位，餘子封鎮國將軍，以下輔國、奉國將軍和鎮國、輔國、奉國中尉，以此類推。

女性成員也一樣，從公主、郡主、縣主到郡君、縣君、鄉君，個個都得祿米吃。如果我發一句奇論，我要說：朱元璋是中國最早的女權主義者，因為他堅定地與「嫁出去的女兒是潑出去的水」這類不平等陋習做鬥爭。他家的姑娘，即便嫁出去了，生養死葬，一概要管，女婿們也都有官可做：除了公主之夫稱駙馬，餘者稱儀賓，各有品級！

總之，凡是打「豬（朱）窩」裡爬出的子孫，不分男女，也不管他血緣的親疏，生來皆賜封爵，各按等級吃一份朱家人的生育能力從其屬相（豬），都很能生，山西晉王府有一位郡王爺，連生一百個兒子！偏偏朱家人的生育能力從其屬相（豬），都很能生，山西晉王府有一位郡王爺，連生一百個兒子！這樣雞生蛋，蛋生雞，明朝的親王數經常性沒說的，除了長子封王，其他九十九位元兄弟全部封將軍。這樣雞生蛋，蛋生雞，明朝的親王數經常性地保持在五、六十位之間，郡王更達數百人——王爺這玩意兒，就像濫印的鈔票，大大貶值了；郡王以下的將軍、中尉，更是千百成群，不計其數。

到明代中期，朱氏宗族人口已相當龐大，每過若干年還要翻一番。這些人被稱為「天潢貴冑」，朝

廷不准他們從事任何生產活動，也不許參加科舉考試，出仕做官（直到天啟年間，實在撐不下去了，才稍稍放鬆），吃喝拉撒，全靠朝廷養活，吃完就睡，別無正事，成為一個特殊的寄生階層。

朱元璋這麼做，不僅因為舐犢情深，事實上，他在布一盤棋，企圖依靠這種荒唐的分封制度，去控制全國的軍事和經濟大權，使天下億兆之民都來奉他朱姓一家。朱元璋待兒子們稍稍長成（一般都在十六、七歲），立馬把他們派到各要地為王，從而建立起朱家的權力據點，共同「藩屏王室」，維護朱氏的家傳寶位。

朱元璋的做法，充分暴露了他私欲膨脹之下的顢頇。可稱前無古人後無來者。就說那「承明制」的清朝吧，愛新覺羅氏也有自己的宗室，若依明代的制度，康熙帝二十多個兒子，就要封二十多位親王，然後在某省擇一善地，讓他們「之國」（又名「就藩」），安營紮寨，繁衍生息，世代安享尊榮富貴。然而清朝的皇子不一定能封王，封親、郡王的只是少數幾位，其他人多只封貝勒、貝子等，這就有個降殺，而不是大搞平均主義、無差別對待。

元璋兄，你何不想想，您子孫昌盛，誕下無數龍子龍孫，白吃白喝，白拿白用，長此以往，國家財政怎麼吃得消？

果不其然，才到憲宗、孝宗時期，宗祿問題已開始困擾朝廷及地方政府。到了末年，政府實在管不了了，放任大量沒名字、無封號、沒祿米的「窮宗」[5]，在社會上遊蕩鬧事；朝廷卻枯守祖制，不許他們自由謀生，許多人竟活活餓死。

5 朱明宗室的封號與名字都要上請，由禮部擬議賜給，但因天下宗人太多，請封需要一定的成本，朝廷又怠政，官府又推脫，使許多宗室一生都無法獲得賜名，也得不到封爵，只是空寄「天潢」之虛名。而沒有封號，等於國家不承認他宗室的身分，自然也領不到祿米。

本來是龍，卻成了蟲！

朱元璋對天下人如狼似虎，對自家孩兒，也是似虎如狼。不過這是有區別的，對「別家兒」他狠著咧，連皮帶肉，生吞活剝，是吃骨頭不帶吐渣兒的鬣狗、豺狼和禿鷲，但對親生的孩兒，他立威，卻絕不食。

在他花了二十多年時間，反復修改而成的祖訓[6]裡，明確規定：親王有過失，其情重者，遣皇親或太監宣之上京；假如宣他三次不至，再遣流官（流官是相對於世官而言的，即文武官員）與太監去召——多麼客氣呀！再盛情的主人也不會這樣請客，何況對方還是一位「犯罪嫌疑人」。

祖訓裡就是這麼寫的，其實文中還有深意，好比皇帝派皇親和太監，連請三次，犯罪的親王都不肯來，憑什麼再遣流官，他一定會來呢？其未言之義是：事不過三，三次請你不來，你莫怪朝廷不客氣，發兵來請了！

朱元璋本意當如此，只是他忌諱把話挑明，有害於「親親之義」，所以寫得這麼曲裡拐彎，生怕委屈了他的兒孫們。

朱元璋要求未來的嗣皇帝對宗室至親做到心平氣和，極盡寬仁，親王犯了重罪，皇帝請他來喝咖啡，請三次，他不來，第四次終於動天兵押來了，卻不許皇帝龍顏大怒。祖訓的規定是：如果親王胡作非為，確有鐵證，不是被人誣陷的，皇帝應親自下諭，將他所犯之罪明白告訴他，然後令在京皇親及太監陪留他十日。在這十天內，親王必須見皇上五次，坦承自己的過

6　明代「祖訓」有兩種，一名《皇明祖訓錄》，初修於洪武六年，今見本為洪武十四年修訂本；一名《皇明祖訓》，重修於洪武二十六年，此為定本。

失，寫出深刻檢查。

皇帝見他認罪態度良好，到第十天就可以正式給予處分了。對此，祖訓強調：雖有大罪，亦不加刑，重則降為庶人。

朱元璋慣常使用的刑罰，什麼挑骨、剝皮、碎砍、凌遲、斷足，還有割鼻、挖眼、抽筋，一樣也不許用在自己人身上，就是常用來打書生屁股的「廷杖」，也是斷不許用！

親王就是犯了謀反等十惡不赦的大罪，最重的懲罰，也不過降為庶人——按現在的說法，就是「雙開」，開除公職（親王之爵）、開除宗籍（貶為庶民）。明代被降為庶人的王爺不少，如燕王朱棣有一段時間被削奪為庶人，稱為「燕庶人」。他把建文帝拱倒了，建文帝的後代，就成了「建庶人」。還有齊庶人、谷庶人、甯庶人等等。

以上說的是親王犯重罪的情況，如果親王所犯之罪較輕，不必召他上京，只是記住他的過失，等親王來朝時，順帶著「面諭其非」，當面批評他一下，或者派官員到他府中，「諭以禍福」，使之自新就好了。

我覺得古人行事比今人要坦誠，他們教人從善的道理，核心就是「禍福」二字：做好事就是積福，做壞事就是招禍，因果迴圈，報應不爽！「三言二拍」裡許多故事，都在重複這些道理，從來不搞什麼「感召」，更不用「煽情」那一套，賺人鼻涕眼淚。

「善有善報，惡有惡報，禍福自召」，這是朱元璋「育子經」的主旨。他對犯了錯的孩子，實現民主原則，絕不打罵，只是偶然嚇唬他一下，然後再和他慢慢講道理。

但親王在他的封國裡，天高皇帝遠，有了過失，朝廷怎麼知道呢？這就要靠「耳目」了。朱元璋要求御史、科道等「風憲」官員，必須及時奏報親王之過。但他的心理與普通家長一樣，開家長會時，飽含深情地對老師說：「這孩子太皮，請老師多管教，他不聽話，您就打他！」老師以為家長是以全副肺

腑相托了。結果才數落了孩子一次不是，家長肚皮裡便鼓起碗大一個包，不免背後罵兩句：「做老師的，也太苛刻！」人情就是這樣，朱元璋也不例外，他雖然諄諄囑咐風憲官、地方守臣及王府內外官員好生輔導親王，有過直諫，並及時向朝廷彙報。但他本心是願意多聽親王善行美德的，很不喜歡外人說他孩子的不是。祖訓就規定了附加條款：

——風憲官如果以親王小過奏聞的，就是「離間親親」，斬；

——如果風聞親王有「大故」（如謀逆），官員未掌握確鑿證據，就輕率上聞的，同樣犯了離間之罪，斬！

明代監察權很盛，所謂「憲臣」，相當於今天的紀檢監察部門，但其職權要大得多。「風憲官」除了在京的都察院與科道官（六科給事中和十三道監察御史，通稱台諫，或言路、言官），還包括各省按察司以及後來增設的巡撫都御史。為了保證監督的有效性及威懾力，朝廷特許風憲官「風聞言事」。風是采風之意，也就是聽到什麼消息，不管是空穴來風，還是捕風捉影，都可以奏聞，而不必拿到真贓實據。今天一些民主國家，豁免議員的言責，也是此意。這是居「言路」的特權。然而在監督親王這一塊，朱元璋卻附加了苛刻的前提條件。

譬如「小過」？何者為小，何者為大？謀反當然夠得上「大」啦，但還得捉姦拿雙、捉賊拿贓，有那麼容易嗎？若小事不報，一旦朱元璋認為是大事；或者謀反還未拿到贓、雙，未敢上奏，而謀反者已謀成而反了。怎麼辦？左右是官員掉腦袋。對兒子們，朱元璋始終是羽翼之、偏袒之的。

在各自的封國內，朱元璋授予兒子們極大的政治、軍事和經濟權利，洪武十四年《皇明祖訓錄》規定：凡王國內市井鄉村軍民人等，敢有侮慢王者，王即拿赴京，審問明白，然後治罪。一般官民人等，誰敢故意「侮慢」王爺？無非是王爺瞧誰不順眼，就說他侮慢，抓起來治他的罪。朱元璋的兒子們，都在十來歲上各奔封國，作威作福了。朱元璋將他們視作自己「帝國」統治的基

石，賦予他們很大的權利，也寄予了極大的期待，時時惦掛著他們，處處為他們著想，達到令常人想像不到的地步；他表示憐愛、憤怒的方式，也令人詫異驚奇。

第十章 太祖皇帝的家書

朱元璋為孩兒們操心，主要是因為這些龍子龍孫行事多有過失，令他失望之餘，也擔心他們保不住富貴，乃至丟了性命。在這方面，他這位父親是以己心來替孩子們憂懼的。可笑朱元璋皇帝做著，卻從未享受過高枕無憂之樂，他曾自述其心態：「朕自即位以來……夜臥不能安席，披衣而起，或仰觀天象，見一星失次即為憂悒」。

看官！您大半夜睡不著覺，起個夜，大概就是上趟廁所，或去廚房喝口水吧？但朱元璋夜不安席，他披衣起床，卻是直奔陽臺，仰觀天象——但願他沒有拿著一支望遠鏡，否則人家還當他偷窺呢！

朱元璋難道夜來無夢，蹓躂出來看流星？非也。跟所有古人一樣，朱元璋很迷信星象學，相信天上某顆星的運行軌跡發生變化（稱「星變」，或「星失次」），都預示著地球將發生可怕的災難。他時時擔心將有不利於他的事件發生，所以跑出來接收一下來自外太空的警報。

有這樣一種人，深度缺乏自信，黃粱飯在鍋裡煮著，脆皮鴨也烤熟了，正是香氣四溢時，他卻無端地懷疑有人試圖搖醒他，令他所擁有的全化作南柯一夢，到嘴的鴨子要飛去。所以始終處於一種半睡半醒的狀態，情不自禁的自虐。

朱元璋就患上了這樣的偏執型精神障礙，總以為身邊人要害他，黑手無處不在，令他防不勝防，搞得他整日膽戰心驚，憂惕不寧，難以享受人主無憂之樂。

我們看朱元璋自己怎麼說。他在《祖訓》裡寫道：他坐在宮裡，「日夜警備，常如對陣」，那緊張狀態，就跟打仗一樣。白天時，仔細觀察身邊人，觀其言語動作有何異樣；夜晚則嚴密巡察，毫不放鬆，使「奸人」不得而入。即便是親信如骨肉、朝夕相見之人，猶然警備於心，這是因為人心隔肚皮，「寧有備而無用，而不可無備」。

要像朱老爹一樣，每日瞪一對大眼睛，四下掃描搜索，我看，任誰都會像奸人的！他身邊總是圍著一大隊保鏢，就是與「親信人」密謀國事，他也要求：常隨太監以及帶刀侍衛，只可回避十丈地，不許太遠。這是以防「親信人」突然發難，刺殺他，假若侍衛離得太遠，救駕就不及了。

他這個經驗教訓，不是從荊軻刺秦王那裡吸取的，而是從遇刺身亡的元英宗那裡取的經。他說「元朝英宗，遇夜被害，只為左右內使回避太遠，后妃亦不在寢處，故有此禍」。故此他作息自律很嚴，規定「早起睡遲，酒要少飲，飯要依時進，午後不許太飽」，只為在外行路時，可以掌握一點靈活度。

夜裡他經常睡不好，時常驚醒，醒來輒側耳傾聽「城中動靜」、「市聲何如」，或者走出殿庭，仰觀風雲星象變化，默察有無臣下篡逆謀亂的跡象。寫到這裡，我想，假如朱元璋向哪位御醫抱怨睡眠不好，御醫給他開一劑安眠之藥，結果朱元璋睡踏實了，一晚未起，第二天你猜怎樣？是重賞御醫，還是立刻推出斬首？請回答！

無論朱元璋到哪裡，「警備常用器械、衣甲，不離左右」。元璋兄這方面的性格，倒與我有幾分相似，我也喜歡做最壞的打算。為此，我不得不努力工作，以免下崗，而朱元璋則隨時為政權坍臺，做好「跑路」的準備：他下令從眾多廄良馬中，調教出「能行速走」的快馬數匹，常於宮門及京城四門餵養；又命凡是皇帝所在，近侍太監都要隨時備下鞍轡齊全的馬匹——自然，朱元璋沒說逃跑，他說的是「一體上古帝王、諸侯防禦也」。但若是防禦，該多備滾木礌石才是，您卻備下千里良駒，這算是哪門

子的防禦？

瞭解了朱元璋的惶恐心理有多深，下面再講他如何給兒子們發警報，就知道其言之不虛，全是根據他自己的生存之道總結出來的了。

朱元璋在《祖訓》中介紹：「朕以乾清宮為后寢，后妃宮院，各有其所，每夕進御有序。」說他夜裡只在乾清宮就寢，妃嬪各有居所，排好隊次，輪流侍寢，從不發生爭搶。

在孩子們來朝時，朱元璋曾親自領他們參觀過自己的寢宮。只見龍床周匝，盡是宮人鋪睡處（大約是打地鋪吧，這與後來乾清宮二十七張床的布局明顯不同），他得意地說：「此所以關防有勢！」真龍擱中間睡，勇敢的宮女們圍繞在四周，形成一個宮女敢死隊環衛聖駕的形勢，大概她們還有口號：「誰要犯駕，請先從我們的屍體上跨過去」。

「關防有勢」的話，記在朱元璋給第三子晉王朱棡的「記事」裡。

記事是朱元璋手書並封緘的私信，由太監或皇親領於御前，直接交到收信人手裡。像這樣的記事，晉府收到百餘件（有專門諭晉王的，也有傳諭諸王，而另給晉王一份副本的），由王府長史司編輯出來，流傳後世，就成為寶貴的史料了，稱之為《明太祖皇帝欽錄》。

《欽錄》在明代屬於保密檔案，沒有傳世。直到民國十四年（1925 年）接收清宮財產，才由俞平伯先生發現於景陽宮御書房。俞先生認為：「這不是正式的官文書，乃是明宮的密件」。這個判斷是正確的，正因為不是公開刊刻的文書，且內容皆為朱元璋親筆，未經潤色和篡改，所以其真實性及史料價值非常之高。

下面講朱元璋訓子，便主要依據這份難得的史料。

我們剛引述的那件記事，是由內使虎兒於洪武二十八年四月初五日送到山西太原晉王府的。同日，

周王府差千戶周彬也齎到記事一件。大概朱元璋只寫了一份，令各府互相傳看，故由周王差人送到。同一天收到兩份記事，足見在京的老父時刻不忘在國的兒子們。

事情的起因是皇第二子秦王朱樉突然薨逝。

秦王去世，讓白髮人再一次送了黑髮人，朱元璋的悲惻之情溢於言表。他立刻條件反射地指出，秦王一定是遭人謀害！他忿憤地說：「秦王不聽我言，與小人獨處，殺身之禍，是其自招！」

對秦王的死，他是又憐又恨，但馬上想到必須盡快提醒其他兒子，於是挑亮燈花，給兒子們寫信。

他自己形容其態說：

「為父的老眼昏花，但為你們著想，不得不揩拭模糊的老眼，親行淨稿，把秦王的事情告訴你們。」

信的末章節附注著日期：「洪武二十八年三月二十七日記事。」這一年，朱元璋已經六十八歲了，老眼已經生翳，他仍堅持親自動筆，給遠方的兒子們寫下一封封家書。他如此不顧辛苦，就是怕兒子們遭到無處不在的敵人的傷害。

秦王縱恣妄為的個性，從他初到封國（洪武十一年）就顯露出來，而自他趕赴封國的那一時起，老父勸誡、指責、鼓勵的敕書與家信，就接連不斷地飛來。但秦王總改不掉壞脾性，令老父親又急又氣，無可奈何。

在洪武二十三年（1390 年）二月十日的一份給晉王的記事裡，為了教育晉王，還拿他二兄秦王舉例，說秦王「終歲玩婦人，為婦人所迷，護衛官軍人等，亂宮者無數」。

此時朱元璋身體狀況已不好了，他寫道：「今老父負瘡在背，略說大意，觀爾心智，尚不能周知老父之機。」那語氣裡，是既希望孩子們學「好」，又怒其不爭，不能達到他的期待。其情之流露，發乎自然天性，要不是《明太祖皇帝欽錄》裡所收記事，有太多暴力和充滿帝王狹隘思想的內容，將它們編輯起來，倒可以做成一本《朱元璋家書》，供後人做親子教材呢！

第十一章　廚子打不得！

秦王朱樉，是朱元璋第二子，在太子朱標死後，成為諸王中最年長者。洪武二十八年（1395年）正月，朱樉率軍西征甘肅洮州，討伐叛亂的西番部落。軍事行動很順利，不久捷報到京，老頭子十分開心，他從小就教導孩子們：「你們好好練兵練將，爾等長成，不靠外人為將。」如今「外人為將」者差不多殺淨了，乃見秦王似模似樣一個將才，自然開心得不得了，賜予他豐厚的獎品。

不料轉瞬之間，凶耗傳來，秦王竟死了！

據王府奏報，秦王是當年三月十九日夜三更時分發病的，宮中婆婆（老年宮女，又稱老婆子）見殿下喉中痰音大作，說不出話來。急忙報告府中護衛以及長史、承奉司官員，眾人慌了手腳，忙令守門太監去喚醫士。等醫士來看時，秦王已歪在前殿東房的床上，唇口指甲發青，雙目緊閉不睜，出聲不得。醫士診斷是「六脈關絕」，急忙煎藥救治，又是拿針灸紮臍下，又是用熱水瓶熨腳心，就差電擊了，折騰了一夜，到第二日辰初時分，秦王還是不治身亡。

朱元璋聽到噩耗，武斷地認定，秦王是因為不聽他教訓，才被人謀害致死的。而害他的，無非是他身邊的小人。

俺不斷提醒你，讓你留心身邊的小人，但你就是不聽！朱元璋氣得腦袋發暈。

秦王在這方面一直不讓他放心。他還記得，洪武十一年（1378年）二十一歲的秦王到西安去就藩。在路上，因一點小不如意，鞭打了廚子。這讓朱元璋大感恐懼，親自寫來一份敕諭，指出秦王多次侮辱「造膳者」的危險性。

堂堂王爺，哪怕他一個廚子什麼的！朱元璋不這麼看，他說：「膳，立命也」，非操膳其事者不得其

精」。人之榮華富貴，不過吃穿住行，而以吃為首。小子你聽真了……你的吃食，掌於廚子之手。你不把廚子當人，「將操膳者視以尋常，是不可也」。為何？吃食是要入口的，你若得罪了廚子，他往你飲食中吐口水，或彈點鼻屎什麼的，你哪裡知道！「若頻加棰楚，不測之禍，恐生於此」。聽說你動不動還打他，他雖是個小人物，你把他打狠了，他豁出去，在你食物中下毒，你小命就沒了！

依我說，朱元璋的批評與分析，雖然有些齟齬，但可謂鞭辟入裡，十分精闢！

好像朱家孩子都喜歡跟廚子過不去，與秦王同一年就藩的晉王朱棡，也在到封國太原的路上，笞辱了膳夫。事見《明史·朱棡傳》。

朱元璋不愧是眼觀八路，耳聽四方，西北警報剛息，又聞晉中警聲大作，他捉急死了，孩子們怎麼都這般任性，不懂事呢！他立刻派人，以八百里加急的快馬，星夜傳諭晉王（「馳諭」），讓他對廚子好些——真比兵火還急。

在給晉王的教訓裡，朱元璋拿自己舉例，說道：

「老父我率領群雄平定禍亂，對人從未姑息過。唯獨廚子徐興祖，事我二十三年，我從未折辱過他。」

他為何對一個廚子如此高看？難道一介「膳夫」，比被他殺掉的那些老哥們還重要？朱元璋沒有明言，只拋出一句：「怨不在大，小子識之」。

令人莫名其「妙」！我想，朱元璋一定把給秦王講過的那一番道理，也給晉王講了。只是修《明史》的秀才們，覺得那道理，其理雖真，卻不似帝王口吻，很難複述，因此便來個「吾不言，請親愛的朋友自察之」以敷衍了事。

親王之國，是多麼隆重之事，一路上軍馬浩蕩，事體繁多。朱元璋獨獨對兩個皇子毆打廚師之事，耿耿於懷，專門派飛馬前去，曉以利害。可見他很明白一個道理，像陳友諒、張士誠這樣的對頭，像胡

惟庸、藍玉這樣的「奸臣」，要想謀弒他並不容易，總得發起大勢軍馬來殺，但他終究能抵擋一陣子，總不至於虧輸。就怕這些對頭、奸臣，不是買通身邊親信之人，取他首級於睡夢之中。

看官！不妨猜一猜，除了侍寢的宮女妃子，還有哪些人應該格外防範？朱元璋認為，身邊有兩種人絕不可得罪，一是剃頭匠（櫛工），一是廚子（膳夫）。為何不能折辱廚子，朱元璋把道理講得很清楚了。那為什麼剃頭匠也不敢得罪呢？

御前動刀子的，不是只有剃頭匠嘛？侍衛們的刀，都藏在鯊魚皮鞘裡，輕易不拔。但剃頭的來見，有哪次不亮刀的？一把利刃，在龍喉前橫飛，刀光閃處，鬍子刷刷飛落，朱元璋能不驚恐？

曾記得看過一部日本恐怖小說，講一個理髮師撞死人逃逸，恰好被一個人看見，這個人經常找上門來，先是剃鬚不給錢，後來就開始要錢。把理髮師折磨得幾乎發狂，最後終於用剃刀割開了勒索者的喉嚨。這個人死了，真相才揭開，原來他並非勒索，而是借理髮師的手自殺。朱元璋可不想自殺，所以他得好心撫慰剃頭師傅，讓他情緒穩定，不至於像那位日本理髮師一樣發狂，危及聖躬的安全。

大概朱元璋和我等百姓一樣，和剃頭匠說話，也是一口一個「師傅，你辛苦了」。他不單嘴上客氣，還經常給些白金、寶鈔的賞賜，甚至送大官給他們做。朱元璋的廚子徐興祖、井泉，都做到光祿寺卿；剃頭匠杜安道、洪尚觀，都是從三品的皇皇京卿（光祿寺卿與太常寺卿，皆為「九卿」）。

一聲怒吼半邊天都要塌下來的老父親尚且如此謹慎，他的不肖之子，竟敢隨便笞辱，還要不要小命？

如今，一切都應驗了！秦王果然被害死了，朱元璋恨恨不已，言語錯雜地（這是老朱口語的特點）把死秦王數落了一大遍。他斷定：「老二就是在睡前服食了櫻桃煎，由此而亡。」

櫻桃煎是蜜餞，宋代人很喜歡吃，楊萬里就寫過一首詩誇它好吃。但怎麼這美食到秦王肚子裡，便要死人呢？原來是被人在裡面下了毒。那麼王爺的飲食，怎麼能輕易被人投毒？朱元璋說了，這都是因

為「正宮被苦，宮禁不嚴，飲食無人關防計較」。本來王爺的飲食該由王妃來管，但王妃正「被苦」呢，自身不保，哪裡管得了你呀！

秦王朱樉的正妃王氏，是元朝大將、河南王王保保（擴廓帖木兒）的親妹妹。

王氏被納為秦王妃時，王保保正擁兵盤踞在西北一帶。顯然，這是一樁政治聯姻，而當朱元璋將兒子的婚姻當作籠絡王保保的一種手段時，已註定了王氏一生的不幸。

我不知道王氏貌美不貌美，反正她的容顏、她個人的意願，都是微不足道的，唯有她的身分才最重要，這也是決定她在政治天平上低昂的關鍵。

王保保是個漢子，他拒絕了明朝的招降，那個妹子，自然也是不要了。可惜天妒英才，他沒能實現復興大元的夢想，就在洪武八年病死了。而恰在洪武八年，由朱元璋做主，又為秦王樉另冊了一位王妃。但老二媳婦王氏還沒死哩！一王二妃（一正妃，一次妃），這是諸王中的特例。

大概是朱元璋覺得硬要秦王接受一樁政治婚姻，對不起他。如今王保保已死，其部眾分崩離析，北邊可以解憂矣，王氏的利用價值也消失了，所以轉而與鄧愈結親，給秦王另找了一個他喜歡的妻子。

果然，秦王從此只寵愛次妃鄧氏，而把討厭鬼王氏徹底打入冷宮，每日粗茶淡飯，悲苦捱日。

對於秦王的這點家事，朱元璋早有所知，他還替王氏出過頭咧！奇怪吧？

朱元璋在御祭秦王的哀文中，不忘把這一條拈出來說：

「偏妃鄧氏，因妒忌被責，自縊身死。自此之後，我再三省諭，以禮相待正妃王氏。爾不聽父教，仍將王氏幽囚宮中」。

鄧氏是追封甯河王鄧愈之女。鄧愈生前，率軍打過王保保，這兩位戰場上的敵人，各自的妹妹與女兒，共侍一夫，難怪她們要不合，在宮中開起戰來。而公公本來對王氏不公平，無端給她樹了一個對手，但後來見秦王做事太混帳，轉而偏袒孤弱的王氏，動輒訓責鄧氏（須知公公的訓斥是極可怕的，請

見下文），鄧氏一害怕，就上吊死了。

瞧，朱元璋又占一項世界第一：他竟然嚇死了兩個兒媳和一個兒子，即秦王偏妃鄧氏和潭王夫婦。

秦王大概是恨摯愛被奪，激起逆反心理，從此硬下心來，死活再不理正妃王氏了。

而不幸的王氏在冷宮中幽囚二十餘年，待秦王暴斃，她赴陰間的路也鋪好了，被迫為不愛她的夫君殉葬。秦王朱樉謚「愍」，稱秦愍王，王妃的謚多一字，為「愍烈」。「烈」這個字可不好擔待，它須以生命為代價去掙的！

據說，金庸先生《倚天屠龍記》中元朝郡主趙敏的原型，就是王保保的妹妹。不知老先生怎麼說，我希望是真的，因為我們無法回到明代去解救她，只好希望這個可憐的女人可以換一個身分，活得精彩美豔！

秦王雖然死了，朱元璋還有好多話要講，「記事」沒法寫了，他便把想說的話一股腦寫進秦王的祝文裡。這篇奇異文字，正史不載，全文開載於《明太祖皇帝欽錄》裡。最初發現此件的俞平伯先生，看過之後，頓覺有眼界大開之感。他在《記在清宮所見朱元璋的諭旨》一文中特別提到：

「那篇《祭秦王文》，是很有趣的文字。祭文我見得很多，無非痛悼讚美不休，真的是『肉麻當有趣』。至於把它們做得和檄文一般的，你們見過嗎？我想你們還沒有見過吧，《祭秦王文》就是這麼一篇妙文。開首說了一段，我記不大清楚，但總括來說：『你的死是自作自受的。我列舉你的罪過，你聽著！』下面便一條一條的指斥著。每一條條首，那標著『一』字，乍然一看，簡直不多不少是一篇檄文。」

而且全文異常的冗長，更足見朱元璋的令郎是死有餘辜的了。」

此祭文是古今獨見的一篇奇文，一共二十八條，都在說朱家二郎的失德和荒恣。

這位秦王行事的確荒唐（據朱元璋說，許多惡行是他與鄧妃一起做的），他在宮中閒來無事，將婦女厚粉塗面，用胭脂畫一血盆大口，口角直接耳垂，然後令其擎紙旗二面，在宮中飛舞奔走；又將宮人

以墨塗面，用大紫茄子二枚，掛在耳朵上，令兩人肩扛了，在殿庭間盤旋，以此取樂。

這是「荒蕩無禮」的例子，還有殘毒之事。秦王性情暴烈，經常對宮人施以非刑，有割去舌頭的，有縛了埋在深雪中凍死的，有綁在樹上活活餓死的，有用火燒死的……宮中老幼，無不膽戰心驚，不知哪天就丟了性命。

於是有老婦三人，暗地裡在櫻桃煎中下毒，結果威武的秦王，「不移刻而死」。

秦王死於櫻桃煎，應該是在審訊秦府宮人時供出來的。案件的審理情況不明，但可以想見，朱元璋為了替兒子報仇，將如何的施虐了。嚴刑之下，什麼樣的口供得不到？他說兒子死於下毒，那一定是死於下毒，至於毒藥下在櫻桃煎裡，還是葡萄乾裡，就隨受刑者發瘋時亂咬胡供了。

朱元璋替王氏打抱不平，並非真的憐惜這女子，他不過認為，由於秦王宮中無主，因而宮禁不嚴，群小放肆，而王的飲食起居，無人關防計較，才遭人毒害。他雖然將秦王以公爵之禮下葬，「俾爾受罪於冥冥，以泄神人之怒」，其實是他在自泄其怒。

在二十八條「檄文」中，就有五條提到秦王「聽信偏妃鄧氏」或「聽信偏妃鄧氏撥置」；其中一條說，秦王與鄧氏一日在花園臺上同坐，令宮人捲衣至膝上，於礓礤（音薑擦，是以磚石露棱側砌的斜坡道，斜面為鋸齒形）上跪行。——這多痛啊！行不到一半，宮人忍不住膝痛，跌倒滾下，逗得王爺與王妃哈哈大笑。

京師幾千里外，秦王府裡發生的這類細事、小事，被朱元璋摸得一清二楚，可見他在兒子身邊安插了不少眼線，隨時報告，他則一筆筆把帳記著，死了也要一起算！

連說翻得好筋斗，以此為笑樂。

第十二章 公公要凌遲兒媳婦

《明太祖皇帝欽錄》除了秦王，還記有周、齊、潭、魯、靖江等王的敗德之事；另外還有一部性質相同的《御制紀非錄》（成書於洪武二十年），所記也都是諸王的不法之事。

在這兩本原始史料裡，我們最關心燕王朱棣的形象。可惜，無論是《欽錄》，還是《紀非錄》，均沒有任何關於朱棣敗德為非的記錄。

作為年長的皇子，朱棣在兩書中僅僅側面出現過數次，幾乎沒有留下任何的事蹟。這是因為朱棣行事謹嚴守正，尾巴滑不溜秋，父皇抓他不著？還是書中本來有一些關於他「作惡」的記載，當他即位後，相關「記事」全被檔案的整理者刪除了？對此不好隨意做出判斷，但從後文建文帝對燕王過惡的指責來看，朱棣與諸王一樣，也有跋扈不守法的通病。我傾向於認為，朱棣滿身的臭泥，都被人為洗去了。

這啟發我們思考：荷花出汙泥而不染，是其自然之性涓潔，也有雨水沖刷之功；而吃五穀、放臭屁的人類，他們從汙泥裡挺拔而出，看起來那般白淨，卻很可能是御用文人替他們沖了一個熱水澡，所以──香噴噴得很咧！

替人洗澡搓背，本是一件低賤的活計，歷史學者本該在殿堂裡修書，怎可跑到澡堂裡搞創作，低聲下氣地替權貴搓澡討歡心呢？

且放下老四朱棣，說他七弟齊王朱榑。

這位皇七子，在他父親眼裡，是典型的不才荒唐之人。洪武十一年，朱元璋命周、楚、齊三兄弟到鳳陽老家下基層鍛煉，一方面「閱兵練武」，熟習兵事，將來好統領朱家軍打仗，保衛朱氏的「紅色」江山（明朝德運屬火，五行之中，火色為赤，而國姓朱者，亦赤也）；一方面「專讀聖賢之書」，以培

養年輕的皇二代的德性。

或許是第一次離開京城，沒有了嚴父的震懾和約束，齊王彷彿孫悟空除去了緊箍咒，立馬「輕薄生焉，殘酷萌焉」。

齊王種種怪異殘酷的行為，很快由皇帝高效率的諜報隊伍密電報告了主子，朱元璋大為震怒，立刻下令將齊王召回，飛雷閃電，大有將其廢黜之勢。

齊王的媽媽達定妃憂子心切，晝夜驚惶不寧，飲食俱廢，擔心與她同榻的老虎悍然發威，做出吞噬親子的事體。她雖然害怕極了，仍鼓起母性的勇氣，跑到朱元璋面前，為兒子求情討饒。

「幼兒無知，可善加責罰，徐以教之。」

達定妃跪倒泣奏。

聽到「棄慈而殺子」五個字從朱元璋嘴裡吐出來，達定妃嚇得魂魄欲飛，以為萬能的主立心要殺齊王了。

「昔帝王之子不才，以辱父母，教而不馴，故棄慈而殺子者，出於無奈！」朱元璋憤憤道。

「出於無奈」，非殺子不可。

朱元璋道：「你聽我說——」

她戰兢兢地問：「敢問輕薄者何事？殘酷者何事？」她不信年幼的孩兒能犯下什麼大過，讓親爹

便舉出特務報告的齊王輕薄的例子：他見一隻鵓鴿從東房飛到西房，咕嚕叫了兩聲，因嗔怪鴿子口出非禮之言，怒喝一聲：「你敢飛這裡來！」抽出衛士的佩刀，追上去砍殺。

朱元璋連比帶畫，口水直噴，又舉出另一件齊王行事慘酷的例子：

「他宅中房檐下有一窩雀雛，不知如何惹惱了他，竟叫人拿去活活燒死，如此無仁心一個逆子！」

原來小小的齊王，是一個虐鳥狂。現在網路上有好多以虐待小動物得意的人，還拍下視訊炫耀，小

心朱元璋來找你喔！

明代時還不流行虐待狂，別說是人，即便是小鳥，你以不人道的方式對待，也是喪心病狂的表現。

達定妃聽了，默然無語，孩子的行為是令她羞愧。

齊王朱榑這一年十五歲，按當時的標準，已快到結婚生子的年齡，還如此行事，的確荒唐。這位七皇子胡鬧的本性，從未改過，標準的「教而不訓」。不過朱元璋說「教而不訓，棄慈而殺子」，只是發怒時說的幾句狠話，他才捨不得殺死親生之子呢！教而不訓嗎？那好，接著再教，直到馴服為止。如果始終不馴，老頭子也只好拱手道一聲乏：「我是沒法了，留給後人再教吧。」這位後人，指的是齊王的大哥懿文太子朱標，未來的皇朝繼承人。

《明史》對齊王的描繪是「數曆塞上，以武略自喜，然性兇暴，多行不法」，看起來他虐鳥，貌似在培養打仗的本領。但俗話說，種瓜得瓜，種豆得豆，從這個意義上來講，人們都是高明的農夫、不學而成才的農業專家。好比齊王多行不義，是他撒下的種子，到秋天時，豐收了，他便吃到自己的勞動成果──簡稱「自食其果」。建文帝即位後，即罷其王爵，廢為庶人。

齊王與同時被廢的四哥朱棣，屬同病相憐。四哥奪位後，關照這位病友兄弟，替他平反，復了他的王爵。但他依然驕縱如故，就連四哥也容忍不了，再次將其廢黜。

齊王不容於二朝，他被廢為庶人，等於從宗籍裡除了名，從此「天潢」裡再沒有齊王這一系，凡涉及到朱榑及其後人，皆稱之為「齊庶人」。

齊王做的那些不法之事，可見《明史·齊王榑傳》。與傳中那些事比起來，追砍鴿子、活燒雀雛都算不得什麼。朱元璋並不是一個見血就暈的主子，他是否有些小題大做了呢？其實，他之所以拿殺子來恐嚇齊王母子，憂心的並不是「孩子這般小，就如此殘忍不仁，將來豈不變成比我還狠的魔頭」，真正令他深憂跂慮的，是小孩兒輕率殺生，不積陰騭，將來會招禍上身。

朱元璋一生殺人無數，他並非不怕惡鬼來纏，所以他一邊大開殺戒，一邊大做法事，這就好像黑道老大一邊掙黑錢，一邊到處散財做善事。

朱元璋害怕兒子們平白害生，會招神殛，便找人把楊寶育雀、隋侯醫蛇等一些專講報應、福禍的古代故事，畫成圖畫，賜給諸王，讓他們記住：「福人膺福、禍人應禍，未嘗謬也」。

然而，就是這樣一個關心孩子們積福、篤信善惡有報、鬼神好還的人，在《明太祖皇帝欽錄》的別處，卻經常向兒子們發出這樣的指令：「將會甯侯並他的兒子，都凌遲了，家人成丁的，也廢了，婦女與晉府配軍（即將女性眷屬配給王府的軍人作老婆）」；「把那三個侯碎砍了，家人、火者、成丁男子都砍了」……

吾等看客，只能嘆息，有人就是這麼分裂、變態，其人格豈可以常理喻之！

洪武十九年（1386年），天象多變，發生太陰、金星、火星凌犯諸王星的災異。朱元璋嚇壞了，生怕諸王之中，有人會當災斃命。

他想來想去，周、齊、潭、魯這幾個王，「每日為非」，一定是他們激怒了上天——「二曜相犯甚急，罪恐專在周、齊、潭、魯」。他之所以這麼聯想，是因為近期接到的關於諸王行為的報告中，這幾個兒子最為胡作非為。

五小子周王朱橚，最為朱元璋疼愛，他不聽話時，也最令老父心煩。朱元璋痛苦地合上雙眼，憤然道：「如周（王），無所不為，說不能盡！」

五皇子做的壞事太多，老父頭疼不已，都懶得細數了，他只說了一件：開封府生員顏鈍，定了一門親，女方還沒過門，被周王先下手為強，搶入宮去，再不歸還。——且慢，這事兒怎麼這麼眼熟？你老朱不也幹過？當年參議楊希聖已聘之妻是被誰奪去的？您老「身教」在先，周王學你，何必動怒？

朱元璋應該是不記得了，所以一點都不臉紅，他在罵過周王後，又將其他幾位少爺在洪武十九年的劣行一款款列了，講給諸王們聽：

長不大的齊王，這回又挨批了。如今他已是二十四歲的小夥子了，幹起壞事來，遭殃的就不再是雀雛、鵓鴿。據他父親爆料，他也喜歡強搶民女，經常將民間女子搶入宮中，「不用」者打死，然後燒成灰送出來（好像齊王很喜歡玩火，有縱火犯的傾向）。

第八子潭王，是齊王一母同胞的弟弟，三年後自焚而死，慘遭朱家除名，被民間故事家請去做主角，編入陳友諒的精子大軍，做了陳家的遺腹子。

此人似乎並不值得同情，瞧他在這一年幹的壞事：先是一千皮鞭打死本府典簿一員，又用鐵骨朵打死典仗一員。也是個兇悍了得之人，大概朱門的家風和遺傳固然如此吧。其實不用朱棣在實錄中造假，吹噓自己如何酷肖父皇，他的兄弟們，個個都「肖」得很呢！

第十子魯王朱檀也榜上有名。

十少爺朱檀還年輕呢！他是洪武三年（1370年）生，出生才二個月，就被封為魯王。這位魯王好道術，也是他朱氏的「家學」。在道教方面，和尚出身的朱元璋頗有研究，諸王之中，秦、燕、魯、甯等王，都是「神仙」的信徒；燕王朱棣把自己裝扮成現世的真武大帝，甯王朱權則寫了幾本介紹修仙的書，研究專深，自不必說。且說朱二哥秦王樉，好服食「淫邪之藥」，因為藥性熱燥，每天須飲用大量冰水，而魯王的路數，與他稍有不同，他好的是「餌金石藥」。服用的都是道家爐火的修煉之物，功用則有不同：秦王服藥的目的應為助淫，是威而鋼、犀利士一類的春藥，所以才有「於軍民之家搜取寡婦入宮，陸續作踐身死」的劣行；而翩翩少年魯公子，吃的卻是長生不死、羽化升仙的仙丹。兩兄弟各取所好，但服毒是一致的，秦王不到四十就薨了，魯王年紀輕輕，毒發傷目，把眼睛弄瞎了，洪武二十二年（1389年），年僅十九歲，一病嗚呼。

魯王是個有才華的年輕人，作一手好詩，彈一手好琴（有興趣的朋友，可去中國山東兗州魯王墓參觀），他的死令老父又憐又恨，雖然不像對待秦王那樣，寫一道討伐的檄文解氣，卻也賜了兒子一個惡諡：「荒」──

魯王如何荒唐，且聽朱元璋在家庭揭批會上如何斥責：

「魯至無禮，其妃當凌遲處死！這等潑東西，一日著內官召回來，凌遲了！」

魯王小倆口到底都做了些什麼事，令老父如此發怒？

原來朱元璋據線報，魯王倆口兒在封地兗州，經常將民間十歲、七、八歲大的小孩留在宮中玩耍，有的則乾脆不放，擅自閹為火者（即閹人），令一境人民怨怒。

三五日才放出來（莫非年紀不大的魯王有虐童癖？），有的則乾脆不放，擅自閹為火者（即閹人），令一

說到這，朱元璋又罵一句：「此夫妻二人，死不可逃！」

朱元璋忍不住又罵：「這夫妻兩個，死罪絕不可逃，合當凌遲信國公女。」

「如此教人難過！」朱元璋又罵一句：「容我說一句：元璋兒：做公公的，豈可這樣偏心？如果要怪，當先怪自己的兒子，小倆口一起做的

當然，廢人、凌遲人，是朱元璋的口頭禪，說慣了的，他並不真心要治兒子的罪。兒子肯定是不治的，兒媳則不一定，如秦王次妃鄧氏，是勳臣鄧愈之女，不也被公公三番

（中略）魯王妃不是別人，乃是信國公湯和之女，並不是隨便一條母狗，可以碎砍了下鍋的。一般民家，公公老頭兒罵兒媳，怎麼都要顧及口德，不可罵得太狠。沒有像朱元璋這樣做公公的，開口閉口要把媳婦凌遲了，古今中外，他應該是第一人吧！

「魯荒王」，換成白話，就是「荒唐的魯王」啊！──朱檀成了魯荒王，且聽朱元璋在家庭揭批會上如何斥責：

五次拿凌遲來嚇，我想多半也是趁早自吊而亡。

朱元璋把周、齊、潭、魯等王胡作非為的大概，寫在記事裡，「說與各王知道」，意在提醒兒子們：

「天象如此，你們若愛惜自己的性命，就當多行善事，少做非為，這樣才能挽回天意，為善自保珍之計。

不然，禍不可逃！」

總之，作為家長的朱元璋，性雖嚴，心卻慈，他是一門心思為兒郎們著想的。

第十三章 朱元璋的福星墜落了

朱元璋希望兒子們團結起來，「尊敬父兄，和睦親族」，共同維護朱家的萬世基業。在皇子們各赴封地守國之前，他經常創造機會，讓兄弟們回老家鳳陽，一起讀書、出遊、練兵，在朱家的發祥之地，在對祖先的共同懷念中增進感情。

洪武七年（1374年），他特創新例，讓兒子們一起為庶母成穆孫貴妃守喪。太子朱標不樂意，說自古哪有儲君為父親之妾服喪的？惹得老頭子暴跳如雷，拔出劍來，作勢要砍他。朱標嚇得逃回東宮。幸虧東宮有聰明的輔臣，深知儲君最不該幹的事，就是逆國君之意。趕緊勸說他，曉以利害。朱標深悔失言，忙套上一件白袍子，額上抹一道白綾，全身孝子的打扮，然後去見父親，表示深刻反省認錯。

有學者認為，朱元璋之所以讓皇子們一起來為庶母守喪，除了以此推重他愛妃的身分，還另有深意：他希望兒子們在共同參與長時間的喪事活動中，增強家族情感上的聚合力。這是極有見地的。

皇子們到封國稱王時，多數都還未成年，之國後就在封地裡「守國」，未蒙召見，不許來京。朱元璋擔心孩子們日久情疏，他想出的辦法，是令王子們互相訪問。

洪武二十六年（1393 年）五月底的一天，晉王府宦官首領劉二在京辦完公事，陛辭回太原，朱元璋口授旨意，對晉府一些事務做出安排。講完公事，劉二要退出，朱元璋想起什麼，招手把他叫回來，叮囑他道：「你去給晉王說，如今燕王十六日出去了，要你家王爺也收拾出去，與弟兄們相見一見。」

燕王封地在北平（今中國北京），晉王封地在山西太原，分別守著北邊兩大重鎮，這兩兄弟關係不好，是朱元璋的一塊心病。他希望二王多見面，或許在談笑間，他們之間的芥蒂也如北虜一樣灰飛煙滅？

洪武二十七年（1394 年）三月，朱元璋命第二十子韓王朱松、第二十一子沈王朱模，「游觀諸王國都，以敦友悌之情」。

兩位年少的皇子，此行分別拜訪了西安的二兄秦王、太原的三兄晉王、北平的四兄燕王、開封的五兄周王、青州的七兄齊王，歷時半年，行程數千里。

韓、沈二王都是朱元璋老年時所生，當時年紀不過十二、三歲，與兄長們的年齡差了二十幾歲。朱元璋認為他們辛苦這一遭是值得且必要的，因為他們將來也是鎮守一方的王子，將與兄長們攜手，共同奠定王朝的基業，如果兄弟之間缺乏感情的交流，相互之間不熟悉，甚至不認識，那怎麼可以呢？

洪武三十年（1397 年）春，朱元璋又因從曾孫靖江王朱贊儀（朱文正之孫、朱守謙之子）年幼，欲讓他「知親親之義」，命他省視晉、燕、周、楚、代、肅、遼、慶、谷、秦十三王，自湘、楚入蜀，歷陝而入豫、晉，經北平，東至大寧、遼陽，然後渡海，從山東回京。幾乎沿著大明王朝的邊界走了大半圈，此行更為艱苦。朱元璋這麼做，除了敦進親族的感情，還希望借此讓子孫周曆天下，熟知山川險要，習於勞苦，增廣見聞，可謂用心良苦。

以上只是史料有紀錄者，沒有記載的親王間的相互交往，應該更多、更為頻繁。洪武後期，隨著元功宿將的紛紛隕落，諸王們開始充任主帥，統率護衛、都司軍馬，領鎮守、征伐之事。朱元璋一般會讓

相鄰的親王一起行動，並按其年齡分別擔任主帥與副帥。朱元璋這麼做，一方面是為了強化兄弟之間的感情紐帶，一方面則強調了長幼有序，使孩子們既懂得孝悌，亦能各守本分，勿相爭先。

在皇子繼承制度的安排上，朱元璋也是絞盡腦汁，他確立的一項根本措施，就是強化嫡、庶之別，使嫡長子繼承制成為皇位襲替的基本原則。

祖訓裡，有這樣的規定：凡親王每年來京朝覲，不許一起都來，務要一王來朝，歸國無事，下一位親王得到通知，然後才許來朝。

現代西方也有類似的規定，總統以及副總統、參議院議長等國家元首的順位繼承人，不許出現在同一個場合，否則一齊出事，蛇無頭不行了。朱元璋也害怕朱家父子老少舉行家庭聚會時，被「叛逆者」突然發難，一起做了包子餡。

皇子皇孫們來朝的順序是：

從長到幼，嫡子先來，嫡子朝畢，再是庶子。庶子也按長幼之序來朝。如此周而復始，不許失序。

而突出嫡、庶之別，就是強化嫡子的地位。這首先表現在大位的繼承上，嫡長子朱標，從吳王時期的世子，到洪武時期的皇太子，他始終是毫無爭議、不可動搖的儲君。朱標死後，朱元璋也不考慮別的兒子，而是直接冊封朱標的嫡子朱允炆為皇太孫，皇位始終保留在嫡長子這一系，絕不許他房小宗覬覦。

從《明太祖皇帝欽錄》的記事來看，朱元璋利用一切機會突出皇太子的儲君地位。

《欽錄》所收的第一條敕文，是洪武十一年（1378年）七月十九日敕諭秦王朱樉的，在嚴厲警告秦王的過失後，朱元璋語重心長地說道：

「昔日漢、唐子孫要是有你這樣的行為，身家性命還保得住嗎？今朕尚在，爾不曉人事，蠢如禽獸，朕加爾以責罰，你不必多疑。設若朕身後日久，爾還是這般蠢行，你大哥要收拾你，就不是他為兄的過

錯，純屬是你自找的了！」

又說：「爾終不從父命……如今朕在位，是爾父親，教爾不聽，總還是容你，將來是你兄做皇帝，他以苦口毒言教爾，爾必不服，以己是而非，那時你將自取其禍，還保得住富貴嗎？」

洪武二十三年（1390年）二月，因為第三子晉王朱棡「機根淺露，輕薄妄言」（晉王在一封信中，說了一些不該說的話），朱元璋擔心他將來觸怒兄長，特地寫來「記事」，提出善意的警告，說：「今天你老父還在，嚴號令，令爾兄弟，使知警畏，永保其國。他日你兄長即位，倘兄有號令，不管他做的對不對，你都要學會含忍。」其意與對秦王說的類似。

可見，朱元璋並不像之前的帝王，忌諱言身後之事，他一再突出並維護皇太子朱標的威信，前後一致，毫無差別。

洪武二十四年（1391年），秦王朱樉屢屢犯下過失，終於令老父的忍耐達到極限，下詔召他回京，秦王頓時感到黑雲壓頂，大禍臨頭。

也就在這一年，朱元璋命太子朱標巡撫陝西等地，一則省觀風俗，撫關中之民，一則實地考察遷都西安的可行性。太子還奉有密查秦王過失的使命。幸好太子寬仁友愛，回來替秦王講了好話，秦王才免於罰責，放回封地。朱元璋以太子之言而開釋秦王，也是為了令諸王感德，並尊崇太子權威之意。

如果不是朱標死得早，他一定會順順當當繼位，傳子傳孫，而歷史也將改寫：燕王朱棣將只是一名普通的明初藩王，默默無聞，靖難之役將不可能發生，也不會遷都北京……這種影響定然是連鎖放人的，可惜我們無法描繪一幅本不存在的歷史畫卷。

朱標在巡視陝西時得病，在回京後的第二年，即洪武二十五年（1392年）四月病故，終年三十八歲。

懿文太子朱標，出生於他父親率部渡江，建國大業發生重要轉折的那一年。明代謠諺說：「不怕水中魚，只怕岸上豬。豬過水，見糠止。」講的就是老「豬」渡江占領建康（見糠）的好處。

朱元璋聽說長子降世，歡喜至極，命人在山上刻下大字：「到此山者不怕無嗣。」欣悅之情盡布於此。

這孩子如福星降凡，自打他呱呱墜地，朱元璋打江山就順風順水，一路好風，直把他送上金鑾殿。故此朱元璋很疼愛這個孩子，一心栽培他，在他六歲時，就讓他師從著名儒士宋濂，習學經書。十三歲，爸爸稱吳王，立他為吳王世子；第二年，老子做皇帝，他也隨之升一階，被冊立為皇太子。這一年朱標才十四歲。一直到洪武二十五年（1392 年）初夏病死，他始終是儲君，是大明王朝的「國本」和法定繼承人。

須知，儲君也是君，朱標作為皇太子，與諸王之間，不僅是兄弟，也是君臣。朱元璋經常在給兒子們的親筆信件和敕諭中，強調他們大哥將來做皇帝，將如何如何，實際上是幫助朱標確立其權威的一種形式。

朱元璋怎麼也想不到，他花了近三十年工夫培養的繼承人，竟一夜之間，遽然做了空。

朱標死後，老年喪子的朱元璋慟哭不已，親自穿上白衣服，為兒子服喪，也不再上朝理事。等到喪期結束，禮部官員請他「釋哀就吉」，脫去喪服，換上龍袍理政，他猶然不忍。八月，朱標被葬於孝陵東側（稱東陵），這樣，待朱元璋百年之後，父子猶可相伴於地下。朱標得到的謚，為「懿文」二字，這就是懿文太子的由來。

在嚴父猜忌殘暴的陰影之下，懿文太子穩居儲位二十六載，恩愛始終不替，地位穩如磐石，這在歷史上是極為少見的。前朝的許多太子，如漢武帝的戾太子劉據，隋文帝的廢太子楊勇，居儲位都不短，然而最終父子決裂，太子身敗名裂。太子們的道路本來是光明的，但許多人就是走不到盡頭，要麼乖乖

地被廢、被殺，要麼起兵反抗，搶班奪權——好像太子們都不喜歡走正道，而喜歡走歪路、邪路似的。

其實這並非太子們的主動選擇，唐高祖的太子李建成，在玄武門挨的那一箭，是他自己選的嗎？太子們的路，是被種種複雜的情勢逼走上去的！

就說清朝的康熙皇帝吧，他的嫡長子胤礽剛滿周歲就被立為太子，當年輕的玄燁把襁褓中的孩子抱在懷裡，享受初為人父的樂趣時，他想得到將有一日會廢掉這個可愛的孩子？不管胤礽怎麼不爭氣，康熙不是素以「寬仁」著稱嗎？

有的皇帝發起狠來，行事就不像人類。就說南北朝後趙的石虎吧，那是比朱元璋還殘暴的一位主子，他把自己的親生愛太子石宣砍了頭。畢竟是自己的孩子，你縱是處死他，起碼也要給他一點尊嚴吧。但這位太子是被人用繩子穿了臉頰，像牛一樣牽著上斷頭臺的！

由此可見，皇帝與儲君相處，甚為不易。朱標與其父和平相處那麼多年，他有才幹、有野心的弟弟也不比胤礽少，二十多年間皇朝風雲變幻，但他穩當當坐在「副皇帝」的寶位上，任它風吹雨打，我自巍然不動，可見他在政治上有其特別悠長之處。

第十四章　三人之仁不敵一人之暴

朱標一系後來失去皇位，於是在篡逆者所修的「正史」裡，時不時透露一些資訊，說朱元璋對太子並不滿意。不滿之故，主要是朱標為人「柔弱，牽制文義」，不稱一代梟雄之意；又說太子宮中多過失，愈令他老父親不快於心。

「牽制文義」，是說朱標拘泥迂闊，不識變通。至於他宮中有何過失，無論正史野史，都看不到任何

記載。但既然官史以宮闈之事相譏，大概是責他好色吧，或許比好色還嚴重些，甚或因為溺於美色而廢事，乃至戕伐了本根。

懿文太子朱標只活了三十七歲，他在正當鼎盛的壯年，出了趟差，到陝西搞調研，回來就死了，使他老父親數十年栽培之功，一朝盡廢。這只有兩種可能：要麼他罹患不治之症，要麼就是內宮生活不太檢點，以致生命根鬚淺薄，稍受些風寒，就受不了。好比後世那位著名的正德皇帝朱厚照，也是三十出頭，到南方巡遊一番，回來就嗚呼了，似與懿文太子同例。且明代皇帝，多年年輕輕就登了仙，他們的後宮裡肯定藏有什麼厲害的「致命病毒」，這個我們放後文再講。

而所謂「柔弱」，其實是他四弟朱棣，為襯托自己「雄豪」，特地糊了，強安在他頭上的一頂帽子。朱標的兒子朱允炆，不幸垮了臺，在官史的刻畫裡，也被歸入柔弱一流。

「正史」是朱標的壞弟弟和他的子孫們修的，自然免不了要損他幾句；而眾多的野史、別史和民間傳說，卻沒有不說朱標好的。懿文太子的名聲非常之好，基本上可以用成龍主演的一部電影的名字來形容——「一個好人」；在洪武朝一片哀鴻的政治氛圍下，太子朱標仁柔的性情、敢諫的勇氣，令人向慕不已。

朱標總的性格特點，是一個「仁」字。

孔子在《論語》裡，通篇講「仁」，也講仁的境界難以達到。偏偏朱標就做到了仁、被人公認為仁，就是一心奉承篡逆者的史官，也不敢多加他誣詞，竟然也承認他仁，這是不簡單的。

朱標一生行仁，他的兒子建文帝繼承了他的性格基因，結果卻因仁而失國，沒得好收場，不禁令人哀婉嘆息！一般人都是這麼認為的，並在惋惜之餘，責他父子是「仁柔」，等於說仁過了頭，變成婦人之仁了。而篡逆者豢養的史官，則在「仁」後再加一弱字，變成「仁弱」或「柔弱」，說朱標父子一味講仁，全然無用，以譏諷太子這一系的失敗。

明代官史中，懿文太子事蹟非常少，懿文太子的故事，多見於稗官野史。

這些故事，多是講他懷仁重義的。

如說他的師傅宋濂，在七十多歲高齡時，因為孫子被打入「胡黨」（丞相胡惟庸黨案），他也受到牽連。朱元璋不顧舊情，要殺老臣的頭。朱標很傷心，跑去找父親，為師傅求情。但朱元璋異常決絕，一定要殺掉宋濂。朱標哭諫無效，轉身就走。朱元璋驚問：「你幹什麼？」他卻不答，一邊跑一邊擦眼淚，一副傷心欲絕的樣子。

朱元璋不放心，急忙令兩旁太監跟過去看。只見太子跑出宮殿，徑直奔到玉帶河邊，噗通一聲，跳了下去。

朱元璋萬想不到兒子會拼了性命去救師傅——這不是傳說中的死諫嘛！他是又氣又憐，只好答應饒宋濂一死，改為發配，將老頭兒流放到四川瀘州。

朱標此舉，雖然救師傅性命於一時（宋濂不久就死在了戍地），卻也害死了不少太監。當他墜河時，太監們紛紛跳下河去救，登時一池子落湯雞，在水中撲騰。幸喜太子無礙，濕答答被人拉上來。換了旁人，見兒子無恙，一定大喜，誰知朱元璋腦殼裡的那根筋，就是搭得跟旁人不一樣，當太監們以為立了救駕之功，沾沾自喜，等著封賞時，忽聽傳諭：跳河救人者，予重賞！卻附了個前提條件：只有沒脫衣服跳下河的受賞，那些脫了衣服才跳的，統統處死！

我的天呀！我替那幾個枉死的太監向天籟一聲：還有天理沒有？如果某個太監帶了一塊勞力士，他跳河時順手把手錶一摘，又將如何處置呢？

當然，這只是一個故事，我並不認為它是真實的。下面再講幾個，信不信，您自個做主。

一個故事說，因為朱標是長子，出生較早，因此比弟弟們更能體會創業的艱難。他曾聽人講，父皇也不是常勝將軍，他也落魄過（可笑的是，他每次落魄，都有豔遇），有一次為漢王陳友諒所敗，陷入

絕境，多虧母親馬皇后不離不棄，咬碎玉齒，生拉活拽，才從死人堆裡逃出來。

朱標聽了，非常感動，就把這故事繪成圖畫，以作紀念。

馬皇后死後，朱元璋經常慘然不樂，越發殺人如麻。朱標心中不安，勸諫道：「誅夷過濫，恐傷和氣。」朱元璋聽了，默然不答，第二天把他召來，將一根渾身是刺的棘杖扔在地上，說道：「來！你把它拾起來。」

朱標是聰明人，馬上領會到父皇是在借棘刺以喻江山大事，連忙跪下聽訓。

「我所殺的，都是天下之險人。」朱元璋道，「我殺他們，等於幫你除去杖上之刺，再交到你的手裡，這是你的福氣！」

朱標叩頭稱謝，嘴上還強：「上有堯舜之君，下有堯舜之民。」

看來他是根本沒聽進去，竟然還嘴說：父親您要是堯舜之君，怎麼會有那麼多亂臣賊子。我覺得朱標說的非常好，但朱元璋一聽，勃然大怒，心想這孩子不等於說我是桀紂之君嗎？盛怒之下，他操起身邊的弓箭便射。

朱標大驚失色，倉皇奔走，朱元璋則一路追射之。朱標在殿柱間躲閃時，身上忽落下一物。朱元璋撿起一看，是太子手繪的一副圖畫，畫的正是當年打江山時的苦情。那不是已經故去的皇后馬氏嗎？只見她頭髮蓬鬆，衣衫不整，背上負著一人，正倚著一塊石壁，狼狽殘喘。那背上之人，不正是自己嗎？見到這裡，昔日百般辛苦，一齊湧上心頭，朱元璋忍不住大哭起來，就把弓箭扔地上了。

這是個流傳極廣的故事。但我看過之後，沒有立刻在記憶裡打上一個「Received」（照單全收）的印

章，腦袋裡卻飛進一副滑鐵盧戰場的畫面。也是死屍成堆，汗血橫流，一個人背著一名未死的軍官，跌跌撞撞、步履沉重地從遠方走近。那不是《悲慘世界》中的尚萬強嘛？他是個窮苦出身，沉默寡言，意志堅定，一身的蠻力，用一邊肩膀就能扛起一輛重達千斤的大馬車，一位可憐的農夫就是這樣被他從車輪下挽救了生命。

莫非尚萬強的原型是馬皇后？想到這裡，我啞然失笑了。當然不是！然而我透過尚萬強的事例知道，馬皇后若能背起老公逃避追兵，她應該與尚萬強一樣，除了頑強的意志，還有一身硬邦邦的肌肉。

再說馬皇后就有些不敬了，還是接著說懿文太子。

上面這個故事的主題很明白──太子仁！懿文太子就是如此寬仁的一個人，以致於他的死，也是為仁所累。

有一次，左都御史詹徽侍奉太子審錄京師大獄裡的重囚，太子心慈，喜歡行寬法，死刑改無期徒刑，無期徒刑改有期徒刑……詹徽卻是個酷吏，每每意見與太子相左，他堅決抵制太子從輕的判決，必欲用重典才甘心。

朱標去找父皇反映此事，誰知父皇偏向詹徽，道：「詹徽所執者，法也。」

朱標就拿治天下當以仁厚為本的道理進諫。他竟然忘了，詹徽所執之法，是誰的法。朱元璋惱了，冷冰冰拋出一句：「等你有了天下，你自為之！」言下之意：你那麼會說，乾脆我不幹了，你來幹吧。

朱標害怕了，倉惶間不知所措，就自投於金水河（這回投水的原因與上回不同）。

朱標機靈地沖個冷水澡，倒讓朱元璋清醒了，深悔話說重了，連忙指揮太監們救援，後來就把氣出在脫衣服救人的太監身上──要涼快，大家一塊涼快！

看官，看到這裡，您是否懷疑懿文太子精神抑鬱，有自殺傾向？怎麼動不動往河裡跳呢？太子這麼喜歡投水，紫禁城裡的玉帶河，真應該加個堤防啊。

朱標到底有沒有跳過金水河，我不知道，但我對他一跳再跳，表示堅決的懷疑。其實啊，金水河在那裡，只是一個道具，不小心被「編導」重複用了，結果戲劇穿了幫。

這故事接著講，太子雖然被及時救起，但還是感疾而卒，死前交代兒子朱允炆：「詹徽殺我，無忘我仇！」他把自己的死，全怪在詹徽頭上，似乎有些不厚道。

詹徽執法嚴厲，以殺人為樂，結果作繭自縛。他後來被打入大將軍藍玉黨案，恰巧碰到皇太孫朱允炆審錄罪囚，他一眼瞥見父親的仇人也在黨員之列，那還客氣什麼！當即命人先砍斷詹徽的手腳，再推出去，戮之於市曹，真是因果報應。

這件事記在王鏊《王文恪公筆記》裡，是一條野史；後來王圻編寫《續文獻通考》，也載入此事，則變成一件「典制」了。

懿文太子朱標不單和詹徽爭獄，為了「慮囚」，他還與朱元璋直接起了爭執呢！

話說朱元璋要殺一個囚犯，太子和他爭，說不可殺。爭之不下，朱元璋扭頭問侍立於旁的御史袁凱：「你怎麼看？」袁凱不是元芳，倒還狡猾，答道：

「陛下欲殺之，法之正也。太子欲宥之，心之慈也。」

殺是執法，不殺是心慈，此說可算圓滿，兩不得罪，兩邊討好。

但這種滑頭伎倆，怎逃得過聖鑒？朱元璋認為他是「故執兩端」，便把這個兩面派關到牢裡，要處死他。得虧袁凱口袋裡不止一個錦囊，他見勢不妙，急忙打開第二個錦囊，在獄裡裝瘋賣傻，讓朱元璋以為他瘋了，方逃過一死。

朱標總與朱元璋意見不合，而行事果決敢殺的朱元璋對太子的「仁柔不振」非常惱火，就命人載了一車屍骸，鮮血淋淋地突然從太子面前拉過，試圖以此激發他。然而朱標見此慘況，不勝愁蹙，惟撫掌連連說：「善哉！善哉！」

第十五章　柔弱是叛逆者送的一塊匾

朱標、朱允炆父子，在歷史上的形象，都是「柔弱」之主。

他們的父親和爺爺朱元璋，是開國之主，與群雄逐鹿，馬上得天下，自然尚武；朱標父子作為儲君，他們的工作是「守成」，豈可不「柔仁」，以寬恤百姓，培植國本。但仁未必就「弱」，「弱」是勝利者加給失敗者的惡謚，是典型的成王敗寇似的評語。

明朝人之所以特別推崇馬皇后與懿文父子（朱標、朱允炆）這三個人，就在於他們是「仁」的，讚美他們的仁，其實就是在貶斥朱元璋、朱棣這對虎狼父子的惡。可見歷史並非全然以成敗論英雄，公道自在人心。

這對母子共同的性格特徵，就是仁慈寬大、重情重義。與懿文太子事蹟較少相比，馬后「慈愛性成」的故事非常多，幾乎都在講她如何濟太祖之暴：每當老公要殺人時，她總能想出各種法子來勸解，既造下無數級浮屠，又不致觸老公之怒，何其完美！

這對母子共同的性格特徵，就是仁慈寬大、重情重義。

至少還有兩位大好人！一位是懿文太子，一位是他媽媽馬皇后。

朱元璋當然夠「壞」啦，暴君在上，酷吏橫行，昏天黑地，暗淡無光，天可憐見，這一時期惡人之惡。

這就像寫小說，刻畫一個壞人，除了盡情描寫他本人的壞，還要樹幾個好人來陪襯他，才愈發顯出惡人之惡。朱元璋當然夠「壞」啦。

這個故事很值得玩味，它說朱元璋不滿太子仁柔的性格，想出那樣殘酷的方式來刺激他，頗合於人們對朱元璋暴虐性格的記憶，更突出了朱氏父子一仁一暴的巨大反差，它是以太子之仁，來彰顯太祖之暴——這也是以上故事的共性。

宣德初年所修的《明太宗實錄》，為了證明太祖對太子朱標的不滿，刻意編造了一段朱元璋夫婦的對話，稱「懿文太子以柔弱、牽制文義，不稱太祖意；又聞其宮中過失」，朱元璋對馬皇后說：

「我與你同起艱難，好容易才成此帝業，今長子所為如此，將為社稷憂，你說該怎麼辦吧？」

「天下事重，妾不敢與知。」馬皇后答得很爽快，「惟陛下審之。」

朱元璋見馬后無異議，便說道：「兒子們中，燕王最為仁孝，又是文武全才，將來撫國安民，非他其誰？我看好這孩子！」表明自己屬意的繼承人，是第四子燕王朱棣。

馬皇后仍然不置可否，只是趕緊說：「千萬不要把這話洩露出去，否則會給燕王帶來禍患。」

顯然朱元璋在說太子不稱他意時，話頭裡實伏了一根引線，一拉，接下來就該是易儲的話了。但朱元璋自己不說，把球踢給馬皇后，讓她來說。而馬皇后卻把球在胸前一停，又給他顛了回去，說這是天下大事，我哪裡知道，還是陛下您自個兒審度處置吧。

在這段文字裡，馬皇后基本上就是根電話線，只管傳話，自己毫無主張。丈夫要廢她親生寶貝了，她竟然麻木地說「不敢與知」。正是天下重事，所以才要聽你的主意嘛！廢立儲君，是國事，不也是家事嗎？而「惟陛下審之」，倒有幾分慈恩的意思：您看著辦，我沒意見！完全是偏心燕王，一句維護太子的話都沒有。

說到這裡，那個關於諸王嫡庶的話題，就顯出重要性了。假如燕王本是庶子，是冒嫡的小子，不須我駁，這段史文之出於偽造，一目了然。哪有當媽媽的，親生兒子不顧，卻替妾子著急忙慌的道理？這還不是幾口飯，哪個吃多，哪個吃少的問題：太子一旦被廢，搞不好接下來就是一張毒餅管飽——以後再也不必吃了！

史家敢這樣編寫，不怕暴露於光天化日之下，必須有一個前提，即朱棣是嫡子，否則這段文字將因為不符合基本的人情，而遭讀者的識破。

朱元璋夫婦透過這段「對話」，達成共識，都認為燕王有本事，太子是不行的。然而，朱元璋該出手時卻不出手，既然易儲大計已與老婆商定，為何不見執行呢？他不是優柔寡斷的人，凡他下定決心的事，沒有辦不成的，傳承了上千年的宰相他也敢廢，手握兵權、勳功無數的大將軍他也敢殺，為何偏偏在廢太子這件事上，遲遲不見行動？

我們看到的事實恰恰相反，他對太子的委寄不斷加深，將許多朝政託付給東宮處置，百官奏事，需要給東宮另呈副本，他還時刻注意樹立太子在朝臣和皇子們中的權威。

那麼，我們只能得出一個結論，即《明太宗實錄》中那個太子「將為社稷憂」的臭屁，是無德的國史編修官們炮製的，他們放這個空炮，目的不過是為朱棣未來的叛逆正名，補綴一些花邊而已。

實錄中這段記載是有來頭的，它取自朱棣欽定的《奉天靖難記》一書。這本書對太子所犯幾乎危及其儲位的過錯，提出三點證據：

下面指控就升級了：

其一，「初，懿文太子所為多失道，忤太祖意，太祖嘗督過之，退輒有怨言」。

「失道」之事，大概仍屬細故，所以《奉天靖難記》沒有擺在展示櫃裡供讀者批判。它還說，太子在遭到太祖多次批評乃至懲罰後，不僅沒有悔改之意，反而在背後說了一些怨氣話。

其二，太子「常於宮中行詛咒，忽有聲震響，燈燭盡滅，略無所懼」。

原來太子不僅發牢騷，還在宮中暗行魘壓詛咒之術，企圖不利於父皇。但人可欺，天不可欺，太子正攢了個穿皇袍的木偶，拿針狠狠地扎，突然一聲巨響，殿內燈燭全滅。這是老天爺給予逆子的警告！

然而，太子不畏鬼神，他頂著暴雷，拿起針來，毫不猶豫地向父皇的七寸處扎去⋯⋯

乖乖偶滴神啊！這不等於說，本朝太子爺就是漢武帝戾太子復生轉世？

還有一條，其三：太子不單紅口白牙地畫符詛咒，他還以「東宮執兵衛」的名義，擅自徵募了勇士

三千多人。

東宮要這麼多兵衛幹什麼呢？自然是用來造反的——這是不言之意。

原來，朱元璋說的「今長子所為如此，將為社稷憂」，就是這些。這些黑函一旦採信，懿文太子朱標跑不了要標上一個十惡不赦的謀反大罪，還不滿宮抄斬！

這段內容很可能正是由朱棣親自提供的，他就是希望把大哥朱標打成本朝的戾太子。雖然朱標已經死了，這些當年沒有發射的炮彈——我懷疑他是否敢於向朱元璋提供這樣的黑報告，而懿文太子平安無事，想來他即便把舉報信上交了，朱元璋也沒有聽信他——仍然有用，朱棣把它們夾在欽定的官書《奉天靖難記》裡射出去，就是要讓朱標父子在身敗之後再繼之以名裂。

其實，《奉天靖難記》才是朱棣發洩私憤的詛咒書，裡面很多內容純屬汙口，非常齷齪，尤其是關於建文帝「惡行」的那一部分內容，簡直令人作嘔。這個下文再講。《明太宗實錄》的前九卷，所記是建文朝四年間的事，也就是「靖難之役」這一時期，稱之為《奉天靖難事蹟》（這麼處理，是為了避開建文年號，且以叛逆者朱棣這一方為實錄記事的主角）。其內容基本上都取自《奉天靖難記》。但後者在收入實錄時，將扔在朱標父子頭上的爛菜葉都摘掉了，好比上面太子的三條罪狀，實錄裡一個字都寫。

可能誣人出於一時的政治需要，不免極力詆毀，不顧其惡劣，而後來在纂修《明太宗實錄》時，則為了照顧「聖祖」形象，不免做一些必要的刪洗工作——否則，「信史」愈發不可信了。

朱元璋夫婦「對完話」，遂不了了之，但皇宮裡千門萬戶，門縫就是多，這話不知怎的，還是傳了出去，被懿文太子聽到了。他馬上找來涼國公藍玉，祕密商議對策。

前輩史官真能飛天遁地啊！他們剛偷聽到朱氏夫婦在後宮的密語，馬上收回眼線，又飛到太子宮裡來偷聽了。

藍玉對燕王是極不滿的，不滿之故，史官們也打聽清楚了。原來藍玉在率師北征遼東，凱旋回朝時曾經過燕王的封國北平，便去拜見燕王，贈以名馬，作為禮物。沒想到燕王竟不給面子，回絕了禮物不說，還不客氣地道：「藍將軍出征回朝，所獲名馬不進於朝廷，先送本王，豈是尊君父之舉？」

此事令藍玉既慚且憤，久久不忘，亟思有以報之。這時聽太子問計，要對付燕王，就說道⋯⋯看官，容我賣個關子，您猜藍玉當如何說？

您是否會說，那還用問！藍玉定然痛斥燕王，大罵他「癩蛤蟆想吃天鵝肉，你也配」！先寬了太子之心，然後再慢慢給太子想主意。——不對！答錯啦！且聽藍玉如何說——

藍玉在聽了太子訴苦後，問道：

「殿下試想，皇上平日裡最愛哪位皇子？」

「最愛不過燕王。」太子答道。

「我也是這麼看的。」藍玉道，「燕王在封國撫安百姓，安靜不擾，很得軍民之心，大家都說他有君人之度。我擔心這些話被皇上聽到，殿下愈發失寵。我還聽望氣的說，燕地有天子氣，殿下宜審之。」

「宜審之」之「審」，是審度之意，當馬皇后聽朱元璋尋思要廢太子時，也說：「惟陛下審之。」這裡，藍玉倒像是燕王的說客，一會說他是皇上的最愛，一會又說他得民心，封地有天子氣，然後請太子自「審」之，分明是讓太子識時務，掂量自己的分量，早點讓賢算了！

倒好，太子朱標無端又被「審」一回，您說他晦氣不晦氣？

我若為太子，定當跳起來賞他兩記耳光，大喝一聲⋯滾！

但實錄裡的太子卻緩緩地說道：

「燕王事我甚恭謹。」

太子到底是太子，理解力就是高妙，原來我聽錯了，藍玉那一大篇話竟然不是「好話」，本意還是「速除燕王」。我真沒聽出來。

可是太子雖然聽懂了，仍捨不去婦人之仁，還在想，燕王對我那麼恭順，我要對付他，畢竟於心不忍。

然後藍玉說了一句：「殿下問臣，臣不敢隱，故盡其愚懇耳。惟密之。」結束了這次談話。

這裡又出現一個「密」字。以上兩處場景，兩組對話，就有三處強調要「密」（包括馬后強調的「幸毋泄言」）。可是竟然全部不「密」，都被驢耳朵的史官聽了去。

我尤其奇怪的是，藍玉為何也要說「密之」？他那些話，差不多等於廢話，全似向燕王獻諛；太子雖然嫉妒父親偏愛四弟，亦無一句惡言，還順帶讚賞了燕王之悌（善事兄長）。既無惡言，又無機密，保的哪門子密嘛！可見史官寫這幾個「密」字，不過是故弄玄虛，把太子、藍玉刻畫成全然無用的角色，受了氣，背地裡連個撞地屁都不敢放，只管說燕王的好話。

以上是實錄所記朱元璋第一次發心易儲，假如它是真的，懿文太子突然死了，不正是千載難逢的好機會，朱元璋還不趕緊令他最愛的燕王入主東宮？可是朱元璋竟然有違史官的好心，放著英明神武的老四不理，偏把太子之子，同樣「柔弱」的朱允炆封為皇太孫。

朱元璋寧可創設一個太孫的名號，也不肯令燕王入居儲位，顯然朱元璋並不像史官的偏詞說的那樣，只「屬意」於老四一人。

新立的皇嗣皇太孫朱允炆，與他父親朱標一樣，仍是「仁弱」者一枚，自然令朱元璋「不滿」——官史裡是這麼寫的。

據《明史紀事本末》云：「皇太孫生而額顱稍偏，性聰穎，善讀書，然仁柔少斷」。謂皇太孫朱允炆

第十六章　懿文太子的外戚灰飛煙滅

洪武朝皇子之間關係的真相，由於官方正史屢經刷洗和改篡，留下的證據很少。朱家兒郎們圍繞儲位的爭奪，我們只能從片段的歷史資料中去窺測，加以想像力和實際生活的經驗，盡力將這些碎片聯綴

辯駁——誰說歷史審判的法官都叫公正？

不明；一方面他的對手在自己開設的歷史審判庭中，對他們進行缺席宣判，而他們對所有誣詞，都無法

我們看到，朱標、朱允炆父子，作為政治上的失敗者，一方面他們的事蹟遭到刻意的掩蓋，多晦暗

邊的皇太孫鬥文？可笑到不值一駁，虧得谷應泰還做過一任學政，書讀得也忒迂了。

去了封國，絕大多數時間都待在北平，偶然上京，也不可停留過久，哪有時間來和終日奉侍在皇爺爺身

璋一定做得極有氣象，難道做了太孫，作詩的水準就像坐滑梯一樣直往下滑溜？燕王早在洪武十三年就

瑋物色大明江山的繼承人，難道是考秀才，哪個詩做的好就由哪個來幹？朱允炆既然被立為太孫，想來

這些故事不知是哪位冬烘先生編出來的，竟騙了谷應泰，讓他信以為真，當作信史寫入書裡。朱元

整，詞意亦佳。每每如此，久而久之，太祖又動了易儲的念頭。

之意；讓他作對，仍不稱旨，文字裡滿是衰敗之氣。而燕王正好相反，不僅詩作的漂亮，對子對得也工

《明史紀事本末》接著舉了許多例子，來說皇太孫如何不得朱元璋的喜愛，如令他賦詩，不中太祖

來的命運，毫無關係——史先生不成了世界知名的螢幕巨星？

允炆額顱稍偏，與史泰龍眼角歪一樣，都是從娘肚子出來時，被助產師不小心拉成那樣的，與孩子未

頭骨不正，是正位不久，終將失國之像。好像朱允炆失去帝位，是從他一生下來就定好了的。我想，朱

起來，從而對歷史人物及其關係進行部分的還原。朱棣在他篡位後，以史書為報復之具，捏詞汙人，造假行騙，然而作案者總不免在犯罪現場遺留痕跡，朱棣對歷史動手動腳，自然也會留下破綻和罅隙，成為我們深入歷史現場的「後門」。

朱元璋的兒子多，年長後多封大國，擁重兵、握大權，位尊地顯，其利益深深地纏繞在複雜多變的政治生態之中，他們手足之間不可能如老父親期待的那樣，兄友弟悌，你謙我讓，一派和諧無爭的桃源景象。

上文說到，明太祖和明太宗《實錄》中，刻意偽造了太祖朱元璋不滿意長子朱標，而屬意於第四子燕王朱棣的情節。這正好暴露出朱棣不甘心做王子，覬覦儲位的野心，至於父皇一心看好他，則屬於典型的意淫，是借史書自慰，在這個意義上，一些歷史書不是也可歸入「黃色小說」之列嘛？

朱棣想當皇帝，是主觀意願，主觀唯有與客觀配合好了，夢想才可成真。但現實常常是殘酷的，不隨人願，且令人沮喪，這就需要有人來做點心理疏導工作，好提振一下有非分之想者的士氣。朱棣就有這樣一位心理醫師，此人姓姚名廣孝，法號道衍。

洪武十五年（1382 年）八月，馬皇后去世，親王們紛紛來京奔喪，朱元璋打算選幾位高僧，陪侍諸王，為皇后誦經薦福。有人向朱棣推薦了道衍和尚，這是二人相識之始。

道衍雖為釋子，卻有經世之志（在中國，有心經世的和尚最多了，所以現在僧界的董事長和代表、委員多得是）。可能因為道衍和尚入世之心太重，沒法沉下心來念經修行，其實他的佛法並不很純，所學相當駁雜，好比他一個僧徒，卻向一個道士學手藝，得到他祕傳的陰陽術數之學。

早年間他游嵩山，曾遇到當時著名相士袁珙。「哎呦！」袁珙一見之下，先呼一聲。「這是哪裡來的一位異僧！來，讓我瞧瞧。」說時把住道衍的衣袂，上上下下打量，隨口就將道衍和尚的尊容，用他相面大師的口吻複述了一遍：

「大師你目如三角，形如病虎，性必嗜殺，將來必為劉秉忠之流也。」

原來姚廣孝長著一對難看的三角眼，要是今天，搞不好需要去韓國整容，挑成一雙丹鳳眼，上臺演小生，妝都不用化才好。形如病虎，不知是何形態？大概被武松打量了的那隻老虎，眼冒金星，四腿歪顫，差似一隻病虎模樣吧。從袁珙的相貌描寫來看，姚廣孝生得一點都不精神，然而，在他肺癆鬼的外表下，卻掩藏著殺人狂的勃勃精力。

看官！一個出家人，有人上前打個拱，贊他好殺人，有成為連環殺手的潛力，您說這是誇他嗎？然而姚廣孝聞之，竟然「大喜」——足見其為人呢！

「性嗜殺」的姚廣孝，如今被推薦到殺人魔王朱棣的幕下，兩人自然談得來，不止談得來，還相當投機，所以馬皇后喪事完畢後，燕王就奏請讓姚廣孝隨他回到北平。

姚廣孝到北平後，仍然披著袈裟，在慶壽寺做住持。《明史》說他常「出入府中，跡甚密，時時屏人語。」

野史說，是姚廣孝自請追隨朱棣的，他大打包票說：「我將奉一白帽子與大王戴！」王上加白，即是「皇」字，這是拿大位為誘餌，誘惑親愛的四王子呢。

這一情節為《明史紀事本末》採信，還是《明史·姚廣孝傳》的作者較為謹慎，沒有輕信採納，只說兩人來往甚密，經常打發開旁人，說些悄悄話。經常讀史的人都知道，「跡甚密」、「屏人語」，在史書裡幾乎等同於密謀造反的同義詞。

袁珙在相語中提到一個劉秉忠。此人是元初的一位和尚，得到蒙元世祖忽必烈的賞識，被提拔做了大官。蒙古國改國號為「元」，就是劉秉忠據《易經》「大哉乾元」之意，向忽必烈建議而被採納的。劉秉忠的經歷與姚廣孝很相似，他們一樣出身衲子，一樣入世很深，都得到當世之主的賞識拔擢，建立世俗的勳業；死後，一個追封趙國公，一個追封元帝國的都城和心臟：大都，也由他設計並主持興建。

榮國公，都是光鮮鋥亮的「公爵大人」。

但是，他們之間橫有一道難以跨越的鴻溝：劉秉忠奉侍的是天子，天下是他的舞臺；而姚廣孝追隨的只是一名藩王，不管他有多麼傑出的才能，也只能局促於北平一隅，無論如何是難以望劉秉忠之項背的——除非，朱棣有朝一日，與元世祖比肩。顯而易見，袁珙說姚廣孝將是劉秉忠一流，等於說他侍奉的燕王，也將得到天子之位。

然而，姚廣孝若為了趕超劉秉忠，就冒失地向朱棣進言，要送他一頂白帽子，則未免自視過高了。難道他以為僅憑他在茅廬裡拿根筷子畫一畫，就可以分「天下」一杯羹？憑他一人之智力，就可以扭轉整個歷史的走向？我想，姚廣孝不是騙飯吃的望氣家、風水先生和氣功大師，他不至於如此荒唐。「白帽子」一說，只是後人的編造而已。

但當削藩之火突然燒起來時，智慧充足的姚廣孝一定成為燕王朱棣的「心腹謀主」，這是無疑義的。

姚廣孝到北平，是在洪武十五、六年間，「燕國」的建立才二、三年時間，燕王朱棣年甫二十三歲，正當「少年壯志不言愁」之時。而他的哥哥朱標，做儲君已經十六年了。皇太子是國家儲副，儲君也是君，君臣之分甚嚴，也就是說，老四見到大哥，先得行君臣大禮，然後才能敘兄弟之情。朱棣憑什麼輕敢覬覦太子之位，試圖動搖國本？

不是說朱棣無此賊心與賊膽，而是說他須識時務，在他實力未張、根株未壯，而太子深得父皇信任，為舉朝推戴，地位穩如磐石的條件下，他縱然賊心如炬、賊膽包天，亦不至於造次，他必須小心地偽裝作一個恭謹的弟弟和謙卑的臣子。

朱棣與姚廣孝這兩個野心家固然會經常「屏人語」，發洩一番對時政與太子大哥的不滿，但絕不會採取實際行動，貿然開啟奪嫡之路。

皇太子朱標，他最大的政治資本是父皇的信任，以及嫡長子繼承制這樣一個基本的政治原則。兩者結合，又使他獲得群臣廣泛的擁護，即所謂「天下歸心」。

由於上面壓著一位強勢且苛刻的父親，朱標的性格一定是極為隱忍、低調和退讓的。儘管如此，東宮的存在，仍然會吸附眾多的擁蠆和投機客，蜜蜂與蒼蠅嗡嗡而至。

歷史上，東宮（又稱東朝）與內廷的矛盾，多緣於此，導致正「當陽」的皇帝與等待即位的太子之間產生不可調和的矛盾，甚者爆發父子相戕的悲劇。朱元璋為了避免覆轍的重演，想了一些辦法，如過去太子都自辟僚屬，東宮有自己的輔臣班底和侍衛軍隊，容易在皇權之外形成另一個權力中心和效忠體系，他便令朝中大臣兼東宮之官（詹事府、春坊等官），相當於我們今天說的「兩塊牌子，一套班子」。這樣，東朝與內朝合為一體，難分彼此了。

婚姻在任何時候都是一種黏合劑，使不同國家、家族和家庭之間形成鞏固的利益結合。朱元璋也透過聯姻，與幫他打江山的好漢們強化了君臣關係之外的私人聯繫，他為兒子們挑選的媳婦都是開國功臣家的女兒，而勳閥之家又交互締姻，從而形成複雜的人際網路。

朱元璋為太子朱標一下子娶了兩房媳婦，正妃常氏，是鄂國公（追封開平王）常遇春的女兒，常氏是洪武四年（1371年）冊封為皇太子妃的，此時常遇春已死，常家勢力一落千丈；繼妃呂氏，是太常寺卿呂本之女。與其他諸王的外家皆為世勳名將（公侯伯、都督）相比，皇太子妃的父親只是一介文臣，格外引人注目。

朱元璋這樣安排造成的一個顯而易見的情勢是：東宮缺乏強有力的妃家支持。

在洪武中後期錯綜複雜，又極端殘酷的政爭與殺戮中，一些諸王的妃家受到各種黨案的牽連，須知「革命不是請客吃飯」，朱元璋對這些親家翁毫不客氣，一概請君入甕，盡數鋤除。但對親王則予以保護，除了潭王兩口子投火自焚外，其餘諸王的政治地位都沒有受到影響。

皇太子的岳丈常遇春有二個兒子，長名茂，次名昇。論親戚，他們是東宮的小舅子。常遇春死後，常茂所承之爵並非其父的鄂國公，而是改封為鄭國公，也是「公」的級別，食祿二千石。

常茂娶了宋國公馮勝的女兒，兩個「國公」家結成親家，由此馮勝與太子也攀上了轉彎親。但常茂與岳父馮勝的關係並不好，洪武二十年（1387年）時，常茂跟隨馮勝出征遼東，翁婿兩人發生了激烈的衝突。馮勝告女婿的黑狀，誣他激變元軍降眾，常茂也不客氣，立即予以回擊，大揭老丈人的不法之事。官司打到朱元璋那裡，朱元璋的做法是左邊三扁擔，右邊扁擔三，命人收回馮勝的總兵印信，不許這位得勝的大將軍還朝，打發他到鳳陽私第閒住，「自是不復將大兵矣」；常茂則被安置到僻遠的廣西龍州，不是充軍，也等於發配了。四年後，常茂死在了貶謫之地。

常茂無子，由弟弟常昇襲爵，但所襲又不是鄭國公，而是再次改封為開國公。

在洪武後期，作為皇太子的妻弟，常昇與其他勳臣一樣，數次奉命出京練兵。他是怎麼死的？因何而死？死於何時？明實錄沒有記載。按照他的地位，常昇如果是正常死亡，國史應該是有記載的，並且還應該為他做一篇小傳，作為官方的蓋棺定論。實錄無載，透露出常昇並非「善死」的資訊。

有記載說，常茂在建文時還活著，還與魏國公徐輝祖一起，在浦子口力戰，共同抵禦靖難之師，直到永樂初年才死去。還有記載說，常昇在洪武末年被牽連進藍玉黨案，有人告發他聚兵三山（地名，在中國南京西），準備回應藍玉，因此被誅。

在今存洪武二十六年（1393年）敕編的《逆臣錄》中，我們發現了常昇的身影。

《逆臣錄》是藍玉「謀反」案發後，由朱元璋命儒臣編集的涉案人員的口詞供狀，其中出現了常昇的大名。原來洪武晚年，那些苟延殘喘、還未被殺的公侯們，再也不能握兵了，只能幹些監造海船、燒窯、運糧、修棧道之類的雜差。

常昇在洪武二十六年四月，正當朝廷大殺藍黨之際，以堂堂開國公的身分，奉命提調三山等處窯

場，做了一個窯子頭。擺明是受了舅舅藍玉的牽連，被下放改造，監督勞動。

常昇泊船於江寧鎮河口，有右軍都督王誠剛好從薄山「點坯」回來，上船來見（這位也是失意者，在窯場點數燒出的磚坯，與新任窯頭兒常昇有工作上的聯繫）。二人談過公事，在船後稍喝酒閒話，話題不由得轉到藍玉謀反案來。常昇道：「我舅舅這件事謀不成，倒連累了許多好頭目。」

王誠嘆道：「當初眾人只望他做得成來，不想敗露了，看起來只是天數。」

常昇道：「當初舅舅也曾與我、景川侯（曹震）說這事。後因他上四川，我往山西，不曾再得一處商議。如今他們都犯了，案中必然也有我的名字。上位（指朱元璋）多是看在親上頭，容隱著哩！」

他又對王誠說：「你也曾去相望我舅舅商議來，久後好歹把我們都結果了。」王誠一聽，愁壞了。

常昇說的親，是他姐姐曾是太子朱標的太子妃。莫說這位姐姐已然過世，就是活著，依皇帝的脾氣，遲早還是要把他們「都結果了」。說起這事，常昇憂慮盡露於言表，他思忖著：「做個什麼見識，躲避得這場大難。」王誠寬慰他：「且熬將去，慢慢地理會。」吃完苦酒，各自散訖。

不久王誠父子被捕，嚴刑之下，供出開國公常昇也是藍玉的同謀，口詞就是上面這段對話：常昇承認他「舅舅要反時，也曾通他」。王誠的兒子還供稱，常昇曾來家探望，發牢騷說：「如今做親的、故的既都誅戮了，我久後也罷了！」後來又說：「我如今要做事業（指造反）時，只是無人。」口供是隨著用刑之深，愈來愈重的。

作為懿文太子的外戚，常氏一族，受藍玉（請注意，藍玉也是太子的親信）黨案的牽累，在洪武二十六年，即太子去世的第二年，遭到了滅頂之災。

第十七章 親上加親沒能保住藍玉的命

洪武年間誅除功臣元勳，主要是靠兩大「反朱集團案」，一是洪武十一年（1378年）丞相胡惟庸謀反案，一是洪武二十六年（1393年）的藍玉謀反案（簡稱「藍案」），又與前者合稱「胡藍之獄」）。許多人被殺，都是由這兩案做的套。其實二案中許多人都是冤死的，他們甚至連兩案「首犯」胡惟庸、藍玉都不認識，糊裡糊塗就被處死了，還連累了家族，老婆孩子沒官為奴，宗黨流配，家產查抄。

藍玉是常遇春的妻弟，少時從常遇春起兵，在姐夫的栽培下，逐漸嶄露頭角，積功升至大將。雖然藍玉也是開國將領，但他的崛起要稍晚一些，由於戰功卓著，他在洪武十四年（1381年）受封為永昌侯，正式跨入勳貴的行列（明朝首次封侯是在洪武三年）。

洪武二十年北征遼東元朝殘部時，藍玉還是馮勝的副手，馮勝被奪職後，才由他接掌大將軍印信，成為數十萬大軍的統帥。此一役，藍玉展示了傑出的軍事能力，他率領北征大軍，深入朔漠，一直打到捕魚兒海（今中國、蒙古邊境的貝爾湖），大獲全勝而歸，從此威名振天下，他亦因功進封為涼國公。

然而功高適足以招禍，朱元璋經常有意地對藍玉進行敲打與壓制，動輒下敕訓斥、切責他，為小事就給予他降職處分，令這位大將軍蒙羞。

洪武二十六年初，春節剛過，南京城裡，人們還沉浸在節日的氛圍中，懶散的心猶徉在那個與世無爭的祥和世界。突然間，一件驚天大案毫無徵兆地就爆發了！

正月裡，錦衣衛指揮蔣瓛忽然「告變」，告發大將軍藍玉謀反，藍玉因此被捕下獄，並很快遭到處決。藍玉的供詞將景川侯曹震、鶴壽侯張翼、舳艫侯朱壽、定遠侯王弼（楚王妃父）、東莞伯何榮及吏部尚書詹徽等一大批勳戚高官牽連進來，還有五軍都督府、親軍衛所的眾多中高級軍官。朱元璋根據獄

詞，照圖索驥，株連蔓引，據說族誅者達到一萬五千人。

那幾個月裡，簡直殺紅了眼，許多家庭遭到血洗，藍黨之獄也成為朱元璋「二次革命」或「繼續革命」光輝勝利的主要標誌。

一般政變，或政治性的屠殺，受害者只是政敵及其家族成員。如果朱元璋大興胡、藍黨獄的目的只是誅除政治對手，替他的繼承人削去政權荊條上的棘刺，那麼這種殺戮應該是有限度的、輕度的，而不是濫殺。然而，朱元璋透過胡、藍二次黨獄，實施了以京師南京為中心的無限擴大化的大屠殺，波及範圍主要在江南一帶。

朱元璋殺人，不以法律為準繩，那麼是否以事實為根據呢？從《逆臣錄》公布的近千名「罪犯」的供詞來看，案件線條粗疏矛盾，錯漏百出，許多「藍黨」是在嚴刑之下被人亂咬出來的。有人想，橫豎是個死，不如請皇帝和錦衣衛幫我報一下私仇吧！遂借機供出平生之仇家。而刑訊者根本不需要真贓實證，他只求口供，而口供一到手即信，這就是典型的「逼供信」。那一萬多名受難者，就是這樣，愈滾愈大，最終被碾成粉末，這是真正的白色恐怖！

藍玉黨案現在公認是朱元璋一手策劃的冤案，他本想透過公布一部分獄詞（然而作為案首的藍玉，其供詞沒有收錄），向天下人表明：我非濫殺，所殺者皆天下之巨賊！可是，因為那上千份的供詞根本經不起考察，反而暴露了他濫殺的本質。朱元璋很快發現這一點，下令將《逆臣錄》全部收回銷毀，但收繳未盡，民間仍有孤本存世，幸喜有此漏網之魚，我們今天對洪武朝的腥風血雨，才多了一些真實的瞭解。

藍玉的姐姐嫁給了常遇春，常遇春之女被冊立為皇太子妃，作為太子的妻舅，藍玉與東宮關係密切。另外藍玉還是蜀王朱椿的岳父，他本人既是勳臣，又是皇親。

作為與太子親近的朝中大將，藍玉與燕王朱棣關係緊張。

藍玉甫任大將，就與朱棣發生了矛盾。前文說過，當藍玉征遼回兵，經過北平時，送了燕王一匹名馬。這本是一番好意，俗話說，當官不打送禮的，不料朱棣卻擺譜道：「馬木進朝廷」而我受之，豈所以尊君父。」不僅不收禮，反而拐了彎罵藍玉目無君父。

朱棣是否一直是那樣一副道學面孔？非也。他其實是個富於權謀而缺乏信義之人。那時，朝鮮國遣使臣上京朝貢，皆走陸路，由遼東入關南下，要經過北平。朝鮮使臣為了表示對燕王的尊重，特地到燕府拜訪。朱棣在談話中問：「你家國王為何不送馬於我？」使臣信以為真，回去奏知國王，下次再來時，專門備了幾匹鞍轡齊全的好馬送給燕王。

馬本是朱棣主動向人索要的，但他接受了禮物，反將此事奏聞於朝。就這像官員向開發商索賄，收到賄金後，卻向紀委舉報，您說他這是為何？

朱元璋本來就對朝鮮國是否真心歸誠懷有疑心，接到燕王密奏後，愈加懷疑該國結交藩王，深藏禍心，便下敕切責：「朝鮮王何得私交？」並將朝鮮使臣全部流放到雲南邊衛。朱棣檢舉有功，掙了個好彩頭，這不就是傳說中「以他人的血染我的頂子」嗎？

這件事發生在洪武二十八年（1395年），幾年前，當藍玉贈馬時，大概朱棣還沒養成後來的老謀深算，否則他大可假裝高興接受藍玉的饋贈，然後以其不尊君父、私交藩王為詞，背後狠參他一本，才夠藍玉吃一壺的呢！

不管怎樣，朱棣以「尊君父」這樣冠冕堂皇的理由拒絕藍玉的好意，令藍玉非常難堪；而且他也聽出來，朱棣的語氣裡暗含著嚴重的指控。據夏燮《明通鑑》所記，藍玉回朝後在太子跟前搬弄是非，說「臣觀燕王在國，陰有不臣心。」太子聽信了藍玉的讒言，對燕王頗有微詞，被朱棣知道了，更加記恨藍玉。

這段記載大抵出自夏燮的推測之詞，但他洞穿了朱棣與藍玉之間複雜關係的本質：藍玉是太子一黨，自然令燕王深惡痛絕，不僅存心給他小鞋穿，機會到了，還必欲除之而後快。

洪武二十五年（1392 年）夏，太子朱標去世，藍玉的後臺垮了。朱棣來朝為兄奔喪，即在剛剛痛失愛子的老父面前大講勳臣的壞話，說「諸公侯縱恣不法，將有尾大不掉之憂」。朱元璋深感孤立，由是裁發疑忌功臣，於是「不數月而（藍）玉禍作」，「列侯以下坐黨夷滅者不可勝數」。

大概朱棣是以「藍玉可憂」為話柄來進言的，因為藍玉是洪武後期最為重要的將領，也是所存國公中唯一還握兵出征，並在軍中擁有廣泛影響力的勳臣。拿他開刀，並由他牽引進旁人，最後一鍋端，應是對功臣下手的不二法門。

在《逆臣錄》裡，記載藍玉曾放過一句狂言：「我不堪做太師耶？」《逆臣錄》沒有交代前因後果，而《明史·藍玉傳》將此事放在洪武二十五年藍玉西征還京後。

此次出征，藍玉又獲大捷，朝廷給他加官太子太傅，他卻嫌官小，抱怨道：「我征西北受了多少辛苦，如今取我回來，只道封我做太師，太師倒著別人做了！」

太師是太子太師的省稱，宋國公馮勝、潁國公傅友德做的正是太子太師，顯然藍玉是表示不服老一輩英雄馮、傅二人，不甘位居其下。

可是挾大功而還，心高氣傲的藍玉，並沒有鞏固主上的信任，反而加劇了對他的猜忌，朱元璋經常故意駁回他的一些建議，讓他很沒面子。

朱元璋就是要讓藍玉當眾出醜！他的邏輯是，藍玉有大功，回朝後卻沒有得到相應的獎賞，相反還有失寵的跡象，他一定會快快不樂，暗懷對朝廷的不滿，久之必將不利於朝廷。這是朱元璋為藍玉鋪下的一條謀反之路，在這條路前方不知什麼地方，他已為藍玉安設好了一隻巨大的捕獸夾。

在《逆臣錄》裡，眾多的「藍黨」供詞印證了朱元璋對藍玉「心路歷程」的判斷；據藍黨供述，藍

玉對朝廷是既不滿，又不安，這些年來，為了「胡黨」的事，公侯一家家被廢，使他產生了強烈的危機感，而最近他的親家靖甯侯葉升又出事了，擔心招出他也是胡黨，因此犯下疑心病，他常對部下說：

「只怕早晚也容我不過，不如趁早下手做一場。」

心懷不滿，又感覺大難臨頭的藍玉，準備豁出去幹一場，於是約同諸將，打算趁朱元璋出都城舉行藉田禮時下手謀反。

以上便是《逆臣錄》提供的藍玉謀反「路線圖」。當然啦，全出於「逼供信」，其可信之度數，比汽水的酒精度還低。

好比供詞中那個所謂的「謀反計畫」，最後只落得一個紙上談兵，藉田禮都過期了，也未見實行。難道藍大將軍會只制定作戰計畫，而不懂得迅捷實施嗎？

且說藍玉未敗之前的諸多不滿，假如都是真的，卻正好表明藍玉無謀反之心。試想：一個想當皇帝的人，會斤斤計較是做太師還是做太傅？會因為一個虛銜，而不服老前輩馮勝、傅友德，平白為自己樹敵？例如傅友德的加銜，亦不過太子太師，與太子太傅級別相同，都是從一品的宮銜 7，只是排序在前，上朝排班時稍占一些便宜而已。

我不信作為大將軍的藍玉，眼孔如此之小，城府氣度如此之淺窄。況且，說他因為奏事言多不從，便心中快快，也不是確鑿的證據，多半屬於朱元璋神經病發作：故意駁人家，還懷疑被駁者心裡不服，進而又猜人家會不會因為不服而造反。這是瘋子的邏輯，沒法跟他辯的。

反正後世是沒人相信藍玉謀反的，如《國榷》作者談遷就說：「虎將粗暴，不善為容」，驕縱或有

7　宮銜包括太子太師、太子太傅、太子太保及太子少師、太子少傅、太子少保，分別稱為「東宮三師」（從一品）與「東宮三少」（正二品）。他們是名義上的東宮輔導官，但並不在東宮任事，只是一種加銜。

之，但「非反也」。至於藍玉是否真如官史說的那麼驕縱，無法無天，就很難考證了。

有人認為，太子朱標之死，是促成朱元璋下大決心，再次大興屠戮的關鍵因素。為什麼呢？因為新立的皇太孫朱允炆年紀尚幼，怕他無法駕馭群雄，所以決定在自己死之前，將隨他打天下的英雄好漢們一起帶走。然而此說不盡能成立，說太孫年幼，其實也不甚幼了，已經是二十多歲的小夥子，並且已經生子；朱元璋怕他駕馭不了群雄，但也沒啥「雄」剩下了，除了藍玉、馮、傅兩位國公皆廉頗老矣，早已不再理事，而那些做侯、做伯的，多是些三三流人物，太孫擔心他們鬧事，實在有些多餘。

有個故事講：朱允炆見慘殺太甚，大為不忍，就勸諫祖父，少殺些人，為朝廷存些元氣，也少一些戾氣。朱元璋聽了，默而不言，次日把允炆叫來，將一根長滿荊棘的木杖扔在地上，命允炆拾起。見允炆面有難色，朱元璋才指著教具，細細開導他：「我殺人，就是為了削去杖上的棘刺，再交給你呀！」

這故事是上一種觀點的具體化。

看官，是否有似曾相識之感？對，這故事已講過一次了，只是上次的主角是太子朱標，這裡換作了朱允炆。這個有鼻子有眼的故事，其實不過是後人編的一個寓言。試想，朱元璋在後宮進行這樣的「鐵血」教育，能不避人？怎麼就被史官偷聽到了？朱元璋即便講過類似的話，他也不願意這些密語被人聽去記下來。

朱元璋在晚年無緣無故再興慘殺，實在是不好解釋的。但有一點是肯定的，即朱元璋這麼做，加劇了朝廷空虛、外強內弱的狀況，給未來皇太孫的統治，造成相當不利的形勢。

至朱棣起兵奪位，朝廷沒有大將好用，不得不起用當代趙括，只會紙上談兵的執褲公子李景隆，結果造成皇朝傾覆的大難。因此可以說，藍玉黨案在洪武晚年的爆發，朱棣是最大的受益者。因此有人深疑，藍黨之案，朱棣正是其幕後推波助瀾的黑手。

坐藍案而死者，有公侯、文武大吏，以及偏褲將卒「達二萬人，蔓衍過於胡惟庸案」──「於是元功宿將相繼盡矣」。

第十八章 老天爺幫忙，晉王死了

朱棣與藍玉過不去，甚至構陷藍玉，是否是他爭嗣計畫的一部分呢？

我們不知道，懿文太子朱標生前是否有能力保護藍玉，但可以確知的是，太子的去世，加速了以藍玉為首的黨案爆發，其間僅僅過了九個月。

朱標生前，太子之位堅如磐石，而他遽亡後，儲副之位開缺，立時野心家們欲望大張，包括朱棣在內的王子們，躍躍欲試，亟欲填補這一空缺。我們無法根據異常殘缺的史料還原真相，唯能依據片段的史料，嘗試做一些拼湊和推測。

試舉一王為例，清人查繼佐《罪惟錄》記了這樣一件事：當皇子們辭別父皇，將離開京城，各赴封國時，朱元璋賜每個兒子玉帶一圍。皇子們紛紛在殿中將玉帶束好。朱元璋令他們轉身，要看背後的飾物。皇子們都順從地轉過身，背對著父親，唯獨老十二湘王朱柏一人不動，他只是將玉帶轉到前面。朱元璋奇怪地問他為什麼，朱柏答道：「君父不可背也。」

背在這裡是個雙關語，然而，我就不信老十二就從未背對過他的君父！

湘王這般特立獨行，顯然是巧思英發，意圖在父皇面前討巧。

作為二十四個兄弟中的十二皇子，湘王年紀不大也不小，幾乎沒有爭嗣的任何可能，甚至無法在眾多皇子中引起父皇的特別關注。他這麼做，十足的矯情做作，討取父皇歡心的意圖再明顯不過了，必然引起兄弟們的反感。但老十二毫無忌諱，偏要標新立異取寵，突出自己，令兄弟們尷尬露拙。

由此例可以想見，朱元璋能幹的兒子們，在表面尚還平靜的微瀾下，隱隱滾動著何等的驚浪。

對於年紀尚小（湘王時年僅十五歲）、封地又在內地荊州的湘王，尚且躁動如此，雄踞一方、手握

重兵的強藩大國如燕王者，其野心將何等蓬勃難捺，則很容易想像了。

懿文太子在世時，朱棣知道自己毫無希望，雖然不甘心，也只好關起門來，與姚廣孝等人談些天文地理，逞些口舌之快；而長兄的突然薨逝，彷彿枯井中湧起巨浪，他的奪嫡之志一下子噴薄上天了！

各懷心思的王子們是如何積極運動的，我們無法詳悉，但從朱標在洪武二十五年四月去世、直到九月份才正式立朱允炆為皇太孫，在近半年的時間裡，儲位一直虛懸，而朱元璋已是六十五歲的老人，身體每況愈下，他豈可一日無「國本空虛」之憂？這或許顯示了太子之位爭奪戰的激烈，以及朱元璋本人的反復權衡和舉棋難定。

朱棣難以遏止內心澎湃的欲望之浪，但他登上嫡位的前景並不樂觀。第一個現實障礙就是在他之上還有二哥秦王朱樉和三哥晉王朱棡。在洪武二十五年四月到九月的那段時間裡，他無法預知，秦王會死於洪武二十八年三月，晉王會死於三年後的又一個三月。等到他侄子建文帝即位時，他已經是叔輩諸王中的最年長者了。

命運就是這樣奇譎多變，當他的老對頭晉王朱棡在洪武三十一年（1398 年）三月去世時，朱棣只輕呼一聲痛快，卻不曾料到，晉王之死，實際上是老天爺為他掃除了向帝位進軍的最大障礙。

朱棡是朱棣的三哥，封地在山西太原。《明史》對這位皇三子的描繪是：「修目美髯，顧盼有威，多智數。」作為年長的「塞王」，晉王同樣受到父親的重寄，在洪武後期多次統帥大軍出塞並主持北邊練兵、築城、屯田等事務。

晉王是燕王的兄長，軍事才幹與其不相上下，在多次軍事行動中都充當統帥，節制燕王等王（對此，實錄又造了假，見下段）。然而這兩兄弟長期不合，如果晉王在世，燕王想有任何異動，都不得不認真考慮威脅其側翼、實力強大的晉王。

晉、燕兩兄弟不合，在朱棣欽定的《明太祖實錄》裡供認不諱，自然也是一概偏向朱棣的。

晉王與燕王為何不合？實錄是這麼解釋的，說晉王探知父皇欲在諸王中另擇賢能為嗣（其前提應是太祖已經厭倦太子），而父皇屬意之人是燕王，他心生不平，說：「我是兄，燕是弟，憑什麼是他！」因妒生恨，二王遂生了嫌隙。

同樣由朱棣欽定的《奉天靖難記》裡，提供了更細一點的情報，稱晉王聽說太子失父皇之意，他自己想幹，遂自信地說：「異日大位，次當及我。」於是私自準備了「乘輿法物」等天子儀仗，藏在五台山。後來事情漸漸外露，晉王害怕了，就派人放了一把火，連房子帶法物一起燒毀。他的妄想至此失敗，但從此「性益猜忌，醜聲日聞於外」。

《靖難記》接下來羅列了許多晉王「慘酷」的「事實」，說晉王好弄兵，擅殺人，一日無事，忽以軍馬圍住一村落，盡屠無罪民戶二百餘家；他還豢養惡犬，以觀狗咬人為樂，狗不咬人，他就殺狗，被咬死的人中，有許多小孩子。而晉府中無人敢諫，因為晉王說了：「誰諫我殺誰！」

在《靖難記》裡，晉王朱棡完全是一隻自戀且狂暴的野獸。這是燕王系的一偏之詞，自不可信。本來朱元璋「注意」於老四燕王，就是朱棣這一系的自說自話，易儲之事更屬子虛烏有，晉王吃的是哪門子醋？我想太原的晉王吃的是山西老陳醋，燕王偏說他吃的是自己的醋。

我對此的解讀是，晉王獲悉燕王有不臣之心，他選擇擁護太子，從而與燕王結下了梁子。晉王以後屢有打擊燕王的舉措，《明太祖實錄》記了二王之間發生的一次衝突：

「晉王與上（朱棣）皆來朝，上有疾，晉王數以語見侵。上內懷憂畏，疾增劇，遂懇求歸國。晉王密遣人伺察上國中細故，將聞於朝。」

二王在南京見面時，爆發了當面衝突，晉王挾兄長之威，「數以語相侵」，逼得燕王招架無力，只好藉口生病回北平。但晉王怒氣猶未消，祕密差人到燕王國中，刺察燕王的過錯，好向父皇告發。可見兩兄弟的矛盾已經擺在臺面上了。

洪武二十三年（1390年）春天，朱元璋命晉王率師西出，燕王率師北行，兩路並進，同征北虜乃兒不花。

下面是《明太祖實錄》的記載，說晉王素怯，兵既行，不敢遠出。燕王久待之不至，就自己率軍直抵迤都山，突襲虜營，擒獲乃兒不花以下名王、酋長男女數萬口，羊馬駱駝無數。而晉王恐燕王立功，先期遣人馳報太子，說燕王不聽約束，勞師冒險。太子將此話轉奏於太祖。不久，晉王私自退兵，太祖知道了，很不高興。燕王的捷報卻到了，太祖大喜道：「燕王清沙漠，朕無北顧之憂矣。」太子卻在旁酸溜溜地說：「晉王雖未深入，然張聲勢，有犄角之助，燕王亦未可獨為功。」又誣燕王得善馬不進，太祖皆不聽。

這段文字活脫脫是一個只顧埋頭幹事業的好漢遭嫉賢妒能小人無端誣害的故事。

此事的真相我們不去管它，但這條記載透露出的一些資訊，值得關注：首先，晉王既然告燕王不聽約束，顯然此次兩路出師，晉王是主帥，燕王只是副帥。這與實錄所說太祖獨倚賴燕王是不同的。事實上，按照洪武末年諸王用兵的慣例，都是按兄弟們的年紀（而不是所謂才能）來確定主、副之次，晉王居長，他一定是主帥，燕、遼、寧等王，則只能居於副帥的位置。這一點，實錄完全隱去，反而故意暗示，燕王才是大軍的統帥。

其次，晉王是告太子的人，所以他把燕王不聽約束、擅自進兵的情況直接報告太子。而太子輒按其報告向父皇奏稟，又替晉王說話，不令燕王獨占功勞，都是壓制燕王的意思。如果這一情節屬實，則太子對桀驁陰鷙的燕王已有所警惕和疑慮，而晉王是他的得力助手。

在洪武末年，軍權集中於諸王的背景下，太子從晉王那裡得到的支持，其有效性是遠遠大於藍玉的。因為根據朱元璋確定的衛所軍制，大將出征，臨時從衛所抽調兵馬，回朝則將兵馬散歸本衛，大將軍平常閒居，只是一雙空拳。親王就不一樣了，他們不僅能夠節制封國內的衛所軍馬，還各自擁有一文

實力強大的精銳護衛武力（一般是三個衛的軍力）。

所以太子對晉王多方保護。當時有人告發晉王「性驕，在國多不法」。朱元璋大怒，將晉王召上京來譴責，虧太子力請，才得到寬免。《奉天靖難記》對此頗灑了一些筆墨，說晉王挨了訓，跑去見太子，請求太子幫忙轉圜。太子滿口答應，說：「你的所作所為，父皇焉知？還不是燕王打的小報告！」晉王聽信了，從此與燕王的關係便不好了。

晉王經常在太子前「極詆」燕王之過，幫助身處深宮的太子搜集燕王的醜聞，太子得到資料後，就拿去報告父皇，說什麼燕王曾經見到龍，自言當有天下云云。燕王聽說太子、晉王處處與己不利，驚訝道：「我謹事長兄，自度無所失，何得有是言？」就跑去向太子剖白心事，辯白自己絕無非分之心，可是太子怒氣猶然不解。

這就是朱棣所說「太子與晉王深相結交，構媒孽」的經過。

作為從小嬌生慣養，年紀輕輕即享盡尊榮富貴的親王，晉王肯定不是謙謙君子之流，他在封國內也確實有一些過失（但在朱元璋眼裡，肯定不是什麼大不了的事，因為在《明太祖皇帝欽錄》和《御制紀非錄》裡，晉王幾乎沒遭到嚴重的指責）。洪武二十四年（1391年），太子為秦王的事，巡視陝西，經山西回京，晉王隨之來朝。朱元璋借著痛批秦王，把晉王也警叱了一番，晉王歸藩後，「自是折節，待官屬皆有禮，更以恭慎聞」。

晉王死在朱元璋之前，此時朱元璋已經給他二個兒子贈了諡，一個叫潛（秦王），一個叫荒（魯王），都不是佳諡，還有一個自殺的潭王沒有諡號，而他給晉王的諡號為「恭」，應該是對此子的一種肯定。晉王恭於父皇、恭於太子。

晉王恭於誰呢？他恭於父皇、恭於太子。

晉王歸國後，因罪被扣押在京的秦王，也經太子救助，得到赦免，保住了爵位和封國。作為兄長，太子為人友愛，對於驕縱的弟弟們能夠寬仁相待，並盡力在嚴父之前加以調護，使其免除或減輕罪責，

從而確立了在兄弟中慈兄的威望。我想如果燕王意圖侵太子之位，秦、晉二王那裡就過不去；朱標、朱允炆父子擁有秦、晉兩大強藩的支持，如果北平有任何異動，朝廷出師征伐，朱棣都不敢反抗，因為他將面臨朝廷與強藩的共同圍剿，是沒有任何勝算的。

但太子朱標的突然去世，以及秦、晉二王的相繼隕落，使一切不可能都變得可能了。

在太子初薨的那段時間裡，朱棣知道，即便父皇真的最愛他，儲君之位也不可能呈一個拋物線，繞過前面兩位兄長，落在他的頭上。朱元璋如果想把皇位傳給第四子，他必須首先解決「理論依據」的問題：他這麼做的根據是什麼？作為開國皇帝，他一旦這麼做了，將對後世形成什麼樣的示範效應？這是他不得不考慮的。

朱棣父子後來在實錄裡編造了許多燕王雄邁、深為太祖夫婦所喜的記載，其實是宣揚「傳賢」說。

遠古實行「選賢與能」，重在繼承者的個人能力；而嫡長子繼承者，重在帝位延續的穩定性。朱元璋深知，如果依其所好，在兒子中擇一繼承人，其結果必將是大明皇朝未來的繼承人，都將由皇帝憑一己之私愛而決定或改易，那將造成皇室內部無休止的劇烈爭奪，啟動內宮干政之源，這與他一貫宣導的宗室「親親」理念是不相合的。

經過反覆權衡，他終於下定決心，遵循他在祖訓裡一再重申強調的嫡長子繼承制，讓朱標的嫡子朱允炆填補儲位。儘管朱棣父子極力汙蔑朱允炆的柔弱失德，渲染他必將失國的種種預兆，然而在朱元璋眼裡，孫兒不僅穎慧好學，還是一位至孝的孩子。懿文太子病勢沉重時，皇孫才十四歲，但他侍父之疾，就像一個成年人，晝夜不離病榻。當太子終於不治時，這孩子哀毀得幾乎失去人形。這深深觸動了老年喪子的祖父之心，朱元璋撫著他的頭，忍不住流淚說：「爾誠純孝，顧不念我乎！」

九月，朱元璋正式宣布冊立朱允炆為皇太孫，國本遂定，冒似燕王朱棣失去了他看到卻沒能抓住的唯一機會。

第三卷

北邊起風塵

第十九章　太祖皇帝被御用史官寫成老年癡呆

洪武二十八年（1395年），朱允炆十八歲，朱元璋親自為皇孫操持親事，與他父親一樣，朱元璋為孫兒選擇的，依然是一家普通官員家的女兒。

關於允炆的婚事，《明太祖實錄》僅一句話：「冊光祿少卿馬全女為皇太孫允炆妃。」允炆妃馬氏之父馬全，是大明王朝的第一位國丈（國母皇后之父才可以稱作國丈），其人的資訊即盡於此。據《明史·后妃傳》說，馬全在建文四年燕軍入京時，不知所蹤，大概不是自殺就是被殺了。

朱元璋不從勳閥之家，而是從士人之家為皇朝的兩代繼承人擇配，很可能是從防止外戚干政的目的出發。然而，妃家沒有勢力，固然能避免重蹈東漢的覆轍，但這是一把雙刃劍，由之而來的問題是：當帝室面臨覆頂之災時，亦無法從妃家獲得有力的支持。

皇太孫妃是濠州人，與老朱家同鄉；她姓馬，與太孫的祖母同姓。巧的是，明王朝的皇帝姓朱，它的頭兩位皇后，都姓馬。朱與馬配，合婚時可能屬於佳偶吧。我從網路查的結果是：豬配馬，「是懂得享受幸福的一對」，不知對不對？

朱元璋之所以選擇馬氏之女為孫媳婦，是否存有大明的第二位皇后必須姓馬這樣一種希望呢？這樣一個羅曼蒂克的猜想，有沒有，只有問朱元璋本人了。

太孫妃在過門的第二年即誕下皇子，朱元璋在耄耋之年，復得弄璋之喜，抱上了嫡重孫兒。

這孩子定名文奎，與他父親允炆的名字沖犯了一個字：文、炆字近而音同。這並非擬定「睿名」的禮部官員的疏忽，因為太祖早在祖訓裡，已經為東宮及各親王位下子孫各擬下了二十字的「派」，規定日後生子生孫，名字皆為雙名，每一世名字中的上字，即派兒，是定好的，不能變，下一字則在請名

時，由禮部臨時選擇，然後付宗人府，編入玉牒。

朱家子孫終日無事，坐食皇糧，所以生育率非常高，而名字已限定一個字，另一個字還要講究五行相生（依木、火、土、金、水的順序），這就使宗人中出現許多重名，沒辦法，只好生造些新字，隨便一個字胡亂加個偏旁，就是名兒了。所以明代宗室的名字是非常令現代出版社頭疼的，許多字輸入法字型檔裡都沒有，需要用專門程式另「造」──然此造與彼造卻不同也。

朱元璋預先編定了二十代子孫名字的頭一個字，並說，待二十世滿，再為續添，永為定式。我們來看東宮與燕王兩房下的擬名：

東宮位下：允文遵祖訓　欽武大君勝　順道宜逢吉　師良善用晟
燕王位下：高瞻祁見祐　厚載翊常由　慈和怡伯仲　簡靖迪先猷

東宮位下，第一輩的頭字為允，如生於洪武十年的皇太孫朱允炆，及其弟允熥、允熞、允熙；第二輩的頭字即文，如皇太子文奎、其弟文圭。但允文允文，不就是允炆嗎？東宮位下子孫的頭二個字，就和皇太孫朱允炆的名諱衝撞了。還有呢，允炆即位後，定年號為建文，又犯一字。這在許多馬後炮專家看來，都是不好的徵兆。

燕王這一系自朱棣乃世有「大寶」，從他兒子仁宗朱高熾之「高」，到崇禎帝朱由檢之「由」，也不過曆了十世，就嗚呼哀哉、亡國大吉了。我曾經偶然看到秦王朱樉的後人成立了宗親會，這是有利於「收族」的好事，只不知有沒有朱元璋或別的親王後人的宗親會？我想，明朝末年，各地宗藩慘遭亂兵流賊的大屠殺，不是星散，便屬子遺，改宗換姓的也不少（如八大山人，有多少人曉得，此公是朱家子孫？）；入清以後，對前朝宗室，先還優待了一陣子，很快就改弦易張，也大殺起來，復經朱三太子等人頂著朱家後人的名義反清復明，「我是大明洪武皇帝之子孫」簡直成了就義者才敢呼的口號。

要把斷了的弦再續起來，著實難也！

言歸正傳。朱元璋也享受了四世同堂的樂趣。如果含飴弄孫，能稍稍減弱他的殺性？那才阿彌陀佛，善哉善哉咧！

文奎二歲時，朱元璋去世，皇太孫朱允炆繼位，改明年為建文元年（1399 年）。隨即冊封皇太孫妃馬氏為皇后，授金冊、金寶；長子文奎，冊立為皇太子；三個弟弟分別封吳王、衛王、徐王。朱元璋做皇帝前，曾自封吳王，允炆之五叔周王朱橚，最初也封吳王，這是吳王爵號之第三見。

建文三年（1401 年）十一月，小馬皇后生下次子文圭。「圭」之於奎，少了一個「大」，這就像當時朝廷與四叔燕王的戰事一樣，日行日蹙，越來越小，幾個月後，燕軍打過長江，解放全中國，大大的江山真的弄丟了。此字亦非吉祥！

總之，朱允炆父子的姓名，大大的古怪，被某些精明的預言家認為這是太子一系享國不久的證據。同室操戈，同根相煎，用文一些的話講，叫「兄弟鬩於牆」，語出《詩經·小雅·棠棣》。詩名裡有一個「棣」字。朱元璋的公子，名字裡都帶木字旁，其中排名第四，封為燕王的，正是一個「棣」——如果懿文太子朱標也像某些史家那樣能掐會算，他一定會感覺到，弟弟這個名字，才真是一個不妙的惡兆。

洪武三十一年（1398 年）閏五月十日，朱元璋駕崩於大內西宮，享年七十一歲。遺詔內容很簡單，除了說「皇太孫允炆仁明孝友，天下歸心，宜登大位。內外文武臣僚同心輔政，以安吾民」，主要就是後事的簡單安排。關於外藩諸王，遺詔說：「諸王臨國中，毋至京師」，要求親王們在各自封國內「哭臨」，不許到京師來奔喪。

十六日，朱元璋入葬於早已建好的孝陵（今南京孝陵），諡曰高皇帝，廟號太祖——將來凡講到什

麼太祖皇帝、高皇帝，都是這位老先生。

朱元璋從死到葬，在短短六天內完成，一朝開國之君的斂葬似乎稍嫌促急了些，這為後來燕王指責建文帝不孝，留下了口實。

上引遺詔出自清修《明史》，而《明太祖實錄》並未收錄此詔，因為朱棣根本不承認這有個詔書，即便有，他也一口咬定出於偽造，根本不可能是太祖真實意思的表達（這個真實意思，經他一攬合，算是只有鬼知道了）。

朱棣甚至指責建文帝是矯詔即位。

《明太祖實錄》在重修時，便順著朱棣的意思來編纂，該書對朱元璋臨死前的情節，是這麼介紹的——

乙酉這一天，太祖崩於西宮。太祖素來身體強健少疾，等到病發，仍然每日臨朝處理政事，不倦如平時。但見病勢漸漸加劇，焚香向天禱告說：

「壽年之久近，國祚之短長，子孫之賢否，惟簡在帝心，為生民福。」

禱罷，即差宦官去北平召燕王還京。燕王接詔，立刻南下，剛走到淮安，被用事之奸臣矯詔阻還，然而燕王不知其為偽詔。

太祖病體日沉，見燕王總不來，他不停地問左右：「第四子來未？第四子來未？」對其他的事，不置一詞……

要我說，這只是個故事，豈可當真？它講朱元璋在臨崩前，有召燕王還京之舉。如果朱元璋此舉意在令燕王繼位，則與遺詔稱朱允炆「天下歸心，宜登大位」相違；如果他只是想念第四子，欲於圉目前一見，則同樣與遺詔令諸王「勿至京師」的要求齟齬。故此，實錄寫入此節文字，必然要刪除與其內容不合的遺詔。

實錄告訴讀者，太祖皇帝平素身體健壯，發病了仍堅持上朝理政，直到快不行了，才開始考慮「子孫賢否」的問題，在請示過上帝同意後，即派太監持金牌、符驗去召燕王來京。

此處用的是「曲筆」。它雖沒有明寫召燕王何事，但讀通上下文，便知是令第四子來承繼大位的。

而朱允炆皇太孫名分已定，這麼寫的目的是告訴人們，朱元璋臨終又燃起易嗣之心，還是想把皇位傳給燕王，而建文帝違反皇祖之命，阻回燕王，才是「矯詔」的篡逆行為——這是典型的賊喊捉賊。

在這裡，史官們喊出了那個時代的最強口號：皇位本來就是我的！

明朝的制度，是誰居皇太子、皇太孫之位，誰就是法定的大位繼承人，擁有「儲君」、「儲貳」的大名分。國不可一日無君，太子或太孫是國之根本，相當於副皇帝，正主兒一旦「不諱」，將立刻由他接管國家最高權力，所以又稱「國本」。朱允炆在洪武二十五年（1392 年）九月被立為皇太孫，至此已經六年。朱元璋既然身體健康，頭腦清楚，沒有發生老年癡呆的症狀，怎麼忽然在要升天時，把皇太孫撇在一邊，試圖另起爐灶，請燕王來添亂呢？

燕王朱棣接莫須有之旨後，迅雷南下，卻不想在淮安被「用事者矯詔」勒還。用事者，就是指在朝管事的人。朝廷接管事的，應是皇帝，有了皇帝他還來管事，此人必屬權奸。所以「用事」不是一個好詞，一般都分配給太監王振、劉瑾、魏忠賢這些人，而朱棣所指，是兵部尚書齊泰、太常寺卿黃子澄等建文帝的親信大臣。

這位「用事者」趁朱元璋病重，假傳聖旨，將興沖沖趕來即位的燕王攆了回去。而他的老父親為奸臣蒙蔽，一直到快「掛」不住了，還一個勁地問：「老四來了沒？老四來了沒？」而皇太孫就奉侍在病榻旁，卻「言不及他」，對國事沒有任何的交代，只顧嗷嗷亂叫「老四來了沒？老四來了沒？」豈非精神病發作？幸虧史官老先生們還有「知止」之心，編到此處就剎住了，否則明太祖的後宮也要留下燭影斧聲的千古謎案了！

編造的東西總容易露出馬腳，實錄囫圇圇拉雜的記載經不起推敲，如它說朱元璋病勢來得急，才命人去召朱棣，然而使者北行，朱棣接命後從北平南下，怎麼也要一個月時間，待朱棣騎抵淮安時，皇太孫早已繼位了。《明史》纂修官朱彝尊就指出，「謂用事者矯詔卻還，當在是年之秋也」。而到秋天時，建文帝已迫不及待地對叔叔們下手了——燕王，你還敢來嗎？

以上情節在宣宗朝修成的《明太宗實錄》裡也略有涉及：

太祖不豫，遣宦官召燕王。王已至淮安，皇太孫與齊泰等密議，詐令人齎敕書符驗令王歸國。太祖情節與《明太祖實錄》大體一致，而細節有所豐富：將「用事者」坐實為兵部尚書齊泰，更指出快不行了，問左右：「燕王來未？」連問三遍，無人敢對。

「矯詔」出自皇太孫（建文帝）的指使。

當然，勝者為王的「歷史」，是不可信的。《明史》就沒有採用這些內容，棄之不用，即是對其真實性的否定。

事實上，朱棣直到佔領南京前，從未對皇太孫繼位的合法性提出過質疑，他數次給朝廷上書，皆稱朱允炆為帝，自稱為臣。他肆意篡改歷史，都是在他登基後授意史臣所為，作為勝利者，他現在可以把躺倒的失敗者當塊抹布，隨便擦他的髒鞋了。

實錄這麼編寫，意在指出，朱元璋真正屬意的繼承人是燕王，至死不渝。在《明太宗實錄》裡，史官們還編造了這樣一個故事：

洪武二十五年四月，皇太子朱標薨後，朱元璋召侍臣密語——看官請看，又是一次被曝光的「密語」。我們不妨想像一下，不是經常有人給我們講一些祕聞嗎？言者裝得神乎其神，好像是他專門指派中情局特務打探來的。其實，不過是此流言蜚語，裡面還夾雜了許多他自己的創作。

且聽朱元璋密談時怎麼說呢，他未開口先一聲嘆，然後緩緩道：「長孫允炆少不更事，而主器必須得

人啊！」隨即道出衷腸：

「朕欲建燕王為儲貳，以承天下之重，庶幾宗社有托。」

「若立燕王，將置秦、晉二王於何地？」

翰林學士劉三吾先反問道，然後說：「且皇孫年長，可繼承矣。」

劉三吾所答，正是燕王「皇帝夢」的最大苦惱，太子雖死，他上面還有二哥、三哥呢，況且此時的皇孫已非童稚，而是風華正茂的少年了。

太祖也覺這一關絕難克服，只好「默然」，但實錄隨之追寫道：

這天夜裡，太祖焚香祝於天說：「後嗣相承，國祚延綿，惟聽命於天。」於是立允炆為皇太孫。

朱元璋在決大事時的焚香一禱，令人印象深刻。前文講他病重時，也曾禱告於天，說了類似的話。

這些情節實際上在暗示：太祖皇帝立允炆為嗣，實出於無奈，只好聽天由命，但他相信法力無邊的老天爺一定會做出最佳安排，將他最為心愛的乖寶寶老四燕王送上寶位。

朱元璋一邊花六年的時間用心栽培聰明仁德的皇孫，一邊卻在心裡隱伏一個至願，並不斷禱告上天，請老天爺幫忙除掉皇孫，讓他最喜歡的燕王即位，這不是很搞笑嘛！

第二十章　朱四爺在媽媽夢裡得帝命

記述太祖朱元璋時期歷史的官修國史是《明太祖實錄》，這本書歷經三修：初修於建文朝，永樂篡奪之初，下令重修，九年之後又復修訂，如今的流傳本就是這一稿，之前的兩個本子已經失傳了。

經過三修的「實錄」，當然不夠「實」了。學者認為，朱棣兩次修改實錄，主要就是改動與「靖難」

（燕王與朝廷的軍事對抗，他自稱「靖難之役」，而朝廷一方則稱「平燕之役」）有關的史事。如果我們能看到建文朝的實錄，那裡面的「燕庶人」朱棣，一定是個驕恣狂悖之徒，罪行昭彰，屢遭太祖皇帝訓責，最終抵於失敗。然而不幸的是，天子從寶座上跌落了，那麼歷史也要隨之翻盤，反轉過來重寫。

於是在今日所見的實錄裡，悖逆的燕庶人朱棣，一變而為英武無比、生有祥瑞之兆的神人。

《明太祖實錄》本是記他老子朱元璋的史書，裡面也常塞進老四的私貨，如實錄記朱棣初生時，有「雲龍之祥」，馬皇后「甚異之」。馬皇后曾經做過一個夢，夢中回到開基創業的時代，一天帶著孩子們，在原野中猝然遇到一群帶著紅巾的盜賊，颯颯一下子就圍上來。

馬皇后在夢中大恐，眾孩兒嚇得哇哇亂叫，尤其怪異的是，只有老四朱棣不驚不慌，牽過坐騎，扶母親上馬，自己躍馬相從。小子如此，已經很不簡單，馬后夢一見到朱棣，皆「辟易遁去」，竟然逃得一乾二淨，馬皇后這才帶著孩子們從容回還……然後就醒了。

儘管這只是發了個夢天，然而從此馬皇后乃「獨鍾愛於今上（朱棣）焉」。朱棣就是命好，在別人夢裡都能撿到便宜。

以上是實錄的記載，清人毛奇齡《勝朝彤史拾遺記》又有補充，在「獨鍾愛之」之後，說到：馬皇后對自己做的夢，從不對人言，只是從此心裡只愛老四朱棣一人。等到朱元璋膩煩太子「柔弱」，發牢騷說：「此子非繼體之人也」，她才適時地道出這個異夢，仍提醒老公「勿洩」天機──「其後卒有靖難之事」。毛奇齡據此認為，靖難之役是上天註定的。

原來四王子出類拔萃，得天命之符，是早在他媽媽的夢裡就有了徵兆的！

朱棣初生時，《明太祖實錄》說有「雲龍之祥」，《明太宗實錄》是這樣記的：

「上初生，五色滿室，照映宮闕，經日不散。太祖高皇帝、高皇后心異之，獨鍾愛焉。」

兩本實錄，一個說「雲龍之祥」，一個說「五色滿室」，雖然都是大貴人的祥瑞之兆，但畢竟不同，

在後修的《明太宗實錄》裡，那條「雲龍」不知跑哪兒去了，代之以異常老套的「五色滿室」。若看官不信，請去讀明清小說，小兒生時發光是描寫貴人出生的常見格套，就像描摹美女一定要說她如花似玉一般。

《明太宗實錄》說朱棣這位「五彩祥童」一出生，他爸媽就偏了心；《明太祖實錄》則說是馬皇后做夢後才偏心的，然後拿夢來遊說夫君，兩人才一齊偏了心。

是否諸王之中，只有燕王一人超超出眾，餘皆萎靡不振，不堪造就？是否諸王皆敗德有過，唯燕王一人絕無皇子的嬌戾之氣？說實話，自這位「文皇帝」經官史洗禮重生後，已經找不到相關的史料來做參證了。

前文講到，在重要史料《明太祖皇帝欽錄》和《御制紀非錄》裡，記錄了朱元璋親自揭露的諸王們為非作歹的種種過失，卻沒有關於燕王的任何記事。這要麼是燕王在洪武朝較為謹慎，沒有明顯的失德行為；要麼是他即位後，兩書的輯錄者出於忌諱，將凡關涉「今上」的不好內容都抹除了。

問題是：據朱棣在《奉天靖難記》中的自述，太子、晉王、藍玉等人都進過他的讒，三哥晉王甚至還派人到北平，專門刺察、收集他不法的證據，顯然還是有許多對燕王不利的小道消息傳到朱元璋的耳朵裡。但他為何不置一詞？

朱元璋對兒子們的關注，並非是「抓大放小」，像秦王夜宿城樓、園子裡建假山，晉王寫信議論人物、齊王拔刀砍烏這樣的小事，都惹得朱元璋大驚小怪，大做文章，難道燕王竟一點這樣的過失都沒犯過？相關史料應該都被刷洗掉了。

《明太祖皇帝欽錄》中有一條史料引起了許多學者的關注，那是洪武三十一年（1398年）五月十二日的一條記事，文如下：

「說與晉王知道，教陳用、張傑、莊德預先選下好人好馬隄備，臨陣時領著在燕王右手裡行。」

文中的晉王是晉恭王朱棡之子、第二代晉王朱濟熺，老晉王朱棡已在二個月前去世了。陳用等人，是都督、都指揮等武官，當時在山西，受晉王節制。學者多認為這是朱元璋在臨終前為防止朱棣生異心而做的一種軍事安排，令晉王濟熺布置兵馬，在北平的西側牽制燕王。

我認為，這是對史料的過度解讀。事實是，朱元璋在臨終前，既沒有一個勁念叫「第四子來未」，也沒擔心第四子會起兵奪嫡，而做出這樣不可思議的措置。

事情的真相不過是當年四月，朱元璋調遼東、北平、山西諸路兵馬，備禦當年秋天蒙古可能的入侵（稱「防秋」），按照洪武末以來的慣例，封地在北邊的燕、代、遼、寧、谷諸塞王，都要率軍出征，分別充任正副統帥，節制總兵以下將領及都司衛所兵馬。這條記事（它實際上是一種私信性質的敕書）不過是令晉王濟熺調陳、張、莊等部兵馬在西邊（右手）策應，與各邊呼應聯動，形成長尾蛇勢。

假如朱元璋深悉燕王有叛逆的行跡，他要做的應是速召燕王回京，加以訓誡，而不是採取兵戎相見這種他最不願意看到的形式。

在朱元璋去世前，他已經把多數兒子封到各地為王──這是他精心下的一盤棋，諸王藩府與管民的郡縣、管軍的衛所並存的分封制度基本成型。

各地藩王雖然不裂土臨民，但王爺們體尊位高，節制文武，擁領重兵，據天下要地，形成盤根錯節的強大勢力。將來老皇帝死去，在新天子的治下，他們能否服從朝廷的約束？如果朝廷彈壓稍嚴，是否會引發像七國之亂、八王之亂那樣的大禍？誰的心裡都沒有底。

皇太孫朱允炆作為皇朝未來的繼承人，他是怎麼想的呢？他還未即位，已深憂皇叔們倚仗「尊屬」（輩分高）、

《明太宗實錄》說皇太孫早已生出削藩之心。他還未即位，已深憂皇叔們倚仗「尊屬」（輩分高）、

將來不服他的約束。一天他坐在東角門，和心腹太常卿黃子澄等人談話，遽然說道：「我非先生輩，安得至此！然皇祖萬歲後，我新立，諸王尊屬，各擁重兵，何以制之？」

這是要討論將來的宗藩政策了。此時朱元璋尚在世，這是異常敏感的話題。黃子澄卻輕飄飄地說：

「此不難處置。」

皇太孫道：「請言之。」

「諸王雖有護衛之兵，僅足自守。朝廷軍衛犬牙相制，若有事，以天下之眾臨之，其能當乎？」

黃子澄說的很有道理，過去從未有過藩王在一個朝代的極盛時期造反成功的先例。藩王實力縱強，他所守的也不過是一隅之地，朝廷以天下大兵臨之，不是如泰山壓卵石嗎？

「漢代七國之亂，列國並非不強大，但最終不免於滅亡，這是因為以大制小，以強制弱，其勢必然不支。」

黃子澄以古擬今，信心十足。

皇太孫聽罷，底氣也充足了，說道：「茲事終仗先生矣。」

這是《明太宗實錄》的記載，為許多書所轉引，視之為信史。

然而看官明鑒！文中皇太孫一開口，便知這段對白定屬偽造。

皇太孫說「我非先生輩，安得至此」，換成白話文，就是：「我若不是先生們，哪裡坐得上儲君之位！」好像他做儲君，名不正言不順，撿了老大便宜似的；它對應的正是永樂朝官方的「歷史解釋」：太祖的本意在燕王，卻被一幫奸臣從中阻撓，壞了好事。實錄在這裡借已死的朱允炆之口，自證他得國之僥倖。

東角門是紫禁城前朝正門奉天門（即紫禁城午門內廣場正對的那座大門，是御門聽政之所）東偏的小門，是出入內廷的主要孔道，並非隱祕、可以密談的好去處。那時朱元璋還沒死，皇太孫就開始公然

討論改變其主要政策，並打定主意，一旦諸叔反抗，即用兵剿滅，難道就沒有一點忌諱？

朱允炆坐上儲君之位，那麼多人（如燕王）心存不滿，一定密布眼線，隨時伺察太孫的不是，他即使要與黃子澄議一議，也一定不會讓人隨便聽去。況且黃子澄作為朝廷大臣，豈敢公然與儲君交接，私議政事？且所議的還是朱元璋最為忌諱的「離間親親」，他不想活啦！按祖訓的規定，是要誅族的！

所以，這番對白，應純屬編造，意在揭露朱允炆違背祖制，其削藩之心，由來已久。建文帝哪裡想得到，他生前被四叔奪了皇位，死後還要被四叔的子孫綁架，說出許多違心的話。這些話還不少呢，見下文。

建文帝父親懿文太子在世時，東宮是諸王們的長兄，而現在諸王卻是東宮的叔輩。為了適應這一變化，朱元璋在洪武二十九年（1396年）重新擬定了諸王見東宮儀制，規定諸王來朝，先朝見於外廷，與東宮行君臣之禮，然後相見於內殿，行家人之禮。固然皇儲地位尊顯，但朱元璋同時強調諸王們的「尊屬」（輩分之尊），讓允炆向諸王們行叔侄之禮。這表明，到朱元璋的晚年，他對自己大力推進的分封制度，依然充滿信心，沒有絲毫的懷疑。

朱允炆被迫低頭，心中實不服，但他不敢向祖父說起他心中的隱憂，更不敢公然拉臣下來私議。一切，都待他即位之後再說吧！

第二十一章　開刀削藩

上文講到，《明太宗實錄》憑想像編寫了一段建文帝與黃子澄的東角門密議。它為什麼可信，成為無人質疑的信史？乃因建文君臣所議的道理甚是淺顯，一般人都看得明白，並堅信：如果新朝雷厲風行推

行新政，改變太祖的宗藩政策，裁抑親王的權力，將是「削藩（解決尾大不掉之藩鎮）——藩亂（或不亂）——平藩（解決權力太重的宗藩問題）」這樣一個過程，其間可能出現波折，但天下一統、皇朝萬年、堅如磐石的大局不會變。

這是歷史的經驗，也是天下大勢運行的規律，不管燕王朱棣有沒有在王冠之上再加戴一頂白帽子的野心，這個道理他也不可能不明白的——造反，未易輕言也！

朱元璋死後，朱允炆迅速組織親信大臣撰寫太祖遺詔，其中最主要的內容，都是針對諸王的：

第一，諸王不必來京，各自在國中哭臨；

第二，王國所在地方，文武吏士只許聽朝廷節制，惟王府所領護衛官軍聽王指揮。

洪武中，諸王權勢極重，無論是封國周邊的朝廷守臣，或公差路過的文武大吏，都必須朝見親王，行君臣大禮；諸王不僅專制國中，還干預地方用人及政務；即便是朝廷調兵遣將，需要徵發諸路兵馬，也須關白親王，並用諸王為統帥。而根據遺詔，諸王從此只能節制本府所轄三護衛兵馬，地方文武官吏不准再聽王府「令旨」行事了。

朱允炆還未正式登基，已迫不可待地借先帝遺詔削奪諸王大權，明眼人都看得出來，新天子不久還將有更大、更為激進的動作。朝廷內外眾多的投機客瞧准這個飛黃騰達的機會，開始霍霍磨牙，準備狼嗞那些尊貴的王爺們了。

果不其然，很快就有人紛紛出首，告發諸王煽動謀亂的逆跡。

洪武三十一年八月，五皇叔周王朱橚第一個倒了楣。

周王是朱元璋很疼愛的一個孩子，他的封地不在寒苦的北方，而在較為富庶的大城開封。與沿邊手握雄兵的塞王相比，周王開國於中原腹地，是最沒可能造反的王子之一。然而朝廷很快接到周王有「異謀」的告密資料，而且這份黑函竟然來自朱橚的次子汝南王朱有勳。

以子告父，孰謂不信？

朝廷如獲至寶，當即作成定案，遂祭出削藩的第一隻雞。

建文帝首先向周王下手，可能是偶然的（汝南王告變），也可能是精心挑選的結果。

洪武三十一年（1398年）六月間，朱元璋剛剛斂葬，戶部侍郎卓敬就上密疏，請裁抑宗藩──這真叫人走茶涼，「洪武大帝」才升天，他那一套馬上不靈，大夥兒都圍著新的核心轉去了。

建文帝並沒有公開表態，採取了「不報」，即不做任何答覆的方式加以冷處理，但背地裡卻與「同參國政」的親信大臣齊泰、黃子澄等人緊鑼密鼓地商議削藩大計。

當時親王封國有約二十個，實力有強有弱，王子有賢有無德，在下手的順序上，齊、黃二人意見不一。齊泰的意見，是先削燕，因為「燕（王）握重兵，且素有大志，當先削之」，強者既去，弱者自然披靡，不在話下。而兼任翰林學士的黃子澄則顧及到師出有名的問題，他說：「周、齊、湘、代、岷等王，在先帝時，多行不法，削之有名。今欲問諸藩之罪，宜先從周王始。」

他特別強調：「燕王預備已久，輕易難圖。周王，是燕王同母之弟，削去周王，等於剪除燕王的手足。周王既去，燕王可圖矣。」

黃子澄說「周王是燕王同母之弟」，是朱棣身世之謎中的一條關鍵證據：因為燕、周如果同母，則燕王必非嫡出。朱棣的身世已經討論過了，這裡我們來討論黃子澄之見高不高明？

建文帝最終採納了他的意見，然而他的高見，平心而論，卻是毫無意義的空談。好比他說燕王早有異志，輕易難圖，若先削周王，等於去其手足，則燕王可圖。這是什麼邏輯？好比街頭小鬼打架，這一夥見那一夥的頭頭著實厲害，這邊廂便商量：我們避開他，先上幼稚園把他弟弟揍一頓，這樣他就好收拾了。於是這一夥拋開主要對手，一起去招呼幼稚園的小朋友。結果將如何？可能益挑其兄之怒，狂怒著來復仇，拳頭雨點落下，更猛更烈。

黃子澄所見，不就是如此嗎？周王並沒有什麼實力，他即便是與燕王同心同德的親弟弟，差不多也就是幼稚園裡一稚童，剪他不剪，有甚干係！

今天我們作事後觀，建文帝採納了黃子澄的建議，結果失敗了，似乎朝廷下了一步臭棋；然而，問題在於，假若朝廷採納的是齊泰的建議，也未必一定就能成功。

決定成敗的因素非常之多，並非只取決於削藩的步驟。當戰爭開始後，黃子澄所預言的，以天下之眾臨一藩王，勝敗輕易能分的局面，並沒有如期望的形成，從建文元年（1399年）七月開始，朝廷與燕王鏖戰四年多，不僅沒能擊潰燕王，反把自己拖垮了。朝廷的失敗，從根本上來說，是洪武以來外強內虛的局面造成的。

不管怎樣，在削藩之初，朝廷一個接一個的廢黜諸王，行事卻是非常順利，一個虛假的有利形勢，在一定程度上麻痺了建文帝。

周王朱橚是一位有名的藥學家和文學家，卻是一個很不合格的父親，竟養出汝南王朱有勳這樣一個豬狗不如的兒子。朱有勳告發父親「不軌」，看起來是大義滅親，其實是因為與兄弟之間的矛盾，他對父親積怨已深，又探知朝廷要跟親藩過不去，就立刻跳出來，與父親劃清界限，做堅決的鬥爭。他本是次子，與王位無緣，他指望著朝廷一旦將父親拿下，說不定會令他這位大功臣繼承親王之位呢！

可惜朝廷正在大講孝道，恢復古禮，雖然朱有勳是一位再妙不過的汙點證人，卻不會同意這樣一位身上有莫大汙點的人堂而皇之君臨一國。朱有勳失算了。

朝廷在接獲朱有勳的黑函後，毫不遲疑地動手了：先是假意發詔，命曹國公李景隆備邊，從開封經過，突然發兵圍住王宮，將毫不知情的周王捉拿歸案。隨即削去其王爵，貶為庶人，將其父子分別徙往雲南蒙化等邊地。不久又將他取回京師禁錮起來，在隨後而來的暴風疾雨中，過著惶惶不可終日的生活。

朝廷削藩採取的是順藤摸瓜的手法，由周王的案子，再牽連進其他王子。曾幾何時，周王是錦繡堆裡打滾的角色，如今突然下吏，朝廷有沒有「逼供信」我不知道，但肯定採取了嚴厲的恐嚇手段，把他嚇得半死，遂很快交代，由他的供詞，朝廷迅速掌握了代、湘、齊、燕等王不法的證據。

下一個便輪到封於山西大同的代王朱桂。

如果按照「去燕王手足」的思路來看，代王與燕王既是兄弟，亦為連襟（代王之妃是燕王妃的妹妹，都是徐達之女），似乎是絕佳的目標。但代王兩口子的關係並不好，代王有意冷落她，徐妃生了重病，也拒絕探視。徐妃的遭遇在代藩引發強烈的同情，代王的一個孫子甚至將此事揭開，上奏朝廷，為徐妃鳴不平，請求朝廷敕令代王好生對待徐妃，勿要太薄於夫婦之情。

代王亦非善類，他有著朱家的狂躁型遺傳病，即便到了老年，還時常領著兒子，穿短衣小帽，袖中藏著錘子斧頭，在鬧市殺人，或誘騙軍民婦女入宮。而徐妃的所作所為，也不似大家閨秀。她是個惡毒的大醋缸，代王寵愛兩名侍女，她嫉妒得要命，竟然令人往侍女口中塞糞，往她們身上刷滿油漆，再渾身敷上藥膏，令她們肌膚潰爛。二人如此惡行，也算是同類了。

代王劣跡非常多，如何處置他，翰林學士方孝孺提議從寬，請以德化導之。一代大儒方孝孺，現在是建文帝的老師和顧問，也是建文朝新政的主要規劃師。

建文帝聽納了他的意見，沒有將代王「下吏見官」，而是責令他離開封國，到四川與他同母哥哥蜀王朱椿一起住。蜀王素有賢名，希望代王有樣兒學樣，迷途知返。但代王還未入蜀，朝廷已改變心意，轉而將其就地監禁。

另一個貪虐成性、劣跡昭彰的齊王朱榑，也被人訐以陰事，旋即召到京師，拘禁起來。代、齊二王，不久都被廢為庶人。

洪武三十一年十二月，就在周、代二王相繼落馬之時，前軍都督府斷事高巍上書，將宗藩問題半掩

的面紗掀開，對如何繼承作為「祖制」的分封制度，進行了首次政治檢討。

朱元璋在《皇明祖訓》裡放過狠話：祖訓不許擅改一字，若臣子勸上違逆祖制，應視為奸臣，加以滅族之刑。言猶在耳，朝臣不會忘記，但此一時也，彼一時也，如今是「後洪武時代」，太祖那些話誰也不會太放心上，而削藩已是新朝君臣的共識。雖然朝廷沒有公開討論藩封政策，而削藩已在緊鑼密鼓的進行中了。

高巍看到皇帝削藩之心太急，他擔心欲速不達，像西漢景帝一樣，因為驟然施行晁錯削奪之策，引起天下大亂。他建議效仿漢武帝的推恩之令，將西北諸王的子弟分封於東南，東南諸王的子弟分封於西北，小其地，大其城，以分其力。「如此，則藩王之權不削自弱矣」。

他同時建議，皇帝應益隆親親之禮，歲時伏臘，遣使饋問，諸王之賢者加以褒賞；不法者，第一次犯寬容他，再犯而不改者，則告於宗廟，削其地而廢黜之。朝廷若這樣做，諸王「寧有不服順者哉」！

現在看來，高巍的建議是非常有遠見的。但遺憾的是，年輕的建文帝以及他雄心勃勃的輔臣們，看不到朝廷的虛弱，以及行事過驟可能帶來的危險後果，對於高巍這個看起來迂緩的策略，他們沒有興趣。

削藩的步伐沒有停頓，反而加快了。建文元年四月，岷王朱楩也遭人告發，朝廷立削其護衛，廢為庶人，遷到福建漳州監視居住。最慘的是湘王朱柏，他的罪狀是偽造寶鈔和擅自殺人，朝廷先是降敕切責，隨後遣使率兵到荊州府去逮捕他。湘王是個性情高傲的人，他說：「吾聞前代大臣下吏，多自引決。我身為高皇帝之子，南面為王，豈能受辱僕隸之手而求活乎！」遂闔宮自焚死。這已是朱元璋第二個自焚的兒子了。

在靖難之役中，有一種傳說，說建文帝害怕蒙上殺叔之名，嚴令不許傷害燕王，只許活捉，結果拘束了官軍的手腳，反被狡猾的燕王利用。此說應出於臆造，其實建文帝已斃一叔，再多一個，有何不

可？

這樣，被後世稱為「仁弱」的建文帝，在即位一年的時間裡，大刀闊斧，連扳五王，其他在藩諸王，無不悚懼，膽戰心驚，不知下一個將輪到誰。

對於這些皇叔親王，建文帝不論其罪之大小，毫不客氣，一概加以削除，可見建文帝對他祖父傾三十年心力建立的分封制度，有多麼厭惡，他急不可耐地要剷除他們，我們從中看不到任何的親情和憐憫。

周、代、齊、岷、湘，這五位藩王成為第一批被受難者，朝廷是如何選中他們的？一種為人普遍接受的說法是，他們或與燕王同惡相濟，或是燕王的「手足羽翼」，朝廷是項莊舞劍，意在沛公，真正的目標其實是屬分最尊、實力最強的燕王朱棣。

此說其實是可以存疑的。比如說與燕王關係親密者：周王，《明史》借黃子澄之口，說他是燕王同母弟。然此說涉及到燕王身世，未為定論。但燕、周一個老四，一個老五，年齡相仿，朱棣即位後，對周王百般關照，他們關係親密，應屬無疑。

再說代王，這位皇十三子與四皇兄同娶徐達之女，既是兄弟，又是連襟，但兩王關係親密的證據不足，也不存在一榮俱榮、一損俱損的緊密利益。不可以說，他們「親上加親」關係就一定厚，代王定是燕王之黨。現成的一個反例是，徐達長子徐輝祖，是朝廷的堅定支持者，而次子徐增壽卻暗通燕王，同樣是朱棣的小舅子，他們的政治立場卻截然相反。

至於劣跡斑斑的皇七子齊王，本為一狂徒，他在洪武朝屢遭父皇訓斥，姪子建文帝登基後拿他祭刀，可謂實至名歸；他與四哥同遭罷黜，算是同病相憐，但四哥即位不數年，照樣不客氣，把他連同三個兒子都廢為庶人，長期監禁，老七這一房子孫從此成了沒有自由的庶民。這等人物，依我看，應是他自己不聰明，撞上了建文帝的槍口，不見得是朝廷處心積慮加害的結果。

從一些跡象來看，朝廷選擇打擊目標，似乎是毫無章法的，甚至有些顧頇，缺乏規畫和次第。

以岷王朱楩為例。岷王是皇十八子，母親為名不見經傳的周妃，他年紀小，建文元年才二十一歲，比燕王朱棣小了近二十歲，當他出生時，四哥已經到封國，他們之間很難談得上有親密的交誼。

朱楩初封岷州，因此以「岷」為王號，但洪武二十八年（1395年），朱元璋以雲南新附，宜用親王鎮撫為由，將他改封雲南。岷王赴雲南三年有餘，一直未建宮室，護衛軍力薄弱；且封地在天日之南，又非強藩，不可能對遠在東北數千里之外的燕王有所呼應。朝廷處置他，且處置極嚴（根據祖制，不許殺害親王，廢黜監禁已是最重的處罰了），是完全沒有必要的。對這樣一隻小雞下手，徒然增加諸王的恐懼。

值得注意的是，明朝收復雲南，是在洪武十五年春，到二十八年時，已經十三年了，似乎不可再言「新附」。雲南入大明版圖後，一直由朱元璋的義子西平侯沐英鎮守，直到洪武二十五年卒於鎮。沐英死後，由其子沐春嗣爵，仍鎮守雲南。沐春在鎮七年卒，沒有子嗣，乃由其弟沐晟嗣爵來鎮。朱元璋從未寄予任何一個異姓臣子這樣的信任，讓其父子相繼，鎮守一方。由此世人多猜測沐英實為朱元璋與外婦所生之子，是朱家的親骨血，而不是名義上的養兒義子。當然此說只是野語，不可輕信。但朱元璋對沐氏的信任超乎尋常，卻是有目共睹的。

然而，洪武二十八年，朱元璋突然派第十八子來鎮雲南，這使得沐家世鎮雲南的希望頓時泡了湯。

沐晟是建文元年嗣爵，來到雲南的，他到任伊始，即力訐岷王之過。而朝廷輕易就聽信了，將岷王廢為庶人，移置漳州軟禁起來。

沐晟此舉甚是高明，既迎合了朝廷削藩之策，主動提供炮彈，去除了一位藩王，同時也除掉了沐家世鎮雲南的最大障礙。可以說，朝廷此舉最大的受益者不是朝廷，而是沐家，從此沐家永遠以黔國公、總兵官的身分鎮守西南一隅，與明朝相始終。

幼稚的建文帝和他空疏迂闊、志大才疏的輔臣們，被利用了而不知，還以為那二十塊大石頭，又搬

除一塊，可以彈冠相慶了。

接下來，他們轉移炮口，對準了最大的心腹之患——燕王朱棣。

第二十二章　多虧燕地有「王氣」

自朝廷出其不意地對周王動手，雄鎮大藩的王爺們，個個風聲鶴唳，神經過敏。要說諸王過去驕縱，或許可信，然而自此之後，誰還敢驕縱，根本是找死。其實「驕縱」只是口實，不管藩王們是驕，還是嬌，朝廷削藩的決心不可動搖。

燕王朱棣作為皇帝年紀最長的叔父，理應對侄皇帝不顧祖制及「親親之義」，連續削奪藩封的行為表達態度。不知朝廷有沒有這樣的期待，或許方孝孺、黃子澄等大臣私下裡都希望燕王能夠識趣，主動贊附朝廷的行動，自獻護衛兵力。然而，燕王對弟弟們一個個遭難，沒有任何表示，只是稱病不出。大臣們在失望之餘，開始著手採取軍事措施，以迫使他那麼做了。

金鼓鏘鏘，一步步直逼燕王府前。

燕王護衛軍力人數雖然不多，但屢從燕王出塞，精於騎射，戰鬥力較強。朝廷的措置可謂嚴密，除了架空燕王，剪除其爪牙，還調兵遣將，強化軍事壓力：命都督宋忠、徐凱、耿瓛等帥兵分屯開平、臨清、山海關等地，又於彰德、順德等地布防，對北平形成鐵臂合圍、甕中捉鱉之勢。燕王縱然不滿，他敢不乖乖就範嗎？

炸藥包已經理好，就等安放引信了。

建文元年六月，燕山護衛（燕府三護衛之一）百戶倪諒從北平逃到南京「上變」，告發燕王謀反。

此時朝廷已經準備完成，建文帝在接到倪諒的密報後，立即採取行動，下令逮捕燕府在京公差人員。燕府旗校于諒在錦衣衛獄裡被活活打死，成為靖難之役前的第一批罹難者。

為了拿到燕王謀反的「證據」，朝廷動用了嚴刑。

在掌握了燕王謀反的所謂「鐵證」後，建文帝下詔，公開譴責燕王，命北平地方官入王府逮捕王府僚屬。

氣氛緊張到了極點，朱棣仍在府中養病。

政客的病，往往招手即來，揮手即去。朱棣也不例外，生病只是他示韜晦的一種手段。但我相信，他一定整日急火攻心，渾身起火泡，惶惶然不可終日。到底是被動地接受命運的鎖喉，還是主動出擊，為改變命運而抗爭？他猶豫不決。

正在此時，忽有一人來訪，報稱是北平都司都指揮僉事張信，此人的官職差不多等於今天的省軍區參謀長。

朱棣一聽此人的名字，就不想見。原來建文帝深知朱棣在北平經營二十多年，與各種地方勢力形成盤根錯節的聯繫，故而對北平文武守臣實行了大換血，朱棣多年經營的人事網路毀於一旦。而新來的守臣，都是經過嚴格挑選，政治審查合格、忠於朝廷的官員，他們實際上負有監視燕王的使命。這位張信也是以「謀勇」得到推薦，從四川平越衛升調到北平都司來任職的。

朱棣現在哪有心情與這幫官員應酬，他皺了皺眉，撫額搖手，推說病重，不方便見。但張信固執得很，一連來拜三次，非要見到王爺不可。朱棣只好請他進來，往床上一倒，裝作起不起的樣子。

話說史上裝病最有名且裝得最像的，莫如司馬懿了。曹魏的大將軍曹爽要抓司馬懿的小辮子，司馬懿遂以退為進，稱病不出，而曹爽深知俗語有「司馬妙計安天下」一說，不敢輕信，生怕司馬老先生把

生病也做成一計，遂派新任荊州刺史李勝借辭行前去探病，以察其真偽。

司馬懿是個很有想像力的人，他裝病，不是躺在床上哼哼唧唧，喊頭疼，呼胸悶，而是精心設計了兩個戲劇情節以供李勝賞鑒：先是吃粥時故意嘴角歪斜，讓粥汁淋漓一胸；又故意把李勝的任所荊州聽成並州。真乃用計之出神入化！他不須呈上醫生的診斷證明，一個半身麻痹、耳目失聰、命不久矣的形象，已鑽進探子的腦海裡。

我想，朱棣與司馬懿是不同的兩類人，大概他學不來老狐狸司馬懿這一手。他衣服都沒脫，往床上一倒，被子一拉，只露一張苦臉在外面，就是病號了。

張信躬身走進寢室時，他雙目微闔，有聲無氣地哼了一下。張信快步近床前，二話不說，納頭便拜，旋即說出一番話來。燕王聽了，驚出一身冷汗，蹬地跳下床來。

張信說的是：

「王爺還有心養病嗎？北平都司、布政司已接奉朝廷密詔，馬上要對王爺動武了！」

出乎朱棣意料之外，這個姓張的都司將領不是來探病，而是來告密的。

張信來燕府告密，是對朝廷的背叛，他這是拿全家性命在冒險。原來張信自來北平都司任職後，已知朝廷容不下燕王，而他經過幾次與燕王的接觸，對燕王頗為仰慕。當他與聞密詔的內容後，不禁憂懼惶惑，不知該遵從朝廷旨意，還是出於對燕王的同情，將朝廷的計畫透露給燕王，為此悶悶不樂。

他母親發現他舉止怪異，便問其何事，他不敢隱瞞，將北平即將發生的大事和盤托出。張母大驚道：「你父親經常說王氣在燕，你切不可妄舉，取滅族之禍！」

看官！現在是一個科學的時代，各路名流尚且崇拜「大師」，甘心受其愚弄，遑論六百年前的古人了。那時候的人，特別相信氣運、面相、卜筮、地理一類的術學，許多人還精於此道，閒來無事時自己打一卦，大概張信之父也是能掐會算的，他早測出燕地有王氣，並認定王氣就應在燕王身上，所以在

家裡進行了「理想教育」，希望孩子將來能為燕王效力，自然好處多多，前途無限。如今張父已經去世了，他指引的方向還在那裡熠熠發光。

我想，讓身為朝廷命官，前途光明，馬上有一件大功要立的兒子背叛朝廷，去投靠一位下大梢的落魄王爺，不是一般母親能夠做出的事情，她自己不也說了，妄舉將自取滅族之禍嗎？張家母親想來也不會是一位高瞻遠矚的巾幗戰略家，坐在閨房裡，搖一搖團扇，輒便看出燕王必勝，朝廷必敗。對此我無法做出解釋，只好奉獻一個喜劇性的猜測：大約因為她老頭兒生前是有名的預言家，言無不中，如今他拋妻捨兒，一個人去了，張母特別懷念他，在未亡人心中，其遺言便是金科玉律，成為她小宇宙的真理。所以張信一說起朝廷要拿下燕王，張母立刻神經發作，定不准張信違先父之言，否則哭天抹淚，要死要活。除此之外，我實在想不到，當眾人都在推牆時，張信之母何以讓他的兒子躲到那道危牆之下？

若謂張信之父也是一代神算子，只是名聲不顯，我還有奇怪之處未解。張信之父張興是臨淮人，生前任福建永寧衛指揮僉事，是一名中下級武官，任所又遠在南方，應該沒有機緣結識燕王。他死後，張信嗣其官職，先後在普定、平越等衛任職，也都是南方衛所。張信在來北平之前，應該沒機會瞻仰燕王風采。那麼為什麼張興在萬里之外，就觀察到北平的王氣？張信為什麼敢拼了全家性命，在燕王最為危難的時刻，棄明投暗，拜在燕王床前？

這個問題要得到解答，只能排除張興觀王氣、張母以王氣說服張信這一說法。燕王見張信來投，一定也深感詫異，必然下問：人家都燒熱灶，為何你來燒我的冷灶？「王氣」說，應該是張信就燕王之問而給出的解釋，但絕不會是指引張信行動的唯一因素。

我猜想，自張信移官北平後，初識燕王，即為燕王的才略與風采（這也是「王氣」，即王者之氣）所折服，心裡已經靠近他了，他甚至相信，一旦燕王舉旗反抗，擊敗朝廷大軍，不是沒有勝算。張信是

個武人，他沒有文人瞻前顧後、多謀寡斷的毛病。與文官不同，武官沙場鏖戰，刀頭飲血，生死只在條忽之間，他們往往憑本能驅率，而非依從理性行事。不是嗎？在當時明顯不利的形勢下，燕府許多護衛將領，都義無反顧地追隨燕王，而燕王靖難大旗一舉，眾多邊將投入其麾下，這說明在那個尚武的時代，武人更相信武力和源自軍隊的凝聚力，而不是來自於制度的權威，或對君主的信仰——老子只認頂頭上司，管他皇帝還是老倌兒！

張信也是這樣，他在大地開裂的剎那，選擇了向燕王那一邊跳過去。

本來，燕王對朝廷下一步將如何行動已有了一些心理準備，但他還是心存僥倖，直到得到張信的信報，才知道局勢已到了生死存亡的關頭，不容他再優柔寡斷了，這才定計起兵。

然而，當他要揭幟反抗朝廷時，還是不那麼有自信，心裡小鼓敲得厲害。恰這天夜裡風雨大作，將屋簷上的瓦吹落幾片，在地上摔成粉碎。朱棣見了，以為是不祥之兆，臉色都變了。幸虧姚廣孝機靈，馬上說：「這是祥瑞。飛龍在天，從以風雨，這一場大風雨，是大王將化作飛龍登天的佳兆。」

他更指出：「綠瓦墮地，這不是將為大王換易黃瓦嗎？」

明代制度，親王所居之屋，瓦用綠色，天子之居，瓦用黃色。朱棣一聽換瓦之說，才知道飛龍上屋揭瓦原是天大的喜訊，才把怦怦亂跳的心放篤定，立志反啦！

於是他祕密聯絡護衛官兵中的親信，準備用武力與朝廷對話了。而北平都司、布政司官員並不曉得機密已洩，放鬆了對燕王的監視與警惕，待朝廷派遣的太監來到北平，眾官意氣洋洋，準備進入王府拿燕王「左右導惡之徒」時，沒料到燕王突然發難，將三司長官張昺、謝貴等人誆入王府，立刻殺死，隨即擊潰圍困王府的官兵，奪取九門，占領北平城，城頭揭起霸王旗，從此開始了長達三年多的靖難之役。

張信率先輸誠，立下大功，朱棣甚感其德，稱他為「恩張」。奪取皇位後，雖然張某人毫無軍功，仍

然被封為隆平侯，列「靖難功臣」之列。張家的侯爵是世襲的，茲後代代相傳，與朱棣的子孫共用富貴。

看官您請看，不信命還真不行，同樣是以闔族性命做押，投一大注，燕山衛的倪百戶，看起來是穩贏的，卻輸得精光；而贏面極低的張信，卻博取了世代的富貴，子孫受澤，連綿不窮。寫到這裡，容我學老夫子們拽一句文：豈非命哉！豈非命也矣哉！

第二十三章　四皇子手捧紅寶書反了

朱棣揭竿而起，起初只是為生存，絕未想到奪取天下。他是被朝廷逼反的，若不是朝廷威迫太甚，下手太狠，他未必遽然而反，甚至可能不反。朱棣多次說他的處境，「身遭危禍，無所容生」，他是「為奸惡所迫，不得已起兵禦禍」，應非矯飾，的屬實情。

但「冤情」並不足以成為朱棣起兵叛逆的理由。他名正言順的旗號，是「清君側」，是「奉天靖難」，他統率數萬雄兵，是為了入朝誅殺齊泰、黃子澄等「奸黨」。

朱棣在反書上先亮出正統的牌子，擺出自己「先帝嫡子」的身分，然後以皇帝至親皇叔的資格，指出朝政昏亂、親藩連遭橫禍的實態——

「今幼主嗣承大位，信任奸究之徒，橫起大禍，屠戮我朝家。想我父皇、母后創業艱難，封建諸子，望其傳續無窮，藩屏天下。然一旦遭此殘滅，其誰之罪，皇天在上，後土在下，都一起看著呢！」

朱棣辯稱自己「自受封以來，惟知循分守法」。為什麼如今又不循分、不守法了呢？實在是守不起法了，大禍臨頭，生死攸關，我是「不得已也」！

「我，太祖高皇帝、孝慈高皇后之嫡子，國家至親也！」

隨後，他以一副理直氣壯的姿態，舉起當朝「紅寶書」《皇明祖訓》——

《祖訓》云：朝無正臣，內有奸惡，必訓兵討之，以清君側之惡。

在引用祖訓條文後，朱棣剖出一肚子忠臣肺腸，亮給天下人看：

「從義上來講，我與奸惡不共戴天，必奉行天討，以安社稷。」

最後，他像所有奸的、忠的人一樣，喊出一句口號：「天地神明，昭鑒予心！」

朱棣「清君側」，與建文帝「清燕王左右導惡之徒」，手法相似，均屬於剝筍之法，或稱敲山震虎，明明打的是老虎，對外卻宣稱打狐狸——然則狐狸死了，虎能獨存嗎？

政治鬥爭所用之槍，射出的子彈常常是能拐彎的；政治不是武鬥，不能直來直去，必須學會影射、反諷、指桑罵槐和王顧左右而言他。好像中國人的靈魂裡都有「政治」的基因，人人都是政治家（我其實很討厭這個詞，所謂「政治家」是否就是那些玩政治玩出了精，官場的千年老狐狸、萬年不倒翁？還不如政客這個詞來得恰如其分）。好比中國人特別喜歡「微言大義」，話不明明白白說，文章不直直爽爽寫，偏讓聽者、讀者去揣摩；還把它的發明權硬慣在孔老先生的頭上，好像這個壞毛病，是聖人起的頭。弄得人心不亮，大家都習慣動這樣的心思：「此話怎講？此言何意？」

中華不愧為文物之邦，詞彙之花哨、名堂之繁複，全世界絕無僅有，比如皇上就皇上，非得說陛下，皇帝官兒明明在陛上站著，偏說「陛下」！皇太子、親王，則稱殿下。但陛下頭、殿下頭，哪兒找人去？

寫信問候一位老朋友，說「老兄近日可安好」即可，卻偏要說「老兄左右可安好」？關左右屁事嘛！難道你寫這封信，只因惦記老友家的左右僕從嗎？

如此妝謊，貌似畏縮恭謹，卻是嘴上塗蜜、腹中藏劍、尾後射針，整個一個道貌岸然！每見及此，每思及此，我都不禁啞然浩嘆……中國文化裡的這一套，不正是中國人精神萎靡、人格逐漸分裂的標

誌嘛！

言歸正傳，且說朱棣明明反皇帝，卻不說「清君側」，這就是古人的只反奸臣，不反皇帝了。

儘管朱棣是受他侄子皇帝的迫害，他也不能直接向侄皇帝表示抗議，放聲大罵，因為「天地君親師」，君臣名分最大（君實際上是天的代言人）。朱棣只好向侄皇帝的左右開戰！但打狗也得看主人吧，好比一位江湖老大，別的門派沒請你來幫忙，你卻跑去幫人清理門戶，不就等於打人家掌門人的大耳光？所以朱棣之「清君側」，雖然表面對建文帝客氣，其實就是打在他臉上的一個響亮的大巴掌。

朱棣率兵上京來「清君側」，是有法律依據的，那就是洪武朝的紅寶書——《皇明祖訓》。朱棣的造反檄文，引了其中一條：

「如朝無正臣，內有奸惡，則親王訓兵待命，天子密詔諸王統領本鎮之兵討平之。奸賊討平之後，諸王收兵於營，朝天子而還。」

這一條確實是祖訓的原文，但我猜它一定是某日太祖皇帝醉酒之後，昏頭昏腦未醒時寫的。

看官明鑒，朱元璋手定的祖訓裡，這樣的內容還真不少。朱元璋的本意，是鑒前代之失，如漢獻帝被董卓、曹操等「奸臣」先後挾持，他害怕朱家的後代皇帝無能，也遭此命運，被人挾持擺布，那時，就只有靠各地宗藩起勤王之師來扶持朝綱了。因此他規定了親王們的責任：當朝廷上奸臣當道時，你們必須訓兵待命，待接到天子密詔，即刻率兵來朝，誅殺奸臣，然後還政於天子，收兵歸國。

這純粹出於朱元璋羅曼蒂克似的幻想，把大明王朝的基本大法，搞成了一部明代版的《理想國》，與一本浪漫主義小說無異。

喂，老朱！你憑什麼認為，陛下的子孫都將是岳飛似的大忠臣？待重頭收拾了舊河山，朝了天闕，還能不帶走一片雲彩？陛下對未來的瞻望與期待，明顯與歷史經驗和人性之惡不符嘛！

瞧，您那不爭氣的四兒子，很快就利用祖訓的條文，揭竿而起，反抗你孫子的朝廷了！

當然，燕王朱棣並不能完全做到「道德戰勝」，他「清君側」的理由存在明顯瑕疵：祖訓規定親王訓兵討賊的前提有二，除了「朝無正臣」，還要有天子密詔，因為建文帝壓根就沒請他來幫忙清理門戶。所以朱棣雖然引出祖訓，但只是偷換概念，卻無法提供天子密詔，開出來奸臣名單，掩耳盜鈴。

然而，這有什麼關係呢？天下之人，孰聽口舌之辯？天下大事，到底還是要靠「肌肉」說話。如果世間之事只講道理就能擺平，那簡單了，只須「重文」的建文一方，派出方孝孺等一幫儒臣，與燕方辯論三場，朱棣絕對要鎩羽而歸，自然天下太平，永世無爭了——可惜，這也是夢話。

當燕王殺戮北平守臣、稱兵造反的消息傳至京師，在朝堂上並未引起太大的輿論漣漪，一些人對此甚至懷著樂見的態度，認為燕王狗急跳牆，只是加速其敗亡。

朝廷決定用武力平定燕王之亂，建文帝頒布詔書，向天下宣示了燕王的罪行。

「國家不幸，骨肉之親屢謀僭逆。」

詔書首先表達了對骨肉之變的惋惜，然後介紹了諸王謀叛事覺及朝廷處置的經過：

去年庶人朱橚潛為不軌，檢舉下獄後，供出燕、齊、湘三王，都是他的同謀。此時燕王的罪惡已經暴露。朕以親親之故，不忍暴揚諸王之惡，只治了朱橚的罪，三王皆置之不問。

然而今年（建文元年）齊王朱榑謀逆事又發，朝廷加以推問，他遂供出燕王朱棣、湘王朱柏與其同謀大逆。朱柏自知罪惡難逃，自焚而死。朕以燕王朱棣於親最近，只將朱榑廢為庶人，仍未忍窮治燕王之罪……

詔書的意思，是朝廷對燕王是一而再、再而三的容忍，他卻終是異志不滅。而我們也可以從中看到，朝廷是如何抓住一隻螃蟹而帶出一筐螃蟹的：

先是以周王「不軌」，牽出「同謀」燕、齊、湘三王。這三位被朝廷盯上，是跑不掉的了。隨後齊

王落馬，再次供出燕、湘二王同謀，這是朝廷開始收網了。當齊王被廢，湘王自焚，燕王在「通緝名單」上已升至首位，不管他反不反，下一個都將輪到他——顯然，這幾隻蚱蜢都是拴在周王那根繩子上的，是拔出周王這根蘿蔔帶出的泥。

詔書指出，燕王「包藏禍心，為日已久」，他的罪惡主要有兩項，一是私印偽鈔，一是藏匿罪人。

私印偽鈔也是湘王的罪行之一，可能在洪武時，各王府為了增加收入，普遍都開辦了地下印刷廠，大量私印大明寶鈔。

藏匿罪人，大約就是「盜賊淵藪」之類的說辭吧，意在指責燕王招納亡命，早有不軌的企圖。

詔書把燕王的罪行說得很嚴重：「先皇帝在時，深悉逆燕之惡，為之震怒成疾，以至於升遐。海內莫不痛憤，而逆燕猶不知改悔。」升遐是帝王龍馭上賓的意思，詔書將朱元璋之死，一股腦歸在朱棣頭上。

許多時候，歷史就是勝利者任意私塗亂改做的一本假帳，如若不信，此事就是最好的證明。在建文帝的舊帳本裡，太祖皇帝就是被這個逆子老四活活氣死的，而在朱棣即位後做的新帳裡，太祖皇帝只是討厭建文父子，恨不得將他踩死，好讓心愛的燕王即位。歷史就是這樣透過做假帳轉虧為盈、翻雲覆雨的。

詔書指責燕王罪行纍纍、不知改悔，如今又「稱兵構亂，圖危社稷，得罪天地祖宗」。對此，建文帝表示，對於這樣一個死硬的頑固分子，朝廷不敢再赦免他了，於是宣布削去燕王的爵號，將其黜為庶人。

從此在官方文書裡，燕王成了燕庶人。

但「掃帚不到，灰塵不會自己走掉」，朝廷同時決定「命將致討」，集齊大軍，武力征伐，掃蕩燕王在北平的窟穴。

一場持續三年，蹂躪北方數省，死傷數十萬的內戰，開始了。

第二十四章 朝廷也就兩斧頭

當朝廷決定對燕用兵時，調發大軍不難，最難的是擇帥。建文帝環顧朝堂，發現由誰來出任征燕大軍的統帥，選項其實非常有限。

不過現成有一個大將，據明史專家顧誠先生研究，朱元璋在去世前內定有「保嫡大將」，此人便是長興侯耿炳文。

耿氏的名頭遠不及徐達、常遇春、湯和、鄧愈等人亮，但此人資格非常老，他與朱元璋是小老鄉，都是濠州太平鄉人，當年朱元璋回鄉募兵，年僅十八歲的耿炳文隨其父耿君用入伍，從此追隨朱元璋，成為其嫡系。耿君用官至管軍總管，死於與張士誠的戰爭，其職務由耿炳文承襲；而耿炳文半生戰功，也主要在張士誠方面。

耿炳文軍事生涯有一個非常突出的特點，即特別長於防守，他的防區是位於朱、張兩強相爭前線的長興，耿炳文死守此地十年，「以寡禦眾，大小數十戰」，張士誠始終不能前進一步，為保護朱部的東翼立下了大功，所以在洪武三年（1370年）受封為長興侯。耿炳文是明朝初封二十八侯之一。

但耿炳文不是橫戈沙場的大將之才，他幾乎從未獨立統領過大軍作戰，缺乏「大兵團」作戰的經驗和能力。如洪武十四年（1381年）出塞，他從大將軍徐達；十九年（1386年）征雲南，從潁國公傅友德；二十一年（1388年）北征，從永昌侯藍玉，都是作為副手，起輔助的作用——藍玉對他來說，還是後起之輩呢！

直到洪武末年，將星盡隕，他才漸漸從名將的陰影下走出來，開始獨樹戰功，如洪武二十五年（1392年）平定陝西、徽州等地「妖民」之亂，三十年（1397年）四川剿賊等。這位「內戰」的急先

鋒，不顧老邁，披掛上陣，東奔西跑，倒也似模似樣，像一位威武的大將軍。他替晚年朱元璋解了不少憂，也加強了皇帝對他的信任。

朱元璋在洪武二十七年（1394年）十二月，親自做主，把已故懿文太子朱標的長女江都郡主，也就是皇太孫允炆的姐姐，嫁給耿炳文第三子耿璿。建文帝即位後，郡主升為公主，耿璿成為駙馬爺。顧誠先生認為，這椿政治婚姻實質上是朱元璋為保護即將繼位的皇太孫，而對耿炳文採取的籠絡措施，屬於一種軍事性安排。

《明太祖實錄》說：「太祖末年，舊人存者，獨武定侯郭英及長興侯耿炳文，二人特見倚重。」洪武三十年正月，為平定蜀亂，朱元璋以耿炳文佩征西將軍印，任總兵官，而另一位皇親郭英只為副，可證朱元璋在晚年對耿炳文倚毗尤甚。

朱元璋信任耿炳文，除了他是自己的同鄉與嫡系，還因為耿炳文為人謹慎遜退。比如耿炳文曾委託翰林學士劉三吾代為撰寫《追封三代神道碑銘》，落筆時一定要遜抑，功績應歸於上，他說自己出了些力，只是「狗之功也」，其敢以自名」？他在闡揚祖德的碑文中，把自己喻作朱元璋豢養的一條獵狗，打下獵物，皆因獵人指揮有方，狗豈敢自居為功！耿炳文這種深自貶抑的態度，在功臣中是不多見的，因此很得朱元璋的欣賞。

與耿炳文比起來，武定侯郭英與皇室的關係其實更近一些：郭英也是早期追隨朱元璋的嫡系，他的妹妹嫁給朱元璋為妃（郭寧妃），是朱元璋的大舅子，也是甯妃之子魯王的親舅舅；郭英有九個女兒，其中兩個分別嫁給遼王和郢王，他的兒子郭鎮娶了郭惠妃之女永嘉公主。

郭英以功臣兼為外戚，又以朱元璋的內弟，兼而為他雙重的兒女親家。這種錯綜複雜的姻親關係，在朱元璋選擇「保嫡」大將時，反而成為劣勢。因為保嫡者要保證嗣君的帝位不受諸王及勳臣的威脅，如果利益關係太複雜，其地位不易保持中立。而耿炳文作為皇太孫姐姐的公公，是未來皇孫朝的外戚，

他必然會傾心維護皇孫的帝位。

綜合各方面考慮，朱元璋認為，在己身後，耿炳文是在軍事上、政治上均可託付信任的不二人選。

可是，耿炳文雖然忠心，政治上可靠，又有姻親的保障，但他畢竟是第二流的人物，無論在軍中威望還是軍事才能上，都略嫌不足。一場勢將決定朝廷命運的大征伐，由這位長於守、短於攻的六十五歲老將掛帥，並非最佳人選。可是，到朝廷要用人時，拜託朱元璋殺蟲殺得乾淨，除了耿炳文，朝廷竟再無合適的大將可用！

建文元年夏天，朝廷倉促拼湊了十三萬大軍，號稱三十萬，以耿炳文掛平虜大將軍印，率師北伐。用兵詳情不細表，只說官軍渡過黃河，隨征的駙馬耿璿建議父親集中兵力，直搗北平，不給實力較弱的燕王以喘息之機。但耿老將軍卻「老成持重」，猶豫遲緩，大軍滯於滹沱河南北兩岸，分散駐於真定、河間、鄚州、雄縣等地，給了敵人以各個殲滅的可趁之機。

八月十五中秋之夜，燕軍乘月來襲，官兵大敗，耿炳文戰死於真定，朝廷兵鋒銳氣由此大挫。

耿炳文在真定戰死後，官軍雖然損失較大，但實力猶存，燕軍仍然無法改變蹙守北平一隅的被動局面。

在接到耿炳文的敗訊後，建文帝開始對戰局產生憂慮，但用誰來接替帥印，他卻犯難了，朝廷所缺的不是兵，而是統兵之將啊！新的統帥不僅需要較高的軍事才能與威望，還必須得到朝廷在政治上的絕對信任──畢竟對手不是別人，而是自家親戚燕王，他在百官與宗室中有著盤根錯節的人際關係。

對於新的主帥人選，齊泰和黃子澄異口同聲推薦曹國公李景隆。

李景隆是李文忠之子，李文忠與朱棣是表兄弟，論起輩來，李景隆要喊朱棣一聲四表叔。李景隆生年不詳，但年紀應是朱元璋的外甥，但他比舅舅只小十一歲，比表弟朱棣則要年長二十一歲。李景隆生年不詳，但年紀應

與朱棣相仿。

兩人都是洪武後期的重要人物，但朱棣作為「塞王」，自洪武十三年就藩，立國二十幾年，多次統軍出塞，擁有豐富的治國和統軍經驗。而李景隆的公爵是承襲來的，不是靠軍功自己掙來的，他在洪武十九年襲爵，此後多次奉旨出京操練軍馬，並且在建文帝即位之初，率軍突襲周王，立下削藩的首功。

可是僅憑這點用兵的經歷，與燕王比起來，不啻「小兒科」實習醫生對上了醫學科學院的院士。

但李景隆自有其優長之處，他高高的個子，眉疏目秀，顧盼偉然，很有威儀；又是名將之後，平日裡頗好談兵，無論是展卷論戰，還是撒豆成兵，都是滔滔不絕，很能唬人——不是說「龍生龍，鳳生鳳，老鼠的孩子會打洞」嗎？除非他自己暴露，一般人們都相信，將門必出虎子，這是古代樸素的遺傳學。可惜趙括的教訓，就無人記得。

李景隆磨劍未試，朝廷就輕率地請他出來掌帥旗。請看官試想，以侄伐叔，以新進伐老成，彷彿以下攻上，以卑臨尊，起手即不順，成功還不等於碰運氣嗎？難怪朱棣一聽用李景隆為大將軍，將兵五十萬北伐，不僅不懼，反而笑道：「李九江（九江為李景隆小字）就是個紈褲少年，好對付！」於是他不顧南面颶風來襲，留世子朱高熾在北平居守，叮囑他不要出戰，自己則親率精銳，直趨關外，決心先解決威脅其背的大寧都司，再轉過頭來對付李景隆的大軍。朱棣真沒把李景隆和他的半百萬大軍放在眼裡。

李景隆聽說燕王北出，以為北平空虛，正是天賜良機，對天一聲笑，遂驅兵進圍，把北平城箍了一個滴水不漏。然而這麼好的機會，他竟然沒能抓住，北平久攻不下，形成曠日持久之勢。待朱棣略取大寧，獲得大批漠北鐵騎的新銳力量，轉回頭來，內外夾擊，遂大破官軍，李大將軍丟盔棄甲，帶著殘兵敗將逃回山東德州。

在李景隆出征離開京師之時，建文帝親自為他掛上大將軍印信，賜給他通天犀帶，並為他的戰車推輪，在他登船之際，又在江滸之上設宴，為他踐行，賜予他「便宜行事」的權力（即軍中進止可以自

專，不必請示朝廷，也可先斬後奏）。可是這個紈褲公子太不爭氣，完全辜負了皇帝的厚望，他一敗之後，銳氣盡失，誅殺大將，從此被朱棣牽著牛鼻子走，再無建樹。

建文帝還聽信了他的牢騷，以為他權柄太輕，諸將不聽調遣，是以用兵不順。事實卻是，李景隆見調著爵位高，雖然不知兵，卻在軍中妄自尊大，不把將領放在眼裡，「諸宿將多快快不為用」。李景隆見調度不靈，連吃敗仗，便將責任全推卸到部將身上。建文帝為強化他的權力，授予他「專征伐」的大權，特遣太監齎捧璽書，賜其黃鉞弓矢——這是好古的建文帝從古書上學來，並造著古書上的記載打造的一套傢伙，相當於賦予李景隆代天子親征的大權，他要想怎麼打就怎麼打，哪個不聽話，你隨便殺，朝廷都不干預，隨你來——這下，你總該打個翻身仗了吧！

不想老天作怪，當欽差太監坐船渡江時，突然起了一陣怪風，將船吹翻，璽書矢盡沒於江，只有太監如水鬼一般從水裡爬出來，濕答答回去報告。朝廷上下都覺得這是很不好的徵兆，但無人敢言，建文帝也只能故作鎮靜，令人重新打造黃鉞弓矢，另外差人送到前方。

著名的紙上名將李景隆不甘失敗，他決心報仇，建文二年（1400 年）四月，他調集武定侯郭英、安陸侯吳傑等軍，於德州誓師，再次向北平進軍。雙方在白溝河大戰，此戰甚為慘烈，結果李景隆還是不支，新湊起來的六十萬大軍一時皆崩。昔日沉於水的璽書斧鉞，今乃沉於陸——朝廷至此才看到「天下陸沉」的可怕前景。

這一仗，官軍死傷數十萬，從此遂不支，再也無力組織大兵團作戰；而朝廷與燕軍的攻防態度，也自此易手，朝廷由攻轉入防禦，燕軍則頻頻南侵，常常飲馬淮上，兵鋒勢不可擋。

朝廷透過慘痛的教訓，才知道起用李景隆是多麼嚴重的錯誤，只好將逃到濟南的李景隆召回京師，黃子澄因為薦錯了人，又羞又憤，見李景隆回京後，猶然靦顏高踞朝班之首，他氣不過，就在上朝時，從班中疾步走出，憤然糾彈他覆軍之責，請皇上下旨，就朝班之中將其擒拿，誅之以謝天下。但建文帝

不許。後來燕軍渡江，京城危如累卵，建文帝彷徨無計，方孝孺再請誅殺李景隆。建文帝仍念他是朝廷「肺腑之親」，沒有同意。

李景隆僨事敗軍，朝廷既不殺其身，又不削其爵，將何以行威令於天下？要說建文帝也有「仁弱」的一面。

李景隆兵敗後，朝廷更是無人可用了，平燕戰爭後期興起的一批將領，如盛庸、平安、何福、吳傑、房昭等，都是洪武晚年才得到拔擢重用的裨將，資歷均較淺，儘管他們在內戰中因軍功而在官階上獲得快速提升——如盛庸因多次戰敗燕軍，受封為歷城侯——他們的弱點也是明顯的：威望不夠，缺乏指揮大軍作戰的經驗。朝廷沒有一位能夠統領全域、眾望所歸的主帥，各軍之間往往獨立作戰，缺乏有效的配合，經常被燕軍各個擊破，使有利的全域，無法轉化為戰場上的勝利果實。

第二十五章　崽賣爺田不心疼

當李景隆數十萬大軍來攻時，朱棣沒有龜縮在北平城裡，做魚死網破之爭，而是趁巨網未合攏之前，率精騎直出永平，先擊退圍城的遼東官軍，然後徑趨關外的大寧都司。

鎮守大寧的是十七弟寧王朱權。

當朱棣起兵之時，北平周圍諸王封國林立，是他最大的威脅。然而朱棣宛如有天助，太原的晉王朱棡，在建文帝即位前幾個月突然死去，由世子濟熺繼位。新晉王年紀尚輕，根本不在燕王眼中。看官試想，朱元璋在洪武二十八年（1395年）處死宋國公馮勝，此舉誰是受益者？馮勝是晉王濟熺的岳父，假如這位傑出的將領此時不死，即便不用他為征燕主帥，就是令他統領山西都司兵馬，虎視北平，朱棣側

翼不安，豈敢放匹馬南下？馮勝、朱橚先死，在此時開始顯出其後果。

當時在從宣府、大同、開平、北平到遼東一線，除了燕王，還有多位「塞王」（塞上之王），他們是封在大同的代王（皇第十三子），廣寧的遼王（第十五子），大寧的寧王（第十七子），以及宣府的谷王（第十九子）。其中代王已被廢為庶人，看押於大同。遼、寧、谷諸王，都是燕王的弱弟，在洪武末年就藩，手握重兵。當因削藩引發的內戰爆發後，朝廷不敢信任他們，下詔令諸王回京。

由於朝廷顧預削藩，不講究策略，使得這些藩王在平燕戰爭中不能替朝廷出力，發揮牽掣燕軍的重要作用。如遼王朱植，頗習於軍旅，且與四哥不甚相合。朱棣入京後，嫌其「貳於己」，盡削其護衛。這本是可資朝廷之用的力量，然而朝廷並不瞭解這些，也不懂得如何加以利用，以藩制藩，只是輕率地將諸王們撤回。遼王、谷王奉詔後立即棄國，逃回南京，手下之兵，頓時成為一盤散沙，後來多為燕王所用。

朱棣最為擔心，只有寧王朱權。

大寧都司在喜峰口外，是古會州之地，東連遼左（遼王封地），西接宣府（谷王封地），號稱巨鎮。寧王部下，帶甲八萬，革車六千，所屬朵顏三衛（蒙古族）騎兵皆驍勇善戰。寧王多次會同諸王出塞，以善謀著稱。

然而，善謀者，其心不易測。遼、谷二王奉詔後立刻離開封地歸朝，唯獨這位腦筋靈活、會寫書、能修道的寧王不至，建文帝擔心寧、燕二王合流，差人流星雨一般去召他，他都不來，無奈，只好下詔削去寧王三護衛，以示薄懲——朝廷知道寧王奇貨可居的心態，卻也不敢把他整得太凶，否則把他推到燕王那邊就更不妙了。

朱棣清楚得很，寧王既不奉朝廷之詔，對自己的示好也不作任何答覆，明擺著是擁兵自重，坐觀形勢之變，以謀取個人的最大利益。寧王有了這種動機，就給了朱棣可趁之機。朱棣決心先收服寧王，改

變腹背受敵的不利態勢，順便奪取關外邊騎助戰，然而再轉回身來對付李景隆的大軍。

朱棣迅速擊退圍攻永平（在北平東北）的江陰侯吳高，隨即自劉家口出關，間道直驅大寧。這時已進入九月，天氣漸寒，寧王未料到四哥突然出現在城下，大吃一驚。事出倉促，不得不防。他集兵出城相迎，在馬上問：「四哥此來何意？」朱棣捏著哭音，一副苦相，自稱是窮蹙而來，是向弟弟求救的，一定要進城面談。

寧王疑心四哥部眾甚多，朱棣主動表示，請單騎入城。寧王一時抹不開臉，只好答應。兩兄弟聯轡進城，在廳中入座，燕王執寧王之手大哭，訴說自己不得已起兵之故，求寧王代為草表謝罪。

昔日雄傑的四哥，如今一副可憐之態，如喪家之犬，令寧王上了當。

以後數日，朱棣都裝出一個不知所出、百無聊賴的可憐相，博取寧王的同情，使他放鬆警惕，私下裡卻在城外伏下銳卒，令親信偷偷入城，暗地裡與朵顏三衛酋長及寧王部下聯絡，大肆收買，進行政治交易，寧王卻恍然不知。

幾天後，朱棣請辭，說要回北平，寧王不察其異，親自送到郊外。燕王臨行之際，又是擦鼻涕，又是抹眼淚，誘得寧王送了一程又一程，漸漸離城遠了。突然間，伏兵暴起，將寧王挾為人質，裹於眾中，就往南行。因為事變太突然，寧王部下只做了微弱的抵抗，即為燕軍制服。朱棣遂集大寧之眾，以及寧府宮人，一起由松亭關入關，大寧成為一座空城，廣袤的大寧都司從此成為棄地。

可憐多智善謀的寧王，本想坐觀鷸蚌相爭，收漁人之利，但他哪裡是老辣的燕王對手，一不小心，就著了道，成為燕軍中的囚徒。

朱棣發揮他長於文字的特長，凡軍中檄文，多請寧王代筆。這槍手的差使，寧王不敢客氣，只好付之於浩嘆。朱棣還耍他，向他保證，說事成之後，天下中分，一人一半。寧王不想幹也不行。朱棣待朱棣登基後，他不求中分天下，只求改封南土善地（他的封地大寧已失，沒法再回去了）。他看中

的地方是蘇州，請四哥把吳中之地封給他。但朱棣不答應，但開出福建建甯、四川重慶、湖廣荊州、山東東昌四個地方任他選，而這些地方，甯王又不願意去。

應，但開出福建建甯、四川重慶、湖廣荊州、山東東昌四個地方任他選，而這些地方，甯王又不願意去。

甯王在南京住了一年，天天聽他四哥殺人，日日受那受難者哀聲的煎熬，第二年他答應去江西南

昌，從此修道習曲，了此一生。

甯王部下銳卒，盡為朱棣所用，特別是驍悍的朵顏三衛騎兵，成為朱棣打天下的重要資本。但三衛

夷人不是平白替朱棣流血的，他們達成祕密交易，按今天的話講，就是「密約」，朱棣許諾，待天下大

定，將大甯都司內遷，其故地留給三衛牧放。朱棣對階下囚甯王不守約，對朵顏三衛卻很守約，他即位

後，即將大甯都司遷到今河北保定一帶，雖然都司的名義不滅，而它所管轄的十幾萬平方公里的土地已

盡捐於人了。

這項密約造成了深遠而嚴重的戰略影響。大甯在北方邊鎮中地位特殊，它居於遼東與宣（府）大

（同）之間，聯絡東西兩邊，大甯一失，遼東與宣大、開平一線失去呼應，整個防線就崩斷了，再也守不

住，被迫後移。北平（北京）也因此失去屏障，由內地變為邊地，當遷都之後，乃形成「天子守邊」的

形勢。由於離關外太近，蒙古鐵騎經常突入京畿，直接威脅京師的安全。此乃後話，當朱棣一心求生之

際，他哪管得了這些？能賣的當然捨得賣，反正也不是自家的。

且說甯王輕易受了燕王矇騙，被其挾持南下，所部人馬也被收編。而諸王棄封南下，使得朱元璋經

營多年的「塞王守邊」體系頃刻間崩潰。從此，遼東、山西、北平都司一線，群龍無首，沒有一個能倡

率團結眾多邊軍的核心人物。

這些地方的都督、都指揮等邊將，畢竟是臣子，號召力遠非親藩可比，他們許多人還曾受過朱棣轄

制，對其自然存有幾分忌憚心理。所以自戰事開展以來，雖然在形勢上，這三地在北平背後，對其形成

包圍鉗制之勢，兵力上也占優勢，但始終形不成合力，對燕軍構成實質性威脅，並常常被燕軍各個擊破。

朝廷與燕軍的搏戰，變成了南軍與北軍的較量，大批驍勇善戰的北地邊軍，由於朝廷的失策，幾乎沒派上多大的用場。

燕軍在連續擊破朝廷大軍之後，轉入反攻，雙方在淮北展開持續的拉力戰。

第二十六章　龍鱗長到次子身上

就在征燕之役軍勢不振，用兵難以為繼的窘境下，本該「正大」的朝廷，卻由一位「光明」的夫子，想出一條齷齪的毒計，試圖離間「燕庶人」父子。本書並不細講靖難之役，然因此計之生，與未來永樂、宣德二朝皇嗣之爭有著莫大的干係，涉及宮闈複雜的人事，所以有必要預做一介紹。

事情是這樣的，燕王朱棣有四個兒子，其中長子高熾、次子高煦、三子高燧，皆為徐妃所出；還有一個幼子高爔，母氏不詳，也沒有受封，應該是夭折了。

在朱棣長成的三子中，次子高煦最為勇悍，據說他「身長七尺，力挽千鈞」，尤為奇特的是，在他兩肋之下，生有「龍鱗」數片。

龍鱗是個啥玩意，與蛇鱗、魚鱗有何區別？我想誰也說不清白，反正獻諛吹捧時便是龍鱗，貶低呵斥時便為魚鱗，換言之，勝者為王便為龍鱗片片，敗者為寇便化作魚腥點點，甚至是疥瘡爛癬了。

還有一點，假如高煦他爸爸不反，高煦終身只為一郡王，不是「大興王」，他即便長一背的龍鱗，也不敢輕易示人：你本為魚蟲，卻生龍鱗，幻想化龍，不是千年的妖精，便是天生的叛逆！

然而，一旦朱高煦做起「飛龍在天」的大夢，他輒惟恐人不知他有龍鱗異相。當靖難兵起後，朱高

煦追隨其父，成為一員勇將，時常野戰破陣，頗樹功勳。

我沒有驗過他的正身，不知他有沒有受過傷，想來他會有一個習慣，經常解開戰袍，亮出他的傷疤，順便請眾人近前一步，好好鑒賞一下他的龍鱗。眾人努目望去，見他肋下肉骨棱棱，彷彿老天爺打下的印鑒，一定大呼驚奇：此非異數乎？二王爺真是天降的民人之主啊！

朱棣會因此子生有龍鱗而忌之嗎？不會。有一位篡位的老前輩魏文帝曹丕，曾鑄一把百辟陌刀，刀身三尺二寸，鱗鱗如龍文，名曰「龍鱗」。在新的「篡位事業」的開創者朱棣眼裡，親親寶貝老二高煦，便是他奪位的「龍鱗寶刀」。他把鬍鬚一掀，對鏡說：俺也是有異相的！鏡中的燕王，兩頰下奇出兩絡長鬚，像極了龍鬚；一部美髯，經著名神相袁柳莊鑒定，說待老朱做了皇帝，小朱接著再幹，豈不皆應了天兆？我猜想，自朱棣到處用動他的「龍鬚」，證明自己是天子之姿，朱高煦便已肚皮發癢，開始巡展他的「龍鱗」了——他打定了爭嗣的主意！

他要想辦法拱倒的，是他的親大哥朱高熾。

燕王長子朱高熾早在洪武二十八年（1395 年）他十八歲時，就已被冊立為世子，是燕王的法定繼承人，可謂名分早定。然而，朱高熾在兩個弟弟的心目中毫無威望可言。老二高煦、老三高燧，本就不大把大哥放在眼裡，當燕軍揭起造反大旗，兄弟倆各授職任，一個隨父野戰，一個輔佐兄長在北平「居守」，都為父親開基創業立下功勞，他們對世子就更不敬了。

三兄弟關係不好，裂痕很深，便如雞蛋開了縫，馬上有奸佞小人嗅到腥臭，像蒼蠅一般叮來了。這個小人原是燕王府的一名宦官，名叫黃儼。請看官記住這個名字，此人名氣不大，卻是明代歷史上第一個呼風喚雨的權閹。

奴才往往是因為主子的寵信才得以擅權，「黃閹」也不例外。黃儼是朱棣非常親近信任的私人，朱家

兄弟都不敢怠慢他，見了面不免還要客氣幾句，親熱地喊兩聲「老黃」。黃儼後來在永樂朝出任司禮太監，屢屢出使朝鮮，為朱棣辦些見不得人的私事；在政治上他也發揮過較為重要的影響力，最主要的就是他積極參與朱家三兄弟的爭權鬥爭，使朱高熾的儲君地位遭到嚴重的挑戰。而朱高熾長期壓迫於其父的巨大陰影之下，對黃儼百般隱忍，虛與委蛇，但一旦即位，立刻報復，將這個「死太監」處死了。

黃儼在永樂二十多年間算得上個大人物，但他的事蹟，在《明太宗實錄》裡基本上都被掩去。一則因為此人最後身敗名裂，一則為尊者諱，不欲多為此奸著墨，以免妨礙到他身後的「聖神」皇帝。

黃儼介入朱家三兄弟的爭鬥，他是有偏向的。當時三王爭嗣的格局是這樣：朱高熾作為嫡長子，居儲君之位（先是世子，後來是太子），名位素定，是守方；而二子高煦，恃功倨傲，兩肋又有「龍鱗」撐腰，還經常得到爸爸的誇讚（「以為類己」），他仗著這些，公然向哥哥的嗣君地位發起挑戰，他是攻方。而三子高燧，在初期勢力尚未養成，兩個哥哥打得又熱鬧，他樂得坐山觀虎鬥，主要是暗中使勁，並沒有公開的行動。

看官！假如朱氏皇族內部沒有大起火拼，眾王子安分守己，各安本分，高煦兄弟絕不會妄生邪念。可是他們的父親反了，嫌王當得不過癮，還想來頂「白帽子」戴，他們也就有樣學樣，不甘心守分做郡王了，都蒸起一副熱騰騰的心腸，想奪取長兄的儲貳之位，將來好繼承那頂「皇帽子」。

在靖難之役中，高熾、高燧以王子的身分「居守」，看守大本營，彷彿守倉之貓，不容易見其勞績；而高煦剽悍異常，如一條嗜血的獵狗，嚼子一放，立馬不顧生死地撲向敵人，又撕又咬，碎肉亂噴，血洗的功勞簿上，一顆顆人頭是看得見、數得著的。高煦天天在爸爸跟前立功，朱棣對這位能征慣戰的好兒子頗為倚賴，將部下最為精銳的騎兵，即朵顏三衛番騎，都劃歸他統率，經常讓他充當「軍鋒」，擔任突擊的任務。

建文四年（1402 年）六月，靖難之役進入最後的階段，朱棣冒暑進兵，突擊至長江之畔，導致京師震動。這是朱棣起兵三年來第一次如此深入，幾乎要與南京城內眉毛著火的建文帝隔江對弈了。

過去一般認為，因為建文帝「馭宦官」甚嚴，狠心狗肺的宦官們不待見他，紛紛跑出來與燕王私通，把京城的虛實透露給他，使其奮身化作一把利劍，不顧一切地向朝廷的心臟刺來，而不是繼續在淮北、河北一帶與官軍纏鬥。

朱棣的新戰略的確高明且奏效，但若要說，幫他出謀劃策的參謀是朝廷的宦官，則未必的確。因為建文帝並不像許多人以為的那樣嚴馭宦官，使他們嘗不到甜頭，看不到前途，事實是，在朝廷的大軍裡，活躍著大批的欽差太監（如監軍、守城、專使等）。

春、秋來，冬、夏去的北方鐵騎，突然間在盛暑之日出現在江淮之間，飲馬長江，這是朝廷與燕軍實力對比發生根本性轉變造成的。

然而，朱棣親自統帥的燕軍主力，在江北與官軍反復拉鋸，不僅沒占到便宜，反而在浦子口吃了大虧，在此力挫燕軍的，正是他的小舅子魏國公徐輝祖；而在江南，都督盛庸集兵固守，江防漸趨鞏固。

眼見京師便在眼前，而軍事卻要陷入膠著。朱棣望江興嘆，意志發生動搖，打算擊鼓退兵。恰在此時，高煦率番騎大隊前來助戰，朱棣得此勁兵相助，一時動情，拍著老二熊虎之背，鼓勵他：「好好幹！世子多病。」——原來，現代人喜歡說的「你懂的」，朱棣早學會了，在此處一試，頓生四兩撥千斤之效。高煦心領神會，他受此肥餌，腰上的龍鱗益發癢難耐，於是殊死作戰，大敗朝廷江北諸軍。

而朝廷的水師，由江防都督僉事陳瑄率領，全軍嘩變，投降了燕王。靖難之軍乘船渡江，擊敗盛庸——自此，南京水陸防線全部崩塌，京師門戶洞開，失陷只是早晚之事了。

看官！朱棣拍高煦的背，鼓勵他好好幹，這件事原載於成書在嘉靖年間的《姜氏祕史》（作者為姜清），而為《明史》所採信。然則容我駁一句：這則拍背許諾、拿天下私相授受的話，若不是小說情

節，也是朱高煦本人散布的謠言，不可輕信。

判斷史料真偽，其實有一法門，那就是「穿越」到實地去考察。試想如此「要命」的話，朱棣會不會用大喇叭廣播，當眾宣之？如果是一句私語，則旁人從何收聽得來？又由誰記錄在案？以什麼樣的管道傳播？如果解釋不清，只見一湯渾水，那麼一定要拿筆在旁邊畫一個大大的問號。此乃吾之心得，今與諸君共之。

史傳，高煦「恃功驕恣，多不法」。他最大的「不法」，當然是爭寵奪嗣了。不然，何以其父認為他像自己（「類己」）？都長著一副叛徒相嘛！

如果朱高煦是一個循規蹈矩之人，當然和造反的祖師爺朱棣不是一路人了。世子高熾儲君之位不穩，除了弟弟們能幹，最根本的原因，還在於父親認為他不類己，不喜歡他，詳情待後文細表。

第二十七章 大儒想出的離間計

且說高熾要守住自己的地位，高煦欲取非分之物，雙方攻防的形勢，從靖難之役直到永樂初年，沒有太大變化。第三子高燧，年紀尚幼，缺乏實力，但他性情乖巧，又是最容易得父母溺愛的老兒子，深得其父的喜愛。眼見兩位哥哥內鬥，他只是旁觀，不動聲色，暗暗積蓄力量，坐待其變。待到二哥失敗，他才作為另一個有力的角逐者冒出來。

在許多人眼裡，太監黃儼是二爺高煦一黨，但慢慢的，才發現他真正支持的其實是三爺高燧。早些年他力挺二王子，並非他有擁立高煦之心，而是他始終反對長子高熾，所以才與高煦產生共同語言，經常在一起說世子的壞話，其樂無窮。

然而黃儼心機很深，他在高煦面前說世子的短處，其意在挑撥離間，給高煦坐收漁翁之利，以加強打擊世子的火力，其實他是請善於征伐的高煦火中取栗，他好和高燧坐收漁翁之利。

三王子高燧，是朱棣寵愛的幼子。黃儼作為主子最為「體己」的家奴，他當然看得清燕王不喜歡長子，而次子有功，幼子特別蒙寵這樣一個形勢，所以把寶押在高燧身上。黃儼積極地開展活動，煽動其同夥，一幫太監老鴨子，整天呱呱叫，在朱棣耳朵邊聒噪，說三爺的好處（往來飾譽高燧），順便極口攻擊世子的短處。這既是為高燧取天下立功，也是從諂朱棣，彷彿慢揉他的軟腹，令其舒坦。

黃儼可真是一隻老狐狸，澈底的政治動物，他雖然極得朱棣的寵愛，仍然在做著長遠的政治投機，力圖與最有前途的下一代建立起鞏固的政治聯盟。朱高煦說到底只是黃儼手中的一支槍，卻懵然不覺，對黃儼充滿好感，引以為同盟。

燕王內部這些不穩定因素，很快被朝廷偵知。

方孝孺有個門人，姓林，雙名嘉猷，曾經在燕王府做過事，深知這些內情，他把這些情報報告給老師。方孝孺很快想出一計，欲離間燕王父子，令其陣腳自亂，而後朝廷好乘之。

在奏明建文帝后，方孝孺以朝廷的名義寫了一封書信給燕王世子朱高熾，向他陳說大義及利害，勸他歸誠，並許諾將已經廢黜的燕王之位封給他。

方孝孺如此謀篇作文，是有依據的。原來朱高熾生於洪武十一年（1378 年），僅比堂兄建文帝小一歲。洪武間，太祖朱元璋經常召孫兒輩來京，讓他們與太孫一起在大本堂讀書，藉以培養孫輩之間的感情。燕世子高熾與皇太孫允炆因為年紀相仿，性皆好文，相處比較融洽。

這似乎是眾所周知之事，朱高煦就拿此事作法，向父親進讒。他私下對父親說：「世子有異心，您留他在北平居守，說不定他獻出城池，為朝廷固守，以抗拒父親呢！」朱棣不信：「你大哥素來孝謹，哪當有此？」高煦接著說：「大哥的確孝順，但他在太祖時，與皇太孫關係好得很咧！」朱棣聽了

他的挑撥，默然不答，大約有些心將信將疑了。

建文帝似乎也認為，憑過去的交情，再加進一些利害的調料，或許能夠說動朱高熾；即便他不聽，也希望此舉能夠促使燕王父子互相猜疑，自亂陣腳。

朝廷使者很快帶著蠟丸密書，潛行來到北平。但密使才進城，就被高煦兄弟和黃儼布下的眼線發現了，他們大喜過望，以為終於抓住世子密通朝廷、背叛父親的確鑿證據，扳倒世子的機會終於來啦！

黃儼立刻差人騎快馬趕赴軍前，急報燕王：「世子與朝廷通謀，使者已經攜密詔到了！」

這簡直是要逼死世子高熾的節奏啊！

朱棣聽了，非常吃驚，正在疑惑不決，世子的使者也急急趕到了。原來朱高熾接到朝廷勸降書後，並未打開，而是命人將來使與其所攜書信一起，直接押送到父親軍中，聽父親處分——這也是臣子無私交的意思。

朱棣展書一觀，立刻識破了朝廷的詭計，不禁發了一通感慨：「我父子至愛，尚為人所讒間，何況我與朝廷分屬君臣，奸人不更容易讒毀嗎？」

朱棣可算是善於發揮，不知道他能否想到，幫助朝廷「讒間」他父子的，其實正是他的親生骨血和他豢養的獵犬黃儼。

說起來，方孝孺的離間計並不怎麼高明，若論用心，卻極為狠毒。

一說起方孝孺，人們馬上會想到「滅十族」的慘事。方先生是愚忠建文的大忠臣，在建文帝敗亡後，他不止自己捐生殞命，還賠上了「十族」人命為他的皇帝殉葬。方先生本為一代大儒和理學名家，因為他號「正學」，人稱正學先生，學問做得最是醇厚溫恭，是公認的賢人。但他為了救皇帝之急難，竟然不顧斯文，獻上一根蜇人的毒針。

這似乎成為正學先生名譽史上的一個汙點，有人就搖頭嘆息道：

「引誘人家的兒子背叛、劫持其親生之父，如此毒計怎麼會從一位當世大儒的腦殼裡蹦出來，誠不可解也！這大概就是所謂的鋌而走險吧？」（『殆所謂急而走險者耶』。）

「幸虧沒有成功！」這位批評家接著說，「否則真將遺羞萬世也。方先生一生以『正學』自詡，說話做事無不遵照聖賢所立的規矩，何以此次所為與生平之志如此背戾呢？真是難言哉、難言哉！」

批評家向來是好當的，譬如這位批評家開闔嘴皮，把方孝孺揪起來批判，話說得也忒輕巧，他道燕王反抗朝廷本就不該，朝廷則更應持正大之體，起正義之師去收服他，怎麼好想出那樣齷齪的點子，誘人之子以叛其父？幸得朱棣沒有上當，否則方孝孺真要遺臭萬年洗不乾淨了。

這位酸腐評論家的中心思想是，孔子說：「君子即便在顛沛流離的環境下，亦不改其志」，你方先生怎麼臨難就變了呢？

嘴皮子先生的論調固然高亢，倒也指出了問題的實質。方孝孺是道學名宿，道學家最喜歡講的話是「餓死事小，失節事大」，最忌用詐與用力。為何方先生也學人耍飛刀，千里外發功，取人首級呢？

我們不必苛責於古人，輒輕易論定方孝孺是個假道學，此翁甘受凌遲苦刑，碎骨也不怕，一定要把篡逆之君痛快罵一場，亦足以自明瞭。然而方先生的終極志向，亦不過「死君」而已；知遇之主在他心目中的分量，竟比傾合族之血還要重！既然如此，他急君之急，在朝廷大廈將傾之際，設此毒計，恐怕也無法顧及其毒了，反正是飲鴆止渴，只求一時速效，賠上自己的名譽亦不憫惜。

「朝廷用兵已久，兵土疲敝，如今燕軍南來，漕路斷絕，糧餉供應不上，形勢已非常危急。」方孝孺指出朝廷面臨的危局，然後說道，「為今只有這一計了。如果此計奏效，燕庶人必疑心世子，他若生疑，定當北歸。燕庶人回到北平，則不得爭中原，這樣我軍漕運就通了，並且可以趁機集兵追襲其後，大局或許可以改觀。」

方孝孺是在計無所出的窘境下想出的這條計策。然而，君子肚皮裡憋出來的妙計，欲其奏「安天下」之效，著實也難，被朱棣電光一閃，馬上失效了——當然，其前提是朱高熾英明地做出了正確的反應，他若一時糊塗，打開了那封信，差不多等於親手拆開了標注著自己名字的死亡封印。

「正義」的朝廷一方，現在真是病急亂投醫了，除了使離間計，還綁架人質。

朱棣有一個女婿，名叫李讓，在大寧、白溝河等處作戰有功，朱棣讓他署掌北平布政司事，輔佐世子高熾居守。李讓的父親李申，官南京留守左衛指揮同知，在他親家燕王起兵後，李申一家人馬上被朝廷扣押，淪為階下囚。

但朝廷並不著急誅殺他們，好讓叛逆者痛苦，他們的性命攥在朝廷手裡，建文帝希望這些人質能發揮一些價值，就讓李申給他兒子寫信，招降李讓，立功贖罪。

「李讓如果來降，饒你一家不死。」建文帝慷慨地表示。

看官，請試想，誰要是接到這樣的家書，那真要嘔出血來。然而，李讓最終做出痛苦的選擇，對家書不作任何答覆。建文帝見李申沒有利用價值，也無二話，將其押赴市曹處斬，全家抄沒，姻親族黨不是坐死就是徒流，李讓一族瞬間灰飛煙滅。

對於靖難這件往事，人們多責備朱棣慘殺，而忽視了建文帝亦非仁善之輩。那是一個殘酷的時代，當朱家人為帝位發生爭奪，所有人都必須在「忠、逆」之間做出抉擇，不管它有多麼困難，不管將帶來什麼樣的人生不幸，其實這也是一場賭博。

李讓的老婆永平郡主在朱棣即位後，由郡主進封為公主（永平公主），李讓也由儀賓升做駙馬都尉，並在永樂元年受封為富陽侯，食祿千石，死後追贈為景國公。這是對他做出「正確」抉擇的獎賞。

不過李讓在死後卻被追廢為庶人，他兒子李茂芳也受到牽連，所嗣富陽侯遭到削奪，下獄身死。這是何故呢？原來李讓在永樂朝三王爭嗣的宮廷鬥爭中，再一次做出了抉擇，然而這一次，他不幸選錯了

支持對象，結果再一次給他的家族帶來覆頂之災。此為後話。

第二十八章 在皇家內訌的夾縫中生存

平燕之戰也好，靖難之役也好，它不過是一場由皇室內訌而引發的內戰。對立陣營中的成員，往往交織著複雜的人際關係與情感，在忠君之義上，他們是對手，而在私誼上，他們又多為親戚、舊故或僚友。

建文三年（1401 年），燕軍進攻河南彰德（今中國安陽），都督趙清嚴兵防守。朱棣派人勸降，說本王與朝廷之爭，這是我家的家事，最後都是朱家子孫做皇帝，你做臣子的，何必執拗，不如歸降。

朱棣所言，並非無理，趙清的答覆不卑不亢。

「殿下至京師之日，只須片紙來召，未將不敢不至。」

但他同時說：「然今日我為朝廷守此封疆，豈敢棄君之命？恕難從命。」

請看，趙清並沒有拿朱棣作不共戴天的亂臣賊子，他說，我為朝廷守土，未奉朝命，不敢棄方寸之疆土；但他同時說，你只要打上金鑾殿，「殿下至京師之日」，我就擁戴你，到時但管寫一個字來召，我沒有不奉命的。

趙清的話代表了許多地方守臣的心理，在他們眼裡，燕軍不是盜賊和入侵的蠻夷，燕王與朝廷爭衡，是皇帝的家事，只要朱棣有本事推翻「今上」，登上寶位，戴上冠冕，他就是真命天子。

事實也是這樣，當建文四年（1402 年）夏天出燕軍人意料地突然攻破南京，偌大的天下，都跑去擁戴新天子了，而昔日「天下歸心」的合法皇帝建文帝頓時變為棄物。

這使得許多文武官員，特別是地方守臣，在與燕軍作戰時，意志不那麼堅決，甚至採取騎牆觀望的態度，不願與燕王過分為敵。朱棣頓兵彰德城下，吃了趙清的軟釘子，他不願強攻，轉而向西攻打林縣西北的要地蟻尖寨，此寨一克，順德（今中國河北邢台）、大名（今屬中國河北邯鄲市）、衛輝（今屬中國河南新鄉）等大城望風歸降，黃河之北的中原腹地，唯有保定還在朝廷手中。

相對於普通文武將吏，朝廷勳貴之家，他們與皇室的利益糾葛，就要複雜得多，因而做出抉擇更難，往往沒有任何的迴旋餘地——李讓即是絕好的例證。

洪武、建文間最重要的勳戚貴胄，是魏國公徐家。徐達的子孫，此時的處境異常尷尬，因為燕王朱棣的王妃，正是徐達的長女——大明「勳臣第一」的魏國公，卻是朝廷叛逆的至親！

徐達一共四個兒子，分別叫輝祖、添福、膺緒、增壽，嗣爵者為長子徐輝祖。魏國公徐輝祖與曹國公李景隆一樣，都是第二代勳臣中的佼佼者，他們在洪武末年分領中軍和左軍都督府。中軍都督府掌管北方都司衛所，所以徐輝祖多次到陝西、北平、山東、河南等地練兵。鎮守北平的燕王朱棣趁機拉攏，但他很快發現，這位內兄不太講情面，在許多事情上都不買他的帳。朱棣部下有個蒙古降將叫阿魯帖木兒，雖然已投南朝，卻仍然與北元保持著聯絡，此事被徐輝祖查到，立刻下令將其逮捕處死，朱棣親自出面求情都不管用。

當朱棣決策起兵自救時，有個棘手的難題：他的次子高煦還在京師，就住在舅舅魏國公府。當時朝廷內外都懷疑朱棣有逆謀，但只是猜測，並沒有掌握實際的證據，然而已是山雨欲來風滿樓。朱棣祕密派人上京，找到高煦，令他速速北返。高煦知道繼續在南京待下去將有性命之憂，他不敢告訴舅舅，就在府中偷了一匹良馬，不辭而別，私自逃回北平。等到徐輝祖發現，派人去追時，他已經逃出很遠了。

徐輝祖不敢隱瞞，立即將此事報告朝廷。他的表現獲得建文帝的好感與信任，在建文末期，開始放他出外領兵，與燕軍作戰。徐輝祖頗有將才，他曾率兵增援山東，在齊眉山擊敗燕軍，他堅持抗戰，直

到燕兵渡江，猶然奮戰不已，還在浦子口力挫燕軍，差一點讓朱棣打了退堂鼓。

徐輝祖堅定地站在朝廷一方，而他的弟弟徐增壽所持立場正好相反。

徐增壽是徐達最小的兒子，仰仗父親的蔭功，已做到正一品的左都督；他雖然沒幹過什麼實際工作，畢竟官高，也算是明初「官二代」中的翹楚。

建文帝知道他與燕王關係密切，在舉朝輿論都說燕王必反時，曾親口向他詢問：燕王是否會反？徐增壽拍胸脯道：「絕無此事！燕王與先帝（指懿文太子）同氣，富貴已極，何故反！」但他的包票並不靈，話音未落，朱棣就反了。但建文帝並未追究他胡亂替人擔保的責任。可是徐增壽並無感激之心，反而暗中與北平方面聯絡，將朝中虛實透漏給燕王。

另一位值得一提的皇親，是駙馬都尉梅殷。

梅殷是開國功臣汝南侯梅思祖的侄子。梅思祖是一隻善變的變色龍，他最先是效忠元朝的義兵元帥，後來叛元，追隨龍鳳政權的劉福通。他的叛變行為導致其父被元朝大帥擴廓帖木兒（即王保保）剁成肉泥（醢刑）。梅思祖的選擇可是他親爹的血肉化泥換來的，總要信守幾天吧？可是不然，他依附龍鳳政權沒多久，又去投靠了張士誠，做了張的中書左丞，替「吳國」鎮守淮上重地淮安。這樣一個投降派，一來就讓他做大官，張士誠是對得起他了。那時張士誠與朱元璋作戰正急，但梅思祖不「思」報答，反而很快辜負了張氏的信任，獻出所守四州之地，投降了朱元璋。為此，張士誠殺了他兄弟數人。

從梅思祖的「移動軌跡」來看，此人是一個泥鰍般滑溜易變而不講信義之人，永遠只向強者輸誠，他的親爹和兄弟，都受了他的連累，不得好死。

梅殷大概就是被梅思祖害死的某個兄弟的兒子，由梅思祖撫養長大。梅殷在洪武十一年（1378年）「尚主」，娶了朱元璋的第二個女兒，馬皇后所生的寧國公主為妻。梅思祖在洪武十五年（1382年）卒於雲南，但到洪武二十三年（1390年）故丞相胡惟庸黨案再發時，這位作古之侯仍然受到追究，一家人

都被殺死——梅思祖死了還連累家人，可稱天下第一的掃把星。

梅殷雖然也姓梅，但在情操上與梅思祖大異，他是個很忠實的人。據說，朱元璋在眾多女婿中，最喜歡梅殷，晚年因「諸王強盛」，還祕密地命他「輔皇太孫」。

當燕師日逼日近時，梅殷受命充總兵官，鎮守淮安。淮安對於梅家可謂故地，當年梅思祖就曾替張士誠守過淮安，結果他拿淮安做了降順朱元璋的見面禮。如今，面臨燕軍的猛烈攻擊，淮安在梅殷的堅守下，堅如磐石。燕軍兵力有限，也不敢拿生力軍往這座堅城上硬撞。

建文四年（1402年），燕軍取得軍事上的重大突破，兵鋒南下，直逼淮上，但欲渡淮，則懼淮安扼其背，朱棣寢食難安，淮安成為必須拔除的背上芒刺。

朱棣以為挾戰勝之威，定能動搖梅殷，就遣使來向妹夫借道，說是要給鳳陽的祖陵上香。梅殷的答覆不卑不亢，他說：「進香，皇考（朱元璋）有禁，不遵者為不孝。」他沒有說君臣大義，說的是親戚間的話。

朱棣被拒，知道妹夫不可能輕易勸降，於是親筆寫了一封措辭強烈的警告信，稱「我興兵誅君側之惡，天命有歸，非人所能阻」，暗示梅殷螳臂當車，希望用氣勢懾服、警醒這位不識趣的駙馬爺。

不料梅殷回復得乾脆決絕，他命人將燕使的耳朵和鼻子割去，然後將其縱歸，並對他說：「本帥留下你的嘴巴，好給你家殿下講講君臣大義。」朱棣氣得要死，可是沒有辦法，只好向南越出泗州，出天長，取道揚州，進攻南京。

還有一位太祖的駙馬爺，名叫李堅，「尚」的是朱元璋第七個女兒大名公主。在著名的滹沱河之戰中，李堅在建文初，以左副將軍的官職從耿炳文征燕，以戰功受封為濼城侯。

李堅受傷被擒，在械送北平的途中道亡。由他年僅七歲的兒子李莊嗣爵。朱棣即位後，將這位妹夫列名

妍黨，幸虧李莊的母親是公主，才免於刑罰。但大名公主豈敢再居因伐燕之功而得到的爵位？遂將封侯誥券上繳。

駙馬梅殷、李堅都是忠於建文帝的，而在建文眾多姑父中，也有傾心燕王的，比如駙馬王寧。王寧所尚之主為朱元璋第六女懷慶公主，公主之母是成穆孫貴妃。

前文說到，孫貴妃收養過周王，她的女兒與周王的關係，在眾兄弟姊妹中可能更親近些。雖然燕王與周王是否是親兄弟，還不明確，但二王關係親密，則懷慶公主夫婦在情感上與燕王較近也有較大可能。也許是這個緣故，王寧經常將朝廷的祕密情報洩露給燕王，事情敗露後，被拿下錦衣衛獄，還被抄了家。

照理說，公主之府是應該免於抄沒的，可能懷慶公主此時已死了吧。王寧在洪武時，曾以駙馬的身分掌後軍都督府。在建文朝，卻了無建樹，令他備感落寞，遂化一片哀思，寄情於燕王，順便押一寶，希圖異日有後福。

朱棣上臺後，果然誇王寧「孝於太祖，忠於國家」，說他「正直不阿，橫遭誣構」，封他為永春侯，予世券世襲。這位潛伏在朝廷的南京情報站長，情報工作做的不怎樣，更是絲毫軍功未立，白白撿了個世襲的侯爵。

第四卷

建文帝的生與死

第二十九章 朱家姊妹兄弟齊來做說客

當平燕戰爭初起時，沒有多少人認為燕王會操有勝券，然而我們從徐增壽、王寧等勳臣貴戚同情甚至背地裡暗中幫助燕王來看，建文朝廷沒有在「國有大事」之際甄別緩急，籠絡、凝聚人心，犯了興亡的大忌。

前文說到，朱元璋把死去哥哥的女兒，即皇侄女封為慶陽公主，這是破格的恩典。到建文小子即位時，老人家做公主已經二十多年了，公主的名分又不能世襲，朝廷內外還有那麼多大事需要處理，公主的封號正不正，是要緊的急務？尤其是朝廷正在厲行削藩，向一部分宗人下手，此時尤須維繫皇室內部的人心。但年少氣盛的建文帝偏要較真，上臺未久，就把老姑的公主名號給削了，降稱慶成郡主。老公主心裡會怎麼想？她對新君能有親近感嗎？

建文帝嚴厲、躁急而殘酷的削藩政策，在皇室內部也激起了較大的義憤，失去了一部分人心。

許多貴戚對建文帝一味倚賴黃子澄、方孝孺等一群儒臣辦事，而對勳貴較為冷落刻薄的做法非常不滿——在太祖皇帝時，他們飛揚跋扈慣了，從沒把滿朝酸子（文官）放眼裡！這種心態為朱棣準確地掌握，他在反旗上大書誅殺齊、黃等「奸臣」幾個大字，不單齊、黃，在他嘴裡，「左班文臣」沒有一個不是奸臣！

當然，這並非燕王的本心，只是他利用在京勳戚的不滿，故意喊出的口號。

總之，隨著戰局日益向燕王一方傾斜，力量的強弱發生質變轉換，許多貴戚開始與朝廷離心離德，他們心中的天平愈來愈向燕王傾斜，建文帝遭到出賣，是只爭早晚了。

當燕軍渡過淮河，向長江挺進時，建文帝發現他的削藩政策大失宗室之心，然而到大難臨頭時，他

所能倚重者，仍然還是宗室。建文四年（1402 年）五月二十五日，建文帝不得不請由公主降封的慶成郡主出山，代表他去燕王軍中議和。

慶成郡主見到堂弟朱棣，倒還盡心替朝廷出力，苦口婆心勸他罷兵，說：「這三、四年動軍馬，運糧的百姓、廝殺的軍馬，死的多了。事都是一家的事，軍馬不要過江，請轉馬回去，天下太平了，卻不好！」

朱棣稱郡主為「老姐姐公主」，他見郡主不說是銜君命而來，只稱受了眾兄弟姊妹的托來講和的，也便只請郡主回去給兄弟妹妹們帶話，壓根不提建文帝。

他說：「我之興兵，別無他事，只為報父皇之仇，誅討奸惡，扶持宗社，以安天下軍民，使父皇基業，永傳子孫萬世，我豈有他心哉？」然後大罵朝中奸臣如何戕害諸王，立誓必報此仇。但他不說這是自己的仇、諸王的仇，卻說「奸黨」害我父皇子孫，圖我父皇天下，是「父皇之仇」；還說自起兵靖難，他如何「仰荷天地祖宗神明之靈，憐其忠孝之心，冥加祐護」，所以才累戰累勝。

郡主的一團熱火，被朱棣滔滔不絕的口水澆滅了，她心知親情已無法打動燕王，便委婉地提出，只要燕王肯退兵，什麼都可以商量，包括割讓土地。

議和自然不是郡主自作主張，她一定得到朝廷的某種授權，才敢提出來。建文帝開出的具體條件不詳，大概不是將北平一帶永遠割封給燕王，令其政令自專，朝廷不再干預，就是乾脆把黃河以北他現在所占之地統統許給燕王。這對於朝廷已是剜瘡割肉之舉，但「燕庶人」此時已飲馬長江，京師在其馬鞭所指，這誘餌豈能使他滿足！

燕王不置可否，只是說：「今大兵渡江，眾兄弟妹妹卻來勸我回北平，可是孝陵尚未祭祀，父皇之仇尚未能報，奸惡尚未能獲，請眾兄妹們以情度之，孝子之心，果安在哉？」

談話到此，慶成郡主已知事不可為，只好嘆息著回京覆命。

不久，朝廷水師都督陳瑄率全軍「起義」。長江之險是南京城唯一的屏障，水師倒戈，彷彿為北方鐵騎搭起了浮橋。燕軍抓住時機，於六月三日從南京以東約百里的高資港渡江，擊敗尚在頑強抵抗的盛庸部水軍，鎮江守將童俊不戰而降。八日，燕軍進至南京東郊的龍潭。

到這時，南京城破只是時間問題，城內所有人都必須認真考慮自己的出路了。

六月九日，已經手足無措的建文帝急令在京諸王分守京城各門，他真是慌了神，否則不該想不到，每個銜命的親王，都可能在心裡吐一口氣：「小鬼，你才知道俺們有用啊！」靠這些王爺守城，與請老鼠來看倉糧，有何區別？

建文帝手裡還死死攥住最後一根救命稻草，他派曹國公李景隆、兵部尚書茹瑺和都督王佐等人前往龍潭，向兵臨城下的燕王再申前議，請求議和。

慶成郡主做不到的，憑什麼相信燕王的手下敗將李景隆能做到？建文帝此時也是百無聊賴，只好死馬當活馬醫了。

在實錄中，朱棣的史官稱朝廷此舉實為緩兵之計，真實意圖是等待勤王之師的到來，然後內外夾擊，決死一戰。並稱這是方孝孺給建文帝出的餿主意，方孝孺還給建文帝準備了預案，一旦不能成功，就請建文帝學當年的唐明皇，逃到四川去，收集士馬，以圖再舉。

自然，以燕王的英明，馬上識破了朝廷的詭計，還借此把侄皇帝大大羞辱了一番。實錄記載，李景隆等入見時，俯伏惶恐，汗流浹背，不敢仰視。朱棣不鹹不淡地道：「公等勤勞至此，雅意良厚。」景隆等不能發一語，只是再三叩頭。

「公等有所欲言，第言之。」朱棣道。

李景隆等就把割地請和的話講了。

「公等是來作說客嗎？」

朱棣聽罷笑道：「我始無過，朝廷輒加以大罪，削為庶人，以兵圍逼，還稱大義滅親。」

說時臉色漸漸沉下來：「我今日救死不暇，要地何為？」

「且割地何名？」他接著說道，「我皇考太祖皇帝混一天下，諸王裂土分封，各有定分，割地之說，是誰為主張？定然又是奸臣之計了！我今日來，但欲得奸臣，別無話好說。公等回奏聖上，只要將奸臣送到軍中，我即解甲免冑，謝罪闕下，然後歸藩，永祇臣節。」他還賭誓說：

「天地神明在上，我心明如皎日，不敢渝也！」

朱棣這番大話，可騙不了看官諸公，李景隆等人自然也是不信的。朱棣不過玩弄文字遊戲，諷刺大廈將傾的姪子皇帝，戲耍幾個使臣好玩罷了。可他們不敢反駁，老老實實聽了一番教訓，灰溜溜回去，乖乖稟告。

孰知建文帝是急瘋了的，已是慌不擇路、饑不擇食，燕王之言，大家都聽得出來，那不過是曲高而不著調的戲言，他竟也信了，命李景隆等人復至燕軍回話，稱燕王所指的幾個罪人俱已貶竄到外地，請俟其逮到，再送到燕王軍中治罪。

建文帝確實把功夫做足，已能慌不擇路、將幾個「奸臣」的官都給罷了。

李景隆見皇上如此迂闊，遲回不肯動身，他曉得，現在就是把齊泰、黃子澄等「奸臣」的肉燉好了送到燕軍營裡，燕王也不會罷兵。此行不過多此一舉，況且他還很害怕再見到燕王。

建文帝只好動員在京的十九皇叔谷王和二十二皇叔安王一起出城去拜訪燕王，請他們務必把燕王勸轉回去──建文真乃一癡人也！他要是能預知將來正是這幾位王爺率先獻城投戈，又率領滿朝大臣合詞勸進，他還不如趁早逃了，不管是入蜀還是入閩，總比被人逼在甕中，自焚死了的強。

六月十一日，谷、安二王來到燕王軍中，見到氣雄萬里的四哥。

相見之下，兄弟們尷尬之餘，感慨良多。安王朱楹才二十出頭，他比四哥小了約二十歲，因為娶了徐達的第三個女兒，他與朱棣既是兄弟，又屬連襟，應該算是很親的了，可是他一共也沒見過四哥幾面，如今皇上令他來做說客，他實在難以啟齒，話不知從何說起，嗑不知從哪裡開始嘮，只在座位上覥覥扭動，頻頻轉臉去覷谷王。

然而谷王朱橞更是縠觫不安，他本來鎮守北邊重鎮宣府，當四哥起兵時，曾派人來向他徵兵，他不敢從命，更不敢集兵相拒，於是腳底抹油，逃回京師。當逃兵比敗軍之將更丟臉。他絕未料到，有朝一日，將與四哥在這種情形下相見，不免把腸子都悔青了，只恨當初不附四哥起兵，否則現在也是從龍的大功臣。

想到這裡，谷王不禁心念一動，開始動起歪主意。

王爺們各懷心事，正不知如何開口，燕王卻先哭起來。只聽他憤然道：「弟弟們，你們也是來做說客的吧！你們替為兄想一想，朝廷所言，是否確當？是誠是偽？是出自於君斷，還是奸臣之謀？」

王爺們懾於燕王的威勢，不敢異議，只好附和著說：「兄長洞察，弟弟們還有什麼好說。弟弟們此行，實在情非得已。」一句「情非得已」，算是把在京苦等佳音的皇上其全部盼頭給澆熄了。

燕王說：「我此來，但得奸臣而已，不知其他。」遂不再多說，命帳中賜宴，招待諸王。王爺們吃得沒滋沒味，倉促告了個飽，回京覆命去也。

第三十章　周公進京，成王死了

在一個個談判使團灰頭土腦、鎩羽而歸時，建文帝雖極不情願，卻也不得不面對一個殘酷的現實：

王朝的末日降臨了。而諷刺的是，他由此才得到一次機會，檢驗到底誰才是忠臣。

樹倒猢猻散，建文發現，血緣最親的勳戚，最先背棄了他，而真正捨得為他獻身的，只是一些手無縛雞之力的文官。太常寺少卿廖升，聽到談判失敗的消息，知道大勢已去，在與家人訣別後，於燕軍進城前自縊而死，成為第一個為建文殉葬的大臣。

廖升之死，當然出自忠義，但可能也是為了保護其家人。因為他任過《明太祖實錄》修稿的副總裁，實錄裡對「燕庶人」沒啥好話，前胸釘一個「奸」，後背綴一個「逆」，而如今齊天大聖反上了凌霄寶殿，豈肯放過他。不如趁早自死了，或許燕王念在他認罪態度好，放過他的家屬。

此時朝廷已經大亂，人人自危，個個思飛，大批官員聚集在朝堂上，坐等末日的到來。建文帝眉毛鬍子全是火，一腦門煙薰火燎，一再向眾官問計。但庭下多數人一言不發，保持沉默。一些年輕激越的官員，情緒開始亢奮，對即將主宰其命運的燕王，言辭上也不恭起來，人群中還發生了激烈的爭辯，雖不能披甲出戰，但心中積滿憤懣之氣，幾乎要爆炸，非抒發出來不可。

他們想不通，為何數年艱難，竟是這樣一個玉碎的結局？這些捧讀聖賢書的年輕人，

御史魏冕發現都督徐增壽站在朝班中，一副漠然的表情，還擰起指尖，作勢彈了一下衣袖上的塵土。煌煌金鑾殿上，難道會落下積灰？這條燕狗不過幸災樂禍罷了！想到這裡，魏冕氣不過，怒沖沖跑出朝班，立時在御前參劾徐增壽，指責他暗通叛王，心懷異志，請嚴加處置，以振作綱紀。

與眾官的心態不同，徐增壽非常坦然，皇上擊朝鐘召群臣商議對策，他不得不來，但他就是看熱鬧來的。沒想到被一個小官揪住，把他一頓數落，他的火也竄起來，不顧在朝堂之上，回口怒罵。而他做然無君的舉動立刻觸犯了眾怒，早有一班年輕的科道官，齊擁上前，舉手抬腳，圍打徐增壽。平日威嚴肅穆的宮殿內，立刻變成了販夫走卒打鬧的市井之地。

文官聚毆武將，這還是開國以來的第一遭。

建文帝坐在金臺之上，見殿堂間烏煙瘴氣，一片混亂，臉色鐵青，說不出話來。

只聽魏冕與大理寺丞鄒瑾高舉牙笏，從班次大亂的人群裡擠出來，大聲疾呼：「請皇上傳旨，誅此逆臣！」建文帝心亂如麻，沒做任何表示，從寶座上拂衣起身，望後走去。

朝廷、皇帝、百官，已如甕中之鱉，困坐危城。

他們唯一能想出來的辦法，就是堅守待援，這彷彿絕症待斃之人，總要吃一副藥，聽一些藥到病除的鬼話。但援兵在哪裡？圍城中也派出許多人，懷藏蠟丸，四處去徵召天下勤王之師，但多數人離城未遠，就被燕軍遊騎捕獲。其實這些蠟書即便順利送出去，也難以指望援兵的到來。個別漏網者，在燕王即位後，被地方拿送上京，轉而成為地方官投靠新朝的投名狀。

天地間已是一片黑沉沉、慘顏變色的末日景象。

六月十三日，燕兵大隊出現在南京東邊的金川門。

朱棣寫了封給眾兄弟親王、姊妹公主的信，射進城來，書上重複了五月二十五日「老姐姐公主」慶成郡主來營交涉的話，但眼下又與彼時不同，大軍已兵臨城下，所以一番表白後，他說了下面一段話：

「如朝廷知我忠孝之心，能行周成王故事，我當如周公一般輔佐他，以安大下蒼生。如其不然，爾眾兄弟親王、妹妹公主及親戚們當速挈家眷，移居孝陵，城破之日，庶免驚恐。幸審之、詳之！」

這是給建文帝的最後通牒，他不可能辛苦數年，占領了京城，又返回封地，他要效仿周公輔佐成王的故事，做大明的攝政王。

周公是周武王的弟弟，在武王死後，辛辛苦苦輔佐他的兒子成王，穩定了新興的周朝的統治，周公也成為孔子之前的一位聖人。不過，朱棣自稱要學周公，不太像，我們不妨給他換個例子，他學的頂多是王莽輔漢的故事——末了，還是要篡的！

這封信自金川門射入，它說是給親王、公主的，想必當即就被屯守金川門的谷王朱橞和曹國公李景隆拆看了。這兩位滑頭見機行事，立刻回應燕王的感召，下令軍士解甲，開門迎降。而朝中尚不知覺。

建文帝此時宛如一隻火中的困獸，鬚髮皆燎，身心俱痛，不巧有個倒楣鬼撞上他的槍口找死來了。

此人正是那位挨打的左都督徐增壽。他因為向燕王密通款曲，遭到嚴厲的彈劾，但數次被建文帝饒過，這回決不可再饒。建文帝心裡不痛快，要找人出氣，登時想起他來，把他找來，狗血噴頭，一頓痛罵，好像天下事都是被他敗壞的。徐增壽匍匐在地，嚇得大汗淋漓，渾身顫抖，不敢奏辯一言。他不說話，建文帝以為他故作倔強，欺負自己「柔弱」，愈發盛怒，當下拔出佩刀，一刀將他剁翻。

徐增壽真是笨的可以，燕王要進城了，好心寫封信，請親朋好友們趕快躲起來，他還不快點逃，居然去觸建文帝的霉頭，結果血塗殿廡，做了一隻冤鬼。

建文帝殺死徐增壽，忽聽左右喧嘩，哄傳谷王和曹國公開金川門投降了。建文帝怔了一怔，眼見宮中大亂，宮人四散奔逃，他身邊的宦官也不安分了，有的竟然喧口叫囂，請皇上避位（讓位），有的手腳麻溜，動手不動口，竊取了御寶敕印，逃到燕營報效去了。

建文帝知大勢已去，兩行淚滾滾而落，長作一聲無可奈何之嘆，就眼望蒼天，舉了一把火，要將這不再屬於自己的花花世界燒個乾乾淨淨！

見宮中火起，一些朝臣知道自己的大限已到，決心拋灑一腔忠臣之血，為亡君殉葬，有自殺的，有罵賊而為篡逆者所殺的；當然更多的人在為自己的前途打算，尋思以什麼樣的法子，為新主所知遇，朝廷換了，富貴可不許失！種種生態，皆不細表。

且說朱棣見金川門大開，谷王、曹國公獻城來降，大為高興，立刻整軍入城。同時派了兩支特遣突擊隊，去執行兩項特別的使命：一支由宦官劉通率領，直奔宮城，救大內之火，並負責「清宮」，他還

有一項祕密使命，即祕密處理掉建文帝，如果他還活著的話；另一支則去解救禁錮已久的周、齊二王。

周王朱橚和齊王朱榑已被監禁三年之久，吃盡苦頭，這幾個月來防守不那麼嚴了，偶爾一些朝廷戰局不利的風聲也能透進森密的監室，他們不知該喜還是該憂。

這一天忽聽外間甚是喧鬧，兵器撞擊之聲大作，突然門被撞開，一大隊全副武裝的軍人，持刀揮劍，殺了進來。二王嚇得渾身篩糠，以為建文帝派人殺他們來了，才曉得是京城已破，燕王進城，出頭之日到了。乃破涕為笑，重整衣冠，高高興興去見燕王。恰好燕王按轡進城，二王在馬前叩頭，燕王非常高興，親自下馬攙扶，左邊一搭，右邊一扣，與二王攜手走上金川門城樓，共話別情。三兄弟眼淚合著鼻涕，又哭又笑，不知演的是哪一齣戲。

朱棣讓護衛放他近前，還未下問，這位年輕的楊編修慨然問道：「殿下是先謁陵乎，還是先即位乎？」

即位是朱棣這位「當代周公」的心事，被此人說中，自然大喜。而「謁陵」之問，卻提醒了他：此番進京，所扛大旗上不大大書著「為父皇報仇」嘛？怎麼剛剛得手，竊物還未入懷，就忘了那句口號？

朱棣憬然醒悟，命人記下此人的姓名與官職，然後傳旨：「擺駕，孝陵去！」說不得在老爺子的墳前，落下幾滴惺惺之淚，雖然濕不了墳土，卻希望騙得了世人。只嘆壞脾氣的朱元璋沒法從地底下跳出來，否則飽之以老拳，那戲就更好看了。

這位楊子榮，是建文二年進士，乃建文帝親取之士，但天子老師剛死，他就躥上終南捷徑，投靠了新主，為口稱要當周公，實際想戴「白帽子」的燕王立下一功，「自是遂受知」。朱棣即位後，立即將他

待城中略定，朱棣迫不可待地就要入宮，嘗試一下九龍寶座的滋味了。一時興奮，卻忘了一件極重要的大事。不過不要緊，有人提醒他來了。一個身穿七品文官官服的人出現在駕前，自稱是翰林院編修楊子榮，拜見燕王，有要事當奏。

選入內閣，並且為之更名為榮，此人便是明初著名的「三楊」[8]之一的楊榮。

拜完陵，朱棣進入煙火還未完全熄滅的建文「故宮」。負責「清宮」的宦官劉通來報：皇上已自焚而死。朱棣懸著的心頓時輕鬆，不免又要扮一次哭相，苦了臉，令劉通將焦黑的玉體先斂起來，六日後以「帝禮」下葬。至於那具燒得不成樣子的帝屍，他才不要看呢！

這時又抬來一具屍體，是都督徐增壽的。哎呀呀，這下可見著親人了！朱棣抱著那具血糊糊的屍體，大哭起來。登基後，他不忘小舅子殉死之情，追封其為武陽侯，諡忠潛，不久又進封定國公。

他夫人徐氏一門，就有了兩位世襲的公爵，一位魏國公，一位定國公。因為定國公恰恰是一位「靖難功臣」，與朱棣這一系的關係比魏國公更親近些，所以遷都後，定國公一族隨駕去了北京，魏國公一族則被留在南京，世代擔任南京守備的職務。一門兩公，且與王朝相始終，這在明代是獨一無二的。

第三十一章　文東武西，朱棣心事在「右」

朱棣進城後，榜示「奸惡官員」，大肆抓捕他藉口起兵的「左班奸臣」們。

他在進城前給親王、公主的信中，惡狠狠地將文官詛咒為「奸臣」與「小人」，都是「我父皇殺不盡之餘黨」，已經為即將展開的大屠殺做了預告。

朝會時，文左（東）武右（西），各依官品排班，故以「左班」代指文臣。依朱棣的意思，文臣不是奸黨，也有奸黨的嫌疑。有意思的是，和他血泊裡打滾了三年多的朝廷大將，倒沒幾個有幸登入「奸

「三楊」指三位姓楊的內閣輔臣，另兩位是楊士奇和楊溥。

臣」的黑名單。

其實，朱棣是槍桿子裡出政權，最迷信武力了，他從未把手不能提、肩不能扛的酸腐秀才放在眼裡。古人說，秀才造反，三年不成；這是強權者的共識。

朱棣剛在寶位上坐定，早有人將建文帝的軍師方孝孺擒了來獻，他的首席軍師姚廣孝曾勸他手下留情，幸勿殺害方孝孺，好給天下留一點讀書種子。這大概是軍師惜軍師的美意吧！朱棣還記得這話，但要求方孝孺立功贖罪，方許饒他一死，條件是撰寫即位詔書。不料方孝孺望者被煙火熏得黑魆魆、暗淡無光的殿庭，悲聲大哭起來。

朱棣皺皺眉，沒有發作，從御榻上走下來，和顏道：

「先生毋自苦，我欲效法周公輔佐成王耳。」

方孝孺止悲道：「成王在哪裡？」

「他自焚死了。」

「何不立成王之子？」

朱棣想到建文帝的孩兒還小，便道：「國賴長君。」

「何不立成王之弟？」

方孝孺瞪眼，連珠炮地追問，句句鑿在朱棣的歪理上。建文帝的孩子小，但他的弟弟們都是大夥子了呀！

朱棣不耐煩跟他扯嘴皮子，道：「這是朕的家事，你不須管！」命左右準備筆紙。

「詔告天下之文，非先生大筆不可！」

方孝孺的文章，「醇深雄邁」，為一代名家，他的手筆，還是要借重的。

但方孝孺已立定了為先帝殉葬的心，他投筆於地，且哭且罵：「死就死，詔決不可草！」

這一舉動澈底激怒了朱棣，命將文弱的老書生推到市曹，處以磔刑。

方孝孺死時，年僅四十六歲。他雖然沒有死於「民族氣節」，不能像岳飛、文天祥、史可法那樣，在史書中巍然凜立；他的死，一樣令人痛惜。篡位者不是一篇都得不到嗎？朱棣恨恨不已，決心報復，不僅要殺其身，還要讓他的全部作品消失。整個永樂時期，方孝孺的著作都是禁書，藏其文字，是要冒殺頭的危險的。今天仍能看到相關的證據，如葬在鳳陽的信國公湯和的墓前，有一塊巨大的神道碑，由於碑文是方孝孺所作，字字皆被鑿破，只有碑額，因為有「敕建」字樣而得以倖免。而「左班」裡投靠新主的文人們，則更為惡毒，他們在重新改竄《明太祖實錄》時，明明是自己搖起尾巴向新主獻媚，偏要誣衊方孝孺，說他懼死，臨刑叩頭乞憐。

「三楊」之中，楊榮長於謀計，請朱棣先拜孝陵，然後登基；楊士奇長於文字，三修《明太祖實錄》，他都參與了，這三種實錄，內容大相逕庭，但無論怎麼寫，這位楊文貞公都轉筆自如，令皇帝滿意。方孝孺是他在翰林院的前輩，他在總裁修訂《明太祖實錄》時，竟忍心給方孝孺大潑汙水，這到底是於名節有虧呢，還是毫無名節與廉恥？

總之，凡建文之忠臣，皆在必殺之列。《明史》中有一類傳（列傳第二十九），所載盡為此等人物。《明史》說「革除之際，倒行逆施，慚德亦曷可掩哉！」——「倒行逆施」四字，配給朱棣，可謂至論！

朱棣如今掌了權，一邊是四海歸心，一邊是大肆清除異己。文人書生，不過任其侮辱，隨其虐殺，真正令朱棣擔心的，其實非左班文臣，而是右班武臣，是朝中勳貴和四方掌兵的武將們。但他即位之初，即便對某些人恨得要死，也不得不善為委蛇，稍假優容，待日後再報。

先說第一任征燕大將軍，建文帝的「保嫡大將」耿炳文。

耿炳文建文元年戰歿於真定。

許多明代著述，如黃金《開國功臣錄》、黃佐《革除遺事》、高岱《鴻

獻錄》等書，都是這麼記載的。可是耿炳文在《明太宗實錄》裡，卻多續了幾年陽壽，一直「活」到永樂二年。

這年十月，久無訊息的他突然在實錄裡還了陽，起因是刑部尚書鄭賜和都察院左都御史陳瑛，聯手彈劾，指責他不遵禮典，所用衣服器皿飾以龍鳳，玉帶用紅綖。

明白人一聽，就曉得這所謂「僭妄不道」實為欲加之罪、必殺之計。《明史·耿炳文傳》說他深明此理，馬上就自殺了。但明實錄並沒有說耿炳文自殺，只說朱棣相當寬容，對針對耿炳文的「交章劾奏」，只淡淡地表示：「先朝老臣亦為此乎？命速改之。」此後耿炳文就移民火星，與地球失聯了。

一些記載說，耿炳文北征無功，虧了他兒子耿璿娶了江都公主（建文帝姐姐），所以朝廷沒有降罪。朱棣登基後，眾人皆去逢迎，耿璿卻與公主閉門哀鳴。陳瑛（此人是永樂朝的酷吏，是幫助朱棣虐殺的主要鷹犬，後來也被「走狗烹」了）等人遂在主子的授意下，羅織其罪，朱棣便下詔籍其家，耿炳文迫不得已，蹌踉跟自裁，他的幾個兒子，包括駙馬耿璿及耿瓛、耿瑄等，皆「坐罪」而死。

以上兩種說法，關乎耿氏名節，並非小可：如果耿炳文是投順後再自殺，則他不過是一畏死而終不免於死的懦夫，如查繼佐著《罪惟錄》，就將耿炳文列在《庸誤諸臣傳》裡，如果是戰歿於陣，則為朝廷捐軀，那就是「真得死所，成就一生名節」。是好是歹，關鍵在於他什麼時候死、因何而死。

由於《明史》的影響，耿炳文投順自殺，幾成鐵案。直到顧誠先生撰文考證，才還原了耿炳文戰死的真相（見《靖難之役與耿炳文、沐晟家族》一文）。

顧先生發現一種新史料：《濠梁慎庵耿公墓田碑記》。碑記裡說，耿炳文死後，建文帝「痛甚」，親制哀文，遣太監諭祭，命有司治墳塋，還賜其家鄉臨濠山地三百頃、佃戶二千人、守墳人二百戶，並撥京衛軍士十五戶充耿墳之儀仗戶。碑記所記鑿鑿，可知耿炳文確實是在「援真定」時，「歿於陣」的。

除了《耿公墓田碑記》，我也發現一份佐證資料，特貢獻於此。這份史料是 1994 年南京出土的《長

興侯夫人陳氏墓誌銘》。耿炳文的夫人陳氏，是洪武三十五年六月二十三日去世的，享年七十歲。燕軍攻

入南京後，下令建文四年（1402年）六月以後仍以洪武紀年，即洪武三十五年，故墓誌所記洪武三十八

年六月，實為建文四年六月。耿炳文夫人死的時間很巧，朱棣六月十三日入城，她二十三日死，僅隔十

天。由於時間太接近，我都懷疑陳氏是自殺的！

如果相信《明太宗實錄》的記載，耿炳文此時應該還活著。然而他夫人墓誌中，關於耿炳文，僅僅

提到他從太祖起兵，平定天下後，以功封長興侯，此外別無一字；墓誌末尾照例書列耿氏子、孫的名字

及官爵，但對她的夫君，也是一字未提。

顯然，作為曾經的征燕主帥，當昔日的死敵君臨天下後，他本人已成為違礙字眼，關涉忌諱，墓誌

只好採取回避的態度。如果耿炳文還活著，而新主在「禮貌」上對他尚還懷柔，他夫人死了，怎麼會在

墓誌上全無表示呢？至少在碑末得掛個名吧。這是極不正常的，只能說明，此時耿炳文已經死去，而他

的家屬又不方便提及這位大將軍是死在征討「今上」的戰役中，只好付之闕如了。

前引《濠梁慎庵耿公墓田碑記》作於朱棣的重孫英宗正統年間，碑文中的「耿公」，號慎庵，是耿

炳文之子耿琦。碑記的作者是黔國公沐晟。為什麼遠在雲南的黔國公要為早已一敗塗地的耿家寫墓田

記？原來，沐、耿兩家本是近親。

這要從西平侯沐英說起，沐英第一任妻子姓馮，在生了長子沐春後病死，沐英續娶的第二位夫人，

就是長興侯耿炳文的妹妹耿氏，沐晟即其所出。洪武三十一年（1398年）九月，沐春去世，由弟弟沐晟

襲爵。當耿家覆巢之時，耿琦逃到雲南，投奔他的姑姑和表哥。據長興侯夫人陳氏墓誌，耿炳文一共五

個兒子，最小的一個還未命名，疑為妾出，應該就是耿琦。

沐晟在《墓田碑記》裡回憶，當耿琦遠道來投時，耿太夫人叮囑他：「耿郎為我遠來，汝厚遇之，

俾其得所，以慰我心。」沐晟不敢違命，將表弟偷偷安置在離昆明不遠的晉寧州的一座城堡裡，祕密保護起來，以避朝廷的耳目。

耿琦從此就在雲南安了家。耿太夫人對哥哥僅存的血胤關懷備至，直到宣德六年（1431 年）臨終前，還「拳拳以耿氏為念」。沐晟對這位表弟相當照顧，在耿琦於正統元年（1436 年）六月去世後，親自替他料理了後事。三十餘年過去了，此時政治環境已經寬鬆，沐晟才敢在碑記裡寫出當年的真相。

其實，雲南沐家不僅與耿家是姻親，黔國公府與建文帝的關係也相當密切。

據記載，洪武十五年（1382 年）馬皇后去世，義子沐英聞知噩耗，慟哭嘔血，就此大病一場。二十五年（1492 年）懿文太子病逝，沐英在精神上再次遭受沉重打擊，登時發病身亡。足見沐英與懿文母子感情之深厚。

建文初，沐晟之所以能輕易參倒岷王，獨霸雲南，很大程度上因為朝廷信任沐家，他舅舅耿炳文在朝權勢巨大。建文帝失敗後，政治環境異常艱險，沐晟依然不顧危險，保護耿氏後人。民間還傳言，建文帝在南京城破後，逃往雲南隱居起來。事雖不可信，但它透露出雲南沐家親近朝廷的政治態度，在當時不是祕密。

朱棣對此當然心知肚明，他即位後，立即命岷王返回雲南就藩，並在一兩個月的時間裡，調順昌伯王佐、鎮遠侯顧成等大將，前往雲南及周邊川、貴等地鎮守或整飭軍備，形成對雲南的包圍。

但是朱棣最終沒有動手，他考慮到沐氏鎮守雲南，歷經三世，勢力盤根錯節，假若把沐家逼反了，短期內又不能解決，兵連禍結，恐怕各地迫於形勢歸順的諸王及文武會乘釁而起，燎原之勢，不可不畏。

而朱棣用來制衡沐家的岷王，在恢復王位，回到雲南後，一心報昔日之仇，與沐晟交惡，雙方頻頻發生衝突。岷王這個人，一身老朱家的壞習氣，頓忘昔日之苦。他回雲南稱王後，「恣行威福」，飛揚跋扈，對他哥哥當皇帝的新朝，毫不尊重，竟然不奉朝命，即「擅拘方面諸司印信，殺戮官

屬」。我沒有看到相關史料，但可以想像得到，岷王這種愚蠢而危險的行動，一定授沐晟以口實，僅「擅收諸司印信」一條，足以告他謀反了！

在沐晟與岷王的互相揭發、詆毀中，朱棣發覺，岷王是一個比沐晟更為危險的炸彈，必須加以裁制——此時，他已在人不知鬼不覺地恢復建文帝的削藩政策，決不允許諸王在藩國肆意妄為，觸犯朝廷的威嚴。

經過權衡，朱棣決定對沐晟採取安撫措施。

這年八月，他口授了一封給沐晟的敕書，首先回憶了太祖皇帝對沐氏父子的豢養栽培之恩，稱「歷觀群臣受恩深厚，未有過爾父子者也」，這確是實情；又說沐晟「為小人所惑，干犯岷王」，但我念舊日恩情，不忍置爾於法，姑宥不問，仍命爾鎮守雲南，雲南都司屬衛悉聽節制。這樣就確認了沐家可以繼續在雲南鎮守，他家的既有利益不會被觸動。

次年六月，朱棣為進一步籠絡沐家，把第五個女兒常寧公主嫁給沐晟之弟沐昕。耿老夫人雖在新朝覆滅，她的幼子卻做了新主的女婿，心理傷害得到了部分補償。沐昕尚主後，奉母在南京居住，耿老夫人回到了她的傷心之地，在此度過了晚年。

政治聯姻，重新調整了沐家與朝廷的關係，鞏固了西南的穩定。沐晟在獲得朱棣信任後，再膺兵權，而岷王卻在朱棣打擊諸王的新浪潮中，屢受挫折，先被收繳親王冊寶，又被削去護衛，罷去官屬，成為一個光杆王爺。朱棣之子仁宗即位後，將岷王遷徙到湖廣武岡州，甚至不再起建王府，令他寄居於州衙。光景慘澹，反不如外人！

顧誠先生說，朱棣舉行的是軍事叛亂，四年靖難，主要是摧毀、瓦解了建文帝的武裝力量，他對忠於建文帝的將領恨之入骨，口頭上卻把手無縛雞之力的某些文臣說成是主要對手，這在很大程度上掩蓋了歷史的真相。

第三十二章 有「帳」算不爛

當年意氣風發的征虜大將軍曹國公李景隆，也是領兵伐過燕的。如今伐者與被伐者關係來了個倒轉，後者逆襲做了君，前者折翅稱了臣。此君每見彼臣在殿下恭謹地磕頭，都忍不住會想……

「若是我戰敗了，他會如何對我？恐怕跪在軍門前叩首乞命的便是我了！」

此念一起，隔在這對君臣間的那層膜就算穿了孔，永遠無法復原了。儘管李景隆主動打開金川門，臨陣倒戈，為建文群臣做了趨利避害的表率，對那些還轉不過彎來投降的「頑固派」發揮了示範效應，但他既然無法抹去令燕王不快的記憶和聯想，也便無法消除他與新皇之間的隔膜與嫌隙。

況且，像他這樣一位令人不齒的「貳臣」，在永樂初年，居然不墮威風，看起來仍是風生水起，不失帝心：燕王一即帝位，就授他「奉天輔運推誠宣力武臣」（靖難功臣封號）、特進光祿大夫（階官，正一品）、左柱國（勳官），並在他曹國公原祿的基礎上再增賜歲米一千石。朝廷議大事時，李景隆因為爵高，猶然挺立於班首主議。這些，皆令真正「奉天輔運」的靖難功臣們憤憤不平。他們不知道，朱棣對李景隆只是暫假優容，他在待機而發。

果然，永樂二年（1404 年），周王朱橚第一個跳出來，揭發李景隆在建文之初，奉命密捕本王，在我府中有受賂的情節。這種事，不要明眼人，瞎子都能看出來，是周王在報舊仇。只是他揭發的事情太小，還不能將皇帝的仇人一棍子掃倒。不過，朱棣就是要周王拋磚引玉，緊接著，刑部尚書鄭賜就出重本參奏了，彈劾李景隆「包藏禍心，蓄養亡命，謀為不軌」。

朱棣詔曰：「勿問。」皇上對鄭賜的彈章不表示態度，實際上是在等待更大的彈劾高潮。接下來，這就很要人命了！

成國公朱能、吏部尚書蹇義，與科道、文武群臣，一起出章，對李景隆和他的弟弟李增枝展開批鬥（「廷劾」），都說李氏兄弟「逆謀有狀」。

待百官齊聲喊打，李景隆的「罪行」完全暴露於光天化日之下，朱棣知道該出手了，他「應群臣之請」，下詔削去李景隆的勳號，絕其朝請（即不再允許其上朝），責令他以曹國公的身分歸私第，「奉長公主祀」。長公主是李景隆的祖母，也就是李文忠之母，太祖朱元璋的姐姐，今上的親姑姑。這還不算完。禮部尚書李至剛又拉栓放槍了，他將景隆和增枝哥倆兒一起論，說「景隆在家，坐受閹人（即閹奴）伏謁，如君臣禮，大不道；增枝多立莊田，蓄僮僕無慮千百，意叵測。」

我不信在這一派蕭瑟、冷風颼颼的當口，李景隆還敢頂著殺頭的刀，在家裡受閹人跪拜，過「人君」的乾癮，而「大不道、意叵測」的指責，已上升到無以復加的地步，再進一步，就是稱兵造反了。

朱棣對李景隆是除惡務盡的態度，對朝臣的糾劾，不僅聽，而且信，信則行動，下令削去李景隆的爵位，將他兄弟連同妻兒數十人在私第禁錮起來，抄沒其家產。李景隆心知皇上不肯放過他，氣急了，在家裡鬧起絕食，十天半月不吃東西，也不打點滴，不輸營養水，居然挺過來了，據說一直活到永樂末年才死。

曹國公這一「世家」，傳了三代，從李景隆的祖父、朱元璋的姐夫駙馬李貞，到其父李文忠，再到李景隆這輩，就算絕了，後世都剃了平頭，做百姓去也。

李景隆之外，另一個被削爵的勳臣，是魏國公徐輝祖。徐輝祖和他弟弟徐增壽，兩人的政治立場南轅北轍。徐增壽慘遭建文帝親手殺死，卻為篡位者立了個「忠義」的典範，以此得到極大的優恤，被追封為定國公。這頂國公的帽兒是鐵打的，可以世代相

傳——如此，徐增壽不算枉死，真是犧牲我一個，幸福十代人，我們常著頌「祖上恩澤」，這便是了！

永樂朝頭號「義士」的哥哥徐輝祖，卻是頑固分子中的NO.1，長著一個冥頑不化的花崗岩腦袋。

朱棣入京時，群臣出迎，只見花枝招展，濟濟滿堂，群臣皆到了，唯獨不見本應列於班首領銜的魏國公大人。

「徐輝祖在哪裡？」朱棣派人四處去找，最後在徐達的祠堂裡找到他。

朱棣知道他故意這麼做，以表示無聲的抗議，心中老大不快，就下令把他抓起來，逼他認罪，希望他能像曹國公一樣，為群臣做一個歸附的表率。

徐輝祖在獄中，倒也痛快，鋪開紙，蘸飽墨，奮筆寫了滿滿一幅。呈上去，朱棣接過一看，哪裡有一個字的認錯！全寫的是他老父親徐達的開國功次，以及他家封爵鐵券上免死的聖諭。朱棣勃然大怒，命削去其爵位，將他軟禁在家。

與李景隆不同，徐輝祖所削者只是本人之爵，而不是徐家的世爵。

徐輝祖過了幾年監視居住的生活，在永樂五年（1407年）死了，年紀應該不過四十出頭。他的早死，不能說與朱棣無關，因為沒有證據，本人不好妄說。他死後不久，朱棣向群臣下詔說：「徐輝祖與齊泰、黃子澄等謀危社稷，朕念其父中山王（徐達）有大功，曲加開赦，不予處死。今輝祖死，中山王不可無後。」遂命徐輝祖的長子徐欽承繼魏國公的爵位。

徐家幸運，保有世爵，得以繼續享受二百年的富貴榮華。這並非在朱棣眼裡，岳父中山王徐達，比表哥曹國公李文忠更有面子，主要因為魏國公家是他皇后的娘家，徐皇后不僅要保住他「強項」兄弟的性命，還要維持娘家的權益，她在其間的斡旋之力，一定不小。徐皇后在和朱棣枕邊爭氣時，理直氣壯：輝祖固然有罪，但我家還有一位殉難的「大忠臣」（徐增壽），難道還不足以將功折罪嘛！——這是徐家爵位沒被打掉的根本所在。

萬曆時，所有遭到殺害和貶謫的建文忠臣，都得到平反，在南京立廟祭祀，其中徐輝祖昂昂居於首位，並被追諡為「忠貞」，這是歷史對他的承認。曹國公的子孫流胤，則早已湮沒於芸芸眾生之中了。魏、曹二公，皆是朱家的至親，又同為洪武末年最為倚重的勳戚貴臣，兩家在建文、永樂之際的政治動盪中，其沉浮如此，其味亦雋亦長！

當朱棣旗鼓張揚進京之時，還有一位皇室近親不在迎接的人群中，此人正領導著一隻反抗燕軍的部隊，駐守在淮安。他便是甯國公主的夫君、朱棣的二妹夫，駙馬梅殷。

當朱棣篡登大寶後，梅殷仍然擁兵淮上，拒絕改旗易幟。朱棣迫令公主寫血書去召。梅殷見到公主血糊糊的家書，知事已不可為，慟哭一場，罷兵還京。

在入見時，朱棣勉強接見慰勞了一句：「駙馬勞苦。」這本是一句客氣話，不料梅殷竟回道：「勞而無功耳！」差點把聖天子嗆翻。

永樂二年（1404 年），朱棣的江山已經坐穩，與當年的對手秋後算總帳的時機已到，耿炳文、李景隆等勳戚之家，都在這一年遭到嚴厲的參劾，紛紛敗覆，梅殷自不例外（只有徐輝祖，群臣知他有徐皇后作後臺，沒敢隨意向他開炮）。

永樂朝有名的酷吏，都察院左都御史陳瑛率先上奏，指責駙馬梅殷「蓄養亡命」，其心叵測，又與女秀才劉氏「朋邪詛咒」。

女秀才劉氏不知何許人也，女子在明代並無考取秀才者，大概是一位才女吧！梅殷是個多才之人，弓馬嫻熟，精通經史，在洪武時，曾以「戚臣」的身分視山東學政，與李文忠以「勳臣上公」典國子監，為雙璧美談。朱元璋賜敕褒美，推許這位愛婿「堪為儒宗」。

梅殷在政治上失意，閒來隻以詩酒唱和為事，朝廷要興冤獄，他結交的這些文友，自然成為他故意

蓄養、幫他謀逆的「亡命」；他們酬答的詩篇，其中不滿於時政的內容，輒便成為他們「詛咒」的鐵證。歷來如此，並無稀罕。所以一般失意且為君主所忌恨者，都會選擇閉門謝客，關起門來吃幾杯苦酒，做個影子的隱士，既為自己好，也為朋友們好。大概梅殷仗著自己是駙馬，朱棣不會拿他怎樣，以為只是政治上寂寞些，官不做了而已。

果不其然，他邀朋聚友、談文論藝的行為，成為政敵攻擊他的口實。

但朱棣接到劾疏後，並未撥草尋蛇，趁機將梅殷一棍子打死，只是說：「朕自處之。」僅僅諭令戶部重新考定公、侯、駙馬、伯的儀仗從人之數，又命錦衣衛抓了梅家幾名家人，送遼東充軍了事。

由此來看，酷吏陳瑛的指控還包括駙馬家儀仗從太盛，超過應有的禮儀（即逾制、逾禮），及家人有違法行為。朱棣抓小放大，沒有揪住梅殷「詛咒」的情節不放，似乎對這位妹夫還有優容保存之意。

可是，那些得罪過皇上的「罪人」，許多人都瞪大眼孔盯著呢！只等合適時機，撲上來咬上一口，以博取主上特別的賞識。自陳瑛一告不准之後，很快又有人行動了……永樂三年（1405 年）十月一日的凌晨，梅殷上朝，經過笪橋（在今中國南京白下區），突然都督僉事譚深和錦衣衛指揮趙曦一齊擁上來，趁其不備，將他擠下橋去。梅殷不會游泳，撲通落水，只掙扎了幾下，就沉到水底。

這條河是南京城內的水，上跨石橋，應該水面不寬，水勢不大，又在十月，並不甚寒，梅殷落水後，完全有機會獲救。但他還是淹死了。

我懷疑譚、趙二人做了充分的預謀，當時現場無人敢救；或許旁人大驚之下，馬上聯想到，梅殷早就是皇上的眼中釘，譚、趙二人敢對他下手，定是得到皇上的授意，哪個下河救人，就是跟皇上過不去，說不得將來有性命之虞。所以大家只好眼睜睜看著梅殷在水中掙扎溺亡，竟無一人出手相助。

駙馬好端端的上朝，不想淹死在一條小河裡，寧國公主不幹了。她闖進宮去，牽住朱棣的衣袖，放聲大哭，問兄要人。朱棣推說，是駙馬自己落水的。公主不信，只管要皇兄交出兇手。朱棣被她逼得無

法，只好說：「請節哀，無自苦。我一定為妹妹做主，緝拿凶徒。」

朱棣也很惱火，他就是要殺掉梅殷，也一定要先正其罪，但梅殷這麼不明不白死了，還讓世人懷疑是朕躬所為，豈不冤哉！於是下令，命錦衣衛徹查。

馬上，有都督同知許成出首告發，說梅駙馬是被譚、趙二人謀害。事情至此，真相大白，朱棣遂將二人處斬，沒收其家產，而封許成為永新伯。

許成因為告密而封伯，真乃望外之重賞了。我由此推測，譚、趙二人的行動，不是出自朱棣的授意，而是他們為討好皇上而策劃的一條奇計，結果反令皇上蒙受不白之冤，不僅公主、朝臣，就是萬世之後，說起此事，都會懷疑，是朱棣下令害死自己親妹夫的。所以許成得伯爵之賞，不僅因為告人之罪，也還有「還帝清白」之功。

譚深、趙曦二位是一對倒楣鬼，死得極慘。有個叫瓦剌灰的蒙古降人，過去是梅殷的部下，他懷念舊主，而恨極了凶手，上疏請求為駙馬報仇。朱棣居然准了。於是瓦剌灰手執利刃，來到譚、趙二人受刑的現場，親手砍斷他們的手腳，又剖開肚皮，掏出腸子，一大堆鮮血淋漓的人下水，堆起來，祭他冤死的故主。事畢，他也不活了，當場抹了脖子，追隨舊主而去——此為殉葬！梅殷在陰間，有這位壯士的保護，惡人休想再將他擠下奈何橋。

朱棣為了安撫公主妹妹，用酷刑處死了凶手，還親自賜書解釋，又給梅殷兩個兒子加官，同時進封公主為甯國長公主。

照理說，朱棣對公主兩口兒應是極為痛恨的，他剛起兵時，公主就給他寫信，以君臣大義責備他。他給公主下書，讓她遷居太平門外避兵，公主也不答覆。後來他進兵至淮北，駙馬又堅決抵抗。他對此的解釋是：「成祖故重（公）主」，所以對其夫婦的忤逆，並不深怪，即位後，歲時賜與無算，連諸王都不敢望。《明史》

如果這確是朱棣的本心，那麼梅駙馬不幸的命運，只好怪小鬼難纏了——而閻王殿上的小鬼，實在也太多！

第三十三章　宦官領導的突擊隊

曾有這樣一句有名的話：「有的人活著，他已經死了；有的人死了，他還活著。」這句話套在建文帝身上，真是恰如其分——自然，他屬於後者，明明死了，人們堅持要他活下來。

建文帝在城破之際，一把宮火，燒死了自己。可是很快就起了一種傳言，說建文帝沒有死，而是逃出京城，從此遊歷四方，做了個快活自在的行腳僧。

其實這是人們本著樸素善良的願望，可憐建文帝不幸的命運，總望他能逃出生天，在故事裡還他一個公道。

我們今日仍不忍想像，當燕軍兵臨城下，城中如沸，宮裡宮外一片混亂的情景。那時，最可憐的就是母親和孩子了。建文帝皇后也姓馬，我們稱她小馬皇后。這位年輕的母親，懷抱哭爹喊娘的孩子，忍不住渾身觳觫發抖。孩兒們都還小，太子文奎不過七歲，次子文圭才幾個月，還在襁褓中嗷嗷待哺，哪裡離得開母親的抱持？

他們的爸爸建文皇帝，在絕望之際，親手殺死了都督徐增壽，一身血汗地闖進宮來。小馬皇后禁不住驚呼一聲。看到丈夫愁眉深鎖的樣子，她知道王朝和家庭落幕的時刻到了，她內心悲苦，心宛如被一隻手狠狠揪住，那樣的疼，此刻最令她痛苦，內心在絕望中輾轉掙扎、割捨不下的，是她年幼的孩子們。

小馬皇后看了一眼丈夫，建文帝唯報以一聲嘆息，皇后揩去淚，將兩個孩子是無知，也是無辜的。

孩子推給身邊的宮人，痛苦地扭過頭去。孩子被匆匆從父母身邊帶走。他們能走出多遠？小馬皇后不知道，但母性告訴她，當父母將以慘烈的方式離世時，孩子不能留在此地。讓他們聽天由命吧！

殿廷外，哭喊撕心裂肺，混雜著喧鬧的人聲，小馬皇后的雙眼被滾泉一般急湧的熱淚沖刷，眼前的一切都變得模糊。

大火騰地竄起來，迅速蔓延……

就在同一時刻，一支以騎兵組成的快速機動部隊，踏碎長街，向宮城開來。皇城已轟然倒塌，宮禁之鎖早已失效，無論是皇城，還是宮城，所有門禁都洞然大開，逃命的太監和宮人，像從著火的老鼠洞裡鑽出來，沒命地奔逃，守門軍人也撇下武器，不知去向。

這支全副武裝的馬隊先占領皇朝四門，斷絕出入，然後迅速占領宮中要地，一面用武力彈壓，恢復秩序，將趁亂大肆竊取宮中財物者就地正法，一面組織沒有逃跑的宮人和衛士救火。

這支特遣隊的頭目，是一名宦官，姓劉名通，他親自帶領一隊精銳甲士，從奉天門一側的穿廊急速穿過去，過乾清門，直入乾清、坤甯等後宮。他臉色如鐵凝，雙眉和臉頰都因為緊張而抽搐。但他對自己的使命異常明確，他把手中的刀把緊握了一下，確認自己將堅決執行燕王交付的祕密任務，不會稍有畏縮。

劉通本是東北女真人，在洪武年間與其兄弟劉順一起，被閹入燕府為宦官，從此追隨燕王，成為朱棣最為親信的宦官之一。他生於洪武十四年（1381年），卒於宣德十年（1435年），在他的墓誌裡，記載了這樣一條重要資訊：

「（劉通）初事太宗文皇帝（與下文之『上』，都指朱棣）於藩邸，時權倖用事，離間宗室。上嘉公忠謹，委以腹心，俾察外情。公廣詢博采，悉得其實以聞。」

據我所知，這是朱棣委用宦官執行特務任務，刺察外事的最早證據，那時他還是一位藩王，可見他

一直都是個諜戰迷。

「時權幸用事，離間宗室」所稱之權幸，應指齊泰、黃子澄等「左班奸臣」，在當時人心不定的情況下，朱棣委劉通為腹心，「俾察外情」，及時瞭解外間輿論。

劉通為人精明能幹，膂力剛強，「靖難」兵興後，這位偵緝隊長變身統兵大將，在殺場上又多立戰功。

墓誌寫他建文四年「六月，渡大江，奪金川門，平定金陵，蕭清宮禁」。由於劉通前期行事多涉機密及宮闈祕事，其墓誌記載亦相當簡略。我們從這段文字可看出，劉通率兵奪取金川門，扈從朱棣入城。

隨即，這位特務頭子，立刻被委以一項重要使命：「蕭清宮禁」。這項可能代號「六一三工程」（六月十三日為燕軍進城之日）的機密任務，最重要的對象，正是已成甕中之鱉的建文夫婦。

在大軍勝利進城，功業垂成之時，自稱「周公」的朱棣，不可避免地要和他口中的「周成王」——建文皇帝——面對面了。

對於這種尷尬的局面，他事先已做了推演，城陷之日，將出現四種可能：一、少君識相，先行自裁；二、少君偷生乞命，願將寶位禪讓，只求活命；三、乞命，但不願拱手讓出天子之位；四、不識相，賴在寶座上下不下去，還要君主的威風，甚或面斥皇叔的悖逆。

第一種情形最好不過了，大家不必相見，省得面發熱，費許多的周折。

第二種亦好，不過朱棣不喜歡、嫌麻煩，他雖是弱馬溫進了蟠桃園，但願意人相信，是桃子自己落地，而不是被他竊攘偷吃的。現在雖說攻克了南京，但大半江山還未入其囊中，尤其是擁有重兵的邊方各鎮都還沒有降服，留建文帝活口，終是後患。

至於後兩種可能，朱棣則覺無法忍受。對他來說，只有少君識趣，自覺自願，做一死鬼，早去投

胎，再由他來哭一場，這樣，戲才圓滿，大家方便。

建文帝必死！

他將這一任務託付給親近宦官劉通，讓他率先突入內庭，若建文帝不死，即將其解決，不僅要殺掉建文帝，還要「肅清宮禁」，把一切知情人一併處理掉。在朱棣的「預案」裡，是沒有建文帝逃脫這一款的——眾叛親離，坐困危城的一個孤家寡人，他又能往哪裡逃！

作為燕王的私臣，劉通絕對忠實於朱棣，但一想到要親手殺死皇帝，還是渾身大汗，額筋突突直跳。歷史在這裡形成了一個可能的岔道⋯⋯或者，劉通在乾清宮的火海餘燼中發現建文帝夫婦的屍體；或者，當他率眾衝到乾清門下，驅散微弱的抵抗，活捉建文帝，不由分說，將其殺死，然後將屍首扔進乾清宮的烈焰裡。

反正我們獲得的情報是，如朱棣所願，他接到建文帝已死的消息，還從火中扒拉出一具焦屍。

以上是我們就劉通墓表中極為有限的資訊，而做的戰棋推演，或場景復原。明朝官修正史《明太宗實錄》是這樣寫的：破城之際，「在京諸王及文武群臣、父老等」皆背棄了建文帝，轉去朝見燕王。建文帝也想出迎，但見左右悉散，惟剩內侍數人，乃嘆曰：「我何面目相見耶！」遂闔宮自焚。燕王望見宮中煙起，急遣太監（應該就是劉通）往救。但已經來不及了。太監出其屍於火中，回來向朱棣報告。朱棣哭道：「允炆，你如此癡呆耶？我來是為了扶翼你為善的，你竟不理解，遽此自絕於世嘛！」

幸好他沒說「自絕於人民」，不然對此慘事，我反要失笑了。看官請鑒之：歷史上好多混蛋傢伙的哭，都像我們這位太宗文皇帝的這把鼻涕淚，都是羞死人的修史人憑空杜撰出來的。

這具燒焦了，不成樣子的屍體，八天後被當作建文帝的遺體，以「天子禮」下葬了。著名明清史學家孟森先生說：

「葬時稍用天子儀仗，以震都人耳目，為絕天下人望之計，與其出屍於火，意正一貫。」

孟先生說，朱棣大張旗鼓地從火場裡撈屍，然後風光大葬，都屬於行為藝術，其目的是為了讓天下人知曉建文帝已死，從而絕了希圖復辟的心。

建文帝的墳塚所在，沒有任何記載，很可能所謂「備禮」以葬，不過是草草入土，在荒郊野外隨便刨個坑埋了，並不做任何的標記，如起墳封樹之類，更別指望享殿祠堂和香火田土了。史書說以天子之禮葬建文帝，可能只是一句虛言。但自建文帝外逃說興起後，就有人懷疑，那具沒有經過仔細辨認的屍體，其實不是建文帝，而是他的皇后。

小馬皇后死時，才二十五歲。她在《明史·后妃傳》中，只得到四十四個字的記述。

皇后作為一介女流，她是巾幗，而非旗幟，她即便活著，也不會令人感到不安。人們都說她「城陷，崩於火」，隨夫投火而亡，卻沒什麼人費心，替她在建文帝「逃亡」的路上，訂下一張座位票（現代編劇一定捨不得讓建文孤單、觀眾失望，怎樣也會安排一位小紅，或小霞，好使亡命天涯的皇帝，時時得到紅顏的寬慰）；也無人關心小馬皇后的托魂之所，這位可憐的皇后，只是建文帝悲劇的一個無關輕重的陪襯。

如前所述，朱元璋為太子、太孫所擇的婚姻，都不是高門大戶、有力之家。作為皇位的繼承人，皇太孫的外家甚為單薄。小馬皇后的父親是個文官，官至光祿少卿。娘家就她一個女兒，沒有親兄弟，只有兩位堂兄蔭了指揮的官。其中一個堂兄，投靠了燕王，封為鎮海侯。但不幸這位鎮海侯後來在江裡淹死了，大約封「鎮江侯」也無濟於事吧。另一位堂兄，全家三十餘口一齊為建文帝殉死。小馬后的父親馬全，下落不明，大概也是死於亂兵之中了吧！

第三十四章　允炆一家墮入無盡的黑夜

建文帝垮臺後，所有與他親近的人，都面臨著滅頂之災。

先說建文帝的四個兄弟。懿文太子朱標一共生了五個兒子，四個女兒。長子雄英和第三子允熥都是常遇春之女常氏所生，次子允炆、第四子允熞、第五子允熙[9]，都是次妃呂氏所生。呂氏本為次妃，常氏去世後升為正妃，所以她的兒子也是嫡子。

雄英生於洪武八年（1375年），是懿文太子的嫡長子，也是朱元璋的嫡長孫。可惜這孩子福分淺，洪武十五年（1382年）五月，在他八歲上就死了。次子允炆便成為嫡孫中之最長者。在懿文太子死後，依序冊立為皇太孫，並於洪武三十一年（1398年）順利即位。

朱允炆即位後，除了推尊爸爸懿文太子為興宗，媽媽呂氏為太后，還追封長兄雄英為虞懷王（王號為虞，諡為懷），同時封允熥為吳王，允熞為衡王，允熙為徐王。

年紀較長的吳王允熥，得到的封地是富庶的杭州。此地朱元璋曾封給他寵愛的皇四子朱橚。朱橚最初封的也是吳王，後來才改封周王，封地亦改為開封。朱元璋的理由是，杭州是近畿之地、財賦之區，不宜封建諸王。朱允熥顯然很喜歡這位同父異母的弟弟，仍將杭州封給允熥，王號仍然為「吳」。如今是朱允炆做皇帝，祖父怎麼想的，不必太過顧忌，這就是所謂「時王」為大，舊鬼讓新鬼。朱棣後來指責朱允炆違背祖制，不過是個藉口而已，他自己違背的祖制，遠比朱允炆要多。

9　有的書作允熥，應非是。因為建文帝這一輩名字裡的第二個字都有一個火旁，熙下的四點水就是火，如焀即照，如果熙左再加一個火，就有兩個火了，火氣未免太盛。

朱允炆說了算的時代，他愛怎麼封就怎麼封，臣子也無異言。但有一樣，如果封的太有違礙，臣子也該丟掉沉默之金，把皇上勸轉一兩回才是。好比朱允炆封五弟允熙為徐王，就有點數典忘祖了，因為允炆奶奶馬皇后的親爹，封的正是徐王。雖然只是追封，徐王墳裡也沒藏著馬公的枯骨，但封贈之王畢竟也是朝廷大典，馬公回魂之夜，幾塊冷肉還是要啃的。怎麼才短短三十年，就不算數了呢？建文朝的禮臣，失於考訂，失職之罪，該打屁股。

以上是建文朝的幾位新王爺，還有幾位公主，其中長公主是江都公主，洪武二十七年（1394年）下嫁耿炳文之子耿璿。

建文帝的兄弟姐妹，在他們的叔叔朱棣奪位後，迎來了漫長的黑夜。

朱棣稱帝後，首先削去長兄朱標的帝號，仍稱懿文皇太子，呂氏也由太后降為皇太子妃，王爺、公主也一例降封，親王改郡王，公主改郡主。朱棣此人著實可惡，呂氏給幾位王子新起的王號：廣澤王（吳王）、懷恩王（衡王）、敷惠王（徐王），他明明是弒君、奪位、殺侄的兇手，卻讓諸侄們感他的恩、澤、惠！

建文的幾個兄弟姊妹，年紀還小，都才十來歲（最小的弟弟生於洪武二十四年），還沒到「之藩」的年齡。允熥、允熙先被打發到福建漳州和建昌居住，朱棣還是不放心，很快把他們召回來，軟禁在鳳陽。

從這個時候起，老朱家的故鄉、龍興之地鳳陽，開始興建「高牆」，成為禁錮「罪宗」的大監獄。

允熥在高牆裡關了十六年後死去，允熙死亡時間沒有記載。建文帝最小的弟弟，也就是封徐王的那位，「國滅」時才十二歲，隨母妃呂氏在懿文太子陵居住。永樂二年改封甌甯王，仍「奉太子祀」，這是一份陵寢裡的閒差，就是每天陪他死鬼爸爸說話，雖然不能享有一塊封地，稱王稱孤，作些威服，畢竟比那誓將高牆坐穿的允熥、允熙要強煞一筆。

於是，無德的史官胡說什麼「王聰慧端謹，上（朱棣）素愛之，未遣之國」。然後話鋒陡然一轉，說「忽一夜，邸第不戒於火，王驚僕地，久而始蘇。上命醫亟視之，竟成疾而薨，時年十六。上深悼之」云云。

顯然《明史》認為，允熙是「不得其死」。

實錄是這麼寫的，《明史》的諸王傳，主要參考實錄，然而在寫這位王爺之死時，卻以「暴薨」二字結局。

《國榷》的作者談遷更有高論，他說：「覆巢之下，寧有完卵，甌寧以火，梅殷以水，文皇帝深為天下計，無及其私矣。」談遷的話很俏皮，說朱棣為天下計，實在是沒有法子，才把甌寧王允熙投入火，駙馬爺梅殷投入水，等於揭發朱允熙是被朱棣放火燒死的——實錄欺後世之計，看來是失敗了。

懿文太子朱標的四個女兒，事蹟最詳的是長女江都公主。早在洪武二十七年，作為政治聯姻的一部分，朱元璋就將她下嫁長興侯之子耿璿。耿璿嘗從父征燕，又是前朝貴冑，屬於新皇帝很不放心的一類人；加之耿璿在永樂初年，稱疾不出，表示了不與新政權合作的態度，已註定他滅亡的命運。

朱棣很快就找到機會，將耿氏兄弟處死。公主的下場，據《明史》講：「主復降為郡主，憂卒。」

憂心是死不了人的，好比光緒皇帝，憂鬱了三十四年，也沒憂死，最後還是被一包砒霜毒死了；江都公主的「憂卒」，大概也屬此類吧！

《墨子》說：「天下之百姓，皆以水、火、毒藥相虧害。」朱棣對自家至親，皆毅然用水、火、毒藥相虧害，至於普通百姓，他會捨不得嗎？

懿文太子另三個女兒，除第三女無考外，次女宜倫公主，永樂十五年（1417年）下嫁一個叫于禮的人，第四女未嫁人，死於永樂十年（1412年）。朱標最小的女兒，就算生於洪武二十五年（即朱標去世之年），到永樂十年，也二十一歲了。次女到永樂十五年結婚時，年紀應該在三十上下。我們還能責備朱棣什麼？他沒讓這位公主守處子之身到老，亦或又起一把神祕之火，已可告一聲「阿彌陀佛」了！

再來說建文帝的兒子。

建文帝有二個兒子，長子文奎，次子文圭，皆為小馬皇后所出。在他們父母去世時，一個七歲，一個二歲。文奎在建文元年被立為皇太子，至國破之日，據「國本」之位已三年，是天下共知的人物，所以燕軍入城後，他必須「莫知所終」。

皇太子文奎連同其父一起，被朱棣列入必死之人的黑名單，其理由可見前文朱棣與方孝孺的對話：朱棣自稱周公，是來輔佐成王的，可惜「成王」不能體會他的初衷，自焚而死，他只好取而代之。方孝孺反問他：「何不立成王之子？」文奎皇太子的名分天下皆知，他父親死了，自然應由他繼位。對此，朱棣可解釋不清。所以在一場宮火之後，七歲的文奎就不知所終了——請不要笑我馬後炮，我早知他的結局一定是「不知所蹤」！因為唯有如此，才是他（符合其叔祖燕王利益的）最好歸宿，朱棣早已發出「蒸發密令」，一定讓他從人間消失。

然而，正如他父親建文帝後來突然復活一樣，也有傳說稱文奎為兵部侍郎廖平所救，並沒有死，不知到什麼地方野遊去了。這與建文帝的不死之法如出一轍，都是後人憐惜，派出想像的天兵，將他們挽救了，卻非事實。

次子文圭，被叔祖燕王幽禁於鳳陽的廣安宮（名為宮殿，實為高牆），稱之為「建庶人」。一個才二歲的孩子，從此被圈禁在一道高大的圍牆之內，所見者只是服侍並負責監視他的宦官與宮人，對外面的世界茫然不知。一關就是五十五年，直到朱棣的重孫英宗朱祁鎮復辟那一年（天順元年，1457年），英宗因想到自己也受了數年幽禁之苦，生出些憫世憐人的心，加之時過境遷，建文帝的子遺早已成為無害的廢人，便想開「建庶人」一條生路。他諮詢臣下，大學士李賢力贊道：「此堯、舜之心。」遂經請示母后，將建庶人釋放，聽其在鳳陽居住，婚娶、出入自便，並賜給閹人二十名、婢女十餘人，供其使令。

可憐離開娘懷時才二歲的孩子，一生被幽禁，沒有自由，至此已是五十七歲的老翁，然對世事懵然

無知，甚至連牛馬都不認得。他脫離樊籠不久，也便死去了。

如果引「好死不如賴活」的俗語，文圭較之長兄太子文奎是幸運的，至少苟存了一條性命；然而，若似這等螻蟻偷生的活，五十多年的辛苦，好比軟刀子，慢慢割肉，還不如一刀了卻了快活！

建文帝有沒有後代呢？傳說他有一幼子尚存，《傳信錄》是明代中期的一本筆記，說朱棣入宮時，奶母老嫗教建文的幼子，牽著朱棣的衣服跪哭乞食，朱棣為之動容，便將他養在宮中。由於《傳信錄》這本書十分不可靠，被明代大史家王世貞在《弇山堂別集‧史乘考誤》裡駁得體無完膚，故此說不可信，建文帝應是絕後了。

第三十五章　良心不滅，死人也能復活

今天存留的建文朝文字與文物，少之又少。南京中山門外的明孝陵，立著一塊神功聖德碑，是永樂十一年（1413年）九月朱棣以「孝子嗣皇帝」的名義，給他父親立的神道碑。全碑二千七百四十六字，一言以括之，就是「歌功頌德」四個字。該碑名為御制，其實並非朱棣親筆，碑文應出自某位翰林學士之手。這類頂著「御制」之名，實為槍手操刀的例子太多了，見怪不怪，不要以為那文字寫得雄美，就忙不迭點評：「鐵拳打江山，巧手著文章，果然是成祖文皇帝！」

碑文最後，開列著太祖諸子及孫的名諱，倒沒有將朱允炆一筆抹殺，在「孫」一輩題名裡，頭一位就是「建文君允炆」，其次為皇太子朱高熾。在《明太祖實錄》裡，朱允炆也被稱作建文君，這三個字是永樂朝官方認可的稱謂法。

朱棣在入京之始，就宣布當年仍以洪武三十五年紀年。建文帝垮臺，如果再沿用其年號當然不妥，

將本年餘下的月日，仍用洪武年號，也可理解。做賊之人，畢竟心虛，讓他頂著建文的年號，奉建文的正朔，總像禿頭上停著一隻臭蟲，渾身不自在。竊國者與竊鈇者，心態不會有太大的差別。

但是，畢竟洪武只有三十一年，這個「三十五年」就像孫猴兒從石縫裡蹦出來，不知其父，未知其母。於是就有人倒推，將建文元年至四年，統統改為洪武三十二年至三十五年，說朱棣革除了建文年號，後世著述，也多拿「革除」二字來代替建文一朝。其實只可說朱棣停用，而不可說他革除了建文年號。比如《明太宗實錄》裡，紀年時雖然沒有書建文年號，但仍寫元年、二年、三年、四年，只是不完整地寫作建文元年、二年、三年、四年……；而凡是提及皇上，仍書作「建文君」，若其年號被革，何以以年號代稱之？所以到萬曆二十三年（1595年），朝廷詔復建文年號，實屬多此一舉。

稱君而不稱帝，是革除其帝位，如元順帝棄位竄奔之後，就被稱為庚申君。

到明代中後期，皇室的這段恩怨已為古跡，正德、萬曆、崇禎年間，不斷有臣子請追上建文帝、後尊號，及廟諡。但朝廷的態度並不積極，只是循例下禮部議，而不管議的結果如何，事情總是不了了之。終明之世，朱允炆都只是建文君。直到南明弘光朝時，明朝快完蛋了，才補上廟諡，稱「惠宗讓皇帝」，小馬皇后隨其夫，稱「讓皇后」。清乾隆元年，替古人做好事，改諡建文帝為恭閔惠皇帝，《明史》從之，建文的本紀便作《恭閔帝紀》。

「讓皇帝」的「讓」字，反映的不是歷史的真實，仍屬史上常見的蒙著眼睛哄鼻子。但「讓」這個字不是完全無中生有，明中期以後，建文帝「遜國」的傳說愈演愈烈。此說謂建文帝見大勢已去，就主動逃走了，人稱「遜國」，遜者，讓也，也就是讓國之意。也不要怪後人迂腐。皇帝逃走，在君權至上的時代，的確很難措辭。想那位英宗正統皇帝，領著大軍出征，卻教人俘虜了，這等難堪之事，作史者猶腆然稱「北狩」，說英宗「北狩不返」。那麼，建文帝迫於無奈，三十六計遁為上策，而托一個「遜國」的名義，在各方都能接受。否則一定要說他逃走，建文帝的廣大同情者，都將難以為情。

建文朝留下來的史料極少，尤其是第一手的原始資料。朱棣即位後，將建文時廷臣所上奏疏千餘通，發給閣臣解縉等人，令其編閱，只保留兵農錢穀等政事的內容，而將對燕王態度不客氣，言語有「干犯」的，一切皆焚毀。

這一方面是朱棣向歸附的百官故示寬大，表示既往不咎，一方面借此洗刷、銷毀對己不利的檔。他還下令重修建文時已經修好的《明太祖實錄》，將其中對己不利的資料，改洗得乾乾淨淨。這是二版《明太祖實錄》。

可是，朱棣不說「洗洗」就睡，過了若干年，「潔癖」又犯了，仍疑實錄洗之不淨，又把那「話兒」掏出來重洗，這就是今日所見的修訂三版的《明太祖實錄》。好多洪武年間的重要史料就這樣佚失了，這還不算，他還隨處布雷，埋設下許多偽造的資料，令一些重要的史實，因為喪失了關鍵證據，理之不清了。

經過這一番嚴密的史料過濾和篩除，現在所能見到的洪武末至建文朝的資料，不僅相當缺乏，而且多是勝利者的一面之詞，許多根本就是誣詞。

死人不會翻身起來抗議、投訴，但朱棣豈能料到，萬世良心不會泯滅，後來人們嘆息國初史事，就展開想像力，著文章、編故事，把可憐的建文帝從沉冤百年的地下請出來，讓他復活了。

在正德、嘉靖年間，也就是靖難之役過去一百年後，許多關於「革除遺事」的私人撰述纍纍而出，大家一起創作，一起湊資料，其中不乏傳奇故事。就是那位已經神話得近乎妖的劉伯溫，也被請來做「客串明星」。如稱劉伯溫營建南京宮城時，察其風水不利，殿基不穩，將來難免要遷都。明朝原都南京，朱棣始遷北京，劉伯溫的話裡已暗含了對靖難之役的預言。

那本不太可信的《傳信錄》還寫道：太祖一日問劉伯溫：「汝有何術以教朕，使守天下？」「劉大

師」懷裡豈會無寶，馬上道：「有。」即拿出一個小箱子，上掛一把灌了鐵汁的鎖，說後世非有大變故不可開啟。

這是搞鬼軍師的典型做派，諸葛亮不是還有三個錦囊嗎？在民間讖緯書《燒餅歌》裡，朱元璋也令劉伯溫說說後事，劉老先生滔滔不絕，竟然把未來五百年的大事全提溜了出來。多數預言隱隱諱諱，費人猜測，但有些事情，說得很明白，比如靖難之役，他道「文星高拱日防西」，說京城當防。朱元璋怪道：「朕今都城竹堅守密，何防之有？」道：「臣見都城雖鞏固，防守嚴密，似覺無虞，只恐燕子飛來。」燕子指燕王，燕子飛來，即燕師之來襲也。

靖難之師果然來了，建文帝打開小箱一看，裡面藏著一件袈裟、一份度牒，還有一把剃刀，不禁嘆道：「此伯溫教我也。」遂披剃遁去。

這是典型的宿命論，劉伯溫早算出建文帝命裡有此大劫，逃之不過，只求保命，於是留下僧服、僧人身分文件和剃頭刀。建文遜國故事，大體都是沿著這一思路展開的。

還有一說，稱城破之時，蜀王祕密派兵來，將建文帝偷偷接走了（王鏊《王文恪公筆記》。我想蜀王未必有此膽量，也未必有此能力。但故事為什麼單推出蜀王來頂缸呢？因為皇十一子蜀王朱椿素有賢名，是諸王中少有的賢王，朱元璋稱他為「蜀秀才」，所以人們把這個美譽獻給他。然而事情卻是姓子虛，名烏有。

入蜀說只是「遜國傳說」中的一根小分枝，因為太難置信，所以影響不大。傳說中，建文帝去最多的地方，是雲南。這有根據的：一則雲南在天日之南，天高皇帝遠；一則雲南是黔國公沐家鎮守，沐家與耿炳文是姻親，同情建文帝，已如前述。故傳說多把建文帝安排到雲南去避難。

建文帝活不見人，死不見屍（燒毀之屍，既沒有DNA，也沒有牙醫檔案，即便他懷裡抱一堆玉璽，也沒法肯定他就是建文），人們又非常同情他，痛恨朱棣上臺之後的暴政，所以還在永樂初年，就已有

建文帝未死的傳言，頂著東廠、錦衣衛的高壓，倔強地冒了出來。

據《明史·姚廣孝傳》講：朱棣剛入京，就有人對他講，建文帝實「為僧遁去」，並且揭發了一位知情人，即建文帝的主錄僧溥洽（主錄僧是代皇帝在寺廟修行的替身和尚），甚至有人說，建文帝就藏在溥洽那裡。

這大概是建文帝「逃禪」的最早傳說，建文既「為僧遁去」，自然令人懷疑他的主錄僧溥洽。錢謙益《初學集》甚至說，建文帝出逃，就是溥洽替他剃度的。

朱棣將信將疑，因不便大搜和尚廟，就借他事將溥洽抓起來嚴訊，也沒問出個所以然。溥洽可苦了，一關就是十七年。

溥洽的好朋友姚廣孝（道衍和尚）是靖難第一功臣，一直為此內疚。到永樂十六年（1418年）臨終前，朱棣問他有何遺願，他唯一的請求，就是赦免溥洽，才使其逃脫牢籠。其實，要說朱棣把溥洽關這麼久，就是為了追查建文帝的下落，並不可信。朱棣對政敵絕不寬恕的性情，才是他久繫溥洽的原因。

永樂朝的許多政事，也被人往建文帝身上附會，如明末人張岱《石匱書·胡濙列傳》記：當時有傳建文帝駕崩的，也有稱他遜去的，舊臣多從之而去。朱棣疑心轉重，便派胡濙「巡天下」，名義上是尋訪張邈遢（張三豐）又稱搜求異書，實為奉了密旨，遍行郡縣，密察人心，並訪問建文帝下落。

因為建文帝在雲南的傳言尤其多，所以胡濙在南方待的時間特別久。永樂二十一年（1423年）胡濙還朝，適逢朱棣北巡，駐蹕宣府（今中國河北宣化），胡濙星夜馳至行在。朱棣已經就寢，但一聽胡濙來，急忙披衣起床，召之入見，賜坐與語，而胡濙說：「不足慮也。」同書還說，胡濙未覆命之先，朱棣又聽到「建文蹈海」而去的傳聞，乃分遣內臣鄭和等浮海下西洋。直到胡濙帶回「不足慮」的確信，他才完全放下心來。

看官，你看它寫得活靈活現，恰似真事一般，並為《明史》採信。但從其所記來看，朱棣辦事似乎

輕重不倫：大明王朝那麼大地盤，就派一個胡濙跑單幫，訪了二十年，鬍子都白了，能跑多大範圍？而另一方面呢，鄭和去海外搜尋，披甲數萬，戰艦數十，遷延數年，往復數萬里，陣仗又太大了些。一內一外，一靜一囂，甚不相稱。

你別看現在沒什麼人再信鄭和下西洋是為了「蹤跡」建文帝，然曾幾何時，信的人滿多呢！學者寫文章，也熱熱鬧鬧探討過。明代的「掌故大家」鄭曉，在《今言》裡就篤定地說：「成祖大舉下西洋，不亦勞乎？其實派鄭和泛海、胡濙頒書，是因為國家有大疑，不得不如此啊！」誰也不免有冬烘的時候。

胡濙在宣德、正統年間做了十幾年的禮部尚書，北京地區這一時期現存的碑刻，有許多是他撰寫的，基本上都是一些應酬文字。從這些碑文看，此人好交際，且交遊廣泛，為人性格隨和，是個老機靈，無論是佛是道，他都好一口，標準的好好先生——這樣一個人，顯然不是做密探的料，如果讓他去訪建文帝，人選首先就失敗了。不過此人溺仙好道，讓他去訪張三豐，實至名歸，應絕無之。

那麼，永樂二十一年，他對朱棣說什麼「不足慮」呢？看官試想：朱棣皇帝已幹了二十二年，其間數度北征，與北虜硬碰硬，還降伏了安南；他調發全國之力，營建了北京，又集成《永樂大典》，做出驚人的文化建樹。如果這樣一位「文治武功一大聖」，還為一個失了國，逃到鼠洞子裡的建文帝憂懼，未免太小看他了！

他所「慮」者，非別人，皇太子朱高熾耳。

朱棣對太子很不放心，有確鑿的證據表明，他曾命赴南京出差的胡濙，密察在南京監國的太子行事如何。胡濙是根老油條，自然不肯說太子的壞話。而皇太子知道他的祕密使命，也是防著他的。等到登基了，還記得此事，於是點察御前機密文書，檢出胡濙當年的密奏，卻見上面說的盡是太子的好話，乃大為感激，胡濙也鞏固了他在新朝的寵信地位。這是後話，在後章細講。

明初的許多故事與史實，真真假假，虛虛實實，糾纏在一起，令人莫衷一是，難以辨別。而建文帝

可能沒有死的消息，卻很快在社會上流傳開來，成為民間飯後話題的一種。

英宗正統五年（1440年）時，有一個雲南僧人自動站出來假冒建文帝。那時，朱棣死了快二十年，時過境遷，此人不必擔心被害，反想借此掇一份天大的富貴。但假貨經不起驗，到朝一問，破綻百出，如他說自己年已九十餘，但建文帝是洪武十年生的，當時不過六十四歲，相差太遠，就破了綻。一打問，才知此人真名楊行祥，河南鈞州人，與他同謀的十二人，都是雲南、廣西一帶的僧徒。此人不久死在獄中，同夥流放遼東為軍。此案說明，關於建文帝流亡的傳說，在當時已經深入人心，就是邊方之地的山村野夫，也是曉得的。

成化年間，仍有類似的假冒案發生。據梁億《遵聞錄》記載，成化某年，逃亡雲南多年的建文帝已經是八十多歲的老翁，不想再躲躲藏藏了，一天他跑到布政司衙門，稱自己就是建文皇帝。三司官員大驚，問他現身的目的，他說：「久在外，思歸。」雲南三司在與黔國公商量後，用囚車將此人送到北京。老頭在路上還寫了一首詩，其中有「流落天涯八十秋，蕭蕭白髮已盈頭」等句。此老上京後，結局如何，該書沒有交代。而下面要講的《從亡隨筆》一書，則明白寫到，建文帝得善終，被迎入大內奉養起來。

如此等等的建文遜國故事，漸漸從一絲輕風，變作一股勁風，又由一張草圖，漸而設色，成為一幅人物眾多、場景複雜多變的長卷。終於在萬曆時，一幅完整的建文帝逃亡路線圖被繪製出來，並把隨帝逃亡之人、逃亡期間的故事、逃亡所經的人與事，等等，交代得環環相扣、清清楚楚。而社會上一般人，也多傾向於接受出亡說。如沈德符在《萬曆野獲編》中說：建文帝「天位雖不終，但自保之智有足多者」，即婉轉地表明瞭態度。「自保之智」，是說建文帝善於躲貓貓，朱棣就是抓他不著。

第三十六章 建文帝逃亡，「煞有介事」

建文帝是否出亡，民間紛紛其說，固不打緊，但到修《明史》時，就必須有個明確的結論了。《明史·恭閔帝紀》是這麼寫的：

「宮中火起，帝不知所終。燕王遣中使出帝后屍於火中，越八日葬之。或云帝由地道出亡。……自後滇、黔、巴、蜀間，相傳有帝為僧時往來跡。」

「不知所蹤」、「或云」、「相傳」，都不是肯定語。《恭閔帝紀》的作者是清初著名學者朱彝尊，他認識到「革除年事，多不足信」，曾寫專文辨證，說建文遜國的記載，「不足信者五」（《曝書亭集·史館上總裁第四書》）。但他仍無法做出決斷，只好取一個折中的態度，將諸說均採納，而不執於一是。

在「不足信」的眾多「革除」史事中，《致身錄》（稱「東吳史仲彬自敘」）和《從亡隨筆》（作「朝邑程濟著」）是兩本非常重要的書，它們記述了建文君臣的逃亡行蹤，彷彿是建文帝的逃亡日記，非常詳盡。這兩部書在明末頗有信史的聲譽，直到錢謙益做了辨證，認定都是偽書，「遂為識者所不談」（但現在仍有學者認為它們並非偽撰）。

二書之假，其實只要不是冬烘得太厲害，是很容易鑑別的。比如建文帝是怎樣出逃的，非常關鍵，《致身錄》如是記載（括弧內為我的評語）：

建文帝知金川門失守，長籲東西走，欲自殺（發狂狀）。翰林院編修程濟提議：「不如出逃。」少監王鉞跪著向前道：「當年太祖皇帝升天時，留下一個小箱子（開始講神話了），交代遇有大難，方可開啟。如今就藏在奉先殿之左。」群臣聽了，一齊說：「快取來看。」

很快抬來一個紅色小箱，建文帝一看，傻眼了，原來箱子四周緊箍以鐵，掛著兩把鎖，鎖眼裡都灌

了鐵，怎麼打開嘛！情急之下，建文帝大哭起來，急命放火燒殿（弱智態）。

打開一個小篋，能有多難，建文兄何必太過惶求死？瞧——一旁的編修程濟，不知拿什麼，一下就把箱子擊碎了，露出度牒三張，分別寫著應文、應能、應賢的名字，還有三套袈裟，以及僧人的鞋帽剃刀，一應俱全，另有白銀十錠（一提銀兩，便露了陷。白銀在明初不是合法的貨幣，《大明律》裡明確禁止使用大明寶鈔和銅錢以外的貴金屬貨幣。銀兩成為流通的貨幣，是明代中期以後的事）。

程濟還在箱內發現一張紅筆寫的紙條，上面寫著：「應文從鬼門出，餘者從水關御溝而行，薄暮會於神樂觀之西房。」

建文帝長嘆一聲：「此數也，命也！」乃伏下頭，甘心於命運了。

程濟立即動手，為皇上剃髮。吳王府教授楊應能表示願意剃髮，隨帝出亡。御史葉希賢也毅然道：「臣名希賢，應賢便是我了。」也剃了頭。

「臣乃神樂觀道士王昇。」舟子答，「昨日夢太祖高皇帝一身緋衣，南向立於奉天門，令兩校尉縛臣

中各占一字（故事又露馬腳了：楊應能是應能，葉希賢對應賢，但朱允炆如何能對應文？文、炆字本不同。三人都是「應」字輩，然君臣能以師兄弟並稱嗎？須知留下度牒的朱元璋，是最重體統和名分的！）

當時殿內的五、六十人，都矢志追隨倒臺的皇上（這與實錄所記大不同。實錄說群臣都逃散了，建文帝身邊就剩幾名宦官，成了一個光杆司令）。建文帝擔心人多易暴露，命名氣較著和在京隨任有妻兒者離去，只留下九人。

這九個人跟著建文帝潛行至鬼門（不知鬼門為何門？誰也沒法考證出來，莫非見鬼才開？），只見牛景先鐵棒一揮，並未用力，門自動就開了（真是見鬼！）。門外水岸邊泊著一條小船，眾人急急登舟。

那舟子一見建文帝，搗頭便呼萬歲。

「汝何人？何為至此？」建文帝驚道。

至，詰問臣：「你官居六品提點為何？」臣頓首謝罪。太祖指示臣說：「明日午時，你駕一舟，在後湖鬼門外候駕。此事切勿外泄，你尚有後福，否則難逃陰殛。」臣這才知道陛下要來。」

原來是太祖的安排（又是鬼話）！

建文帝當晚就在神樂觀暫憩，繫舟於太平門外堤畔。到薄暮時，楊應能、葉希賢等十三人一起趕到，共二十二人。

以上是《致身錄》的記載。胡適先生說：「這完全是小說口吻，全無史料價值，故後出之《從亡隨筆》把此中最荒謬的神話都刪去了。」

且看《隨筆》如何說——

建文帝知金川門失守，徘徊欲自殺（不那麼狂躁了）。編修程濟說：「臣逆知有今日也」（他倒能招會算）。為今之計，莫若出逃。」太監王鉞說：「就是出逃，亦怕人認得。奉先殿留有太祖一諭，臨大難當發之。」群臣齊言：「速取來。」須臾抬一紅匣至，四圍固以鐵，閉以二鎖，鎖以鑄鐵灌，堅不可啟。群臣無計（這回該群臣笨笨呆呆了），程濟一腳踩碎匣底（他始終聰明），再看裡面，都是髡緇之具，有度牒三紙，袈裟剃刀具備，白銀十錠。

建文帝大慟道：「這是命數啊！」於是由程濟為他落髮。建文帝命取筆來，回頭對程濟說：「朕仍以文為名。」在度牒上書名為「應文」（幫《致身錄》作者補了鍋，解決了文、炆不同的問題）。吳王府教授楊應能、御史楊希賢都說：「臣願落髮以從。」就在牒上分別寫上應能、應賢（這麼寫，比朱元璋預先留下應文、應能、應賢的名字，要妥帖些）。

建文帝與程濟、梁良用等偷偷潛出西華門。這時燕軍正在金川門巷戰，以游兵一支攻打朝陽門，建文帝趁亂從西華門逃出。（捨去了鬼門和地道，這算給建文帝如何脫逃提供了一個貌似合理的解釋。但西華門是宮城之西門，宮城之外還有皇城，皇城之外才是京城。朝陽門、金川門都在京城的東側，建文帝

逃出西華門，就能逃出京城去嗎？）

建文帝是沒受過辛苦的，走不了幾步，就走不動了。程濟著急道：「事急啦！」扶著建文帝沿河快走。不遠處岸邊停著一條船，程濟近前一瞧，捉急了：「有舟無人駕，這可怎麼好？」梁良用說：「臣會撐船。」於是眾人翊衛著建文帝登舟，順流而去。到申刻（下午三點）駛抵南門，程濟道：「此去便是三山門，有兵不可去。」乃捨舟改陸行。……至聚寶門，遇上守門之卒（應是燕軍），程濟道：「我等都是異鄉僧道，恐死亂軍耳。」乃得出。（城陷之際，各門盤查一定極嚴，程濟幾句話竟能誆出，真是能吹會蓋！）

這時天漸漸黑了，無處安棲，程濟道：「由此東去，是郊壇，有神樂觀。道士王昇與臣有舊，何不去投他？」建文帝擔心不密，程濟拍胸脯道：「此人素忠義，他的名字就是皇上所賜。」於是眾人緩步乘月而行（忽又淡定！），在更盡時分來到神樂觀，王昇出迎。

是夕眾人皆不寐。十四日晨，楊應能、葉希賢等二十一人亦至，環而坐之，無不悲泣。

胡適先生說，《從亡隨筆》是根據前出的小說改編來的，因為要冒史料，所以刪去過甚的神話，如太祖預定三人牒名、篋中御筆預言、鬼門一擊即開、太祖給王昇托夢等。但仍不免有大漏洞，比如神樂觀已無太祖的指示，建文帝亦是信步而至，何以次晨楊、葉等二十餘人仍能來此集合？

胡先生的考證已出本書範圍，此處從略，他的大作〈建文遜國傳說的演變——跋崇禎本《遜國逸書》殘本〉（刊於中央研究院，《歷史語言研究所集刊》，1928年發刊號）對建文遜國故事演變的梳理卻值得一看。

胡適所見《遜國逸書》，包括四種：《致身錄》、《從亡隨筆》、《扮膝錄》和《黃陳冤報錄》（後二種已失），都是關於建文帝逃亡的「史料」。書前有崇禎十七年（1644年）八月，前內閣大學士錢士升做的序。這篇序所署的時間很扎眼，因為就在五個月前，崇禎帝剛剛在煤山吊死，明朝差不多算亡國

了。大概錢士升的心情還不算太壞，竟有閒情為一部「商業書籍」作序（當然，錢老先生鄉居已久，也需要掙些潤筆度日）。胡適分析這部書「大概是國變之際南京書賈的一種投機牟利的事業」，因為編此書時，北京已破，序文中發慨道：崇禎十七年距建文四年，凡二百四十二年，京師二破，「滄桑之變，言之可痛」。點出了商人編集這樣一部書的時機及「賣點」所在。所謂「國變」之「痛」，對書商的意義，只是為其重炒現飯，將舊書結集再版提供一次機會罷了。

從序文來看，兩部書出世都很晚。胡適將二書進行對比，認為《致身錄》先出，《從亡隨筆》後出，且主要依據前者的綱要，「略加細節目而已」，所以內容要比前者為詳。《致身錄》多「小說口吻」，「全無史料價值」是一目了然的，《從亡隨筆》因為要冒充史料，把其中最荒誕的神話都刪去了，更具欺騙性。

胡適先生的結論是，兩部書都是偽書。他考證建文帝「遜國故事」，其實是要借這個從亡故事的演變，說明一個道理：「凡故事傳說的演變，如滾雪球，越滾越大，其實禁不起日光的烘照、史家的考證」。他還列出了這個故事的演變軌跡：

第一，建文自焚後，民間傳說紛起。

第二，其後數十年，約到15世紀中葉，出現建文亡臣二十餘人，其中九人有事蹟（皆見於《明史》），但只說他們是「亡臣」（亡國之臣），並不曾說他們是「從建文出亡之臣」。

第三，民間又造了一段程濟的神話，有許多怪誕，又有補鍋匠等傳說。

第四，萬曆末年，建文遜國之事「稍稍彪炳」，於是《致身錄》出，將前一階段陸續所出的人物，東扯西拉，合成二十二人，更把傳說中的補鍋匠、雪和尚等人一一坐實。建文行蹤也說的「像煞有個事」了。

第五，崇禎末年（17世紀中葉），又有程濟《從亡隨筆》出現，盡採前說，再添上二人，刪去明顯

有誤的一人。故事至此基本成型。

第三十七章　建文是死是活，不由他

如今各地有許多建文遺跡與遺物，如雲南、貴州、江蘇、福建、重慶等地，分布極廣，主要是寺廟、墓葬及一些帶有御、駕、皇等字樣或龍形紋飾的器物和詩詞。很多人對建文帝在當地盤桓隱居多年，並葬身於此，深信不疑，考證也是異常精詳。就拿重慶（明代屬四川）來說，就「發現」沙坪壩、磁器口、渝北區三處落腳點，據說建文帝來過三次，所從之來，所去之地，所攜之人，調查得清清楚楚。朱棣沒辦法做到的，今人不借助監控錄影，輕易做到了；今人若穿越到明代，一定把東廠、錦衣衛做得風生水起。

但是，容我說一句大大冒犯的話，我覺得有關證據多是從附會出發，展開羅曼蒂克式的誇張聯想，進而得出浪漫主義的結論。

其實不單建文遺跡，絕大多數的遺跡，多不過是如此攀拉硬扯、巧思附會而來。比如唐末的黃巢，明末的李自成，都是鼎鼎大名的人物，一例的死而不死。黃巢在泰山虎狼谷自盡，民間盛傳他在洛陽山家，還曾留詩道：「曾記當年草上飛，鐵衣著盡著僧衣。天津橋上無人識，獨倚危欄看落暉。」李自成殞命湖北九宮山，有傳說卻稱他在湖南石門縣夾山寺立地成佛，在小說裡他還和陳圓圓生了個美女阿珂，則更不必說了。和建文帝一樣，關於李自成的下落，不僅民間傳言甚盛，學術界也爭論了許多年，至今沒有定論。有人總結出「倒楣帝王多出家」的規律，依照這個規律，建文帝也只好出家為僧，托此龍蛻了。

看官，建文逃亡事，只可作好玩的，切莫當真！

從全國分布如此之廣、證據如此之多的建文帝遺蹤來看，建文帝哪裡是逃跑，他簡直是巨人游山

河，否則怎會處處留下巨大的腳印？人們常說，朱棣是明代「特務政治」的始作俑者，那我要為他平反

了，建文帝在江南、雲貴川一帶招搖過市，他都發現不了、抓之不著，還敢稱特務？偽軍偵緝隊都算

不上。

有看官要問了，看來你是一定要違眾，認定建文死於宮火，而沒有逃亡的嘍？證據何在！

首先，我們不能說填充了許多假冒資料的《明太祖實錄》表示建文自焚了，那他一定是借火遁了。

這種「逆反式」的邏輯應該去除。從史料來看，當時宮內確實起了一把火，但火勢應該沒有延燒太廣，

因為永樂初年並沒有大興土木，重建宮殿的記錄。

建文帝在城破當日的行跡，可考求者僅一事，就是召左都督徐增壽詰之，將其斬於殿廡之下。黃雲

眉先生《明史考證》據此發疑：「惠帝是日尚能手誅徐增壽於左順門，則非坐困宮中可知。」朱允炆當

然不想「坐困宮中」，可四面皆敵，他想上天、還想遁地，關鍵是⋯⋯上天入地」，有路嗎？

誅殺徐增壽後，燕軍逼近宮城，宮城之破，已在眉睫。設想當時的情景，建文帝絕望之餘，突圍無

路，只好與妻妾訣別，一起舉火自焚。朱棣曾說過：「朕於宮中遍尋皇考宸翰不可得，有言建文自焚

時，並寶璽皆毀矣。」宮中原存太祖御筆文字（宸翰）盡焚，朱棣多次下詔徵求，應屬可信。

火是沒問題了，但此事的要害不在有火無火，而在建文死於火，還是逃於火？

從常理上來說，如果建文帝死於火，而當時死於宮火中的人必然很多，許多燒得焦爛的遺體，橫七

豎八地架在一起，猙獰恐怖，撕扯不開。莫說當時並無DNA技術，可鑒定出哪一具是龍體，即便有，心虛的朱棣也不願認真地把親侄的遺體清理出來。建文自焚，正合他的利益，隨便拉具焦屍葬了，絕世人之心，就好了，至於有沒有混淆，他並不關心。

《明朝小史》卷四「孝友堂」記了這樣一件事，說建文帝曾為浦江義門鄭氏書寫孝友堂匾，於是有人誣告建文帝就藏在鄭家，朱棣遂「遣使廉之」。經查，事屬誣陷，乃斬誣告者。

這件事透露出，朱棣也不大肯定建文是否確然已死。類似的明人記載很多，如前面提到的溥洽下獄、胡濙周訪天下、鄭和寶船下西洋，都是往追蹤建文帝上附會。我還見到一種記載，說鄭和奉命查訪建文帝，曾在福建道上相遇，與之抱持大哭，然後把建文放走了。這就太假了！因為鄭和出身燕王潛邸，是朱棣的私臣，與建文何恩何義？他這一場哭，實在莫名其妙！不過是下西洋是為尋訪建文帝下落說的一個小翻版，純屬不經之言。

但這些紛雜而出的記載，把建文帝的出亡之謎攪得異常混亂，加之許多傳聞又被欽定正史《明史》採用，如《胡濙傳》說他「出巡天下」，名為訪仙人張邀遢，又名頒書，遍行郡縣，察人情，及建文君安在」。《鄭和傳》更直接說：「成祖疑惠帝亡海外，欲蹤跡之」，讓小說家言多了一層「信史」的面紗。

我不想陷入繁瑣的資料討論，只想就人生常識來做結論。歷史，其實是研究「人的言動」的學問，但人們卻常陷入純文字的討論，作書生之辯，而忘記了，歷史是一種存在的真實，我們完全可以從個體的體驗來考求之，得出自信的結論。

我的愚見是，圍城之中，建文帝無處可逃，一定是假一把宮火，升天了。

為什麼這麼說？有兩個簡單的道理：

其一，好比伊拉克的海珊、利比亞的格達費，都是被人顛覆的統治者，他們兩位是逃走了，後來又

都在電視鏡頭下被捉。這兩位強人，肯定比年少柔弱的建文帝生存能力強，而美軍布下的天羅地網，又未必如朱棣所布者深而且密。海、格二雄執政時間那麼久，為何到頭來還是走投無路？這很容易解釋：他們的權力來自其政權網路，一旦權力的金字塔在陽光卜崩塌，他們立馬從頂點跌落，成為真正的匹夫。在逃命的本事上，他們可遠不及賓·拉登。因為這位恐怖大亨是暗夜之神，他一整套的祕密網路深藏地下，無數忠誠的部下潛伏世界各地，隨時幫助他躲藏追捕，並適時地發動反擊。

傳說中，建文帝頂著嚴密的搜捕之網，輾轉數省，竟連毛都沒讓朱棣摸到一根。不謙虛地說，他簡直是拉登的師傅拉燈——燈一拉，黑不隆咚，立馬遁形。但這可能嗎？逃命也是一門藝術，不僅要智慧，要金錢，還要忠心耿耿且十分神通的保駕衛士；這還不夠，更需要一張精心編織、長期經營的祕密網路，這個網路（好比地下黨的交通站）分布極廣，有「特務」居於各網點之上，長期潛伏，以備突然之需。

而一個整日坐在深宮裡，與一幫酸儒討論復古的建文帝，他恐怕是連鞋子都不會自己穿的。據清朝末代皇帝溥儀《我的前半生》回憶，他一直到被蘇聯軍隊俘獲，都還不會自己繫鞋帶。可想皇帝（溥儀還是一位顛沛流離的廢帝）所享的是何等尊榮！他們是真正四體不勤、五穀不分的一群人，一旦跌入塵世，幾乎沒有任何自存的能力。

其二，朱棣在宣告建文帝死亡後，江山在握，天下歸誠，建文帝是死是活，已經不重要了。本來靖難之役就是皇家的家事，不管哪一方做皇帝，都不改變天下姓朱、國號為明的事實，就此而言，建文帝在官員與群眾中沒有多大的號召力。朱棣在位期間，國內發生了多次民變（過去一般稱之為起義）。但沒有一家打著建文帝的旗號，就是明證。假如建文帝在民間真有那麼深遠的影響力，隨便推出一個年輕人，硬說他就是故主舊君，那不是常有之事嗎？但幾十年間，從未有人假借建文帝這個「符號」以煽動群眾。可見建文帝並不是一個值得朱棣太過操心的人物。他在位時，朱棣就敢稱兵對抗，硬將他扳下臺

來，此刻即便他活著，也不過是一個驚魂落魄、朝不保夕的逃亡者，豈足慮哉！倒是幾百年來，一些多事的文人在替他乾操心。

今人讀史，總不自覺陷入書中，不知史即為既往之今事，雖時光飛逝，世易時移，制度與文物皆不同，但人間的「世故」還是大體相似的。我們讀史，如果離開了今天的知識和體驗，不啻於深入鬼域探險，將永失其歸路了。

最後，我還要依「世故」，大膽做一個結論：為何建文帝死而不死？

建文帝即位後，提倡以文治天下，糾正了他祖父的許多惡行，使許多人收益，人們對他抱有較大的好感。建文帝雖然死了，人心的善良卻不願正視，兼之憐惜弱者的心理，希望他有格外的奇遇，竟能逃脫悲慘的命運。所以他明明死了，一百多年後，卻復活過來，四處遊玩，處處留情——這就是人們心中善因的萌發，這樣的例子在歷史上很多，不勝枚舉。

其實不必死者一定皆善，就是人們炫奇、好聽異聞的心理，亦足以令驚奇之言甚囂塵上、廣為流布。好比格達費，屍體都在電視上展示給全球觀眾了，仍有專家宣稱格達費未死，並舉出四大力證，您說他到底有死沒死？現在那個專家不說話了，但你能保證過一段時間，不又跑個專家出來？我們熱愛的「哥哥」也墜樓死了，但一直以來，張國榮沒死，而是隱居的傳聞，從未停息過，不久前還有媒體宣稱要公開內幕。但粉絲們等到今天，哥哥就是不露面；莫說十年的等待，就是海枯石爛，哥哥也不會還陽現世。

但這些有趣的話題，讓世界變得更為精彩。如果人一死則速朽，大家都是徹底的唯物主義者，具有外科醫生的洞察眼光，那麼這世界既無鬼，有無怪，也缺乏迷人的傳說與演義，還有什麼意思？人們的史觀還受政治影響，好比在永樂朝，建文帝必死無疑，不死朱棣無以正其統。後世說法稍鬆，就允許他復活過來，眾人說「革除遺事」，不必擔心有人來請喝茶。而入清以後，因為有個朱三太

子的案子（也說明朝太子不死）在那兒影射，建文帝「活著」，就大有違礙了。清廷便不許他再「活」。

於是在清初的著作裡，建文帝不死也死了。到後來，統治穩固，建文帝死與不死，已無關時政。於是在撰寫《明史·恭閔帝本紀》時，就可以進行些「學術討論」了。本紀的執筆人徐嘉炎就持建文帝未死外逃的意見，而朱彝尊相信《明實錄》的說法，認為建文帝死於火。兩下相爭，皆屬懸斷，無從考證，於是《明史·恭閔帝本紀》只好這麼寫：

「宮中火起，帝不知所終。」

第五卷

三雄爭嗣

第三十八章 仁宗非不能也，只是不屑

歷代開國之君，除了少數幾位是從前代禪讓得來的，多是「馬上得天下」（其實早在「三代」，禪位已需以武力做後盾）。朱棣也是大砍大殺掙下的基業，但他不算開國，只能算開房。何以叫「開房」？因為朱家的皇位，原屬長房朱標這一支，四爺燕王位下，本沒有份，但被他硬奪過來，從此皇位由長房轉入第四房，所以是開房——開了他第四房的幸福歲月。

朱棣的確是流血流汗打出來的天下，但亦只能說他「馬上得了侄子的天下」，而不可遽稱「得天下」。朱棣死後，得到「太宗」的廟號，諡曰文皇帝。與他仰慕的李世民同諡，應該很令他稱心了。但到嘉靖時，又給他升了格，尊為「成祖」。一般廟號稱「祖」的，都是開國奠基之君，除非特別逢迎拍馬，如清朝的「聖祖」康熙帝。

朱棣不過是一位開國王爺，奪了嫡派的大位，奠了第四房的新基，冠以「成祖」二字，多少不稱不類，說起來還有諷刺之嫌——他「成」的這「業」，有違倫常，有啥好吹的！

順帶說一句，嘉靖帝那麼做，有他的私心。因為嘉靖他爹興獻王朱祐杬（憲宗子，封興王，獻是諡號）是孝宗皇帝的庶弟，本來也與皇位無緣，幸喜孝宗之子武宗無嗣，而興王這一支與帝室戚屬最近，所以得了便宜，由興獻王之子朱厚熜繼了大位——這位嘉靖爺與朱棣本為同命，都是個王爺造化，不小心竟化魚為龍，養成了天子的大福分。朱厚熜即位後，一心推尊其父，由王（興獻王）升為帝（興獻帝），由帝又升入宗廟稱宗（睿宗），於是太廟的牌位叢中又多了一塊神主木牌，這塊金字漆牌竟然還插隊，搶到武宗前面。睿宗終身只是個王爺，與武宗分屬君臣，誰知在他死後，由兒子幫忙，竟在陰間占了武宗的先。這麼明目張膽違反禮法之事，自然令廷臣大大的不滿。

朱厚熜為了行己之私，減少沸騰的物議，便隆隆重重地給「太宗文皇帝」上尊號，稱為「成祖文皇帝」。朱棣此時「升天」，等於是被他五世孫射出來的一枚躲避飛彈攻擊的干擾彈。

話不可枝蔓，仍回到明初，且說朱棣的長子名高熾，洪武十一年（1378 年）七月二十三日生於鳳陽，他比皇太孫朱允炆小一歲，而比許多皇叔都要年長。那時他父親燕王還不到二十歲，沒有就藩，正奉太祖之命，與秦、晉等王在老家鳳陽訓兵。

在將士們每日操練的喊殺聲中，高熾呱呱墜地，卻不想，他卻是一個綯綯的文士。

看官，可還記得，朱棣為何獨得其父母的偏愛？緣因馬皇后做的一個佳夢，讓老四兒子撿了一個大便宜。老四房的人愛做預兆之夢，似乎是家傳本事。據說，朱高熾出生的那晚，他母親徐氏也有異夢，只見一人，頭戴冠冕，手執玉圭，望她便拜，徐妃一驚，便醒了——隨即孩子也落草了。

《明仁宗實錄》裡寫的這個情節，實在有點敷衍了事、不清不楚。好比這位冠冕執圭者，如果是來投胎的，總得開門見山，先通個名諱，才好往媽媽肚子裡撲呀！如果不是來投胎，或是仙界某位頑皮的尊神，知道徐妃要生一位統御天下的大貴人，特來走捷徑，套交情，也得說兩句明白話呀！如何屁股一撅，胡亂拜一下，把人家驚醒就跑的？

也不知是實錄的纂修者太馬虎，還是這位尊神太唐突，總之我們從這個故事裡沒有感受到仁宗的「落草」有何神異之處；反不如寫其父（朱棣）之生，「光氣五色滿室，照映宮闈，經日不散」，或寫其子（宣宗朱瞻基）「眾望見光氣五彩，騰於宮闈之上」，來得精神異常，彩頭十足！

我猜，《明仁宗實錄》的纂修者，本意是要寫一位前代帝王，捧執代表天命的大圭，親手傳授給這位待生的貴子。圭是古代祭祀時帝王所持之物，具有皇權的象徵意義。譬如《明宣宗實錄》在寫宣宗之生時，就很費了些筆墨，製造了這樣一個情節：

宣宗朱瞻基於建文元年二月九日生於北平燕王府。那時，為朝廷削藩的事，正滿府惆悵憂懼，燕王

頭孫兒出生的喜興也被抵消了許多。

然而在宣宗出世的前一晚，他爺爺燕王朱棣做了一個夢，夢中太祖朱元璋將一塊大圭交到他手裡，對他說：「傳之子孫，永世其昌。」朱棣恭謹下拜，將大圭接到手裡，馬上就醒了。

那時朱棣還未起兵，正是天下太平，四海想治，豈料太祖老皇爺不辭辛勞，從南京孝陵地宮的大棺中，飛到幾千里外他老四燕王的夢裡，傳他大圭。朱棣此時正處危難，彷彿那位丹麥王子哈姆雷特，整日裡念叨：「生存，還是毀滅，這是個問題！」猶豫不決。這個夢來得正當其時，其中的寓意和鼓勵意味再明白不過了：以大圭相贈，不等於將天下舉手相授嗎？

朱棣將這個詭異的夢告訴妻子，徐妃立刻說：「這是子孫之福啊！」

恰好這時世子派人報喜信來了，說得一子。剛剛做了一個福及子孫的異夢，朱棣自然把大圭與這個新生兒聯繫起來：莫非老父親說「傳之子孫」，就應在此兒身上？馬上就得添丁之訊，朱棣自然把大圭與這個新生兒聯繫起來。

孩子滿月那天，徐妃抱來給朱棣看，朱棣瞅著自己的長孫，樂不可支，叮囑徐妃說：「這孩子有天日之表，且英氣滿面，與我前夢正符，你好好看視他。」天日之表，等於直說這孩子有帝王像了，還生怕照顧不周，交代王妃奶奶親自照看。

瞧，多麼活靈活現，彷彿真事一般。纂修者是動了很深的心思的，不僅論證了宣宗繼位的天命，還把朱元璋請來做見證，證明燕王造反，其實是受了他的鼓動──然則，老皇爺豈不成了汗點證人了？

相形之下，徐妃生仁宗時做的那個夢，就太欠發揮了。宣宗要生時，是爺爺親自來送圭；仁宗生時，卻不知是何方神聖，拿的是塊什麼石頭板！確實是描寫不工，塗彩不足。這有可能是朱棣、朱高熾父子死亡時間太近，前後僅相隔一年，太宗、仁宗兩部實錄一起修，對仁宗這部，未免有些不夠用心吧！

總之，在「靖難」勝利那年的春節，當老四房一家人和樂融融地在乾清宮過年祝酒時，他們說的最

多的一定是：「我們是為了一個共同的夢，才走到今天的！」

撇開宣宗，先說他父親仁宗朱高熾——

高熾誕降之時，初為人父的朱棣一定愛極了這孩子，把肉團兒抱在懷裡，久久不釋。朱高熾成年後，體型異常肥碩，很多史料都說，他因為體肥，不能騎射，還有點跛足，因此轉而專修文藝。

大後，還是粉嘟嘟、肥囡囡，一副胖頭胖腦的憨模樣，父親便不太歡喜了。朱高熾成年後，體型異常肥碩，很多史料都說，他因為體肥，不能騎射，還有點跛足，因此轉而專修文藝。

對此輿論，官方必須做出回應。

「帝自幼端重沉靜，言動有經。」

《明仁宗實錄》介紹了高熾的性格，接著講他的藝能：「仁宗四、五歲時，在宮中聞讀書輒喜，自是書冊翰墨不去手。稍長，開始習射，只學了幾天，輒造精藝，發無不中。」

發無不中，就是傳說中的百步穿楊、箭無虛發。仁宗怎麼才幾天，就達到這樣高的修行呢？仁宗左右也向萬歲爺請教了：

「何若是巧也？」

「心志既正，無難者。」高熾答道。

雖然高熾善射，有后羿、李廣的風采，甚至可能比後者還厲害，因為前代名射手無不經過勤學苦練才成材，而仁宗卻是不學自通，三兩天就成為一位名家。他的竅門也很簡單：心正。

但高熾並不以此自得，「絕口不自矜」，從不對人誇口，吹噓自己箭術如何了得。實錄解釋說：

「仁宗對於騎射及其他奇巧之物，只不過順手玩弄一下，並非出乎性情的喜好，他所好者，只是學問，每日都和儒臣們一起論說，樂此不疲。」

原來朱高熾視騎馬射箭只如「奇巧」，玩玩票兒，顯顯本事，讓大夥見識一下聖能，就放下了，他

自弱齡即秉持儒家「心正」的要訣，絕不會玩物喪志，動搖其向學之志。有趣的是，乾隆帝弘曆曾有一段與之相對的話，謹錄之，算作個對兒吧，乾隆說：「滿洲風俗，素以尊君親上、樸誠忠敬為根本，而騎射之外，一切玩物喪志之事，皆無所漸染。」風尚如此不同。

在我看來，《明仁宗實錄》中這段文字，其實是對仁宗的弟弟兼政敵漢王高煦善於騎射做出的回應，它傳達的「微言」是：馳射算什麼！吾聖祖非不能也，瞧，他才學兩天，乖乖厲害，已為一代神射手；只是在聖祖看來，那是小技，學問才是大事，懶得理你（高煦）呢！如果再有人懷疑我們的皇上胖得連馬都上不去，請你們就不要再信謠、傳謠了，當以官書所記者為準！

洪武二十八年（1395 年）閏九月，朝廷授金冊金寶，封朱高熾為燕王世子。

世子是親王之國的合法繼承人。朱元璋將秦、晉、燕、周四王世子招到南京，親自教訓，並提供一些機會，讓他們實際參與政事的處理。

有一次，命世子們去檢閱皇城四門的衛士，秦、晉、周很快回奏交差，唯獨高熾遲遲不歸。朱元璋疑惑地想著：「這孩子體胖，步子遲重，且再等等。」

待高熾來繳旨，朱元璋忍不住問他為何獨遲？

高熾道：「天早，冷的慌，我等衛士們吃過早飯才閱視，所以遲了。」

殺人魔頭非常高興，稱讚道：「你能體恤下人，真是善體吾心啊！」

朱元璋又命世子們分閱中外奏疏。秦、晉等世子不分輕重，不拘小節，遇個事就鬧哄哄地胡亂議論；或者抓住奏疏裡一二個錯別字，就以為自己眼力毒，很了不起。唯獨朱高熾只留意那些關係兵民疾苦與宗社的大事，並有針對性地提出自己的意見，而對字詞的錯謬，一般都不指出來。

朱元璋以為是他的疏忽，提醒他注意。朱高熾說：「孫兒不敢馬虎，只是這都是些小過失，不足以上瀆天聽。」朱元璋感歎道：「這孩子真有人君之度啊！」便問他：「我聽說，堯時有九年的大水，湯

時有七年的大旱，當時百姓為什麼能活下來？」這正好問到高熾的書袋裡去了，他馬上答道：「唯仰仗聖人的恤民之政。」朱元璋聽了哈哈大笑，連誇他答得妙。

從朱高熾在祖父身邊試政的經歷來看，這位好讀書的世子，的確收到了讀書之效。因為他是個儒雅向學的人，所以與同樣尚文的皇太孫朱允炆很談得來。這本可成為一件美談佳話，沒想到後來兩家決裂，打起仗來，高熾與皇太孫「相善」，竟差點害了他。

《明仁宗實錄》說，朱元璋很欣賞高熾，「自是益見重」。然而朱高熾已經是燕世子，再加看重，又能如何？還不是回到北平，安心做他的世子，等待將來接位做燕王。若不是「靖難之役」的發生，這將是包括朱高熾在內的許多人的宿命。

第三十九章 一次失誤，二十年補報

在三年多的靖難之役中，作為世子的朱高熾，一直奉命在北平「居守」，是有很大功勞的。

當時精銳都隨朱棣出征，留在城內的多是老弱，城守較為空虛。在戰爭初年，朝廷數十萬大軍幾度圍城，一度非常危急，據說燕王妃徐氏不得不親自率領婦女上城助守。朱高熾對於自己的職責非常用心，凡事向熟悉軍旅的老將請教，或諮訪有才識的文吏，推誠相待，很得將吏與士民的心。

一些重要的舉措，他不自專，先稟過母親，然後再施行。每天四鼓就起床理事，一直到次日二鼓才歇息。左右勸他多休息，不要用勤太過，他說：「君父在外，身冒艱險，做兒子的豈可優逸？且北平是根本之地，敵人所必得者，豈可不用心備禦！」

雖然朱高熾沒有隨軍作戰，立下斬馘之功，但若不是他在後方督治守備、整治守禦之器，鼓舞士

氣，撫綏兵民，北平一旦失守，燕軍失巢，將遭到澈底的失敗。

然而，守禦、調度之功畢竟不像突陣殺伐那麼一目了然，漢代的蕭何、明初的李善長，效的都是這等不顯山不露水的力，待大事已定，皆被推為功臣之首，仍不免非議。當靖難之役勝利以後，燕王朱棣換上龍袍，做了天子，對世子高熾是否功高，未有定見，這表現在他遲遲不肯冊封高熾為皇太子上。

本來，燕王既然做了皇帝，世子隨升一階，立為太子，是順理成章之事。且不論世子有功無功，最起碼他沒有失德，或有明顯過失，就應該立即冊封他為新皇朝的繼承人。太子是國家之本，朱棣久不立儲君，讓人開始擔心，皇上是否有易儲之心？

朱棣在「正大位」之後，不召世子來京，卻以北平地大民多，又是藩邸之舊為藉口，命世子仍留北平居守；而那位企圖謀奪儲位的次子高煦，卻隨皇上在京，日日在駕前盤旋。這一親一疏的表示，加劇了人們的疑慮。而朱高煦得近水樓臺之便，爭嗣的動作更加活躍起來。

我不大相信，僅僅因為朱高熾「體肥」、「不類己」，朱棣就那樣討厭他。我懷疑，當建文帝即位之初，朝廷步步緊逼，燕府闔宮驚懼、不知所出時，高熾曾向他父親進言，建議不作武力反抗，聽從天子此念一起，就生出大大的裂痕來了。

「公正」的處分，相信朝廷總會還我公道，若我起兵，奸人的誣告反而坐實了。這樣的迂見，當然不得朱棣欣賞，視其為軟弱，並進而懷疑世子與建文帝有舊誼，他懲惡自己束手待擒，是企圖提前登上王位。

朱高熾的失誤在於，他忘記了政治的要義在於態度，尤其是在危機面前，鮮明的態度、堅定的擁護和誓死的捍衛，才是獲得並強化信任的根本；這時，不是發表一己之見的合適時機。

遺憾的是，那時高熾手下還沒有一群得力的輔臣替他出謀劃策，他憑心而動，對父親說了不該說的錯話，為此付出沉重的代價，此後二十年，他長期遭受皇父的猜忌和打壓，地位屢屢發生動搖。

所幸的是，朱高熾在立為太子後，東宮有了一批忠心、智慧的臣僚，在他們的扶持下，朱高熾歷盡

磨難，屢危而安，終於用他的柔順和克制，擊敗了競爭對手，順利地接過了皇位。

然而，當父親將勝利的旗幟插到南京的城頭，卻將他留在北平，並且拒絕給他應有的名分；父親已經登極做了皇帝，但他還是一個世子，這簡直是公開的羞辱。在近二年的時間裡，朱高熾計無所出，只有惶恐地等待巨測的命運。

封朱高熾為世子，完全是朝廷按照嫡長子繼承的定制強行安排的，燕王本意如何，在此不發揮任何作用。朱元璋認為，繼承制度關乎皇朝萬世的穩定，不容有商量的餘地。如果沒有靖難之變，朱棣對此也不必費神。而如今形勢大變，他已經做了皇帝，立誰為儲君，由他說了算，他開始猶豫不決起來。

一邊，是他極為不滿的世子高熾，一邊，是在送他登天的勝利中立下戰功的二兒子高煦，他心中的天平發生了傾斜。

朱高煦在靖難之役中作戰賣力，得到許多靖難功臣，也是新朝實力派的擁護，奪嗣之心益加勃勃。

高煦常拿一位古人自況，覺得自己就是當世的唐太宗李世民。想當年唐高祖李淵起兵，老大皇太子李建成也似今日的長兄朱高熾，只做了一個沒用的「守成」；東征西討，立下汗馬血戰之功的，是二兒子秦王李世民。天下之功本出秦王，天下就該秦王來坐！李建成不過仗著年長幾歲，僥倖占了個嫡長之位，就以正統自居，而天下之人也都以他為正統，這太不公平了！天下公器，當有能者居之。玄武門之變，並非秦王弒兄殺弟，而是不識相的建成等人自找的晦氣。

這是朱高煦的史觀。他自認為英武，最像唐太宗李世民⋯⋯天下，李世民坐得，我如何坐不得！

在永樂初年，高煦的實力和在朝的影響力，似乎也遠出高熾之上。

在他的「天策府」裡，彙聚了眾多「好漢」，如位居靖難武臣第一位的淇國公丘福，以及駙馬永春侯王寧（他姑父，朱棣的妹夫）、富陽侯李讓（他妹夫，朱棣的女婿），都是他的座上賓。

他姐姐永平公主，毫不隱晦地站在他一邊，共同反對長兄高熾。永平公主是李讓的老婆，他一家人都是高熾政治上的反對者。高熾即位後，以「在先帝時有逆謀」的罪名，將其子李茂芳廢為庶人，並祕密處死，已經去世的李讓，其爵位及三代誥券也遭追奪。我們由仁宗報復之慘，可知他們結下的仇恨有多深。

關門議事時，高煦常憤憤而起，撩起衣襟，指畫舊傷，與一千靖難同袍共同緬懷浴血奮戰的「戰鬥情誼」，而抱怨父皇不早立他為嗣；他總是奮臂高舉，借機露出兩腋請大家看，只見那裡若隱若現長著幾片龍鱗一樣的東西，聽眾人咄咄稱奇，高煦的心便如一條飛龍，騰雲駕霧而去。

丘福在永樂初年，是權柄煊赫的人物，在靖難武臣中，他功列第一。建文四年九月，朱棣入京不久，即論功行賞，大封功臣。新朝的勳貴大人，統被稱為「靖難功臣」。說起明代的功臣世家，主要就是這些人；而開國的功臣，傳世的僅僅三家（魏國公徐家、黔國公沐家、武定侯郭家），其他的不是被族誅，就是削爵絕封。靖難功臣封公者二人，一個是丘福，封淇國公，另一個是朱能，封成國公。這兩人都出身燕王駕前燕山護衛；還有一家定國公，原本是都督徐增壽的追封之爵，因為徐增壽「死的偉大」。朱棣特賜給他家，成為世爵。其他靖難武臣，封侯者十三人，封伯者十一人。

以上是參加靖難的將領，另外還以「款附」（說白了就是投降）功，封駙馬王寧為侯，兵部尚書茹瑺和都督陳瑄、王佐三人為伯。

三位新「伯」中，平江伯陳瑄是個徹頭徹尾的可恥叛徒，當燕兵逼近江北時，他受命統帥舟師，負責長江防守。朝廷就剩下這最後一道防線了，陳瑄擔任此職，可謂重寄。結果他臨難變節，率水師反水，反為燕軍渡江之助。朱棣大為感激，回贈以「平江」之伯。

在以款附、擁戴之功受封的四人中，唯有陳瑄的平江伯得以傳襲，茹瑺和王佐，作為建文朝的文武重臣，曾以使者的身分隨李景隆赴燕軍大營議和，他們的「辛苦」，至此得到回報。但好景不長，分別

且說駙馬爺王寧以「款附」得封侯之賞。王寧是朱元璋第六女懷慶公主的丈夫，既是建文帝的姑父，也是燕王的妹夫，兩家近親打起架來，他選擇支持燕王。

前文說到，懷慶公主是孫貴妃之女，孫貴妃作為周王的養母，公主自然與他親近。建文帝大力削藩，首先拿周王開刀，公主一家肯定同情周王的遭遇，而對朝廷不滿。王寧便做起情報工作，「泄中朝事於燕」。結果行事不密，情報站遭到朝廷破獲，他因此下獄，家產也被籍沒。

受到建文帝「迫害」的王寧，與「死難」的徐增壽，對於因叛逆而興的永樂王朝，具有寶貴的「忠義」價值。朱棣所重王寧者，正在此點，故不惜以封侯作表彰。王寧在永樂初期，也是炙手可熱的人物，對皇帝具有一定的影響力。

在永樂朝的新貴中，丘福、王寧、李讓等一批勳戚都公開支持二王子高煦。他們見朱棣登基後，沒有進封世子高熾為太子，而是將此事長期擱置，無論群臣如何以「國本」為重，多次請求立高熾為皇太子，都被他搪塞過去；與此同時，朱棣卻裝出一個願意傾聽下情的姿態，向百官徵求冊立太子的意見。

太子是現成的，還用議嗎？他分明是在試探更擇他人為太子的可能性。

投機家們探知世子不為皇上所喜，以為他定然與儲位無緣，於是齊心擁戴二王高煦。他們除了私底下向高煦表示效忠，更經常地在朱棣駕前誇二王子功高，希望推動朱棣做出決策。

一時間，京城裡議論紛紛，都說虛懸的儲位，早晚要落到二王子朱高煦身上。

於永樂三年（1405 年）和七年（1409 年）「有罪下獄死」，皆不得善終——閻（燕）王爺的便宜，不是好賺的！

第四十章 燕王的鬍子有說道

但是，朱棣突然做出一個令所有人意外的舉動，他下令讓高煦離開南京，去北邊開平、宣府等地操備屯田。永樂元年六月，因為高煦的隨從遭雷擊身亡，朱棣認為是不詳之兆，一度將他召回，但不久復命他回開平備邊。

皇上是何用意，難以猜測，然而此舉所造成的一個事實，卻是顯而易見的：高煦不能再留在京城呼風喚雨了；而他一離開，以他為中心的「天策府」立刻癱瘓，無法運作了。這是對高煦的重用，還是疏遠？誰也不敢輕易下論斷。

京師浮華之地，素來是投機政客的集聚之地，但他們現在面臨一個巨大的疑難：將要登臨儲君之位的，是長子高熾，還是次子高煦？兩位王子，誰的勝算更大一些？現在來看，形式愈發變得撲朔迷離。

在京師的茶館酒肆裡，在投機客的密室裡，在朝房官衙的每一個角落裡，關於未來的儲君是誰，永遠是人們紛紛熱議的話題。

朝臣之中，像丘福、王寧、李讓這樣公開支持高煦的人儘管是少數，但是，因為他們地位特殊，容易讓人猜測，他們代表了「聖意」，其態度無疑具有強烈的示範效應和風向標作用。然而多數投機客們都神明一點，即在選擇效忠對象這件事上，每個人只有一副籌碼，一旦押錯了寶，投錯了地方，對其仕途造成的威脅，將是致命的，必須慎之又慎。

然而，就在高煦被打發到開平去不久，二爺黨的重要成員駙馬爺王寧突然失寵了，這不禁令人產生豐富的猜想。

事情的起因，據傳是因為王寧好佛，屢次勸皇上誦經飯僧，為太祖資福。而皇上本是道教玄武上帝

的崇拜者，二人在信仰上，根本尿不到一個壺裡。王寧動不動念經，令皇上大為不快，久之恩禮漸衰，開始疏遠他了。

這是外傳的資訊，再具體的情形就無從知曉了。而皇上的不快似乎也不是一時之忿，轉眼就忘，就在王寧恩衰，被禁止入宮後不久，他突然被抓了起來。

許多人都瞪起眼孔來看，到底是怎麼回事？腦筋轉得快的已在大膽猜想，這是否是二王子失寵的先兆？二爺才離開沒幾天，他最為忠實的信徒即落了大獄，有驚無險，並無大礙。人們又推翻了先前的判斷，認為……

再看王寧，吃了幾天牢飯，就被放了出來，此番下獄並無深意，不必過度解讀。

王寧不久就死了，他的爵位雖然來的便宜，畢竟也是真金白銀，實實在在的。世券上明明白白寫著：此爵世襲罔替，傳之無窮。但王寧一死，朱棣卻不再提他家襲爵的事，禮部也不執奏，於是王家的永春侯，才一世就斷了。然後是仁宗即位，與王家是對頭，王寧和公主的後人只好乾瞪眼，哪敢申訴？

皇上對王寧還是始終保全的，此番下獄並無深意，不必過度解讀。

從此只能在羽林衛掛個僉事的銜吃乾俸。

比起京城那些觀時事、察風向的投機客們，朱高煦孤零零地坐在開平城內，心中那份悲涼和苦楚，更是難以言表。開平還在北京以北數百里的塞上，再往北就是茫茫大漠了。曾幾何時，這位炙手可熱的儲位競爭者，竟淪落到比他不得志的長兄更為「苦寒」的地步！高煦也搞不明白到底是怎麼回事。失意之餘，他心火如焚，卻又百無聊賴，無措乎手足。

高熾和高煦兩兄弟都在北方翹首以待，焦急地等待父皇遣使來召，並帶來他們期盼已久的好消息。

然而儲位的疑雲，籠蓋在南、北兩京之上，只見霧氣蒸騰，雲山霧罩，卻誰也摸不準朱棣的葫蘆裡裝的什麼藥。

其實，朱棣也在做激烈的思想鬥爭。

擇嗣之事，太重大了！他必須綜合考慮所有的因素。朱棣是一個迷信天命的人，碰到疑難，他首先要向老天爺請教。然而，天子雖號稱天之驕子，但「父子」之間對話，仍得透過「仲介」──這些人在上古，是巫覡，而在中古的晚世，則主要是一些方士。明朝的皇帝，最信的是羽流和方生術士，如扶乩、捉鬼、煉丹、修仙等等，且放後文再講。此處單說朱棣在諸般術士中，最信相士。

相術是相人術的簡稱，包括相面、相聲、相形態、相手足四類，其中最主要的是相面。相術是中國傳統占卜術的一種，它的理論基礎是：人們的性格以及禍福壽夭，都體現在他的面容和形體之中，如云「蜂目而豺聲，忍人也」，就是說這個人長著一雙蜂眼，聲音如豺狼般，一定是個殘忍之人。相術以「相」鑒人，故而又稱風鑒術。中國的相術與西方的顯相學頗有相通之處，它實際上是古代神祕世界觀的表現，早在先秦時期，就已非常普遍，《左傳》、《國語》等書中都載有許多相面的例子。相術在傳統文化中，在社會各階層的觀念中，其影響之巨大，遠比更多時候只是掛在嘴頭的孔孟之道要厲害。

朱棣就是一個相術的愛好者，他經常利用相術的判語來做決策的參考，而他最為深信的相士，是袁珙、袁忠徹父子。

袁珙，字廷玉，號柳莊，人稱柳莊先生，或袁柳莊、柳莊神相。袁珙是浙江鄞縣人，元末明初的著名相士。傳說他「生有異稟，好學能詩」，年輕時遊歷湖海，在海外洛伽山遇一異僧，授之以「相人訣」，乃成為他發跡的起點。

袁珙就是比一般人幸運，那所謂的海外洛伽山，並非瀛洲、蓬萊一類飄渺不定的仙山，它就在今天中國浙江省舟山市普陀山東南約十里的一個小島上，當時香火已盛，與普陀山齊名，每天香客遊人如織。

可是啊，那麼多人來燒香禮拜，求神問佛，都只遇到賣香的、算卦的和收門票的俗僧，偏偏袁先生遇到一位異僧！令看官中的豪客大呼不平：「某不才，亦曾壯遊無數名山大川，何以一個異人都未曾遇

到？」

如果看官中有這樣的「（牢）騷客」，我只好一怪你沒有「異稟」，二怪你太冬烘，書讀得太實在。

各位，難道你相信張良順便過個橋，就有一位奇人等著他，好授他兵法，成就他一生事業？張良替老翁提鞋的故事，多半是後世推拿師傅「捏」出來的。這類事情的邏輯，其實應該倒過來看：先有了張良的事業，才有黃石公授他兵書的事。袁琪也是同例⋯先有了袁先生的名滿天下，才有人費心，替他編出一個遇異僧授法的故事；或者乾脆就是袁先生自己編造的，以增加他那一套把戲的神祕感。當代不是還有「大師」嗎？看官請考察一下，他們是如何編造自己強大功力的出處的？總歸脫不了一個「異」字，不是碰到異人，就是曾有異遇。

且看那位異僧傳授的相人訣，袁大師是如何練的⋯

「先仰視皎日，目盡眩」，此為第一步，就是午間日盛時盯著太陽看，看到「目盡眩」為止，網路上有人將這種與酷暑驕陽的抗爭稱之為「抗日戰爭」。

然後是第二步：在暗室中分辨紅、黑二色豆子。

第三步：把無色絲線掛在窗外，憑著月光辨其顏色。

以上三步走完，等到眼神好到不會犯錯，就可以相人了。

袁先生就是這麼說的，然而，我要揭發：此計何其毒也！若有好學之士照這法子練去，才到「目盡眩」這一關，差不多就要瞎了，哪裡還能辨什麼絲、豆？不過你瞎了，他自有話講：誰讓你沒有「異稟」，自不量力的？

記得小時候讀過一個故事，寫后羿如何苦練箭術，成為一代神箭手，他的方法也是死盯一樣東西看，等到眼中蒼蠅如車輪、螞蟻如磨盤，就無射而不中了。少年的我，竟然信了，每日練眼力，最後練成一對近視眼才甘休，至今還懊悔沒異稟哩！

其實都是胡鬧。不過我總算明白了，為何袁大師只有一個成名的弟子，那就是他親生兒子袁忠徹，肯定別有祕笈暗授，他愛子才不學那一套呢；而其他弟子，束脩（學費）交了，當也上了，大概都被他害瞎了眼，改行做推拿、算命去了。

總之，自古騙人的法門，圈套就那幾種——好比仁宗皇帝不練而成，后羿瞎了眼亂練，最後都成為神箭手——就看你信不信，往不往圈套裡鑽。

袁琪說，只有基本功練成了，才可相人。他的相法是：「夜中燃兩炬，祝人形狀氣色，而參以所生年月，百無一謬。」即在夜裡點兩支火炬，借火光察人形體氣色，同時參以他的生辰八字，如此這般，袁老師一出手，就不會錯了。

袁琪這套獨門絕技，在元朝即已相當知名，判人死生禍福，無不中；甚至可以精確到某時某日。只舉一例：洪武中，他在嵩山寺遇到一個和尚，開口就道：「您可是劉秉忠一類的人物，請幸自珍重吧！」劉秉忠是輔佐元世祖定天下的功臣，然而當時天下已定，這位和尚去輔佐誰定天下？若往深裡究，豈非預言天下將要大亂，只待這禿厮來重定？然則命世之主將為何人？簡直是狗膽包天的妖言大話嘛！

想必聰明的看官已猜出來了，那和尚不是別人，正是靖難第一功臣姚廣孝，法名道衍的便是。他預測姚廣孝將輔佐朱棣，重開天地，已為後來的事實所證明。他哪裡是神相，簡直是神仙！袁琪的相人術，至今無傳，只留下許多神奇故事，其中最重要的，都與明成祖朱棣有關。

袁琪與朱棣的中間人，正是姚廣孝。

洪武十五年（1382 年），姚廣孝作為欽選的高僧，隨侍燕王北行，來到北平。他隨後將袁琪推薦給燕王。朱棣起初不太信袁琪的本事，想考驗考驗他，遂找來九個長相與他相似的衛士，一起操弓掛箭，突然出現在大師面前。袁琪並不知燕王在內，但一見之下，即向前倒拜道：「殿下何輕身至此！」衛士

們假意笑他，說他認錯了，袁珙越發諫得認真。燕王這才相信，袁珙這對招子，果然是火眼金睛。馬上在宮中接見他，請他好好給自己相相。

袁珙諦視一番後，稽首再拜，說出下面一段話：

「殿下太平天子也！龍形鳳姿，天廣地闊，重瞳龍髯，二肘若肉印之狀，龍行虎步，聲如洪鐘，實乃蒼生真主也。」

他預言：「但年交四十，鬚長過臍，即登寶位。」

什麼龍呀鳳呀，漫天飛舞，最後竟許了燕王一個「蒼生真主」的命（相對於真主的偽主，自然是未來的建文帝了）！他篤定地說，燕王在四十歲上下，鬚鬢長到肚臍那裡，就可以登基坐殿了。

袁珙此番北平之行，還帶來了他的兒子袁忠徹，因為「看日、辨豆」的基本功紮實，也成了相術高手。一日燕王宴請北平文武官員，暗令袁忠徹相之。如果說袁珙是喜鵲，那他這位公子就是烏鴉了，張口即無好話，他說都督宋忠面方耳大，身短氣浮；布政使張昺面方五小，行步如蛇；都督耿瓛顴骨插鬢，色如飛火；都指揮謝貴體肥而氣短，僉都御史景清身短而聲雄——總而言之，「於法皆當刑死」。

朱棣一聽他的對頭都是死命，不禁大喜，起兵之意益決。而事實也印證了袁忠徹的判斷，數年之後，當燕王起兵之時，這些在席上被袁忠徹相過的官員，統統被他殺死。

燕王的部下聽說來了一位半仙，紛紛跑來相面，好搏個前程。袁神仙則大大方方，「皆許以公侯將帥」。燕王將來若登仙做了天子，他的部下自然雞犬升天，出將入相還不好說？——他分明在為燕王起義拉隊伍嘛！

不過，袁先生這一封拜，把燕王嚇著了，趕緊將他禮送出境。

此時尚還在洪武時期，功令甚嚴，袁珙敢如此放誕無忌，肆口雌黃？按說袁先生是元順帝至元元年，即1335年生，到大明建國時，已經三十四歲了，他慣常周旋於公卿士夫之間，在新朝嚴酷的政治

環境下，又經過一、二十年的歷練，不應輕薄如此。

《明史》說他「相人即知其心術善惡。人不畏義，而畏禍患，往往因其不善導之於善，從而改行者甚多。」袁珙相人，先知其人之善惡，他深知人不畏義而畏禍，所以借禍福之說以導惡從善。如此，袁珙還是個進退有理之人。

然而那個時代，最大的惡、十惡不赦之惡，不正是謀反嗎？袁珙何以不拿赤族之禍引導燕王及其爪牙走上善道，竟以天子、公侯的好處為誘餌，煽動惡人造反呢？其實，朱棣在當時必無反心，袁珙也絕不敢胡言亂語，只是後人為了誇耀他本事大，吹噓過了頭，反把朱棣說成天生反骨，把袁先生塑成一個前顛後倒的大妄人。

朱棣信服相術，姚廣孝介紹袁珙來為燕王相一面，應是有的，至於以上神奇種種，應該皆出偽纂。

試想，即便朱棣在懿文太子死後，生出非分之念，請袁珙來相面，好壯壯膽氣，也只能是祕密從事，豈會鬧得滿城風雨？須知，朱元璋的密探到處都是，諸王的行止，他隨時都能掌握；況且，朱棣不還說過，與他不合的晉王，經常派探子到他國中，察其過失嗎？想來，朱棣必不如是之虛誕淺躁！

而現代人寫歷史，卻輕信之，樂言之，不加批判地使用之，則所寫哪裡是史，簡直是相書了。

第四十一章　帶著神相打天下

朱棣透過與袁珙的交往，瞭解到他手段了得，登基後即將他父子一併召來，老的封太常寺丞，少的拜鴻臚寺序班，賜之冠服、鞍馬、文綺、寶鈔及京師居第，經常以疑難之事向其求籤問卦。而永樂初年最難決斷之事，便是儲位的歸屬，朱棣便請袁大師去相相，到底長子高熾有沒有天子的福分？

《明史‧袁珙傳》記此事說：

袁珙先給皇長子朱高熾（仁宗）相了一面，贊道：「好一位天子！」又相其子朱瞻基（即未來的宣宗），道：「真是一位萬年天子！」占語更美，與當年相燕王於潛邸時如出一轍，不由朱棣不信。

既然長子高熾，連同他的令郎，命裡都是天子的貴格，還有什麼好說！於是，「儲位乃定」——就讓老大來坐吧！

《袁珙傳》的記載，主要依據姚廣孝奉朱棣之命，親筆為袁珙所作的墓誌銘，此事應屬可信。我懷疑袁珙應該同時為二王子高煦、三王子高燧也相過面，至於他怎麼說的，就不知道了，總不會一概驚呼為「天子」吧！

朱棣對袁珙其人及其術，極為寵信。此處不妨另開一支，敘述兩件較少為人注意的史事，以證明朱棣在用兵等大事上，是經常向「神」請教的。仍與袁氏父子有關。

朱棣攻取南京後，在此一待八年，時間之久，僅次於他的少年時代。與溫暖的南京比起來，朱棣似乎更喜歡較為嚴寒的北方。永樂七年初，朱棣第一次北巡，回到了他的龍飛故地北平。這座元代的舊都已在他登基之年升為「北京」。

十月間，突然御前有使者來到南京，急召袁珙趕赴行在。袁老先生當時已經七十五歲高齡，獲命後不敢耽擱，即日就道。此時朱高熾已被立為皇太子，在父皇北巡期間，奉命在京「監國」，主持朝政。

老先生北行倉促，高熾「念其衰老，非霜露所堪」，特賜其貂裘。

皇太子此舉，並非普通的優老，一個六品的太僕寺丞還夠不上監國太子親自關照。幾年前，當父皇在立嗣問題上舉棋不定，「意有所屬，遲回累年」時，多虧袁神相拉了他一把，朱高熾為此深懷感激。

此表達對袁珙的感激。朱高熾其實是借貂裘披在老先生身上，那份傳自東宮的暖意，稠稠疊疊，意味無窮。過去是爭太子之位，如今儲位

已定，但革命尚未成功，高熾仍需努力，爭取在太子的寶座上坐定坐穩，不能不對父皇的近臣多方籠絡。

袁珙此次蒙召急赴北京行在，他的墓誌也有記載，但所為何事，卻沒有交代，只說袁珙「既入觀，獎論有加」，不久得請歸鄉，展拜祖塋，次年就病故了。

事情的緣由，其實我們可從當時的時局窺知之：此番北來，朱棣並不是簡單的巡行，而是準備親自坐鎮北京，出兵回擊屢屢擾邊的韃靼人本雅失里。這年七月，他任命淇國公丘福為征虜大將軍，以武成侯王聰、同安侯火真為副，靖安侯王忠、安平侯李遠為左、右參將，集齊大軍北征。這是他即位後第一次重大的軍事部署，結果師出不利，北征之師在臚朐河大敗，一公四侯皆死。朱棣顏面掃地，遂決意親征。就在這當口，他遣專使南下，召袁神相趕赴行在，肯定與北征軍務有關。而神相將如何分君之憂？

大概朱棣深深震撼於不久前的慘敗，對於親征並無勝算，希望借重神相的占卜，以決大計。

袁珙如何應對，屬於軍機，無從考知。但當時親征之舉已如箭在弦，想必圓通老道的袁珙不會犯傻，揪須批鱗，說出什麼不吉利的話，觸犯「聖怒」的。

總之次年二月，朱棣按計畫親提六師，出塞遠征朔漠，七月間凱旋班師，十一月回到南京。不久，袁珙的死訊也到了。朱棣聞訃，立刻賜以極為優渥的哀禮，不僅給鈔、贈官，命工部營葬事，遣內臣祭其家，還特命姚廣孝為他的老朋友撰寫墓誌銘。這便皇上是對袁大師「密贊」之功的回報吧！姚廣孝在墓誌中，將袁珙之侍奉成祖朱棣，與唐代著名術士袁天罡受知於唐太宗相提並論。而在相學史上，袁珙與漢代許負、唐代袁天罡、李淳風等人並駕齊驅，皆稱相學大師。

袁珙因為年老，僅在北京「參贊」了一下，並未扈從，而由他的兒子袁忠徹在軍隨侍。王鏊《王文恪公筆記》記道：

「皇甫仲和，是河南睢州人，精於天文推步之學。袁忠徹長於相面，皇甫仲和長於占卜，他們各擅其道，每次成祖朱棣北征，都要帶上這兩位大師。」

可見北征大軍之中，真是術學高手林立。

過去的方生、術士，雖然多擅一能（如袁氏以「相人」為長技），亦常兼習他學，好比這位皇甫仲和，精於天文推步，即占星之術，在相學上也有較深的造詣。據說他一日出朝，有個衛士一定要請他相一相，他偏頭瞧見屋上有兩鵲在鬥，立刻說出此人的妻妾正在打架，讓他趕緊回家解勸。那衛士急奔回家，果不其然，倆老娘們正纏鬥不休呢！

朱棣的首次北征，並不像官書吹噓得那樣「完勝」，大軍在廣漠中搜索久之，總不見虜騎，兵馬疲憊不堪，糧草也漸漸供應不上，真如王昌齡詩裡寫的：「快快步長道，客行渺無端」。朱棣打算回師，卻覺斬獲不大，回去之後面上不好看，就召皇甫仲和來占，讓他「猜」敵人去哪兒了。

仲和撚著指頭咕噥了幾聲，說道：

「今日未、申間（約下午三、四點鐘），虜兵必至。」

朱棣心喜，忙問：「從哪一方來？」

「從東南方來。」

「勝負如何？」

「王師先有小退，然終必取勝。」

朱棣疑信參半，又召袁忠徹來問，好做個印證。結果忠徹所答，與仲和所對，如出一轍。

正所謂君威難測，伴君如伴虎，朱棣在聽到二位大師對敵情做出相同的卜測後，竟然發怒了：「你們兩個串通起來欺騙我嗎？」下令把他們抓起來，威脅道：「今日若虜兵不至，你二人皆死！」所幸午後不久，韃靼兵馬果然大至，一如所占（我意用猜字更妥帖）。朱棣這才把怒氣平息下來，出兵迎戰，在戰勝之後，賜給二人以幣帛等賞物。

袁忠徹服侍喜怒無常的君主，雖不時險象環生，但凶光去後，益顯其手段高明。在專制主義日益強

化的時代，如袁氏父子這樣官不高，卻以其術得近「天光」，並得到榮寵的人，被稱為佞幸，他們對皇帝的影響力，比外朝的高官更要微妙和持久。

在永樂初年儲位的歸屬問題上，袁珙的相術發揮了重要影響，固是無誤；但要說這件一件大事，因袁珙片語而決，一錘定音，則言之過當。

在立嗣問題上，朱棣徵求過不少重臣和近臣的意見，其中包括兵部尚書金忠與內閣學士解縉。

金忠是浙江鄞縣人，與袁珙是同縣老鄉，他也善於卜筮，不過與袁氏相面不同，他主要利用《易經》算命。金忠的哥哥因罪遣戍通州，卻不幸身亡，由金忠補成入伍。但他家裡窮，湊不齊路費，幸得袁珙的資助，才得以成行，來到通州，做了一名戍卒。

明初的軍士，多是軍籍，世代當兵吃糧。但軍戶之兵與營兵、雇傭兵不同，他不需要在營裡待著，每日上操下操，不打仗時還可以自由做些活計。金忠就發揮特長，在北平城裡賣起卦來，而且特別靈驗，「市人傳以為神」（我疑惑的是，他在家鄉窮困潦倒，定然是卦詞不靈，生意冷清，如何一到北方，馬上就神驗了呢？大概還是「外來的和尚會念經」吧！）

他的能耐被道衍和尚知道了，把他推薦給燕王朱棣。可見姚廣孝這位高僧，經常向燕王府裡輸送各種異能之士。只是不知金忠與袁珙，誰先獲得燕王的賞識，但從金忠與袁珙同鄉，卻要依靠袁珙資助來看，袁珙成名早，是金忠的前輩，說不定他的「神技」，還是袁珙給他吹出來的呢！

袁珙給朱棣相面，說他的鬍鬚長到肚臍眼那裡，就可稱帝；金忠則手捧周易打卦，得了一個「鑄印乘軒」的好卦，驚歎道：「此象貴不可言。」——金忠這一歎，不就是一個金聖歎嘛！燕王一起兵，馬上授以王府紀善的官，命他守通州，又召他置於左右，經常拿軍中疑問向他諮詢，金忠贊畫戎務，成了燕王駕前的一位謀臣。

從此金忠出入燕府，常以所占來勸燕王舉大事，深得燕王倚信。燕王一起兵，馬上授以王府紀善的官，命他守通州，又召他置於左右，經常拿軍中疑問向他諮詢，金忠贊畫戎務，成了燕王駕前的一位謀臣。

昔日潦倒的金忠，如今成了一位靖難的佐命功臣，被封為工部右侍郎，很快又升做兵部尚書，官兒可比袁神相做得大。

第四十二章 太子之位，塵埃落定

金忠屬於文臣，在永樂初，一度輔佐世子居守北平，他在政治上是支持朱高熾的。淇國公丘福等功臣，多次勸朱棣立高煦為太子，而在靖難功臣中，唯獨金忠以為不可，且「歷數古嫡孽事」，給朱棣講古代的奪嫡爭嗣故事，好使其警覺。

朱棣猶然遲回難決，又向解縉、黃淮、尹昌隆等內閣、翰林輔臣諮詢。《明史·金忠傳》說：解縉等都認為金忠說得對，「於是立世子為皇太子」。顯然金忠發揮了意見領袖的作用。

再來看《明史·解縉傳》的記載：

「當儲位未定時，淇國公丘福一再稱漢王高煦有功，宜立為嗣。成祖密問解縉，解縉說：『皇長子仁孝，天下歸心。』」成祖不應聲。縉又頓首道：『好聖孫。』說的是宣宗，成祖這才領首點頭——太子遂定。」

結合《金忠傳》來看，朱棣是在聽取了袁珙（近臣）、金忠（靖難功臣）等人的意見後，猶然不決，才來找解縉等翰林官員（近侍文臣）諮詢。

解縉先說高熾「仁孝，天下歸心」，差不多是一句空言套語，朱棣不應；又稱「好聖孫」，就打動朱棣了。

《明史》一會兒說袁珙密相仁宗父子，由此「儲位乃定」；一會兒又說解縉盛稱宣宗，「太子遂定」。

那麼立仁宗為嗣，到底是袁氏之功，還是解氏之功？正可見「盡信書不如無書」，讀史豈可泥於隻言片語！朱棣當然不會只聽一人之詞，就定下太子所屬，他需要全面權衡，充分聽取意見，並借此瞭解朝議及人心的取向。

以上兩個故事，有一點是相通的，即在討論朱高熾的地位時，總是牽扯到其子朱瞻基；尤其是解縉，更是拿「好聖孫」來打動朱棣。

朱瞻基，是朱高熾的嫡長子，也就是後來的宣宗皇帝。他生於建文元年，這一年朱棣起兵反抗朝廷，所以這孩子的「睿名」，應該不是循例奏請朝廷，由禮部所擬，或許便是朱棣親自所取。瞧，「瞻基」，換成超白話，不就是「觀瞻寶座」？大有「問鼎」之意。不管怎樣，這個名字是極富雄心的。

當靖難之師入京時，朱瞻基年方四齡。傳說朱棣不喜歡長子，卻異常喜愛這個長孫，最終冊立朱高熾為太子，並將皇位傳給他，其實是一種迂迴策略，本意是為了讓朱瞻基繼承皇位。

此說可信不可信且勿論，看官有沒有覺得耳熟？然也！在清代康、雍、乾三世的承嗣問題上，也有這樣一種說辭：康熙並不怎麼看好四兒子雍王胤禛，卻特別喜愛胤禛的第四子弘曆，希望將來由小弘曆繼位，奈何中間隔著一位尚在中年的雍親王，只好將皇位先傳給胤禛，待胤禛萬歲後，由弘曆接位。

「聖祖尤愛弘曆」，是構成雍正即位合法性的證據鏈中的關鍵一環。可是有學者研究後認為，這不過是弘曆的一面之詞，在原始檔案中，並沒有晚年的康熙格外屬意於他的相關證據，反倒是康熙特別關照其他皇孫（包括廢太子之子）的史料非常多。我們以此反觀明代初年朱棣、朱高熾、朱瞻基祖孫三代之間的關係，恐怕也要道一聲「未可盡信」吧！

當然，朱棣愛不愛這個孫子，愛到什麼程度，這是他內心的活動，我們無法考求。但歷史是可以依靠一些事件做參照性鑑別的。

有一件很搞笑的事，朱棣不知，各位看官不可不知，好教大家曉得了，一齊來笑我們「聖神」的成

祖大老爺。

正德年間有一種野史，名叫《傳信錄》，書中爆出驚人「內幕」，稱「我朝宣宗章皇帝，乃建文君之子也」，還說，成祖既以宣宗為太孫，未嘗明言他是建文之子，而宣宗幼失所怙，也不自知身之所出，皇位就這麼稀裡糊塗傳下來。其實，從宣宗到英宗、憲宗、孝宗，直到當時的武宗，都是建文帝的子孫，只是他們自己都不知道咧！

明朝人真能給他們的皇帝潑汙水。前文已經介紹了，宣宗生於建文元年，他絕不可能是建文帝之子，除非他爸爸在與皇太孫做好朋友時，學現代人的樣，搞過「換妻」遊戲──但那時還沒此風呢！

明代著名史家王世貞已斥此說「殊誕妄可惡」。然而我們換一個角度來看，宣宗被送給建文帝當兒子，與他爺爺被歸入元順帝旗下做遺腹子一樣，都是後人戲耍暴君的遊戲，如此，便有幾分可喜可愛了。那些「竊國之賊」，整日胡編亂造，妄許天命，自稱神聖，民間藝術家拿他們做傀儡，編一點新鮮玩意兒，解解「正史」的悶，也是滿好玩的。

話歸正題，且說朱棣不僅對長子高熾是否為儲君的合適人選大加挑剔，他還要考慮狠傲不羈的次子了。

史書中的朱高煦，獲得的全然為惡評，他的傳記裡充斥了「性兇悍」、「無賴」、「言動輕佻」、「多過失」等一連串糟糕的評語；在至親眼裡，他也不招人待見，祖父朱元璋「惡」之，舅舅徐輝祖也討厭他，認為三個外甥中，就屬他勇悍無賴，非但不忠，還不孝（謂其將「叛父」），他日必為大患。

在隨後的靖難之役中，朱高煦兇悍嗜殺的秉性，轉為他勝人的優勢，在戰場上，他是領了殺人執照的，可以放開手腳，合法地殺人，殺人愈多，功勞愈大，英雄氣愈足。他幫父親把燕王的王冠用血洗，洗啊洗，洗出一頂「白帽子」，從此更為「自負」，益加「恃功驕恣，多不法」。

總之，史書為朱高煦勾畫的完全是一張天生魔頭的漫畫肖像。這或許有成王敗寇的因素，因為一個見多不怪的事實是，人在做賊時就是一副短命的、死不得超生的惡鬼像，一旦稱王臨位，馬上洗臉更衣，換作一副龍姿鳳質、冠冕垂旒的聖君之像。朱棣就是一個典型。高煦是失敗了，留下的影像如此不堪，我們可以假設，如果他圖個僥倖，居然登臨帝位，那麼他一定門庭重光，作為一位聖明之君在國史中耀耀發光。

正因為中國的古書裡面，夾雜了太多的故意抬高和刻意抹黑，信用失效，所以今人雖然不能將它們丟在一邊，但也增長了讀史的智慧。最近見到有高煦故封之地濱州（明為樂安州，高煦失敗後改為武定州）的人士，撰文討論高煦是反賊，還是英雄。我愚以為，對「反賊」高煦重新認識，分析他是如何被「抹黑」的，的確有價值。但若對史料一概否定，必欲平反而後已；摘掉舊冠猶覺不足，定要重製一頂「英雄」的高帽兒奉上，恐怕有矯枉過當之嫌。

撥開歷史的迷霧，至少有一件事，不是誣詞：朱元璋死後，朱棣本人奉旨不能到京哭臨，就命高熾、高煦代為入京告祭。舅舅徐輝祖對高煦頗多訓誡，高煦不耐煩，偷了徐輝祖一匹良馬，徑直渡江逃回北平去了。他在途中兇暴異常，動輒殺人，在涿州，只因小故，就擊殺了一名驛丞。驛丞雖小，也是朝廷命官啊！燕府二王子的暴行引發了朝廷的強烈反感，「朝臣舉以責燕（王）」，朱棣不僅代子受過，縱子行兇，也成為削藩的主要罪行之一。

總的說來，朱高煦身長七尺，輕趫勇武，英武之氣非凡；在一部分朝臣，尤其是參加過靖難之役的燕府舊將中，擁有不少的支持，他代表了透過奪位戰爭興起的靖難新貴的利益。

應該說，高煦的實力基礎是很堅實的，朱棣對靖難功臣的意見，不能不表示一定的尊重。但高煦的毛病太明顯了，此人性格浮露，又不愛親近儒臣，在以文官為主體的廣大朝臣中缺乏擁戴。在朝的絕大多數文官都是建文朝留下的，對彪悍善戰的高煦毫無好感。

当然，朱高煦最大的劣勢，在於他是次子，上頭壓著一位名分早定的大哥。這是最難逾越的一座大山，他固然是一位「力拔山兮氣蓋世」的好漢，但在嘗試之後很快發現，這座山實難撼動——儘管它看起來總是不穩當，在烈烈強風中搖晃。

不管怎樣，對於選拔誰來做繼承人，朱棣一定是經過反復比較與權衡，才做出最終的決定。我想，他考慮的重點，應是如何為萬世立法，而不僅僅出於對某一個兒子的偏愛。朱棣因篡得位，他思考的關鍵，恰恰在於如何避免靖難之役的悲劇在他的子孫中重演。

朱棣即位後，在事實上繼承了建文帝的削藩政策（只是步驟更舒緩一些），對「塞王」的封國重新進行了調整，逐步剝奪王子們的武力和干預地方事務的權力。當來自家族的威脅消除之後，則要著重考慮家庭內部的穩定，他知道，太祖確定的嫡長子繼承制，是杜絕非分之念、避免皇室內部相爭的最好選擇，此時若俯從群臣之請，冊立世子高熾做太子，既順理成章，亦等於重新確立並堅持這一制度，將有利於萬世！如果改立高煦或高燧，則必將引發朝廷持續的紛爭，甚至動搖朝廷統治的基石。這是朱棣不願意看到，並極力避免的，而這才是朱棣做出最後決斷的主要因素。

第四十三章 唯有父子情，一步一回顧

永樂二年（1404年）初，經過長期的反復考慮，朱棣最終做出決定。這年二月，他派隆平侯張信、駙馬都尉永春侯王寧前往北方，召還在北京居守已一年有半的長子高熾和在開平戍邊的次子高煦。

事實上，早在打發高煦去幾千里外的開平時，他已經做出決定。他這麼做就是要讓高煦離開南京，遠離那些擁護他的靖難功臣，讓喧囂的政治塵霧消散一些，熾熱的躁動冷落一點。果然，高煦一走，這

個野心勃勃的爭嗣集團失去了中心，頻繁的祕密活動馬上陷入癱瘓。高煦尚不知覺，還打算在開平再立邊功，進一步鞏固父親的寵愛。王寧到開平後，偷偷向他透露，皇上已命禮部籌備冊封大典，太子之位誰屬，馬上就將揭曉。他頓時快意踴躍，但當聽說大哥也一同奉詔還京時，心裡卻有了很不好的預感。

兩位王子回到南京，四月裡，朝廷舉行了隆重的冊封大典，授長子高熾金冊、金寶，立為皇太子，而封次子高煦為漢王，三子高燧為趙王。

高煦大失所望，儲君之位，終究還是落在「酒囊飯袋」的大哥的囊中。在南京盛夏的炎熱中，高煦恍如一個冰人，全身都要融解了。如果他的父皇曾經給過他一個承諾，如今是父皇食言了；如果父皇從未給過他那樣一個承諾，他發現一直以來的自得、自信，全然不過是一堆笑料。

朱棣大概對未能冊立高煦存有歉意，對他格外優禮、縱容，「高煦寵益隆，禮秩逾嫡」。但這不僅沒法撫平高煦的失意，反使他益無忌憚地使性、鬥氣，甚至故意挑父皇之怒，以宣洩他的不滿。為父的也無可奈何，只能聽之任之。

這時，那位有名的才子，內閣學士解縉蹦了出來，大進忠言，勸皇上禮遇漢王不可過分，否則會引起不必要的爭端，說漢王的待遇超過他應得的，會使他爭嗣之心不死，還會繼續希圖太子之位，這不利於朝廷的穩定。

可惜解縉才高固才高，就是太不識相，在一個極不恰當的時機，出言干涉皇帝的家事。朱棣正為此事頭疼呢，心中蓄著一團怒氣，左看右看，想找個噴子噴出來。不幸解縉直向前撞上來，朱棣馬上想起，解縉是力挺太子的，這回他又出位妄言，請求制裁漢王，明是存了離間骨肉之意——雖然他忍隱下，暫未發作，而解縉一言，實已種下自家災難的種子。

解縉是明初第一大才子，在永樂初年甚是蒙寵，朱棣開內閣，第一個就請他入閣，為眾學士之首，這是非常之信任了。《明史》評價他「任事直前，表裡洞達」，也就是勇於任事，內外一致，但毛病是

「好臧否，無顧忌，廷臣多害其寵」。

「好臧否，無顧忌」是說解縉喜歡議論人物，但他卻不擅韜晦，不懂得做事必先處身的道理，經常挾著一股意氣，直言無忌，他的「寵」在別人眼裡，成為害人之物。

比如有一次，朱棣寫下十位大臣的名字，讓他各評其長短。解縉說：「蹇義天資厚重，但是沒有定見。夏原吉頗有德量，就是不懂得遠離小人。劉俊有才而不顧義。鄭賜有君子之風，卻短於才。李至剛為人放誕，趨炎附勢，有才而行為不端。黃福秉心平易直爽，有執有守。陳瑛刻於用法，尚能持廉。宋禮為人戇直苛刻，聽不見別人的意見。陳洽通達警敏，亦不失正。方賓簿書之才，騶儈之心。」

瞧瞧！這十位大臣，如蹇義是吏部尚書，夏元吉是戶部尚書，陳瑛是掌都察院左都御史，都是當朝重臣，除了黃福與陳洽二人，解縉的評語都是先贊後貶，先揚後抑，這就是解縉的「臧否無顧忌」。他任寵議論，隨意撰寫「月旦評」，又不趁著「天聽」的機會，多替僚友說些好話，所以解縉在當時就有「狂人」之號。

話從口出，禍從天來。解縉無意之中得罪了很多人，好比那十人中，左都御史陳瑛我們多次提到他，是一位酷吏，是惹不起的人物，解縉如此放言無忌，使他在朝廷的地位非常孤立，危難之時，無人施之援手。

在議漢王之事後，朱棣開始膩煩他，這種態度時不時表現出來。比如有一次賜內閣黃淮等五人二品紗羅衣，這是極高的禮遇（明初閣臣官品不高，解縉也不過四品），而唯獨居內閣之首的解縉沒有任何賞賜。這是解縉失寵的公開信號。

解縉不屑於隱藏自己的政治觀點，以一個堅定的「太子黨」的面目示人。有一個故事說，朱棣冊立高熾後，易儲之心始終未消，不願多見這個兒子。一日解縉奉命題《虎顧從彪圖》，借機進諫，題詩道：

「虎為百獸尊，誰敢觸其怒。唯有父子情，一步一回顧。」

朱棣見詩有感，燃起父子之情，馬上命尚書夏原吉去南京迎取太子。

這個故事見於明末馮夢龍所編的《智囊全集》，是一個「智慧故事」。解縉本是一狂生，非常缺乏政治智慧，所以罹難。但在民間傳說裡，他漸漸成了一個極聰明的人，無論是世事，還是政事，都能恃其智慧，處理得應裕自如。這個題詩相諫的故事，大概也是後世附會敷衍出來的，並不可信。

然而作為親近的儒臣，解縉過於鮮明的表達政治態度，使他身不由己地捲入儲位之爭，引來殺身之禍。

不知道解縉在內閣的最後一兩年裡，是否意識到他面臨的巨大危機。朱高煦最恨他了，不斷在朱棣耳邊進饞，必欲置之死地。高煦知道朱棣最忌諱禁中密語不密，就從父皇身邊的宦官那裡打聽到朱棣君臣的密語，將其外傳，然後向朱棣告發，說是解縉在外面妄言，將禁中之語外泄，加深了朱棣對解縉的不滿。

永樂五年（1407 年），朱棣藉口主持會試廷試的解縉讀卷不公，將他降為廣西布政司參議，逐出京師。已經嗅出味來的禮部郎中李至剛（此人也在那十人之中）立刻跳出來打落水狗，揭發解縉「怨望」（出怨言）。朱棣大怒，下令已在路上的解縉改官交阯。交阯原為安南國，被朱棣用兵平定，納入版圖，成為新的一省：交阯行省。交阯在邊方荒裔煙瘴之地，又是剛剛平定，形勢不太穩定，當時在交阯任官的，多是被貶官之人。

解縉因言招禍，從權力的最核心貶到危機四伏的邊遠省份交阯去了。

朱高熾坐上皇太子之位後，有那樣一位不喜歡自己的嚴父在上，這把大椅要想坐踏實，真的很不容易，其中的艱辛，他竟用了二十年的時間來品嘗。

東宮又稱為「東朝」，歷史上，東宮與皇帝之間的關係就比較微妙，打個比喻，它就像當今皇帝與未來皇帝，又像處子與老婦，太子幹久了，很容易遭到皇帝的猜忌，拿他當前世債主與今世的冤家。

朱棣在南京待了七年之後，就開始頻繁北巡，都城南京反成了打尖之地，不再過久停留，凡鑾駕離京期間，都由皇太子監國，主持朝政。皇帝與太子的分工是：「中外政務有成式者，啟皇太子施行，大事悉奏請」，即太子處理日常事務，照成例施行，大政要務仍須奏稟行在，由朱棣親自處斷。

這種情況在歷史上較為少見，在明朝也屬僅有（後世也有過太子監國的例子，如嘉靖十八年世宗南巡期間，但僅是名義上的）。這樣，在南京以東宮為核心，形成了真正的「東朝」。

朱棣對高熾並不放心，他一方面對高熾這位受挫的皇位競爭者採取優容慣縱的姿態，使不滿的高煦心懷狼噬之心，蹲伺在東宮身後，察其過失，令太子有枕席難安之感，以達到牽制的目的；另一方面，他對朱高熾採取較為苛刻的態度，使其常震懾於雷霆之威，而少沾雨露之恩，不得不小心唯謹，救過不暇。

這樣的故事很多，如朱高熾因身體肥碩，腰腹數圍，朱棣每次令皇子練習騎射，他都要告個「不能」，令朱棣不快，高煦常常借題大加嘲笑。一個流傳甚廣的故事說，一次眾皇子奉命去謁祖父的孝陵，高熾因為體肥，又有足疾，陵寢的神道那麼平坦，仍要靠兩名宦官扶掖，才能前行，還經常失足跌滑。高煦見狀，在身後戲言道：「前人蹉跌，後人知警。」哪知話音剛落，身後一人應聲道：「更有後人知警也！」高煦大驚失色，回頭一看，原來是皇兄之子朱瞻基，未來的宣宗皇帝。這大概是「螳螂捕蟬黃雀在後」故事的明史版吧！《明史》將其置於高煦傳中，既刻畫了高煦的淺薄浮露，又為高煦終為宣宗所滅埋下伏筆，可稱妙筆。

太子的肥體與跛足，常令朱棣覺得他居於儲君之位，是一件難堪的事。但太子無罪，這背上的芒刺輒難以拔去，朱棣懊惱之下，便有不近人情之舉。

有一次，太子像座肉山一樣移到朱棣面前，朱棣見了氣不過，下令減少太子的伙食供應，或許還罵了一句：「肥豬，少吃些會死嗎？」管理東宮食堂的官員不敢違旨，降低了太子的食品標準，由十八大碟減為四菜一湯，但他怕太子吃不飽，也想借機討個好，就在家裡備些可口飯菜，偷偷送給太子吃。這件事很快被朱棣知道了，居然雷霆震怒，將此人處以醃刑，可憐這廚子頭，頓時化為一灘肉泥。

此人所積原是個陰功，雖然本人沒有升官發財，得個現世報，但朱高熾登極後，不忘他一飯之恩，給了他後人一個官做。

朱高熾在做太子的二十年間，「過失」不斷，每次都遭到其父的嚴厲打擊。朱棣當然不會直接打太子的屁股，自有東宮的僚屬代為受過，每隔一段時間，他們都要去牢裡報個到，有的差點把牢底坐穿。對這些委屈，朱高熾只能強忍，與宮僚們一起堅守，共呼吸，共命運，風雨同舟，共渡難關。對兄弟的讒言，他不敢辯，不敢反擊，他們有了過失，他還要為之分辨求情。

曾經有人問他：「殿下可知有人說你壞話嗎？」高熾不問其人是誰，只是說：「不知，我只知道盡我做兒子的職責。」此人的試探，被他一推，變成表達忠心的宣言。可見他是時刻提防著父親、弟弟的耳目的。

他說的其實是違心之言，並非本意，如漢王高煦為自立，太監黃儼、江保為擁立趙王高燧，都是不斷進饞之人，整日在頭頂嗡嗡嗡，他豈能不知？他絕口不提，只是將怨恨深深地植於心底。他身邊的親近輔臣不斷遭難，如黃淮、鄒濟等人，坐獄達十年之久，他也不敢逆父意，出一言相救，只是忍氣吞聲做孝子，而在私下裡給下屬許諾：「你們若有不諱，我當提攜卿息，不使墜蓬蒿也。」意思說，先生們啊，你們為孤家犧牲，我當記得，將來一定提攜你家子孫，以為報答。

這是何其的苦悶和壓抑啊！

高熾委曲求全，並非他毫無性格，窩囊無能。高熾最大的長處，就在於他能伸能屈，謹慎地掩藏著

內心的憤怒與怨懟。他即位後，真面目就暴露了，有好幾次，因為朝臣在朝堂上進諫，拂了他的面，立馬翻臉，差點讓武士用金瓜將人打死。

但朱高熾能做到不忘本，他自知東宮這艘飄零的孤舟，能在狂風暴雨中遠航，並最終抵達勝利的彼岸，追隨他多年的宮僚貢獻、犧牲最大。他繼位後，有德報德，有怨抱怨。首先處死了黃儼、江保這兩名一直與他作對的巨閹。他還不忘侍郎胡濙！胡侍郎到南京來，高熾為了表示對父皇駕前來人的尊重，特地關照胡濙，免他的朝參；但胡濙堅持上朝，以表示尊重太子。雙方禮數周到，舉案齊眉，相敬如賓。但朱高熾頗疑胡濙是奉了密旨來刺察他過錯的，他忘不了此事，登基後專門檢出胡濙的奏疏，看他到底向父皇報告了些什麼。結果見密疏裡說的盡是東宮的好話，這才龍顏大悅，該賞該罰，一下就定了。

朱高熾對舊人的情誼如舊仇一般，輕易不得釋懷。他即位後，東宮舊僚紛紛從龍，多數都做了高官。此時君臣無憂，安享富貴，但他仍時常想起他們當年為了他，無辜下獄，所備嘗的艱辛，此時就忍不住傷感落淚。

從正位東宮，直到順利繼位，二十年間，朱高熾承受了巨大的心理壓力。在明朝歷史上，還有一個人情況類似，那就是神宗的太子朱常洛。而有趣的是，二人又都是明代在位時間最短的兩位皇帝：朱高熾，一年而崩；朱常洛，在位時間更短，約一個月。在危境中蟄伏，荊棘中摸爬，好不容易支撐到繼承大統，揚眉吐氣，胸臆大開，應該「其來正長」才是。到底是什麼風暴，竟如此猛烈地摧殘了他們的生命之樹？

我想，那是長期壓抑之後突然爆發的颶風吧！他們以皇太子之尊，長年累月地被扭曲壓制在一個令人窒息的小盒子裡，即位之後，不願再委屈自己，而有任何的自抑。於是肆意行事，不想尋樂反而促壽了。

朱高熾死亡之謎，後文續有解密。

第四十四章 善守者終於擊敗了善攻者

朱高熾的優勢在於他的儲位早定，從世子到太子，一直是法定的繼承人。無論他父親多麼想擺脫他，都改變不了諸子中他最為年長的事實。高熾深知，保持這一優勢的關鍵，是以靜制動，只要不犯太大的錯誤，不管路途有多麼曲折，江水終有奔流入海的一日，寶座沒長腳，不會自己跑，它會在寶殿裡靜靜地等待他。所以朱高熾謙抑不爭，實在是高明的戰略。

而他的兄弟們，在娘胎裡就已慢了，現在非得亟亟行動不可。高熾善守，從靖難中的守北平，到堅守儲位，居守南京，他一輩子都在守，守對他駕輕就熟，他一點都不急躁。他的弟弟們則不得不努力地攻，時日拖得越久，他們的機會越渺茫。

只要掌握了動與靜這兩個字，就把握住了永樂中圍繞儲位爭奪的關鍵。

二王子朱高煦受封為漢王，他得到的封地是雲南。一旦去了雲南，嗣位從此甘休，莫再想了！他質問父皇：「我何罪，斥我萬里！」拒絕到封地去。朱棣見他抗拒，便不再強求，也不改封，任由他留在京城。在北征北巡時，還將他父子帶在身邊，讓所有人都看到了皇上對二王子的寵愛。

然而成年皇子不到封地去，軟磨硬泡地留在父皇身邊，這是違反祖制的。太祖朱元璋在兒子們才十六、七歲時，就把他們打發到封國去，只留太子一人在京，無一人能夠例外。朱高煦賴在京城不走，朱棣竟然默許，這不能不引發猜想。

高煦不到封地去稱王，王爺的規制與待遇卻一定要享受。按照祖制，親王可以擁有三護衛（即三個衛，按編制每個衛應有官兵五千六百人）的兵力。在京衛分都是天子禁軍，高煦非要撥三個衛給他，而且指定要天策衛。皇上竟然也答應了，以天策衛為漢王護衛。

在京四十九個衛，高煦為什麼偏偏挑中天策衛？明眼人一眼就看出來：高煦行事，處處模仿唐太宗，李世民曾做過天策上將，他就討天策衛作他的護衛。一個衛還不足，後來他又乘間再請增加二衛，以足親王三護衛的定制，朱棣都一概滿足他。

高煦深受皇上寵愛，在朝擁有一大批實力派的支持，如今又在京擁有了相當的護衛兵力，許多人為此惴惴不安：將來一有機會，漢王是否也要學唐太宗來個玄武門之變？

但奪取儲位的過程太過漫長，時間拉得太久，黃金都會變得像冬粉一樣柔軟。在表面的風光之下，朱高煦感到了強烈的虛弱和乏力，覺得他為之努力前行的那個目標，似乎漸行漸遠。

永樂七年（1409 年），他遭受了最為沉重的一次打擊，他最重要的盟友淇國公丘福，在這年七月的北伐中全軍覆沒，與丘福同時戰死的還有武城侯王聰、安平侯李遠等人，都是燕府舊人，又都受過高煦節制，與他有著密切的個人聯繫。

朱棣得到敗訊後，大為震怒，宣布追奪丘福的爵位，將他全家流放到海南。

自從高煦從開平被召回後，就再也沒帶兵打過仗，他與軍隊的聯繫，主要依靠丘福等靖難將領。如今丘福等人殞命，「靖難系」親信遭受重創。缺少了實力派的擁護，高煦倍覺勢孤；而在擔任皇太子多年之後，他的東宮哥哥卻得到越來越多朝臣的傾心擁戴，在儲君的寶位上越坐越穩——這一盛一衰，可以身感，而難以言表。

高煦發現，他只能像一個饒舌婦一樣，在父皇跟前不斷講哥哥的壞話，父親有時候聽，更多的時候不聽，即便聽信了，也只是處罰東宮的幾名臣僚了事，對太子的地位，根本毫無觸動。

隨著朱棣在位日久，他把主要精力放在對付蒙古的軍事威脅和營建北京上，而對政事表現出厭倦。朱棣晚年病體纏身，經常不出朝理政，而將日常庶政全部委託給太子處理。這都顯示出太子地位的日益穩固。

更令高煦不安的是，父皇對他的態度也開始發生微妙的變換，經常有意無意地向人詢問：漢王是否有奪嫡的圖謀？是否頗多不軌之狀？彷彿是在向他傳話，側面地提出警告。

永樂十三年（1415年）五月，父皇再次過問高煦的就藩問題，這次給他安排的新封地是青州（今屬中國山東濰坊）。青州在山東中部，處於南北兩京居中的位置，交通較為便利，但高煦仍不願去。為此朱棣對他進行了一次正式的規勸，專門給他下了一道敕，敕文責問道：

「你既然已受藩封，豈可常居京邸？以前你嫌雲南遠，不願就封，今封青州，你又托故欲留，名義上說是想侍奉在我身邊，但皆非實意。這一次，你無論如何都不能再辭了！」

但高煦仍不當回事，照舊使一個拖字訣，輾轉遷延，就是不走。

但這次與以往不同，高煦雖然仍是抗拒，但他明顯感受到了來自朝廷的壓力。許多議論和風聲，從四面八方灌進來，如說漢王借著從征的機會，私選各衛健士，又募兵三千餘人，不入兵部之籍，使朝廷無法掌控，成為他私人豢養的武裝；又說他肢解無罪之人，棄屍於江，且僭用天子乘輿及器物……對人臣的指控，升級到這一步已經非常危險了。

他府中的臣僚也受到打擊，先是朱棣以王府長史程石琮、紀善周巽等不能「匡正」漢王之過，皆黜為吏，發遣到等於死人之地的交阯去。後任長史蔡瑛、紀善周岐鳳害怕遭到同樣的命運，積極進諫，勸殿下稍加斂戢，卻又令王爺不滿。高煦被他兩人叨叨得不甚其煩，借個事將他倆送錦衣衛獄裡關起來。

錦衣衛監獄是天子詔獄，當臣子的怎麼可以往裡送人呢？這事被皇太子高熾知道了，雖然指出二弟[10]狂妄的事實，卻又表示「重違高煦意」，說是不輕違二弟之意，遂把周岐鳳降為長州縣教諭[10]了事。但太子抱怨道：「錦衣衛非王府獄，恐怕父皇聽說了，又要加怪高煦了！」

如果高煦是個聰明人，他一定能感到這是山雨欲來的滿樓之風；他經歷過那麼殘酷的政治鬥爭，應該敏感地察知，這些風聲不是無緣無故鼓起來的，其中隱含了極大的危險。然而他卻懵然無知，依舊我行我素。他的部下倚仗他的勢力，在京強占民田牧地，縱橫劫掠，誰也不敢過問。有個叫徐野驢的兵馬指揮，太歲爺頭上動土，擒治了幾名漢王衛士。高煦勃然大怒，他是老虎屁股摸不得，立即將徐野驢抓起來，一鐵瓜將其擊斃。徐野驢怎麼說也是朝廷命官，就這麼死於非命！雖然京朝官員敢怒不敢言，無人敢於出章糾彈，但二王子肆意妄為的惡行實際上已經毀滅了他最後一次衝擊嗣位的機會。

對高煦的所作所為，朱棣隱忍未發。第二年，他從北京回到南京，決定有所行動了。在召見一些親近大臣時，再次提到漢王的問題。他首先詢問吏部尚書蹇義。蹇義是個熟軟的老吏，對這樣敏感的問題，才不會像才子解縉那樣任情直說呢！皇上問他，他裝糊塗，來一個「不對（不表態）」，表示並不知情。

朱棣又問翰林學士楊士奇。

楊士奇起初是閣臣，永樂七年朱棣北巡時，留他在南京輔導太子，與東宮建立起親密的關係。此人機心頗深，為人圓熟，他答道：「臣與蹇義俱侍東宮，外人無敢為臣二人言漢王之事。」他不正面回答漢王有無不軌的行跡，推說自己輔導東宮，對於漢王爭嗣的舉動，無從知曉（順帶替蹇義圓了場。蹇義以老成持重見長，不是個機靈鬼，年紀又大，哪有他腦筋轉得快，奏對時難免吃虧）。

楊士奇雖然害怕得罪漢王，留下禍患（宮中奏對，不得不防隔牆有耳），但他畢竟是東宮輔臣，豈可不維護皇太子的利益？這也是他切身利益所關。於是借皇帝之問，乘機進言道：「但漢王兩次奉敕就藩，都不肯離開南京，現在聽說陛下將遷都，輒請在南京留守。這是何用意，惟陛下熟察之。」他不把話挑明，請皇上自己去忖度。

不言而言，這才是高明的政治手腕。

朱棣聽罷，默然不語，揮了揮手，起身回鑾。此番回鑾，他已決計不顧高漲的反對聲浪，強行遷都北京。漢王知道後，多次向他請求，要在南京留守。留守之任非常重大，一般都是讓儲君擔任。漢王的心思，再明白不過了。楊士奇的話觸動了他的心結。他遷都的計畫，已經準備多年，但遭到群臣的強烈反對；他多次出兵打擊蒙古各部，戰事都不順利，韃靼、瓦剌兩部勢力沒有任何削弱，而南方交阯又陷入持續的混亂。這些都令他焦躁，沒有心思在為皇子之間的不合分神。他知道，是必須做出決斷的時候了。

幾天後，眼巴巴盼著父皇遷都後，能夠留在南京獨霸半邊天的漢王高煦，接到了一個意想不到的處分：父皇將他召入宮中，扔下一紙，令他自己看。上面詳細開錄了高煦的犯罪事實，如私造兵器、陰養死士、招納亡命，以及漆皮為舟，教習水戰等，達數十事之多。

高煦驚呆了，原來父皇早已對他進行了暗中密察，搜集證據，只等跟他算總帳了。朱棣對他大加斥責，命人褫去其衣冠，因繫於西華門內，著令太監黃儼晝夜看管，並威脅說，將要廢他為庶人。高煦彷彿跌入冰窟，半句話都說不出。

這時，侍立在一旁的長兄皇太子說話了。下面一段對白，是我照錄《明太宗實錄》原文，信不信諸公自辨之：

太子見高煦挨批，他做哥哥的，跟往常一樣，連忙出頭，替二弟說好話。朱棣對太子出言相救大為不滿，厲聲道：

「我為你去孟賊，你反欲養患自及嗎？」

「高煦雖是無狀，但他未必有害臣之心。」太子跪奏道。

「我做父親的，難道還不知道這逆子嗎？」朱棣滿臉臉怒色。「縱然你千萬分愛他，他自以為是李世民，把你視作李建成，這樣的東西，你能容他嗎？」說罷，忿然起身。

過了幾天，太子復來勸解，朱棣對他道：「你不從我意，日後悔之無及。」又自忖道：「把老二放到什麼地方好呢？青州他不肯去，又決不可再把他留在京師，就是畿內之地[11]也不可容他⋯⋯」

終於他想到一個合適的地方，對老大說：「我今勉徇你意，不削其爵，將他放於近於畿內的地方，一旦有變，可朝發而夕擒也。」

他為高煦擇定的封地是山東樂安州。有意思的是，樂安州原名棣州，永樂元年因避朱棣之諱，而改今名。朱棣將這樣一處地方封給他心愛的二兒子，不知是否另有深意？

高煦倒楣時，皇太孫朱瞻基也在一旁侍立，朱棣扭頭對太孫說：「我為君父的還在位，你叔叔尚敢如此，將來他更不會將你父子看在眼裡。你不要忘了我說過的話。凡有危宗社之人，當為宗社除逆賊，周公誅管、蔡，是聖人的所為。」

看官！依我說，實錄的這段記載，前半段或為真，畢竟仁宗即位後，沒有對朱高煦進行打擊報復，他所言非虛；而後半段朱棣告誡他孫兒宣宗的一段話，則我判定定然出自偽造。

朱高煦最後是死在宣宗手裡的，此處記載祖父叮囑孫兒：你叔叔總是要反的，他若反時，你不必客氣，請滅了他吧！你這麼做，我不怪你，相反還要誇你是周公大義滅親的聖人作為。對此我絕不相信，實錄這麼記，明擺著是替宣宗以姪屠叔的不倫行為辯護，拿朱棣來做擋箭牌。而它多麼容易識破呀，簡直就是畫蛇添足。

當狂傲的高煦大觸霉頭時，朱高熾沒有趁機落井下石，而是苦苦勸諫，請求父親饒恕這個不爭氣的弟弟。高熾顯示出一位元儲君應有的大度、一位兄長應有的友愛。他何嘗不知，這是父皇在考驗他，假

若他幸災樂禍，流露出愉悅的心情，整個事件可能立刻會顛倒過來，其結局不可想像。

他再不會說錯話啦！此時高熾的身後有一大群高明而忠心的宮僚輔佐，早給太子的發言定下了基調，他再也不會犯靖難之初那樣愚蠢的錯誤了。高熾正確履行了自己的職責，他跪倒在父親身前，哭泣著請求原諒高煦。朱棣對此表示滿意，他根本無意過分處置愛子，此舉不過是為了打擊高煦的銳氣和倨傲。高熾出言相救，他也就借梯下臺，下詔將高煦左右幾名親信處死，同時削去漢府的二個護衛。

這是永樂十四年（1416年）十一月間的事。之後高煦失去自由，一直被軟禁在大內。第二年三月，在朱棣再一次北巡的前夕，高煦被勒令離開南京，到封地樂安州去，即日起行，不准停留。數日後，朱棣的鑾輿也向北京進發，仍命皇太子監國。這是朱棣最後一次在南京停留，也是他最後一次北巡，此後他再沒有回過南京。

三年後，北京宮殿建成，正式詔告天下，宣布以北京為京師，當年年底，皇太子攜皇太孫一起來到北京。又過了三年，朱棣死在北征回師的路上，他的遺體與先已入葬的徐皇后一起，合葬在北京昌平天壽山的長陵裡。

第四十五章 殺死皇帝，擁立三皇子！

書上說，高煦到了樂安，「怨望，異謀益急」，恐怕言過其實。高煦鬱鬱居於樂安小地，一雙空拳，縱有吞天之志，能把天捅出一個窟窿？「怨望」定然為真，「異謀」恐未如是之急也。

總之，自高煦遷到樂安，他這口灶算徹底涼了。但這並不意味著高熾從此安坐太子之位，再無可憂。事實上，這時另一個有力的競爭者，凸顯了出來，他就是三弟趙王朱高燧。

在永樂朝的前半段，高燧年紀尚輕，他小心地掩藏著自己的欲望，看起來更像二哥「選戰」的樁腳，而不是一個獨立的競爭者。隨著高煦勢力的迅速衰落，他作為皇位競爭者的形象開始清晰起來。

高燧比他粗豪的二哥要精明得多，當高煦在前臺又蹦又跳、喧沸狂躁時，他處事低調，只在暗中籠絡物色可用之人。永樂三年（1405 年）二月，在大哥被冊立為太子而後行（對親王稟事，稱「啟」）。此後，馬都尉袁容和泰甯侯陳珪兩位勳臣輔助他，一切政務均須啟王而後行（對親王稟事，稱「啟」）。此後，一直到永樂遷都，高燧長期在北京經營，只是每年回京朝拜一次。

高燧長期獨當一面，使他在北方形成一定的實力基礎。但他最重要的盟友，不是大臣或將軍，而是父皇最為寵幸的太監，如司禮監太監黃儼、內官監太監楊慶等人，而在外朝文武官員中，沒有什麼人擁護他。

總有這樣一等家奴，喜歡生活在主子爭鬥的夾縫中，黃儼就是這樣一個人。他在洪武年間即侍燕王於府邸，資格很老，比如有名的太監王彥（小名狗兒），也是靖難功臣、朱棣駕前親信的閹將，在永樂中曾長期鎮守遼東，此人貴盛如此，也要認黃儼做乾爹。其他知名太監如鄭和等，應該都是其後輩。

黃儼深知朱棣對幼子的喜愛，他把寶壓在高燧身上。《明仁宗實錄》說：「宦官黃儼因為趙王高燧是皇帝鍾愛的幼子，故為之設計，謀奪嫡位。」

但是，由於年齡的緣故，高燧崛起較晚，而高煦較早就是儲位的有力爭奪者，看起來黃儼謀立高燧，似乎在做一項前景非常不明朗的長期投資，反不如投靠高煦來得實際。黃儼對高燧的堅定支持，或許另有原因。不管怎樣，出於對兄長的共同忌妒，高煦和高燧結成了暫時的聯盟，黃儼活躍其中，是永樂朝宮廷紛爭的重要推手。

黃儼此人，在明朝實錄中出現較少，但在朝鮮《李朝實錄》中，卻是個常見的角色。這是因為他多

次奉朱棣之命，到朝鮮去征索鷹犬與美色，朱棣的許多朝鮮族妃子，都是黃儼親自挑選而來。朱棣將這等見不得人的穢事交給黃儼來辦，足見對他的信任及兩人關係之親密。黃儼雖然為奴，但他對朱棣的影響力決不可小覷。

與高煦一樣，高燧奪嫡的前景也是愈行愈難。雖然朱高燧的太子之位，在永樂十五年高煦就藩後，進一步得到穩固，但他艱難支撐、不時而危的局面，並沒有根本改善。前文講到，朱棣曾派侍郎胡濙，以別的名義來到南京，密察太子過失，其背景正出於黃儼的進讒。黃儼向朱棣告發太子「專擅」，未經奏請，即將一些犯人赦免。他知道朱棣的脾性，所以專挑最能令他起疑心的事來說，往往能一言中的。

黃儼以家奴譖本家長公子，正應了那句以疏間親，以卑謀尊的老話，居然奏效！朱棣立即下令，派人到南京去逮捕東宮僚屬，為此多人受到牽累，甚者死在獄中。朱棣還不放心，大概黃儼所告「擅赦罪人」，在他看來有收買人心、誘過於君父的嫌疑，所以特別反感。直到胡濙密疏太子誠敬孝謹七事，保太子沒有異志，這一篇才揭過去。高燧又一次安全度過危局。

其實，即便朱棣以一時之怒，將太子廢黜，皇太子的冠冕也不大可能幸運地飛到高燧頭上。他與高煦一樣，雖然父親的寵愛遠過其兄長，但他與高煦的悲劇是一樣的，誰讓他們生的晚呢？嫡庶有別，長幼有序，這在那個時代是難以逾越的倫理高牆。

除了哥哥高熾，高燧還有一個敵人，那就是皇上的長孫、大哥的長子、他的親侄朱瞻基。

永樂九年（1411年）十一月，朱棣冊封十三歲的長孫朱瞻基為皇太孫。朱棣的做法看起來不符合常規，朱允炆被立為皇太孫時，其父朱標已死，皇太孫其實就是皇太子，只是允炆在輩分上屬長孫，所以確定他的儲君之號為皇太孫。如果皇位繼承人是皇帝的弟弟，可以叫皇太弟；是叔叔，可以叫皇太叔。但朱瞻基被立為皇太孫時，他的父親仍為皇太子，活得好好的，這就屬於創例了。

太孫相對於太子，用西方的繼承觀念來說，就是第二順位繼承人。這對於朱高熾是件大好事，他長

房這一支的皇位，形成了父子雙保險。

然而，他這邊保險了，高煦和高燧這兩兄弟，哪裡還有戲唱？

朱棣對這位嫡長孫特別喜愛。我們從現存朱瞻基的畫像來看，其實他長得極像他父親，也是鬍子一把，麵團而疏，體肥腰寬，而且跟他父親一樣，喜好文藝，現在流傳的宣德御筆，頗有幾分名家風範。他欲望很強，即位之後，派出大批宦官，到各地去採天麻、打野味。他很會玩樂，存世的宣宗圖卷，既有《行樂圖》，又有《出獵圖》。他玩的法子還多，陽春白雪時，撚筆劃丹青，鋪紙寫詩賦；下里巴人時，他會抱個罐罐鬥蟋蟀。因為皇帝要玩蟋蟀，天下官民都得替他找，許多百姓被逼得家破人亡，一個孩子竟憤而自殺，靈魂化作一隻蟋蟀，來完朝廷的貢賦。他還喜歡放鷹弄犬，動不動派太監到遼東和朝鮮去獵捕和征索，令朝鮮疲於應付，民怨沸騰……簡直是一位全才，除了大有堆頭的肥肉，更有堆量更大的才華，和他在一起一定不悶，所以贏得祖父的摯愛。

朱棣即位後，徐皇后帶著朱瞻基來到南京，朱棣找了個機會，讓孫兒出見群臣，《明宣宗實錄》是這樣記的：朱瞻基「儀容儼恪，屹如巨人，群臣瞻望驚異」。這當然是奉承話，亦足見朱棣對此孫的得意。

永樂七年（1409年），朱棣第一次北巡時，就帶上他；次年北征沙漠，命重臣夏原吉輔佐他留守北京，回鑾後就封他為皇太孫。永樂十二年，朱棣甚至帶著他一起進入沙漠掃蕩。朱棣透過各種形式，讓皇太孫「練習國政」，分明是在用心培養一位接班人。

看到父親對兒子如此栽培，朱高熾一定大大舒了口氣。

與高煦一樣，史書刻畫的三王子朱高燧，也是一個「恃寵，多行不法」的胡鬧王爺。為了拱倒他們的大哥，高燧與高煦合流（但並不同黨，他們是為了共同的利益走到一起來的，力往一處使，但心沒往一處想，高燧有自己的心事，他絕沒想過當二哥的忠臣），經常在父皇跟前說太子的壞話，弄得太子如

熱鍋上的螞蟻，備受煎熬，坐在儲君的寶座上，如坐針氈。而對於官員們來說，在東宮輔導皇太子，幾乎成為仕途的陷阱，很少有宮僚能逃脫牢獄之災，就連得到皇帝信任的楊士奇，也兩次下獄，而黃淮、楊溥等人，坐牢時間達十年以上。尤其以永樂十二年（1414年）那一次最為兇險，東宮所有僚屬全部蹲了大獄，只有兵部尚書兼詹事府詹事金忠，因為是靖難舊人，才得到格外開恩，沒請他吃牢飯，而金忠為了拯救太子，甚至以全家性命為太子作保。

朱棣對高燧「不法」的反應，遠比對高煦的要大。永樂七年（1409年），竟然誅殺了王府長史顧晟，並褫奪高燧的冠服，也虧了太子力解，才得以免罪。朱棣親自挑選國子監司業趙亨道、董子莊為趙府左、右長史，要求他們悉心輔導三王子，而從此「高燧稍改行」。改行之意，未必就是洗心革面、痛改前非，似應理解為從此處事低調，減少了不遜之態。

俗話說，愛之深，責之切。從朱棣對高燧責罰之重、維護之深，可見他對高燧的確是極為「寵異」的，生怕他以後以不法招禍，這與朱元璋在《明太祖皇帝欽錄》中嚴詞訓誡他的兒子們，道理是一致的。而每每由皇太子出場救弟，則有力地提升太子的威望。

高燧在北京經營多年，這些年恰逢朱棣不斷到北方巡行，多次發動北征，並在北京持續進行了大規模的基礎設施建設，數十萬來自全國各地的軍人及工匠聚集在這座未來的新都。高燧長期擔任居守之職，在實際政務中鍛煉了他的領導能力，培育了他的班底，也使他的野心久而不滅，就像壓在亂石下的野草，耐心潛伏著，直待春風，就要滋蔓。

高燧擁有一批鋼鐵粉絲團，在高燧繼位元無望的情況下，竟然在永樂末年預謀發動一場以推戴高燧為目的的宮廷政變。這場政變的計畫是：殺死朱棣，廢掉太子高熾，擁立趙王高燧。

這是一次胎死腹中的政變。

永樂二十一年（1423年）五月，朱棣身體不豫，病情一時非常沉重，有不起之勢。大家馬上想到，

一旦皇帝不諱，空出的皇位將由誰繼承。這是個問題嗎？皇太子朱高熾在東宮等待這一天已經二十年了。可是，皇太子登基，那份「從龍升天」的富貴，只便宜了東宮之臣，旁人是無份的。

有人不甘心，就動起歪腦筋，其中以趙王府護衛指揮孟賢等人為首，約欽天監[13]官王射成以及太監楊慶的養子楊某為內應，決心乘皇帝生病，來一場宮廷政變。他們計劃先從宮中進毒，毒死朱棣，然後將事先偽造的詔書從內廷發下，廢掉太子，立趙王為帝。

高熾最為有力的支持者太監黃儼，並沒有參預這次政變計畫，但他阻止太子即位的決心非常堅決，而且他一貫煽風點火，對這次政變的爆發，實際發揮了重要的煽動作用。

據《明太宗實錄》講，太子高熾在主持朝政期間，往往裁抑宦官，而太監黃儼、江保等人尤見疏斥。黃儼等嫉恨之餘，更擔心太子登位之日便是他們的末日，故日夜進讒，實錄講：「多賴皇上聖明，父子親愛，終不能間。」但也不得不承認：自此太子亦很難再見到他父皇了。

父與子、皇帝與儲君，一年見不到幾次面，這就為奸人跳樑留下了空隙。

黃儼是高熾的忠實擁躉，經常詐造毀譽之言，在外廷傳播。而朱棣晚年很少出朝理政，就是一班親信大臣也不容易見到他，只有黃儼等佞幸近臣隨時在駕前出沒。黃儼經常對外發布資訊，稱皇上「注意高熾」，以此誑誘外人。

孟賢任常山護衛的指揮。常山中以及左、右三護衛，是趙王的隨駕護衛。孟賢平時出入王府，與趙王關係較好，他聽信了黃儼之言，遂萌生了邪志。

孟賢找王射成商量，不料王射成說：

「我觀天象，不久當有易主之變！」

天象都顯示了，帝位不久將要易主，那還有假！兩人一拍即合。

孟賢開始積極地謀劃造反大業，首先被他招攬的親信包括他弟弟孟三、羽林前衛指揮彭旭，常山左護衛老軍馬恕、田子和，興州後屯衛老軍高正（又作高以正），通州右衛鎮撫陳凱等人，都是些下級武官，他們日夜潛謀，尋找動手的時機。

根據他們的計畫，將從宮中首先發難，因此，這是一場宮廷政變，如果沒有「貴近」的支持是不可能的。

孟賢等人透過王射成認識了太監楊慶的養子（史書沒有載其姓名，應該也是一名宦官），策劃由高正先寫好「遺詔」，交給養子收藏，待宮中進毒，皇上晏駕，即加蓋御寶，從禁中頒出，廢太子而立趙王；同時起兵劫奪內庫兵仗及符寶，分兵盡捕公侯伯及五府六部等朝廷大臣。

這樣的安排應該很嚴密了，又有宦官的內應，大事之成，總該有七、八分了。

這是一次富貴的盛宴，一旦成功，又一批「靖難功臣」將宣告誕生，世世享受榮華。造反派們非常有信心，在起事之前，高正將此事祕密告訴他的外甥常山中護衛總旗[14]王瑜，拉他一起來掙這份大富貴。

但王瑜一聽，嚇個半死，反過來勸舅舅，說這是滅族之計，千萬行不得。高正哪裡聽得進去，外甥既不肯，且作罷，逕自去了。

為什麼說做大事，一定得心狠手辣呢？就說這位老軍高正吧。他在決定將如此機密之事透露給王瑜時，就應該狠下心來，若從他則好，不然，管他是侄子還是外甥，就是一個死字！可惜他把信鴿放出去了，沒有得到回應，也就不再理會，自己接著去「做事業」。結果王瑜為保身家，先行一步，向朝廷告發，把好心關照他的親娘舅給賣了。

朱棣聞訊大驚，他雖然不相信第三子會做謀父弒兄的事，但還是下令，急捕孟賢等逆黨。待涉案人員被一網打盡，全部到案，朱棣命皇太子、趙王、公侯伯、都督、尚書、學士齊聚右順門（今中國北京故宮熙和門）內，聽他親自審問。

偽撰的遺詔很快從宮裡搜到了。莫說這是一份謀大逆的偽詔，就是一般百姓人家，家翁活得好好的，一點都不想死，甚至還特別忌諱別人提到死，卻突然手捧一份由他人私自代書的遺囑，自己的家產被人莫名其妙的瓜分，你說他氣不氣？朱棣一讀之下，簡直要像戲曲中的人物，三屍神暴跳，唔哩哇啦怪叫了！

他回過頭來，問趙王高燧道：

「這是你做的嗎？」

高燧早嚇得渾身抖如篩糠，跪在當地，一句話都說不出。他對事情的起因，的確毫不知情，但這件謀反大案，卻以擁戴自己為名，事到如今，他真是百口莫辯，覺得跳到黃河也洗不清了。

「此事是下人所為，高燧必不與謀。」皇太子在旁代他轉圜道。

高燧並不知道真相，但他作為長兄，必須得這麼說，就像當年他處處維護高煦一樣。

聽大哥開口替他打包票，高燧又愧又怕，他從未覺得大哥如是親切過，頓時涕泗橫流，直呼冤枉。

朱棣氣得頭暈，咳嗽加劇，說不出話來，他命文武群臣及三法司共同鞫治眾犯，自己先回宮去了。

次日，群臣共奏：

「孟賢等所犯大逆，具有事實，當並實極典，籍沒其家。」

但朱棣嫌鞫問太速，供狀含混，下旨將各家抄沒，王射成以天象誘人，即刻誅之；但主犯孟賢等人仍由錦衣衛窮鞫，不能讓他遽死，一定要他供出主謀。

獄中血肉橫飛，犯人筋骨寸斷。高燧身上雖不痛，心中卻驚惶勿寧；與他同樣備受煎熬的還有黃

儼、楊慶等許多人，錦衣衛奏上讖書，朱棣批示，將一千人犯全部處死。生怕那些犯人熬不住毒刑亂咬。

數日後，楊慶等許多人，生怕那些犯人熬不住毒刑亂咬。

高燧雖然沒有受到牽連，但平白受了一次大驚嚇，從此「益斂戢」，對皇位再不敢存分毫侈想了。

這件事趙王高燧是無辜的，他只是孟賢等妄人希圖富貴的一把梯子。但奇怪的是，太監楊慶竟也平安無事。這位楊慶也是永樂朝鼎鼎大名的宦官，據史料記載，他在永樂十八年（1420 年）下過西洋，去的是忽魯謨廝（波斯灣古國）等國。他在《明太宗實錄》中最後一次見於記載，就是永樂二十一年（1423 年）五月，他養子參與謀逆，事發被誅一事。再見於正史（《明宣宗實錄》），則是宣德三年（1428 年）六月，楊慶營建私第，工部尚書吳中私自拿官家的磚木石瓦相贈，可見他此時仍是貴盛，連尚書老大人都要拍他馬屁。一次宣宗登臨皇城門樓，見一座府邸修建得高大弘壯，詢問左右，知道了這件事，遂將拿官物做人情的吳尚書下獄，而楊慶仍是安然無恙。

楊慶的養子所犯的是十惡不赦的謀反大罪，實錄沒提他的名字，只說是楊慶的養子。按說此人能夠在皇帝的飲食裡進毒，應該是非常「近御」的人物，有可能他在宮內的同夥還不止一人，楊慶很難脫離干係。但楊太監居然歷三朝而寵幸不衰，後來還出任薊州、南京兩地鎮守太監，最後死在南京守備的任上，其必有說。

朱棣是個殺人如麻的暴君，可是他一生重病，生命即刻受到威脅，顯然他殺了那麼多人，並不能使他在自己的後宮獲得安全。恰恰因為他性格太殘忍，殺虐太甚，對下人薄涼寡恩，使內廷為一片陰鬱之氣籠蓋，而人心不服，都希望他早點死。這是一個小小的護衛指揮謀反，都能得到宮廷內應的根本原因。

朱棣在後宮施毒，可詳見後卷〈明宮鬧鬼〉。

第六卷

同氣相殘

第四十六章　一年間帝位三易

經過永樂二十一年（1423 年）夏天的這件謀反案，皇太子高熾的地位才真正穩固了。

次年七月，朱棣進行了他一生中最後一次北伐，跟前幾次一樣，這回興師動眾也沒有取得什麼像樣的戰果，只當進行了一次漠北巡遊。朱棣甚覺索然，身心亦感疲乏，想旋師，卻羞於無什麼戰績可表，頗感為難，最後借一個夢為自己做了解脫。

他對屬從的大學士楊榮、金幼孜說：『上帝好生！』連說了好幾遍。這是何兆？」不待楊、金二人作答，他先自己做出猜測：

「昨晚三鼓時分，我夢到一人，很像世間圖畫中所畫的神人，他對我說：『上帝好生！』連說了好幾遍。這是何兆？」不待楊、金二人作答，他先自己做出猜測：

「莫非是上天同情虜寇和他們的部屬，不忍被我王師剿除嗎？」

「陛下好生惡殺，誠格於天。」楊榮先順他說，然後道，「此番北征，固在除暴安民，然火炎昆岡，玉石俱毀，惟陛下留意。」

楊榮是明初「三楊」之一，他就是朱棣進南京時，攔在馬前，請朱棣先祭陵再登基的那位。瞧他多會說話，既順將了龍鱗，又婉轉地表達了請求回鑾的意見。

對於朱棣頻繁的向北用兵，朝臣意見很大，但多不敢進諫。朱棣到了晚年，由於服食丹藥的關係，脾氣變得異常暴躁，經常因小事將大臣下獄，甚至殺掉。好比永樂十九年（1421 年）冬，他召見戶部尚書夏原吉、禮部尚書呂震、兵部尚書方賓、工部尚書吳中等人，商議再次大舉征剿沙漠。

夏原吉作為理財的大臣，知道民力困乏、糧草調度艱難，照實說道：「這些年師出無功，軍民儲蓄十喪八九，災異迭作，內外俱疲。何況皇上玉體才稍微好了此，還須調護，不可輕出！」

他不敢勸阻出兵，只請求皇上遣將往征，勿要親歷戎馬。不料「師出無功」四字大大觸怒了朱棣，

當場發雷霆之怒，將老臣夏原吉下獄，家產籍沒，以後一直關在牢裡，直到仁宗即位。不知他還對其他幾個大臣怎樣發脾氣，兵部尚書方賓回到家就自殺了。

楊榮等作為親信輔臣，深知伴君如伴虎，尤其是伴隨朱棣這樣一隻病態的猛虎，有多麼的危險。所以他在進言時，尤其注意婉曲，在是否大征這樣的大事上，絕不敢有絲毫的異詞。他尤善於揣摩上意，

朱棣一說夢，他馬上知道皇上此夢的用意何在，立即抓住機會予以推動。

畢竟這是在明初，內閣輔臣不具體管事，他們充當皇帝的師爺，進言論政，較為超脫，不像那幾位尚書，各自負責一大攤子事，動輒掣肘，迴旋餘地不是很大。

「卿言正合我意。」朱棣聽了楊榮的話，點頭道，「豈可以虜首阿魯台一人之罪，罰及無辜？」即命楊榮草敕，派遣使者連同所獲俘虜前往虜營，宣布赦免其罪──所謂「赦罪」，不過是一塊自欺欺人的遮羞布罷了。而不待阿魯台派人來感恩（或更可能是追擊），急忙催兵往關內撤。可是才走到榆木川，就已不起了，得年六十有五。

朱棣死得太突然，軍中毫無準備。大學士楊榮、金幼孜與太監馬雲等人商議，以六軍在外，決定祕不發喪；搜集軍中錫器，熔化為棺，載以龍輿，所到之處，仍像往常一樣，按時進膳。同時派楊榮與少監海壽，騎快馬先行回京，向皇太子告喪。

皇太子聞訃後，立即派皇太孫朱瞻基親自到開平奉迎龍柩。直到皇太孫入軍，軍中才正式發喪，數萬將士才知道原來皇上已經死了。此後一切入殮、下葬、上尊謚，以及皇太子登基、大赦天下等事，皆遵儀禮，不必贅言。

從駕崩到梓宮回京，花去了半個多月時間，兼之軍旅倉促，氣候炎熱，可以想見，在十三陵長陵豪華闊氣的地宮裡，這位暴君、篡位者的枯骨，早已化作了一灘爛泥。

永樂二十二年（1424 年）八月，皇太子朱高熾在北京即天子位，他就是仁宗。然而二十餘年的辛苦等待，好容易化作真龍，但寶位只坐了一年，就在洪熙元年五月嗚呼哀哉，龍蛻飛升了。

朱高熾即位後，停止了許多勞民傷財的「形象工程」，例如下西洋寶船。他還決定將都城遷回南京，但由於南京一帶在洪熙元年春、夏間接連發生地震，遷都計畫被迫推遲。

歷史經常被這樣一些偶然性因素改變，假如地質條件尚算穩定的南京沒有發生地震，朱高熾在位時間再長一些，他肯定會將都城南遷，大明的京師還是南京，「北京」的名號可能不會削去，但它最終只是一座北邊重鎮，這對未來幾百年的歷史走向將發生巨大的影響。

雖然由於地震（在當時人心目中，地震可不是簡單的天災或地質災害，它被認為是一種可怕的「災異」，暗含著上天對人世的警誡），朱高熾回到南方的願望被迫暫緩，但他南旋的決心絲毫沒有動搖。他將還都南京的決定詔告天下，並在洪熙元年四月，命皇太子朱瞻基南下，拜謁太祖孝陵，遂命之在南京居守。這項任命的目的，一則因南京屢震，根本重地，需要皇太子這樣身分尊貴的人去「鎮壓」一下邪氣；一則讓朱瞻基在南京主持遷都迎駕事宜。可是朱瞻基離京不到一個月，高熾忽然「不豫」，次日即「大漸」[15]，當天就駕崩了。

從五月十一日仁宗感到不豫，遣少監海壽到南京馳召太子，到朱瞻基次月初三趕回北京，受遺詔，入宮發喪，前後僅僅二十四天。這期間，因為皇儲不在北京，對於仁宗死亡的消息，沒有對外公布，仍是祕不發喪。

這二十四天，大明的江山沒有主人，是明朝歷史上三次皇位空檔期的第二次，上一次是朱棣崩於外

15　正史中，「不豫」與「大漸」專用在皇帝身上，有特定的語意。「不豫」往往是「大漸」，即病危彌留的先聲，而不是一般的身子不舒服。

地至回京之前，而下一次是在武宗駕崩到世宗上京繼位這段時間。

《明史·朱高煦傳》寫道：「仁宗崩，宣宗自南京來奔喪。高煦預謀在半路伏兵邀劫，只是因事出倉促，無果而終。」這一情節，取自《明宣宗實錄》。

其實實錄的記載是有矛盾的，如洪熙元年七月（宣宗六月繼位），記漢王高煦奏陳利國安民四事，得到宣宗的贊許，並復書致謝。宣宗自稱為侄，他說：「叔父忠存宗社，遠辱嘉謨，銘感於心，已悉付所司施行。惟頻惠教，是所深望。」稱叔父教訓的是，還望以後多多賜教。此蓋為客套話，不必細究。

然而宣宗一轉身，對侍臣說道：「永樂中，皇祖（朱棣）曾經對皇考（仁宗）和我說，此叔有異心，宜備之。然皇考待之極厚，如他今日所言果出於誠，即是舊心已革，不可不順從也。」

這就是史官編寫的漏洞了。

宣宗在「說」這些話時，還在從善處著眼，認為皇叔高煦已洗心革面，重新做人，顯然對一個月前高煦「伏兵」劫持他的事毫不知情。而第二年八月高煦「謀反」，實錄對他昔日之惡進行了長篇回顧，很肯定地說：「仁宗皇帝大漸時，上（宣宗）在南京，被召還，高煦謀伏兵邀於路，倉猝不果。」

《明宣宗實錄》是宣宗去世後，在正統初年由儒臣集體完成的「紀實小說」，其中有原始檔案的摘錄，也有發揮想像力的猜測與即興創作。我懷疑高煦「謀伏兵」劫駕一說，即屬後者。而實錄這種「小說」，出自多人之手，比不得一人獨運大筆，難免出現前後不一致的地方。況且，記述中還有一個「謀」字，所謀之事，畢竟「不果」於行，既然還沒做，如何能以「思想」罪人？或許，那只是高煦被捕後屈打成招的供詞？

史官那麼寫，其實是合理的猜測。漢王的封地樂安州，在運河邊上，是南北交通的孔道。仁宗死後，派人到南京去接太子，太子從南京急匆匆地往北京趕，來回都要經過樂安地界。大好時機，「謀反」坯子」的高煦豈甘心錯過？他不該錯過呀！以此誅心之論入人之罪，史上並不少見。但畢竟高煦沒有動

手，甚至連宣宗本人都不知道，而史書將這條大罪加在高煦的罪狀中，我意覺其輕率。

漢王高煦的資訊似不應那樣遲慢，錯過實施「斬首計畫」的絕妙機會；如果能搶在嗣皇帝抵京前將他「定點清除」掉，那空置的皇位差不多到手一半了。

自從永樂十五年（1417年）被貶到樂安，高煦一蹶不振，但他壯志凌雲不墜，野心摧折而不滅。

據《明宣宗實錄》講，朱棣北征晏駕時，朱瞻基正在北京，積極地充當漢府的諜報員，「凡朝廷之事，皆偷偷地遣人馳報高煦」，一晝夜間，出京快馬竟達六、七撥子之多。高煦也派了數十批人，在京潛伏伺察，想必其中有不少草上飛，能將京城的資訊以最快的速度傳遞到樂安。可是高煦如此勞碌，竟仍是後知後覺。俗話說，不見鬼子不掛弦，但鬼子（朱瞻基）都過去了，遊擊隊還沒把弦兒掛上。想來高煦老弟一生辛勞，最終只落得一場空，史官們就該尋他開心，拿他當個小丑來編排，耍得他團團轉。

官史還說，高煦父子在京安插密探的事，已被仁宗偵知──用現代諜報片的話說，這個「漢記」交通站暴露了。有人向仁宗建議：「乘高煦反謀未著，發兵擒之，易耳。」但仁宗皇帝不僅不聽，反而待二弟加厚，寫信將他召來，給他加了一倍的歲祿（即享受親王雙俸），所賜寶物，動以萬計。

這仍是史官的故伎：刻畫壞人，不過為了哄抬「聖君」的物價。

前文已略略透出一點資訊，指出仁宗並不是一個胸懷寬廣、以德報怨的大善人，如果他對高煦有所優容，那也應是別有考慮；對這位多年來不停向自己放冷箭的弟弟，他能有什麼純愛？

瞧，高煦父子你來我往，快馬加鞭，探子像動車組一樣來往穿梭，謀反宛如演劇，只聽鑼鼓蹦了個嚓，開鍋一般熱鬧。卻被記錄在案，他父子實際上已陷入朝廷特務的反包圍與監視之中。

朱瞻圻是高煦的次子，他既然被父親安插在京裡作密探，看官一定以為他是父親最為寵愛的孩子。

其實不然。瞻圻在永樂時，就因為高煦殺死他的生母，而對父親報有極大的怨憤，屢次奏發父親的過惡，且都是「外人所不得聞者」──大概是些宮闈穢史吧！

對此，高煦異常惱火。當他應兄長之召入京時，就趁機把瞻圻前後所報朝廷密情數十紙，全數上繳朝廷，揭發兒子挑撥之罪。在這些密報中，瞻圻多次向父親拉警報，說朝廷正在討論發兵攻打樂安。

「哪有此事！」

仁宗非常生氣，把瞻圻叫來，訓斥道：「你憑空就能離間我兄弟，何況他人！」

「我是他父親，這逆子尚能在大行皇帝（朱棣）前譖毀我，何況陛下？」

高煦決絕地道：「其罪當誅！」

作父親的竟然主動請求處死自己的親生子，這對父子可謂恩斷義絕。如果仁宗並沒有削除漢府的計畫和行動，而瞻圻卻故意向其父透露這樣的風聲，就是在誘使父親謀反！他大概是想借朝廷之手，逼他父親造反，然後他生母之仇吧！

但仁宗表示：「稚子不足誅。」沒有處死瞻圻，而是罰他到鳳陽看守皇陵。

待高煦在仁宗面前剖白，似乎平反昭雪了，但下文又寫道：

實錄中這段文字不知是哪位高人寫的，完全是前言不搭後語，不知所謂。前面他寫瞻圻與高煦兩地書來往頻繁，如同拿到了他父子同謀叛逆的實據。搞了半天，結果瞻圻使的是離間計，為的是害他的父親。

「高煦歸國後，有從樂安州來的人，都在下面紛紛議論，說漢王高煦有反謀，只是朝廷還不知道罷了。」

原來高煦還是要反的！

可是，連高煦親子之言都不可靠，這不知姓啥名誰的樂安來客，和他的「私語」，又有幾分可信？

總之，朱三王爺謀反，多無實據，全憑史官掉一支筆「信筆開河」，反正我是被史官大老爺弄糊塗了。

朱瞻圻離間計破產後，仁宗曾斥責他：「你處父子兄弟間，讒構至此！」此言出口，仁宗的心一定陣陣緊揪，湧上來深深的苦痛。憶昔監國時，「處父子兄弟間讒構」的，不正是面前這位正遭迴圈報應的

二弟嘛！

瞻圻以子謀父，悖逆不道，除了殺母之仇，還可能與他父親高煦一樣，因為得不到儲位而憤懣沮喪。我查了一下實錄，高煦的第一個世子名瞻壑（朱家瞻字輩的孩子，名字的第二個字都帶一個土旁，叡同睿），在永樂時冊立。但洪熙元年七月，高煦派世子來赴仁宗之喪，世子卻名瞻坦。我懷疑瞻壑去世了，瞻坦是新冊立的。瞻坦排行老二，其母為高煦所殺，應該是身分較低的婢妾，瞻坦當為庶出。庶子是沒有資格繼承王位的，但瞻圻畢竟年長，眼見世子之冠從他頭頂飛過去，直落到小弟弟腦袋上，心有不甘，故而對其父愈加不滿，就想取父親之頭出氣。

高煦生了這樣一個來討債的逆子，真是報應。

第四十七章 漢王學老爸，也反啦！

宣宗決定對皇叔高煦動手，早在宣德元年（1426 年）就有跡可循。

這一年是宣德建元之年，在正月元宵節前，高煦差人來獻燈，被宣宗不客氣地回絕了。從宣宗的覆信來看，似乎高煦每年新春、元宵、端午三節都會「重煩勞費」，派人來京貢獻禮品，禮貌甚是周到。

有人對宣宗說：「漢府遣人來，以進獻為名，其實是來窺覦朝廷虛實的。」宣宗答話貌似不經意：「我惟推誠以待之耳。」其實已起了很深的懷疑，故回信不讓漢王再派人來送禮了。

宣宗豈會忘情於這位二叔過去對他父子的傾軋？

想當年祖父朱棣曾經對他說：「凡是危害社稷之人，你當為社稷除掉他。」西周初年，周公殺掉叛變的弟弟管公、蔡公，人們不責他以兄殺弟，反稱讚他為聖人，就是這個道理。」意思是，如果你二叔高

煦謀反，不要有所顧忌，你可以像周公討伐管、蔡一樣去討伐他。

說實在話，朱棣是否說過這樣的話，你不知我不知，唯有天知。若問我的愚意，我是要狠狠表示一下懷疑的。

朱棣做了一回周公，已然不堪，豈容他的孫子再做周公？禍起蕭牆，同室操戈，不是美事。然而官史編造這樣的記載並非無用，至少有兩大妙用：第一，顯示皇祖朱棣對仁、宣父子是堅決支持的，絕無偏愛高煦、高燧之事；第二，為宣宗即將展開的滅漢行動正名，以表明：宣宗以侄滅叔，心裡沒壓力，因為他有皇爺爺的指示精神做指導。

史家常常就是這樣替主子們打馬虎、圓場子的。

漢王朱高煦在宣德元年八月間，突然在樂安封地反了。

事變來得異常突兀，據《明宣宗實錄》記載，事情的起因是這樣的：此前高煦頻頻向朝廷奏求品物，此番又遣使來求駝、馬，宣宗命賜給駱駝四十峰，馬一百二十四，又遣太監楊瑛給漢府送去袍服和衣料。這兩批使者出發後，有另一撥回來的公差向宣宗報告：「漢王反跡已彰，漢府護衛官軍四出劫奪，百姓驚懼。」宣宗道：「朝廷待漢王，無所不及，按理說不應遽爾呀！」這句話大有名堂，潛臺詞是：漢王是個反賊的命格，我對他好，他還反得這樣快，太沒良心了。原來宣宗對叔叔的好意，不過是羈縻他，請他反遲些。

很快，軍民上告高煦反狀的越來越多。送駝馬、袍料的兩批使者，不敢再赴樂安，半路逃回京城，都說漢王要反。宣宗大驚道：「難道漢王果然反啦？」

高煦派人祕密進京，聯絡舊交，以作內應。其中一個叫枚青的小兵，來到太師英國公張輔的府上，被張輔當場擒拿，連夜向皇上做了報告。宣宗親自審問枚青，得到高煦謀反的事實。

這時風聲愈急，山東三司（即都司、布政司、按察司）及所屬府州縣，以及真定等衛所奏報紛紛而

至，都說漢王反情已著。御史李濬是樂安州人，因為守父喪，在鄉居住。高煦召他一起起事，李濬不

從，化名改姓，從間道詣京上變。

朝廷彙集各方情報得知：高煦日夜謀議，在樂安城中私造軍器，將本州百姓中的丁壯強拉為兵，破

州縣之獄，出死囚而厚養之，以為死士；還在周圍州縣召集無賴勇士，賜以銀幣，將他們編成行伍，授

以旗號，練習武事；高煦還暗結山東都指揮靳榮等為助，許多衛所及地方有司官員多有趨附之者。

高煦反旗還插，先已大行封拜：偽署太師、都督、尚書、侍郎等官，已定好擇日舉事。高煦的計

畫是：先攻取山東會城濟南，然後聚兵犯闕。

如此看來，漢王謀反，是確鑿無疑的了，宣宗遂下令整兵，做一些必要的軍事準備——「而猶未決

意討之」，他還沒下定決心與皇叔兵戎相見呢！

宣宗不得不當「周公」了，還要先婉曲一番，他寫了一封信，派司禮監太監侯泰送給高煦，信中

說：「昨漢府護衛枚青來言，說叔父有督過朝廷之舉。予誠不信，懷疑是小人離間，不可不告。」

高煦興問罪之師向闕，宣宗用了「督過朝廷」這一委婉的說法。他表示：我不信，這一定又是小人

離間！書末還煽了點情，說我皇考仁宗皇帝的至親，只有漢、趙二位叔父，我自即位以來，對叔父如

何，神明可鑒。但今小人離間，朝廷略為之備，也是沒有辦法。昔日皇祖（朱棣）賓天之

初，也有小人造誣罔離間之言，賴皇考與叔父同氣至親，彼此無疑，小人奸計竟不能行。今此輩又欲離

間我叔姪，惟叔父鑒之，國家之福，亦宗室之福也。

不知這小人是誰？大概這是宣宗欲行伐罪之師，向高煦索要「小人」的輿論準備

吧！看官，曾記否？當年朝廷伐燕，先抓小人，燕王向朝廷問罪，也是要拿小人。如今宣宗要向叔父動

手了，也是先向他身邊的「小人」開炮。高煦若老實，乖乖交出小人，再由小人牽扯出高煦父子，此不

為難；他要不肯交出小人，則朝廷只好用兵，逼他交出來。

侯泰到了樂安，高煦盛兵以見，南向高坐，看過侯泰所呈宣宗書信，說道：「朝廷知道我舉兵嗎？」

侯泰道：「雖許多人這麼說，皇上以殿下為至親，固然不信。」高煦道：「你是舊人，應該知道我舉兵之故。」侯泰道：「我實不知。」高煦道：「太宗皇帝聽信讒言，削我護衛，將我徙置樂安州。我大哥仁宗皇帝不復我護衛，不改封我大城池，只拿金帛封我的口。當今皇帝對我更無顧惜，開口閉口都是祖宗舊制，我豈能鬱鬱永居於此？」於是請侯泰閱兵。漢軍馬兵之盛，令侯泰心悸。高煦得意地說：「我雖以此橫行天下，有何不可！」

「我已遣書入奏。」高煦對侯泰說，「你速速回報，先把奸臣夏原吉等縛來，然後再議本王之所欲得。」

高煦也向宣宗索要奸臣，欲清君側了。

這時有人來報，說朝廷派人來送駝馬袍服，行到半路，都驚怖逃走了。高煦大笑道：「我固知其怯，今朝中必膽落矣！」侯泰心中惶懼，唯唯而已。

待侯泰回朝，宣宗問漢王說了什麼話、其兵勢如何等，然侯泰此時已懷有二心，不敢以實對，只稱不知。

八月六日，高煦遣百戶陳剛齎奏來京，高煦的奏文中對仁、宣父子都有指責，稱仁宗皇帝不當違背洪武、永樂舊制，賜與文臣誥敕、封贈，又說宣宗不當修理南巡席殿等事。

看官，請恕我又要生疑了：我真不信，朱高煦封的那些太師、都督裡，竟沒有一個像樣的人才。人的一生，有多少機會「指斥乘輿」[16]，若是我，既然發了，我拼到吐血也要寫一篇可與駱賓王大罵武則

天的豪文比肩的檄文，豈可如此敷衍？高煦所上「反疏」，拘泥迂闊，只糾纏於文臣誥贈、修理席殿這等小事，好無眼量！

想來高煦的檄文，定然為一篇長文，對姪子皇帝的種種失德以及朝廷的過失大加指責，肯定有厲害的猛料，而這正屬官史不容的違礙字眼，只好遮罩、過濾，或概予剷滅了。

宣宗是一位執褲的「官四代」，他鬥蛐蛐、玩鷹犬，宮廷諱事極多，並派出大批太監，到地方及外國徵索各類奇好玩物，以滿足他個人的欲望。高煦要抓他的小辮子，其實並不難。過去為了將宣宗塗飾為開創「仁、宣之治」的聖明之主，將這些劣跡都精心掩蓋了。如果能找到這份高煦向朝廷挑戰的檄書，一定能從被覆蓋的歷史硬碟裡恢復許多真實的原始資料。

高煦數落了朝廷一通，然後學他父親，開列出一張以戶部尚書夏原吉為首的奸臣名單，要求朝廷將他們交出來，不然就要率軍上京，親自幫皇帝清理門戶了。

高煦還請人寫了一篇給在京公侯大臣的公開信，再次對宣宗及其親信「奸臣」進行了指斥，「造誣飾詐，極其詆毀」——瞧，我沒懷疑錯吧！高煦果然有「極其詆毀」之猛料，全被官史消滅掉了——高煦還危言恫嚇，說漢軍已分兵要害，以防奸臣之逸。而從後來高煦在樂安城束手就擒來看，這最後一條純屬宣傳攻勢，是欲震懾朝廷的心理作戰。

高煦的反書都來了，還有何可疑？宣宗遂命兵部榜示中外，決定親征，命英國公張輔隨軍參贊軍中機務。

張輔是明初四朝名臣，他和他父親張玉都是靖難功臣，張玉死於靖難之役，被追封為河間王。張輔初封信安伯。因為他妹子是永樂皇帝的妃子，故而張輔是勳臣兼戚臣。於是有人「提意見」了，說張家父子功高，張輔只受封為伯爵，是皇上考慮到他是皇親國戚，有意壓抑了對他的封賞，這是「以私親之故而薄其賞」。這樣的「批評」，真是討人喜歡。朱棣也很高興，馬上從諫如流，加封張輔為新城侯。永

樂四年（1406 年），張輔率兵平定安南，改設交阯布政司，使明朝又增加了一個行省。朱棣大喜，在張輔凱旋還京之日，進封他為英國公。由此可見，張輔世襲的公爵，與一般靖難功臣不同，他有實實在在的開疆拓土的大功。

張輔已透過擒獻漢王派來的聯絡員，獲得了宣宗的信任。前文說到，高煦主要代表了靖難功臣的利益，他在燕府舊人中擁有較多的支持者（包括明的和暗的）。張輔大概屬於不太公開的支持者吧（或者並不那麼隱祕，但因為張輔最後投向了光明，朝廷既往不咎，史書便將張家與漢王的舊帳一筆抹去），否則高煦怎麼會在造反時派人來和他聯絡呢？

張輔異常英明地將漢府聯絡員擒拿獻上，果決地斬斷了與漢王的關係——真不愧為英國公！

張輔聽說皇上要親征漢王，主動請征，他說：「高煦徒懷不臣之心，而他為人素來怯懦，而且他的部下也都不是有謀能戰之人。請賜臣二萬兵馬，我保為陛下將此賊擒來，不足仰煩至尊。」

「任卿一人，足以擒賊。」宣宗首先對張輔的忠誠與熱情表示了肯定，然後說道，「但我新即位，小人多懷二心，我若不親行，不足以安反側。朕行決矣！」

宣宗不同意命將代征，而是決定親自出征，於是北京下了戒嚴令，在京師九城大索漢府奸細；同時調兵遣將，敕令各處守帥將兵從征。為了防備高煦明著向北進犯京畿，實則向南襲取南京，特命指揮黃讓、內官譚順等往淮安，與總兵官平江伯陳瑄一同鎮守。此舉有二個作用，一則淮安是南京的門戶和運河樞紐，關係重大，一旦以監視主管漕糧運輸的陳瑄，害怕他再來個臨江倒戈，那危害可就大了。

可見，二十多年前的靖難之役，給了當政者深刻的教訓。宣宗親征，正是有鑒於建文帝對其祖父燕王動手太遲，致其有充分的時間做準備，如果建文帝在決策削藩後，能以驚雷泰山之勢，毫不猶豫地對燕王動武，勢力尚還弱小的燕王根本無法抵禦。宣宗深知，他與建文帝一樣，登基未久，人心未附，而叔父漢王在朝頗有關係，他又是能征慣戰之人（而不是如張輔所說的「素怯」之人。張輔是受過高煦勾

引的人，他為了自白，不得不那樣貶低高煦），如果不能迅速解決，師老兵疲，還不知局勢會怎樣逆轉呢！好比他親信的司禮太監侯泰，一見高煦的軍容，就嚇得不敢說真話，心裡已存了騎牆觀風的私念。

親信貴近如侯泰者尚且如此，其他在朝或地方官員，更不必提了。

宣宗親征，實是高明之舉。但能看透這一點，卻是大學士楊榮。因為是楊榮首發親征之議，他說：

「高煦以為陛下新立，必不親行。今出其不意，以天威臨之，事無不濟。」

八月初八日，陽武侯薛祿、清平伯吳成、太監劉順（他是在朱棣入京時奉命「清宮」的太監劉通的弟弟，他哥倆都是靖難功臣）將兵二萬為先鋒，先行出京，只隔了一日，宣宗即率領大軍，浩浩蕩蕩，殺奔樂安而來。

值得一提的是，就在前鋒部隊出發的前兩日，即八月初六日，南京又發生了一次地震。這是一次災異，還是一次祥瑞？當時人誰都搞不清，只有當成敗已定，一家歡喜一家愁時，才可由史家搖筆論定。

第四十八章　宣宗吼吼：叔叔們，我來啦！

高煦起兵後，將部隊分為五軍：青州中護衛指揮王斌領前軍，韋達左軍，千戶盛堅右軍，樂安州知州朱恒後軍，他的幾個兒子各監一軍，高煦本人自將中軍。世子瞻坦居守，指揮韋弘、韋興，千戶王玉、李智領四哨。以上凡姓韋的，都是高煦王妃韋氏的娘家人。

乖乖了不得，一旦高煦把天下打下來，這又是一幫彪炳千秋的偉大人物！

看官試想，如果您是朱高煦，當如何用兵？

據官史講，朱棣曾向仁宗解釋過封高煦於樂安的緣由，他說：「樂安距北京數百里，但聞高煦有異

謀，可朝發而夕擒也。」此言雖不定出自朱棣之口（事實是，高煦受封樂安在永樂十五年，那時還未遷都，何來「距北京數百里之說」？），卻也正確點明了樂安州作為造反據點的不利形勢。我們從地圖上來看：樂安（今濱州）局促於山東半島一隅，北、東兩面臨渤海，省會濟南在其南，運河要樞德州在其西，都是屯有重兵的大城。朱高煦蝸居於這樣一座小城，以區區不足萬之兵，如欲改天換地，首先將遇到天狗的麻煩：它想吞天，卻無從下口。

若就樂安距北京不過數百里，可朝發而夕擒的形勢來說，朱高煦之成敗實在「一鼓」之間，或一鼓而就擒，或一鼓而決勝。他的謀反大業必須靠奇襲奏效，而奇襲的基本保證則是行動的保密性和突然性。然而，從官史的記載來看，朱高煦恰恰犯了保密不嚴的大過。漢家的兵馬還未出城，山東、北直隸乃至京城，差不多半個北方，都知道他要反了，實錄甚至說，「山東軍民告變者日集闕下」——整個山東的軍民百姓都知道高煦要反了，乃迎向「光明」，主動向朝廷告發。哪有這樣的造反家？須知，朱高煦可不是造反的新手。

高煦舉起反旗之後的選項，其實非常有限。當宣宗率兵從京師出發時，曾問隨臣：「你們看，高煦計將安出？」

有人道：「必先取濟南為巢窟。」

有人道：「高煦過去不肯離開南京，今必引兵南下。」

「不然不然。」宣宗聽罷，連連搖頭，說出自己的判斷：「濟南雖近，然未易攻，高煦聞大軍至，亦不暇攻。且漢府護衛官軍的家都在樂安，有內顧之心，必不肯丟了家口，去打南京。」

濟南是山東第一座大城，離樂安較近，高煦占據濟南，固然可營為巢穴，較困守樂安為有利，但高煦之志在天下，其意豈只在占山為王？況且濟南作為山東會城，城高兵眾，不易攻取，高煦他老子當年

都沒啃下這塊硬骨頭！若倉促不能下，朝廷大兵已到，高煦將腹背受敵，首尾狼狽。

至於隨駕之臣所擔心的，高煦可能南下攻略南京，宣宗則認為，高煦的護衛官軍，家都在樂安，朝廷大軍一到，樂安必為齏粉。叛軍豈肯放棄樂安，徑趨千里之外的南京？

「高煦外誇詐，內實虛怯，臨事狐疑不能斷。」宣宗道，「他今日敢於造反，不過輕朕年少新立，眾心未附，不能親征耳。今聞朕行，其膽已落，還敢出戰嗎？大軍一到，必然束手就擒。」

在官史的這段記載裡，護駕眾臣皆是一群無主見之人，唯有宣宗一人自信聰明。其實親征之計，本是作為隨臣之一的大學士楊榮所獻，並非宣宗的獨見。而在官史裡，將一切榮耀都奉獻給了皇帝！這就像過去的宮廷繪畫，畫中人物都像蟲蟻一般，唯有皇帝一人獨大，如同蜂巢裡的蜂后。所以我們讀這段記載，必當知曉，以上本是君臣帷幄內的討論，只是史官在搖筆時，刻意寫成那樣一個君聖臣昏的樣子，以為宣宗是多麼英明神武的一位君主。這是讀史必須掌握的一個竅門。

話頭轉回來，且說高煦先聽說朝廷以薛祿為將，統兵來伐，不禁攘臂大喜，以為薛祿好對付──活脫脫就是燕王當年初聞朝廷來征大軍的主將是李景隆後的神情。然而，隨即傳來天子親征的消息，高煦登時驚詫無措乎手足，一如宣宗之所預卜者。

驚愕之餘，高煦收到宣宗的勸降信，信中說：「今六師壓境，漢王你若將倡謀者獻出，朕保證赦免你過，恩禮亦復如初。不然，一戰或擒之時，或你部下視你為奇貨，綁縛來獻，你悔之無及矣！」

信的內容還是索要「左右奸人」，它仍屬於宣宗展開的「心理特種作戰」，其預期效果，不在於勸降，而在挑撥離間，讓高煦與部下互生猜嫌，好乘隙而破之。

奇怪的是，從八月初一日「高煦反」，到二十日宣宗親率大軍進至樂安城下，大半個月的時間裡，朱高煦一直困守在樂安城中，沒有任何主動出擊或逃走的動作。

當宣宗車駕抵達樂安城北時，天已擦黑，只見城中黑氣黯黲如死灰，一副慘景，突然有一道青氣，

在城的東南天空升起，就像一個人在叉手揖拜。宣宗認為這是祥瑞，第二天即移蹕城南以應之。

朝廷大軍分兵守住四門，連發神機銃、箭（明代稱火器為神機銃炮）示威，一時烈焰轟天，震如雷霆，對城內守軍造成極大的精神震撼。

小小的樂安城被鐵桶似的合圍，捉拿叛賊，直如甕中捉鱉。諸將請立刻攻城，但宣宗不許，他說矢石之下，恐怕禍及無辜百姓，決定再次寫信給高煦，責備他不出城朝見，令其速速來降；午間，又寫一封，反復勸諭——我都記不清宣宗寫過幾封信了，真是「仁至義盡」！可是不識相的高煦「皆不答」。

他是準備魚死網破了嗎？非也。官史說：宣宗見屢諭高煦不聽，就寫一敕，射入城中，向逆黨諭以禍福。

敕書中肯定有鼓動城中軍民擒獻高煦以贖罪請賞的內容，果然，「城中人多欲執高煦出獻」，高煦沒辦法，不得已祕密遣人出城，詣天子的行帳，請求寬假一天，待與妻子訣別，明日一早即赴軍門歸罪。宣宗同意了，但晚間再看那城中，火光燭天——「高煦盡焚兵器及通逆謀書」，這是他在連夜緊急銷毀謀反證據。

第二天，高煦將出城授首，他的「太師」王斌勸他：「寧可戰死，也不要教人生擒活捉。」此真豪傑之言！但高煦假意回宮，卻覷個空兒，從「間道」溜出城，還是到宣宗大營投降乞命去了。

老鼠進了籠子，還有命好活？如果是一隻老鼠，立刻會被燙死、剁死、踩死、摔死，但漢王爺進了籠子，朝廷還要請他配合演一齣戲，然後再取他性命。

當高煦跪在御幄之外戮辣時，群臣請求將他立正典刑，這是戲的開幕。

宣宗說：「彼固不義，然祖訓待親藩自有成法。」宣宗舉的是《皇明祖訓》，稱祖訓對親藩寬大，即便犯了謀反大罪，也無加誅之刑。而群臣舉起更厲害的「春秋大義」，說春秋之法，大義滅親，請皇上絕私恩，從公理。宣宗仍不准，令人把群臣的劾章拿給高煦看，使其知罪。高煦頓首道：「臣罪萬死，

生殺惟皇上命。」這是戲的高潮部分，盡顯凜凜君威與朝廷的「道德戰勝」，敵人只有匍匐乞命的份。宣宗下詔，只罪同謀者，脅從者不問，於是「餘黨悉就擒」。

宣宗遂命高煦寫信，召他的兒子們來降。此時，造反的主子沒了，城中亂賊早已作鳥獸散。宣宗下詔，只罪同謀者，脅從者不問，於是「餘黨悉就擒」。

高煦的造反偉業，實在有點莫名其「妙」。作為一個造反經歷豐富的王子，他難道不曉得，以其微弱的兵力、不利的形勢，取得成功的唯一機會，在於採取積極主動進取的姿態？弱者只有不斷地向強大者挑戰，才有存活，乃至發展壯大，最終改變態勢的機會。這已為無數的歷史經驗所證明。就說他父親吧，起兵之初，兵力很弱，環境也非常不利，但他在不停頓的主動進攻中，碾壓、撞擊、粉碎了朝廷征伐的企圖，逐漸使實力與命運的天平向己方傾斜；建文四年，突發奇兵，直襲長江，為靖難之役實現了一個華麗的落幕。

而高煦的表現實在太差勁，以致宣宗群臣對他行動的猜測（北進、南下，攻打省會）全部落了空，只是宣宗稱他將束手就擒的預言應驗了。這太不像一位在二十多年裡，從未停歇地實施篡位陰謀的剽悍王子的舉動。無怪乎有人懷疑，漢王朱高煦是被人「黑」了，他是「被謀反」的。

真相是否如此，從現有史料很難做出判斷，但從趙王高燧差一點也遭到與高煦同樣的命運，高煦之事，可能真的有點冤情。

宣宗在平定高煦後，為炫耀其「武功」，改樂安州為武定州，還親筆寫了一篇《東征記》，發給臣子們閱讀學習。然而這一場實力懸殊的「東征」，叛逆者是自己投降的，往好聽了說，是不戰而屈人之兵，至於「武定」二字，多少有點名不副實。但在事平後擒拿「餘黨」的過程中，卻很有些動刀動槍的陣勢，除了「逆黨」有名的王斌、朱恒等六十餘人（主要是漢府僚屬和樂安州及所屬諸縣受偽官偽職之人）在京被誅外，還進行了廣泛的追究，牽涉到山西、天津、青州、河間、德州等地都督、都指揮、指

揮、鎮撫等官六百四十多人，全部被處死。可見，高煦之變中受牽連的主要是世職武臣，他們被指控與高煦有「獻城」之約。其他以知而故縱、藏匿叛人等罪名，本應處死而改戍邊者一千五百多人，在邊為民者七百二十七人。

以上還只是正犯，其家屬亦多隨配戍邊，而發京衛為匠、給官家為奴者就更多了，這就沒法統計了。直到宣德二年（1427年）八月，即亂平之後整整一年，朝廷還在「申嚴反逆家屬在逃之令」，大規模地追捕逆犯親屬。在這場曇花一現的叛亂中，數千個家庭遭遇了不幸和飛來橫禍。

宣宗親帥十數萬大軍，興師動眾，赴樂安平定叛亂，只放了幾響禮花，並沒有打一兩場大仗硬仗，好供史官潑墨渲染，山呼萬歲。

捉住高煦後，遂高奏凱歌還朝，一路行到今河北獻縣單家橋，忽有戶部侍郎陳山在路邊迎謁。此人偷偷從京裡跑出來，荷包裡夾了一條毒計，要獻給皇上。他密奏道：漢、趙二王實為同心，請皇上挾戰勝之威，襲取彰德府，抓住趙王，並除二害。

宣宗聽了不免心動，諮問扈從的閣臣。可是閣臣的意見發生了分歧，楊榮一力贊成，楊士奇堅決反對，他說：「事當有實，趙王並無謀反實據，無罪而廢之，難道天地鬼神是可以欺蒙的嗎？」

明初著名的「三楊」，頭兩位就是楊榮與楊士奇，他們的府邸，一個在東，一個在西，又稱東楊與西楊。東、西二楊本來不合，意見亦常南轅北轍。這回，在是否順帶手把趙王也滅了的問題上，他們所見又生牴牾。

楊榮厲聲道：「汝欲阻撓朝廷大計嗎？逆黨都供稱與趙府有謀，怎麼說師出無名？」

楊士奇道：「皇祖太宗皇帝三個兒子，皇上只有兩個叔父。有罪者不可赦，無罪者就應厚待之，疑則防之，使之無虞而已，豈可遽然加兵，傷皇祖在天之意！」

西楊之見，要在不可傷德，畢竟趙王反形未著，驟然加兵，天下後世不可欺。「三楊」中的另一楊，

名楊溥，是個溫雅的儒者，與西楊一樣，也是東宮出身，他贊同楊士奇的意見。雙方爭執不下。那時不興投票表決，只好請皇帝仲裁。東楊先跑到御幄裡，遊說皇帝，等到西楊再去請見時，宦官就不讓進了。顯然宣宗已經採納了楊榮的意見，不容他再置喙。

楊士奇不甘心，跑到吏部尚書蹇義和戶部尚書夏原吉那裡，請他們代為轉奏。蹇、夏兩人答應了，在去見宣宗時，把楊士奇的意見說給皇上聽了。據《明史·高燧傳》記載，陳山在密奏剷除趙藩之計時，也曾邀蹇、夏二人一起去給皇上說，似乎他們也同意陳山的動議。

那麼這兩位重臣到底是何態度？宣宗曾對夏原吉說：「往者卿等言趙王事，朕皆拒卻。昨又有數人密奏斯事」云云，可見夏原吉是贊同陳山、楊榮的主張的，但他們在削藩這樣重大的問題上，不敢過多表明態度，也不願駁了正炙手可熱的楊士奇的面子，給自己惹來麻煩。夏原吉剛當了一回朝廷「奸臣之首」，還心有餘悸呢！

宣宗最終接受了楊士奇的意見，決定不對三皇叔高燧用兵。但朝中要求對趙王有所處分的呼聲很高，因為高煦到京後，承認曾派人與趙王高燧通謀，就算趙王沒有參與謀反，他知情不舉之罪，也是跑不了的。戶部主事李儀還舊事重提，說趙王嘗有異謀（指永樂二十一年五月宮廷政變的那件舊事），今雖屈伏，並非心死，而是其力有所不能，請求削除趙府護衛。尚書張本也揪舊事說，往年孟指揮所造逆謀，趙王未必不知，今與高煦合謀舉事，俱有明驗，陛下忍而不發，是養癰長疽，絕對不可以了。夏原吉語氣稍緩，也說：「人言不可不思，但在處之得宜」。宣宗諮問楊士奇，士奇說：「趙王最親，陛下當保全他，毋惑於群言。」建議宣宗將群臣的劾章封示給趙王看，令其自處。

宣宗覺得如此較為妥當，遂遣駙馬廣平侯袁容攜帶璽書及群臣的劾詞，到彰德府拿給趙王看。他是個聰明人，知道光表態是不夠的，必須把懷中之璧獻出來。「吾生矣！」趙王不憂反喜，立即上表稱謝。他在洪熙元年就藩時，已經辭還常山左、右二護衛，只剩一個常山中護衛，這回他方能免主上生忌。高燧在洪熙元年就藩時，已經辭還常山左、右二護衛，只剩一個常山中護衛，這回他

將該護衛連同王府所轄群牧所、儀衛司官校一併還給朝廷。宣宗見他機靈懂事，同意收回護衛（將王府護衛改為普通的軍衛，由都司管轄），但仍將儀衛司還給趙府。

從當時朝廷的輿論來看，多數人都是贊同處置趙王的，一報前仇，二不留後患。要不是楊士奇等人努力勸阻，趙王被廢，幾乎成了定局。

在古代，謀反與殺人放火等刑事案件不同，當事者反與不反，常常不是靠確鑿的證據說話，而在「謀反者」是否對當政者構成現實的威脅。漢王高煦被除掉後，趙王高燧只是一隻剪去爪牙的病虎，已不能構成朝廷之害，但宣宗念舊仇，必欲拔之，他不反也反了。然而宣宗聽楊士奇等人勸說，以為在漢王的事上已然樹威，在趙王身上不妨樹德，如此威、德並生，豈不兩全其美？宣宗為此意所動，心思一轉，趙王便是反跡昭著，反亦不反了。

史書多書宣宗為此非常感念楊士奇，對他說：「趙王所以得全，全賴愛卿之力！」其實倒是宣宗不為已甚，違眾之言，寬以待之，才是高燧免遭削除的關鍵。

陳山在獻計後，得到宣宗的寵愛，第二年初奉命入閣。但他在閣只待了一年，宣德三年（1428年）十月即「輟機務」，不再在內閣辦公，參與機務了。

史書多將這次人事變動解釋為宣宗因他首發征趙之意，故此厭嫌他。其實這是對史料進行選擇性解讀得出的片面結論，因為論者忽略了一個重要事實：陳山是如何進入內閣的？陳山本只是戶部侍郎，在向宣宗獻計後，才得到皇帝屬意，第二年被特擢進入內閣，以戶部尚書兼謹身殿大學士。此時離他發起征趙之議，已經過去半年了，宣宗沒有忘記他，對他的獻計之功做出獎賞。至於他在入閣近二年後失寵，那是別有其故，與他謀算趙王，毫無關係。如果宣宗僅僅因為陳山倡議順手幹掉趙王就厭嫌他，那麼楊榮又如何？楊榮可是此議最為積極的支持者，可是宣宗對楊榮的信任，終身不變。後世史家將陳山

出閣與他當年的建議混為一談，要麼是於史實失察，要麼是故意借陳山的「偏狹涼薄」，以烘托宣宗的仁德。

第四十九章 做王爺心理素質好，必需的！

其實，自永樂二十一年（1423年）未遂的宮廷政變後，趙王高燧早已噤若寒蟬。他父兄在位時，總還是照應他的，但他侄子宣宗即位後，高燧自存尚且不能無憂，哪還敢存絲毫的非分之想？

然而他就是保持最大程度的低調，還在他二哥高煦「造反」之前，一個名叫刁二的定州籍男子，身背黃色包袱，到他府上來求見。打開包袱一看，裡面裹著素色黃紙、白紙各二幅，一個畫花，一個畫人。這個叫刁二的，應該就是那種能飛會遁、捉鬼招魂，上觀天象，下察地理，前知五百年，後知一千年的術士，官府稱之為「大師」，今天我們稱之為「妖人」，刁二在黃、白素紙上畫花畫人，不曉得是何把戲，有何說道？但肯定是某種隱含「天機」的祕語或讖言。恕我無學，刁二在黃、白素紙上畫花畫人，不曉得是何把

「王爺，」刁二向趙王爺展示了圖畫後，說道，「您是命中有大福分的人，豈止拘拘於彰德小地？」

比王子還大的福分，不言自明，那就是帝王的命格了。

誰知趙王高燧並無他二哥漢王高煦的膽量，此時他最怕這種「好事」招惹上門，一聽刁二之言，幾乎嚇得昏死，急令左右將刁二拿下。他不敢隱瞞，將此事奏聞朝廷，自稱「此妖妄也，不敢隱」。高燧深知四下密布朝廷眼線，若不趕緊奏明，被人搶先揭發了，一個「包蓄禍心，招誘無賴，左道惑眾」的帽兒摜下來，那才真要冤死人的！

「趙叔不得不言。」宣宗覽奏後，似乎很體諒趙皇叔的心事，對侍臣說，「他若不主動舉發，小人就會拿此事借題做文章，造為離間之詞。往年告王府謀逆事，多是如此。」

「賴陛下日月之明，小人之計不行，宗室之福也！」侍臣奉承道。

宣宗說的是大實話。不過，如果他心中真的如此光明坦蕩，大可命地方官或刑部官員按大明律例中有關「妖言」的律條處置即可，但他卻下令錦衣衛嚴鞫（下到詔獄，就變成「欽案」了），把刁二抓到牢裡，一頓死打，還不知揪出怎樣的主謀和同黨呢！當時在北方數省，民間祕密宗教傳播非常廣，信眾也比較多，像刁二這樣透過妄造妖言希圖富貴的神棍多如牛毛，幸虧高煦及時揭發，擺脫了干係，否則禍患真不在小。

刁二事剛了，高煦的奏疏又來了，稱本王已經就藩，但在北京廣有倉裡還存有未支祿米八百五十石，我不要了，請讓北京戶部接收吧。這份奏章，看似高煦在表忠心，其實他是在要滑頭：他明裡說京倉這些糧食不要了，但那都是趙府的祿米，是他該得的，區區之數，朝廷若照單全收了，未免顯得朝廷貪圖小利——他的本意是向朝廷催要這些糧食。

宣宗洞穿了他的肺腑，讓戶部收了趙府的祿米，同時令平江伯陳瑄從淮安所屯漕運糧米裡，如數勻出一部分，送到彰德趙王府，補償趙王。宣宗這麼做，表面看起來，是重趙王之請，骨子裡卻是照章辦事，一報還一報。一般這種情形，朝廷首先應該降敕表彰，對王府的「無私精神」予以肯定，然後給了一些賞賜，但宣宗對高煦的做法無一句評語，一分一毫算得清清楚楚，互不虧欠，溫情的面紗下分明透出了宣宗與至親的趙王之間深深的疏離與隔膜。

由這件事可以看出，高煦是個重利、好使權術，而乏大體的人。這些毛病，對於一位從小嬌慣的王子，其實是一種「職業病」。所以，儘管高煦之國後，刻意顯示低調，但其「表演」愈令人察覺到他的不安分。故此，當漢王事發時，他幾乎惹火燒身，差一點遭到爵除國滅的下場。

高熾的事還沒了呢！

對於這等令皇帝不放心的人物，就是要時刻「琢磨」他，令其有後顧之憂，無法安臥枕席，這樣皇帝才睡得著。高熾在封國彰德府過得一點都不安心，他和掌彰德衛事都指揮王友就鬧得很僵。

王友大概是受了密旨來監視高熾的，又或許他見高熾渾身濕答答，宛如一隻落水狗，便樂得幫忙來打。總之他處處與趙府為難，讓高熾既惱火，又拿他沒有辦法，只好不停地向朝廷奏訴委屈，說王友出入盛陳兵衛，日夜以兵封圍王府，不令護衛軍校出入，就像本王造反，王友奉旨拿問一般，闔府上下驚恐不寧。

王府一個養馬的小廝名叫得受，不明原因從府中潛逃，卻被王友拿住，送上京去。這更令高熾恐懼，害怕得受屈打成招，說出對王府不利的話來。他慌忙上奏，泣訴王友的悖慢。宣宗回信給他，加以安慰，說皇叔是國家至親，小人之言，決不能間，表示已降敕切責王友，令其改過，否則必處之重法。

像王友這樣欺負親王的事情，在洪武朝是絕不敢想像的，在《明太祖皇帝欽錄》裡就記載有地方守臣「欺王」，被處以剝皮之刑的例子。但自建文帝削藩、永樂帝鉗制親藩，地方官與王府作對的事，已經屢見不鮮，尤其是像趙王這等朝廷主要「關照」的對象，地方文武守臣與其勢成水火，更是習以為常。宣宗不處分王友，也不調動他，只空言「切責」（嚴厲的批評），高熾毫無辦法。他這個王爺做的憋屈，只要無事，度一日算一日罷！

事情的起因是：王友於彰德城外查獲一失，上面繫著一封書信，打開來看時，竟是周藩祥符王朱有爌寫給趙王高熾，商量同謀為逆的信，書末加蓋著祥符王的圖書（印），其內容都是「忿怨朝廷，指斥乘輿」，且相約「連兵犯闕，以復高煦之仇」。

偏偏樹欲靜而風不止，王友與趙王互相奏訐了一回，餘溫未盡，死灰復燃，趙王的把柄又被王友抓住了，這回更厲害，是告趙王謀逆，並且握有實據！

原來趙王還尋思替漢庶人高煦復仇咧！王友如獲至寶，張大其事，向朝廷報告。

看官，你是否覺得此信來的可疑？串謀大逆的書信，怎麼會遺失？它不祕密封在蠟丸裡，繫在箭杆上何為？不單您生疑，宣宗看到信，也有疑問。他懷疑這封信出自王友的偽造，因為趙王剛剛奏他暴慢無禮，這封趙王謀大逆的信就出現了，是不是太巧合？他下令將王友及其左右親信逮到京城來鞫問，又致書周王朱有燉，令他密察此事，同時把祥符王朱有爌召上京來面訊。

這消息傳得飛快，趙王高燧很快就知道了，他幾乎暈厥過去，預感到大事不妙。

這封大逆不道的信件，到底是漢王高燧與祥符王有爌通謀作亂，還是出於王友的報復陷害？王友等人被下到錦衣衛獄裡，反復鞫訊，沒有異詞，堅決不承認是他偽造了這封反書。而祥符王朱有爌到案，他一看信，馬上說：「這不是外人做的，都怪為臣愚昧，不能與臣弟新安王有熹相友愛，使他深惡於臣，這肯定是他府中下人所為。」

案子出現新的人物，宣宗要把案件查個水落石出，便敕召新安王朱有熹上京。這時周王有燉密訪也有結果了，他說新安王有熹曾經派人去過彰德，很快就回來了，考其日月，與信中日期正好相合。新安王的疑點頓時上升。

宣宗心中大概有數了，立刻差宦官帶領錦衣衛官校趕赴河南，將新安王有熹派到彰德府辦事的差人祕密逮捕。朝廷特務的行事效率倒高，他們在周王的配合下，同時抓獲了受新安王指使私造偽書、偽印之人，一併拿到京城。等新安王到案，見人證物證俱在，無話可說，只好承認，此事確實是他所為，但他吐露說，他其實是受了汝南王有勳的指使。原來背後還有人！

宣宗於是又召汝南王有勳來京，命在京親王及皇親、文武大臣共同訊問。新安、汝南二王為了推卸責任，互相揭發對方的陰私惡事：汝南王奏新安王好殺人，喜歡生食人的肝腦，新安王亦奏發汝南王謀害周王數十事。

這位汝南王朱有勳是周定王朱橚（朱元璋第五子）的嫡次子，但他父子不合，當年建文帝削藩，第一個拿朱橚下手，便是因為朱有勳出首告發其父有不軌的行為，導致朱橚被削奪囚繫。朱棣即位後，朱橚復爵，遂奏乞誅殺此逆子。朱棣饒了朱有勳一命，將他發遣到雲南大理居住。過了一些年，才回到河南。此人惡念不衰，又起了奪嗣的心。因為他哥哥，也就是現任周王朱有燉沒有兒子，早年由周定王朱橚做主，將有勳的庶長子朱子墭過繼給有燉為子。朱橚死後，有燉嗣位為周王，有勳為了爭嗣，千方百計要周王允許子墭歸宗，只好令已經成年的子墭仍為有勳之子。

看官或不解了，有勳為什麼要這樣做？親王之位嗎？原來，朱有勳是自己要做親王！他的打算是，假如周王無嗣，待周王薨後，他便可依「兄終弟及」之義，自己來嗣封，何必便宜兒子？他讓己子歸宗後，周王沒子嗣，親王之位仍是無望。第二步就是要盡早將周王從王位上驅逐出去。為此，他日夜謀害周王，經常上疏奏訐周王的過失。只可惜還未得逞，先因嫁禍祥符王而落網。

但周王比他大不了幾歲，搞不好活得比他還久，子墭是周王之嗣，等周王百年後，他親生之子不就能繼承親王之位嗎？他兒子是周王之嗣，等周王百年後，他親生之子不就能繼承親王之位嗎？他兒子是周王之嗣⋯⋯

新安與汝南這兩位王子性情兇暴，臭味相投，他們都厭惡兄弟祥符王，遂合謀私刻祥符王圖書，偽作了一封祥符王寄給趙王高燧的書信，故意棄置於彰德城外道旁，讓與趙王有隙的王友查獲。他們的算盤打的好，只是沒想到反而引火焚身，狗咬狗一嘴毛，結果一起倒臺，都被廢為庶人，連其家屬，全被監禁在北京。

趙王高燧在這個案子中完全是無辜的，只是因他樹大，別人作浪，便拿他來招風。事白後，宣宗特地給他寫了一封信，說明事情已經搞清楚了，請他不必介懷，並特別說明：「叔叔與我心腹相照，明過皎日，哪裡是那等奸凶小人所能離間的！」

此事發生在宣德三年（1428年）初，打這以後，始終縈繞在高燧頭上的那團烏雲，才漸漸遠去了。

高燧從此安心做了幾年王爺，到宣德六年（1431年），在彰德封地安靜地去世——在永樂之後，對於尊貴的親王們，安靜便是福了！

第五十章　晉王鹹魚大翻身

「高煦之變」後，凡與漢王高煦親近之人，都遭到牽連。趙王高燧是他的親弟弟，又「素有異心」，自不必說，趙王爺在宣德朝所受的那些磨難，全是在還舊帳。那位汝南王朱有勳，也是被「索債者」斷了指，因為他「自少與高煦善」，和反王高煦是發小。另外還有一位巨頭，乃現任晉王朱濟熿，朝廷也給他記著帳，終是在劫難逃。當法司以高煦之獄，牽扯到晉王濟熿，要求「並治之」時，宣宗的答覆很微妙：「晉王自洪武中即與高煦相好，他有沒有逆謀，未可知，亦不必問。」宣宗說晉王是否參與謀逆，「其謀有無，未可知」，其實已給晉王的命運蓋了戳，「不必問」，只是暫時不必問，終還是要問的。

第三代晉王朱濟熿，是周恭王朱橚的第三子，第二代晉王濟熺的弟弟。官史說他「自幼以狠戾失愛於父」（看來，漢王的好朋友中，是沒一個好人了）。太祖朱元璋曾召秦、晉、燕、周四府世子及諸王庶子之年長者，教於京師。此事前文在講方孝孺使離間計，企圖收買燕王世子朱高熾時，已經提到。當時上京的還有燕府二郡王高煦、周府二郡王有勳和晉府三郡王濟熿，三人皆是「邪譎」之徒，臭味相投，經常綁在一起玩，而都不為太祖所愛。

這是否是事實的全部，今已無法考證，但三人結局相同，都是嗣位爭奪戰的失敗者，卻是確然無疑的事實。從這裡我們看到，自朱棣開了個好頭，朱家內爭已進入一個「戰國時代」。

洪武三十一年（1398年）三月，晉恭王朱橚去世，世子朱濟熺嗣王位。濟熿作為庶子，受封平陽

王，本與晉王之位無緣。但晉王濟熺為人寡德暴戾，在他嗣位的八年間，不斷被人舉報。在這些告訐者中，既有宗室慶成王等藩王，也有府中官校軍士匠技，也就是從各級領導到一般群眾，都在賣力地告發晉王之罪過，「月積歲累，言人人同」。唯獨平陽王濟熿上告較少，給朝廷留下良好的印象。

有人認為這些針對晉王濟熺的告訐，其實都是濟熿隱藏幕後挑撥操縱。不管事實如何，濟熿確實從中獲得了巨大的利益：晉王在長年累月的攻訐中終於垮臺了，永樂皇帝朱棣因為他過錯太多，將他和他的世子美圭都廢為庶人，而改封濟熿為晉王。濟熿奪嫡成功！

但濟熿嗣封後，驕恣暴橫的本態暴露，此人心胸狹窄，睚眥必報，一府之人都受其毒害，比過去有過之而無不及，為此積累了很深的怨懟。

永樂末年，有晉恭王宮中的老嫗入訴朝廷，朱棣才知道廢晉王濟熺父子被濟熿囚禁虐待十年的慘況，在北征途中親自召見廢晉王父子，因可憐侄子美圭困頓累年，封其為平陽王——這是濟熿進封晉王前的王號——令他奉父在平陽府居住。

美圭封王後，與濟熿開始了長期的口水戰，常要勞煩朝廷出面調停。

美圭本是晉府世子，若不是受父親的連累，現在做晉王的應該是他。美圭的遭遇本來就令人同情，晉王濟熿搶了人家的寶位，竟還小氣，為了幾塊水邊的灘地與美圭累訴不休，連仁宗都看不過，責怪濟熿撿了便宜，搶了人家的寶位，毫無矜惻之心。濟熿還沒意識到，這個倒楣侄兒是多麼可怕的對手。

對於握有權勢之人，最可怕的是出現一個競爭者，所以權勢者總是千方百計將對手摧毀，或將任何潛在的對手扼殺於萌芽之中——鬣狗和獅子不是經常互相吞噬對方的幼崽嘛——這對於政治生物來說是最好的自保之術。晉王濟熿在王位上安安穩穩坐了十多年，突然冒出個死對頭美圭，他若不能毀滅之，他的好運也就到頭了。

朱美圭向朝廷投訴，說他父子被廢，是被叔叔「誣構」的。但仁宗不願重提舊事，更不願就美圭的指

控啟動調查程序，只是勸說他：「你們兄弟叔侄本同一氣，你做侄子的，只要盡誠恭愛，他當叔叔的必然顧念你。一切不好的往事就不必再提了！」

濟熿便以為美圭不足恤、不足慮，對他毫無警覺，而對朝廷主持公道，在裁決時稍優於美圭，懷有極大的不滿，經常口出悖逆之語。他又好巫蠱，常在府中招來一些術士，畫符作法，日夜不休。這些情報都被美圭暗中刺探到，只待時機，上演一齣明代版的「王子復仇記」。

機會很快就到了。漢王高煦謀叛事敗後，趙王高燧、晉王濟熿均被視作其同謀，受到嚴屬的糾劾。與叛賊同謀，這樣的罪名，在那個時代幾乎是無法倖免的。濟熿的地位岌岌可危，周圍的人開始背叛他。

十餘年後，濟熿終於親身體驗了他哥哥廢晉王濟熺同樣的命運。

從宣德元年冬天到二年的春間，甯化王朱濟煥以及府中下人數十人，接踵上京首告晉王不法，晉王的劣行接連不斷地曝光，如他毒死嫡母謝氏、與晉恭王侍兒私通、虐待廢晉王父子等，這是宮闈失德之事；更有人直指他潛蓄逆謀，與高煦同心造亂，意在謀危宗社，高煦敗後，他深懷怨恨，遣人招致四方妖術之人，以皇上生辰八字潛行魔咒，甚至誣毀先帝，訾詈百端，且私造兵器，操練軍馬，將圖犯闕云云。簡直是十惡不赦的大魔頭，似乎高煦都有所不及。其實許多罪狀都是眾人推牆，落井下石，未必都是「指陳實跡，具有證驗」。

晉府人員的告發，立即得到朝中的呼應，廷臣交章劾奏，要求嚴處晉王的呼聲一浪高過一浪，輿論的炮火挾著呼嘯，一齊向晉王宮轟來。

濟熿內外交困，害怕極了，遂決定以退為進，主動上疏辭爵。

有趣的是，宣宗在覆信中不說別的，只講漢王高煦「造逆」之事，對濟熿與高煦「交通為謀」、「約舉兵策應，共圖大事」等罪狀，並無一句明示，僅僅說：「叔何嫌何疑，遽有辭爵之言」？而沒有像對趙王一樣，明確表示不信，加以安撫。濟熿不知道，宣宗不准他辭，並不是「杜絕小人之讒，以全親親

之美」，而是已經決定公布他的罪行，並削除其爵位，只是稍緩其事，以待最好的時機。

宣德二年（1427年）四月，就在宣宗前信發出後不到一個月，朝廷便下敕符召晉王濟熿上京，將其廢為庶人，送往鳳陽看守皇陵，家屬一同居住。

但平陽王美圭也沒有得到他夢寐以求的王位，宣宗只是下令，命他將爺爺晉恭王朱㭎還活著的妃嬪從晉府迎到平陽奉養，並未讓他承襲王位。晉王之位，從此空置了八年，直到英宗（宣宗之子）即位後的第二月，才正式進封美圭為晉王，還居太原。美圭從晉王世子的寶座上跌落紅塵，苦苦等了二十多年，終於鹹魚翻身，登上本該屬於他的晉王之位。

第五十一章 好「漢」銅缸化作炙

漢王高煦倒臺了，這個可憐蟲將許多人帶進了墳墓。

宣德元年八月，初平高煦，在給諸王的敕諭中，宣宗宣布了對叔父的處置決定：「以親親之故，不忍棄絕，令同宮眷居於北京，以全始終之恩。」高煦父子被廢為庶人，囚禁在皇城西安門內專為他一家人所建的囚室裡，淒慘地等待死神的召喚。

看官，講到這裡，容我賣個關子，試問一句：若依了官史所言，宣宗是那樣明明德、寬仁慈聖的一位皇帝，他的「高煦叔」將如何收場？大概在大聖人的感召下，高煦將洗心革面，重新做人，並得到侄皇帝的寬宥，獲得一次新生的機會吧！然而，這樣的神話，只在聽說過卻未領教過的上古三代才有的哩！

《明宣宗實錄》沒有記載高煦是如何死的，一般這種情況，都是當事人未得善終，而官方又欲加以隱

晦，不願提及，故此採取這種隱蔽戰術。《明史·高煦傳》則謂：「高煦及諸子相繼皆死。」

野史留下一個駭人的說法。《菽園雜記》的作者陸容，是成化二年（1466年）進士，曾與一位太監「談漢府事」，因問起漢庶人高煦所終。那太監講得繪聲繪色，如同親見，說：漢庶人高煦被執，鎖在逍遙城內，一日宣宗不聽左右的勸，跑去看他。這宣宗大概把這位倒楣叔叔當猴子看吧！站在他面前，「熟視久之」。朱高煦被他看得不耐煩，趁其不備，突出一腳，將胖大的宣宗勾倒在地。左右急忙將皇帝扶起。

看官可想起昔日朱家兄弟謁陵時，高煦譏笑皇太子高熾腿腳不便，戲言「前人蹉跌，後人知警」，宣宗隨在後高喝一聲「更有後人知警也」！何等機警豪邁。哪想到今日會有此一跌。可是高煦被罩在銅缸，每個約重三噸，不是一般壯士所能移動的。然而蓋高煦之缸，也在三百斤以上。可是高煦被罩在裡面，居然猶能運功，頂負而動。宣宗叫一聲好！命人多取宮中好炭來，堆在缸上，發起山大一盆炭火，愈燒愈烈，最後連銅都燒化了。待到火滅，再看那驕傲的高煦，已「不知其處矣」，莫說骨頭，連個人形都沒留下。

他命人抬來一口銅缸，將高煦蓋在下面。看官不要以為便是故宮內貯水的那種大銅缸。紫禁城裡的銅缸，外面傳起來，都叫狗啃泥。耍猴的卻被猴兒耍，熬鷹的被鷹啄，宣宗氣急敗壞，惱羞成怒，肚皮裡頓生一條毒計，要慘斃二叔之命。

以上是陸容從太監那裡聽來，我又從陸容那裡抄來。但此說未可盡信，興許在太監那裡已經有十足的創意和加工了。

嘉靖中在刑部任過職的張合，說國家重刑有不載於律例者有三，分別叫夜刑、火刑和煉刑，其中火刑與煉刑都是用來懲罰叛逆宗室的。處死朱高煦的即是火刑。據張合講，火刑置人銅缸下，四旁燃起炭火，熾烈鎔銅，人亦隨化。他舉的受刑而死的例子，正是漢庶人高煦。但我猜他與我一樣，都是從陸容

那裡聽來，因為陸容提供的是獨家新聞，其他凡言高煦之死者，皆是其分店。

至於煉刑，則是令謀逆宗室懸帛屋樑，投繯自經，簡單說就是上吊。它的新名堂，是在犯人死了之後：罪人既死，將屍體丟在柳條筐裡，筐裡放了二石黑豆，雜以麻餅，上面不用再加柴火，就這麼焚燒，過不了一會，屍體就被燒成像芥末一樣的微粒，直接傾倒即可。這大概就是常說的焚屍揚灰。因為此刑有點像煎煉，故以「煉」名之。張合說，甯庶人（甯王朱宸濠）與同叛諸宗室，失敗被擒後，都是在通州（今中國北京通州區）受了此刑。

張合還說：「三刑之中，夜刑尤慘，獨以加之外臣焉。」所謂夜刑，就是將罪人衣服褪盡，用板子夾緊，兩頭死死捆起來，直挺挺令人想到一隻熱狗。可下面一開「吃」，就不好玩了：用刑時從腳到頭，一寸寸將肉鋸去，鋸掉的肉當即餵給狗吃——一群狗把活生生一個人像熱狗一樣吃掉。為什麼叫夜刑呢？原來此刑只於深夜進行，以此得名。據說正統間被太監王振害死的官員劉球，就是被夜刑處死的，事後劉球的子孫到錦衣衛獄裡尋找遺體，只得到血裙一幅而已。

張合這位「法官」（刑部是法司，在該部任職者可稱法官），與許多明代人一樣，好記奇聞異事，「國家重刑」本是法官職司之事，但張合寫書所依據的，卻不是刑部的成案，多為當時流行的野史傳說，他所著《宙載》一書，裡面有許多破天荒的奇聞。好比所謂火刑，就明代而言，更別說特製了來對付有異心的宗室成員，僅周顛與漢王高煦兩例，都是皇帝一時興起，法外施刑，未必有此專刑。

朱元璋曾親筆寫過一篇《周顛仙人傳》，文中主人公姓周，人稱周顛。顛同癲，周顛說白了就是周瘋子。洪武皇帝當然不能為瘋子作傳，他避開癲，而用顛，謂其行事顛顛倒倒，人不能測，實是一位異人。

且說宣宗殺叔的手法也夠慘毒了。但他這招，並非原創，也是學來的；他的師傅，不是別人，正是其曾祖父太祖朱元璋。

周顛如何癲呢？朱元璋在應天府（南京）作丞相時，他動不動跑到朱元璋駕前，反復說三個字：

「告太平！」朱元璋初不曉得他的好處，當他是個要飯的瘋子。現在商鋪門口經常碰到這樣的人，說幾句吉祥話，討個彩頭，好求老闆打賞幾個。但朱元璋這位大老闆不是和氣生財的商人，你惹他的毛，他一定想方設法搞死你。而朱洪武殺人，不毒不行，沒有創意也不行。他先用燒酒猛灌周顛，讓他來個醉死夢生，但周顛偏偏醉不死，酒喝高了，瘋得更厲害，「日顛不已」。

朱元璋被他顛得幾乎要抓狂，就下個狠手，「命蒸之」。他可不是拿周顛當饅頭來蒸，其法如何？他用一口巨缸將周顛子丟在裡面，缸的四周堆積蘆葦和柴火，加猛火來燒。這就是張合說的火刑了。

好大一棚火燎起來，燒了半晌，待薪盡火消，揭缸看時，周顛卻儼然如故，像沒事人兒一樣。

朱元璋不信邪，下令：「加火，再蒸！」——不蒸饅頭爭口氣，蒸不死你！

於是又添柴火又拉風箱，燒了又燒，想來孫悟空在太上老君的煉丹爐裡也化了，再揭缸來看，只見煙凝於缸底若張棉狀，周顛以頭輕輕碰擊，竟微微滲水，他隨即就醒來了，又蹦又跳，渾然無恙。

原來缸裡大燒活人，是朱家祖傳的手藝。可惜朱高煦沒有周顛的手段，他雖然膂力剛強，筋骨如鑄，到底只是個血肉之軀，一「蒸」即斃。

話說高煦有異志，亦好異人。有一個姓王的，夢到有人授他一部書，交代他說：「讀吾書可衣緋，不讀吾書止衣綠。」紅與綠的官服代表了不同的官品，夢中人說話意思是，你命中有貴緣，但想有大出息，必須得看我送你的這部書。

這夢裡來的富貴，令王某甚感驚奇，沒想到數日之後，果然在路邊撿到一部書，打開看時，正是夢中所得的那本。你說此事奇不奇？高煦知道了，派人來買這部奇書，同時邀請王某去王府作幕賓。王某卻說大話道：「想我來，非詔旨不可！」高煦就把他推薦給父皇。那時朱棣正在營建陵寢，聽說王某有異能，就徵召他上京，據說長陵的基址就是此人所定。

這是關於高煦好異術的絕少記載，見於好談古怪的《王文恪公筆記》，事不甚可信，大概把高煦請出來，也就是做個傳遞手，由他將異人王某引薦給朱棣，其要在於說明陵寢的選址。想來宣宗不會以為這位皇叔真得了道，當登仙了，遂煉一把真火來送他一程吧！

在史上有賢德之名的宣宗，用殘忍的方式對稱為「國家至親」的親叔叔實施了人身毀滅，其實被他殺害的親戚不止高煦一人，看官可還記得齊王朱榑？他是朱元璋的第七子、宣宗的親叔祖，也是死在宣宗之手。

朱榑父子在建文帝時被廢為庶人，燕王登基後復王位，不久又被廢，禁錮於西內（大內之西，皇城西安門內，應該與囚禁高煦的地方很近）。失去自由已經十餘年。到宣德三年（1428年）時，不知什麼緣故，突然福建建陽有一男子，詭稱「七府小齊王」，自製親王冠服，自立護衛，欲謀不軌。事情很快敗露，該男子被械繫上京。據他供稱，本名樓濂，他所行之事純屬自為，與廢齊王父子並不相干。樓濂死，他們應被宣宗以「寧可錯殺不可放過」的原則，下手剷除了。

及其黨徒數百人一起被誅，不久以後，朱榑連同他三個兒子也一起「暴卒」。一家人同時暴斃，顯非善死，

幸虧宣德宣德，宣宗年號裡還有一個「德」字，稍存恕道，饒了老叔祖最小的兒子朱賢爀一命，將其安置於廬州（今中國安徽安慶）。景泰五年，為加強對廢宗的控制，將齊、谷二府庶人都遷到南京，由南京守備太監集中看管。到嘉靖中，谷王一系已絕，齊王遺裔才獲解錮，可以自由婚嫁出入了。當時的齊庶人，已是朱榑的曾孫。

可嘆祖先失德，奈何令子孫世世做圄圄之活鬼？無論建庶人、齊庶人、谷庶人，都是朱氏子孫，皆無辜被錮數十上百年，皇家所謂「親親之義」，不過是一幕人倫慘劇中的空口號罷了！

第七卷

服毒家族

第五十二章　帝王「三字經」

古代帝王作惡，沒有不犯在貪、暴、淫三個字上的，這是他們專用的「三字經」。

中國史上頭兩個渾蛋大王，一個是夏桀，一個是商紂，這兩大惡人差不多並列第一，故合稱「桀紂」。夏、商兩代事蹟太少，連博學的孔老夫子都嘆息「文獻不足證」，說不出個子丑寅卯。然而愈到後世，他們故事愈多。尤其是紂王，經古史辨派史學大師顧頡剛先生梳理，關於「紂惡」的記載竟達七十件之多，然而多為後世所添加的油醋（參見《紂惡七十事發生之次第》）。

紂王之惡，在貪淫方面，首推饕餮，酒池肉林，沉醉如泥；又讓宮中男女裸體奔逐（莫非是「裸奔」之祖？），他還寵一個狐狸妲己；在暴虐反面，名堂更多：為取媚婦一笑，對忠臣大施炮烙之刑；因不耐煩叔父比干的忠諫，竟把他心挖出來，扒拉著數有幾個竅；研究完忠臣的心，又斷老人之脛，剖孕婦之嬰，割駝子之峰……種種倒行逆施。到明代《封神榜》書成，紂王已自立門戶，超絕於「十大惡人」之上了。然而，紂王的這些罪惡，絕大多數都是好事者附會敷衍出來的，早在春秋時，孔子的高足子貢就看不過眼，說了句公道話：「紂惡不如是也，是故君子惡居下流，眾惡歸焉。」一個人只要壞啦，所有壞事都往他籮筐裡裝；要是成了模範人物，則天下好事全是他做的。也不是只欺負紂王一個，後世這樣的「典型」多的是。

其實和桀、紂比起來，朱家父子才是真正的超級大混帳。但何以大家不像痛斥紂王一樣大罵之？明代人說話，動輒山呼「兩祖（太祖、成祖）列宗」，凡事向他們乞靈。即便當代學者，眼界已開，不再只知朝廷和聖賢聖王，看到的資料也多，仍不免大談其「歷史功績」，歌頌其「雄才大略」。我想，這便是古代史書與史官幫忙的結果了。古代帝王沒有戈培爾的納粹宣傳部，但他們有兢兢業業的史官，有欽

定的「正史」與官書，也有文字獄裡的大砍刀，所以照樣有造謠與重複謊言以為真理的工具。然則桀與紂的不幸，只在於他們亡了國，洋槍隊打散了，吹鼓手也被敵人擄去，只好繳械，聽人在歷史的砧板上宰割。而朱元璋祖孫數世，可喜皇運悠久，國脈延長，威武堂上，刀斧手聽用，還怕本朝先帝畫出來的不是一副喜容？

朱元璋、朱棣父子殺人之慘、行事之暴，許多書講過，我實在不願多重複，本書只講他們的貪、淫。

且說朱棣的乖孫兒宣宗朱瞻基，寫一筆好字，又會畫畫，僅此二事，就可定為「右文」了。可是宣宗畫完畫，就溜到偉大皇帝的肖像幕後，鬥起蟋蟀。玩就玩唄，他還硬逼百姓向他進獻，當做新的朝廷貢賦，翻遍天下的石頭縫，就為蒐摸幾隻擅鬥的蟋蟀，最後把一個可憐孩子逼死了，化作一隻蟋蟀來應付官府。

宣宗凡事學他祖父，祖父好色，他亦好之；朱棣北征，他亦北巡，在京郊打個兔兒，獵幾頭獐子豹子兔子，便是「尚武」了；偶爾一次興起，稍稍出了趟古北口，便大吹大擂，好大一個泡泡「武功」。但他寶位沒坐多久，就丟了一個省的祖業（交阯行省，版圖約當今越南北部），這筆大虧欠的爛帳卻隱起不計，反說他恤民。

總之，宣宗的「事業」，多是公子哥的舉動，但後世史家竟抽瘋抽出一幅「仁宣之治」的糖畫來送給他。他哪裡有什麼「治理」，不過多承餘蔭，貪天下之功罷了！

朱棣和朱瞻基這爺孫倆，一個是病夫，一個是短命鬼，這與他們喜好逐淫大有關係。古語說，財是陷身之阱，色是戕身之斧。第二方陣，可排上世宗嘉靖帝與神宗萬曆帝，前一位在位四十五年，後一位四十八年。看官或想，他們該是耄耋上壽之君了吧！其實不然，探花嘉靖帝活了六十歲，已是第三長壽了。

明代皇帝壽命多促，朱元璋活了七十有三，朱棣就只六十有五，而這已經是朱家壽數的狀元與榜眼了。

萬曆帝才五十八歲，盛年還頗富餘韻，即已危而難持，而他也得個第四名。其餘的都是協力廠商了。

陣，彷彿人生長跑的中青年組，多為三十幾歲，年幼的才二十二歲便休矣（熹宗）！

看官，請想一想，一個人要怎樣自虐自殘，才活這幾歲年紀？

許多人堅定地認為，皇帝夜夜御女，縱淫過度，淘空了身子，才這麼短命。這裡有數個例子，如《崇禎宮詞》唱：「古訓由來戒色荒，九重杜漸慮方長。聞香心動傳嚴禁，恐有巫云誤楚王。」宮詞後所附注釋，採自《明季北略》第三卷「聞香心動」條，說崇禎帝即位之初，一日在宮中批閱奏章，突然「聞香心動」（我謂是陽動），乃詰問近侍太監：此物何來？太監答稱是宮中舊方。崇禎叱令毀之，勿復再進，因嘆息道：「皇考、皇兄皆為此誤也！」

崇禎的皇考是光宗朱常洛，即位一月就吃了掛麵；皇兄是熹宗朱由校，在位七年，二十出頭也死了，沒有子嗣，這才便宜了同父異母的弟弟信王朱由檢。

「皆為此誤」的潛臺詞是：光宗、熹宗都是聞香陽動，臨幸女子過多，精盡而亡的！光宗死的過速，前後整整一月，有人說，他是中了鄭貴妃的美人計。

鄭貴妃是神宗的寵妃，還生了皇子（福王朱常洵），便恃寵而驕，總想把太子之位從朱常洛那裡奪過來。結果爭嗣失敗，還是朱常洛做皇帝。鄭貴妃為了討好常洛，就送了八名美女給他。她的本意大概是請皇上將對她的怨氣化作幹勁，在這幾位美女身上宣洩，且饒過我吧！不料皇上奮鬥過甚，身子垮了，命也丟了。——這只是外朝的傳言，未知其的。但這話頭，與「皇考為春香所誤」，是別無二致的。

我不敢相信，宮中所焚之香，在裡面摻發情之藥，是明宮舊例。那是種什麼香？《明季北略》還附記二事：

其一，崇禎帝一日與詞臣講論治理之道，至一更天還未退，忽然站起來，命太監秉燭繞行，遍閱壁隅，不知找些什麼。然寂無所見。崇禎便命熄燈，黑夜之中，遙見殿角火星微燿，立命毀壁。打爛牆壁

一看，內有小太監一名，持香端坐於內。詢之，才知是魏忠賢派來的。原來魏閹見崇禎勤於政事，故意燃香，「使欲心頓起耳」。崇禎說：「我方靜攝（指不近女色），忽然心動（我謂還是陽動），所以才疑有故。」即命去之。

這個故事有個疑點，那個捧香端坐的小璫，他受香的好處最多，他陽物雖然沒了，但心為何不動？

其二，也與魏閹有關。說是崇禎初立，魏忠賢即進國色四人。崇禎欲不受，怕他生疑心，就笑納了。入宮後，即命渾身上下搜查，並無他物，只每人腰帶裡都佩有香丸一顆，大如黍子，名曰「迷魂香」。人一觸之，魂即為之迷矣。崇禎知非善物，命勿進之。

以上三說，前兩說其實都可歸入「聞香心動」，是一個故事的兩個變種；前者說是「舊方」，後者則加進生動的情節，不再說是舊方，直指為魏忠賢「蠱惑君心之計」。第三說中，香已然變了，不再是殿中熏爐中所燃之香藥，變成了美女所佩的香丸，並有了一個迷魂香的名字。

我武斷地說一句，這種燃燒之後能令人發情的香料，怕是沒有的。人在行房之際，吹滅燈燭，唯燒一炷香，朦朦朧朧，煙霧繚繞，調些情趣，增些助力，或是有的，但若謂它能令人夫鼓起未有之神武，則是聞所未聞。

以上三說中，以第三說最奇，亦最不可信。我原以為那迷魂香不是就那麼藏在腰帶裡的，要等那幾隻妖精在施陰陽大法時，偷偷扔到香爐裡吧？但細讀文字，說的是「人一觸之，魂即為之迷矣」。這是什麼化學物質？其神異之奇效，已超出那個時代的科學水準了。據我看電視上的科學節目，這樣的神藥，到今天還沒發明出來。不過民間傳說中，這樣的藥很不少見，網上還有賣的，搞得人心惶惶，但經警方破獲，發現多是騙財者的道具，迷人時，總還差些火候。

其實，增進性能力的最好辦法，還是服藥，今天最好的男用春藥，不是需要吞服的威而鋼？傳說「聞香識女人」，女人哪是聞聞就好的——催情還是要煉丹家上場。

第五十三章 仙藥不服，服凡藥耶？

皇帝在皇宮裡享有完全的性自由。對宮中女性，他們享有隨時臨幸的權力。好比明憲宗某日到內藏書室讀書，偶見女史紀氏，怦然心動，就把書扔下，學現代人來個「裸體閱讀」……隨後便生下光宗常洛。孝宗、光宗這兩位皇帝，都是其父在後宮游龍，偶爾戲鳳，「搞」出的結晶。而那種令人「聞香心動」之香，即便有，也一定異常名貴，價值不菲，哪是隨便擱哪兒都能燒的？顯然憲宗、神宗的這兩次性行為，都沒有依靠迷魂香催力，純屬自然發情。

皇帝雖然不愁新伴侶，但每日御女，炮彈發射多了，總有一時不舉的尷尬──我認為，「不舉」是男人的一種自動保護機制，不舉時，就是該休養的警告和時機了，與讀書久了，脖子酸痛無異。所以若無猛藥幫忙，人是不會「淫死」的。而這等淫藥，多出自太上老君的煉丹爐。

道家有一門功夫，叫煉丹。但凡配得上「神仙家」稱號的道士，一般都擅兩個絕活兒，一個是行氣導引，一個就是燒煉。燒煉有燒銀子的，也有煉丹藥的──多麼貼心！人的財色之欲，都照顧到了。

中國人服食仙丹的歷史很長，然而滿天之下，據我的陋見，除了《西遊記》裡的孫悟空，吃了一大把丹藥，愈加活蹦亂跳，其他人多是沒好下場的。因為丹藥是由多種化學成分構成，性烈如火，初服下去，對人體有明顯的刺激作用，久之會造成無法挽回的神經及臟腑損傷，伐命之物，以此最佳──不流血、不折胳膊腿兒，還比較爽，有飄飄欲仙的幻覺。

在明代皇帝中，朱棣是所知最早服食丹藥的。朱棣體弱多病，患有多種疾病。中年以後，每況愈下，折磨他的，主要是個痿症。

看官切勿望文生義，以為痿症便是陽痿。痿症有多方面的表現，如肢體筋脈遲緩，手足痺軟無力，行動受限，久之肌肉萎縮，嚴重的會下肢癱瘓；那話兒一條鼻涕似的在褲裡拖著，威風不振只是痿症之一。朱棣曾自述得病是「北征出塞，動至經年，為陰寒所侵而至」。他言其病根是軍中勞苦，兼之受了風寒入侵所致。

當時有位吳江名醫，名叫盛寅（字啟東），他給朱棣診脈後，稱「上脈在風濕病」。朱棣大以為然，服藥後很快見效，更加高興，遂授盛啟東御醫之職。

有關記載顯示，早在永樂之初，尚在盛年的朱棣，就已經為疾病所苦。永樂五年（1407年）九月，他在與太醫蔣用文討論養生之道時，說了下面一段話：

「人但能清心寡欲，使氣和體平，疾病自少。如神仙家說服藥導引，亦只可少病，豈有長生不死之理？」

他特別批評了供佛求壽的愚蠢行為，說「近世有一種疲精勞神（的行為），佞佛求壽，此又愚之甚也。」

此言可謂不差，就像身邊經常有人說：煙要少抽，酒要少喝，否則肺也黑了，血管也爆了雲。其實拿這些話來做口頭禪的，多是難以拯救的大煙槍、大酒鬼，只可聽其言，然要在於觀其行。依照此理，朱棣講「清心寡欲」，各位看官大人，且不忙信他，倒是他說的「神仙家說服藥導引」、「佞佛求壽」值得格外留意。

當時禮部郎中周訥從福建回京，向皇上說起閩人最為尊奉南唐徐知證、徐知諤，福州有一座洪恩靈濟宮，其神最靈。朱棣是個找神拜的主兒，他聽說有這般靈驗的神，趕緊派人南下，去迎徐神畫像，連同廟祝一併請來，在京城也建了一座靈濟宮，並祀二位徐神。每次生病，都會遣使來問神請方子。而廟祝則「詭為仙方以進」。這種煉丹房裡煉出的仙藥，藥性多熱，朱棣吃了之後是何反應？《明史·袁忠徹

傳》記：

「服之輒痰雍氣逆，多暴怒，至失音，中外不敢諫。」

且說那二徐真君是什麼來頭？原來他們都是五代時軍閥徐溫的兒子。徐溫的義子是徐知誥，更名李昇，建立了南唐。徐溫一共六個兒子，活下來的僅是知證、知諤二人。他們曾入閩平盜，死後據說魂靈便留在福建，護佑閩人，很是靈驗，「祠之多靈應」。

二徐在宋代被封為真人，是道教俗神和福建民間供奉的神祇。——中國之神甚多，且從不問神的出身，可以說，中國人的精神上升之路，還是有點平等意識的。只可惜，人只有死了才能「上升」，活著，還是活受罪。

北京洪恩靈濟宮是道教宮觀，建於永樂十五年（1417 年）春間。而《國榷》永樂十五年八月甲午條始記：「甌甯人進金丹及方書。」神仙的房子都建好了，神仙還不紛紛來下凡？

「此妖人也！」

從朱棣對甌寧人進丹的答覆來看，他似乎還未走火入魔，頭腦冷靜得很，騙子根本不可能騙得了他。他說：

「秦皇、漢武，一生為方士所欺，妄求長生不死之藥。這夥騙子又欲欺朕耶？朕用不著金丹，請他自己吃吧」，他進的方書也燒毀了，不要讓他再欺騙世人！」

在今天中國福建福州閩侯縣青圃鄉，有一座始建於五代的道教宮觀大王廟，所祀正是二徐真人。該廟於永樂十五年重建，賜名靈濟宮。傳說大王廟裡的神醫曾神孫（曾辰孫）曾經揭榜進京，用二徐真人賜的靈藥，治好過永樂皇帝的病，故此龍顏大悅，敕令重建宮觀。

記載還說，朱棣因得了個久治不癒之症，有人推薦了道士曾辰孫，曾道士到了北京，就在大內建起神壇，扶起鸞來。

扶鸞，又叫扶乩、扶箕，《辭源》是這麼解釋的：「扶鸞，舊時迷信，假借神鬼名義，兩人合作以箕插筆，在沙盤上劃字，以卜吉凶，或與人唱和，藉以詐錢。因傳說神仙來時均駕風乘鸞，故名。起於唐代，明、清盛行於士大夫間。」

許多人知道筆仙，而對扶乩並不了解，它們其實頗有相同之處。扶乩是兩人共抬一個簸箕，上面插一支筆，先由主壇之人做法，邀請神仙下降。神仙來了做什麼？主要是替主人卜吉凶，有的只與主人唱和一番，即飄然而去，並不說禍福。

神仙的話，透過簸箕的運動，寫在沙盤上。我曾聽心理學家解釋筆仙的原理，似乎很簡單，然而扶乩卻較為複雜，鬼名堂非常多。近人許地山先生編著《扶乩迷信的研究》一書，收了大量歷史上的扶乩故事，我讀過之後，仍覺有許多謎是不易解開的，許先生也沒給出詳細的解釋。

扶乩術在明、清盛行於士大夫中，那麼多有學問的人都輕信上當，就算比較清醒了。我確信扶乩不過是騙人之術，它就像令人驚詫的魔術，雖然手法高明，令人稱奇，但奇不代表它就是真的。

我猜，福州大王廟之所以「禱祠輒應」，主要是廟祝曾老道善於扶乩，他自己不開方兒，只請鬼來開脈案，神神叨叨，雲山霧罩，把鬼一搗，讓人靈魂出竅，弄得自己的病是輕是重，也迷糊了。

話說曾神醫的乩壇上很快降下來兩位神。請教兩位高姓大名？答是二徐真人。於是曾神醫恭恭敬敬問：有疾如此，當服何藥？兩位神仙也不問他要出診的錢，鸞筆就在沙上如飛地運行起來，很快開出藥方。朱棣如法煎服，居然起了奇效，身子大為清爽；朱棣遂大起信仰，甚至還夢到二徐真君親自給他送藥來了。

曾老道立下大功，他趁機奏請，請求皇上為二徐真人在京建宮加額。朱棣馬上答應了，就在皇城以西建了一座洪恩靈濟宮，賜額靈濟，一如閩中。第二年更分別加封知證、知諤兄弟為九天金闕和九天玉闕真君。

我們將相關資料一排比，不難發現，《明史》裡說的曾辰孫，就是福州大王廟的曾辰孫，引薦者是禮部郎中周訥。曾辰孫不知醫術究竟如何，但這位老道卻是扶乩請神。神降的方子，不會是普通的藥方，我懷疑就是丹藥。否則何以數月之後，就有福建甌寧人進獻金丹與方書之舉？還不是此人見曾辰孫進藥受了重賞，心中豔羨，乃照此辦理，以投皇帝之所好。

至於朱棣卻金丹之獻，還說秦皇、漢武都受過方士的騙，我有前車之鑒，是絕不會再上當的；但請注意：他話中之話，只說長生不老不可信，卻沒說丹方療病不可信。朱棣的確不佞佛，「佞佛求壽」的事他不會幹，但是，他是佞道的，「佞道求壽」之事，不僅幹了，還是大幹特幹。自朱棣起兵「靖難」，就開始大造輿論，說得到北極玄武大帝（真武）的蔭佑，即位後花了十年時間和鉅資營建武當山宮觀，以奉祀玄武大帝，又將武當山改名為太和山，稱為「太嶽」，位列五嶽之上。

明眼人一瞧便知，朱棣不問醫而求仙，他一定病得不輕，甚至可能隨著年齡的增長，病情有了令他焦慮的發展。

朱棣服藥後，病體暫有起色，但副作用隨即產生了，情況非常嚴重，其表現是：「痰壅氣逆，多暴怒，至失音」。也就是體內之氣逆行，痰積於襟喉之間，而性情變得愈加暴烈，動輒發怒，怒時甚至於失聲。秦始皇說過：「天子之怒，伏屍百萬，血流千里。」誰還敢進諫！

只有一人敢勸幾句，他就是神相袁珙之子，同樣是著名相士的袁忠徹。前文說過，他父子倆都是朱棣非常信任的私人。

有一天，袁忠徹入侍，見皇上一陣急咳，那情形似要把一肚子下水都吐出來，表情非常難受。他忍不住諫道：「此痰火虛逆之症，實靈濟宮符藥所致。」朱棣一聽，忍咳怒道：「仙藥不服，服凡藥耶？」袁忠徹不敢再諫，只是叩頭痛哭，勾得一旁兩個太監也哭起來。朱棣更生氣了，下令將太監拖出來打，恨

恨地道：「忠徹哭我，我是要死了嗎？」

所以說伴君如伴虎，正是這個緣故，左不得，右不得，哭不得，笑不得。總算袁氏父子與皇帝交情深，到底還是免了打屁股，否則那一「腔」要鮮花怒放的。

由此事可見，朱棣在服食「符藥」（符指將符紙燒了融水）後，性情愈為狂暴，邏輯和思維能力都受到一定影響。當時朝鮮使臣稱朱棣「處事錯謬，用刑殘酷」，正是此意。

其實，導致痿症的原因非常複雜，除了朱棣自認的風濕，外邪入侵、情志內傷、飲食不節、勞倦久病，均可能引發痿痹之症；而貪淫好色，縱欲過度，是痿症形成的重要原因。《素問·痿論》說：「思想無窮，所願不得，意淫於外，入房太甚，宗筋弛縱，發為筋痿。」人若房事過多，腎元不守，骨髓衰竭，正氣大虧，必然加劇病情。若此時服食符水、丹藥，頗覺心火復盛，精力煥發，足以催動全身元氣，奮而向前。但這實際上是虛空的假像，是飲鴆止渴。服食丹藥就像吸毒，久之會形成依賴，並對全身臟器及精神造成重大損害。

痿痹本為肢體痺軟之症，久之那「話兒」講話也無力了，變得濕答答、軟綿綿，活像一條鼻涕。當「一代雄主」發現自己雄風不振時，只有更多地服藥，以求片刻的振作。但久之戕害更甚，造成一個惡性循環，其結果是可想而知的。

第五十四章 《1000種死法》，仁宗一人占了四種

上文講到，朱棣因為多欲，而本人的精子與精力都有限，只好借道家仙藥來催發潛能，結果性燥之藥反而延燒成一把烈火，把他提前送回老家。從史記來看，他是在出師途中暴亡的。在死之前，他只是

感到身子不爽利，急忙旋師，但他絕未料到會死在半路上。夏日行軍，天氣炎熱，他的屍骸沒有條件好好保存，想必當龍輿回京，在內廷入殮時，已經臭不可聞了。

說起來，朱棣祖孫三代都是暴崩的，這與他們都喜歡「吸毒」有關。

仁宗朱高熾是怎麼死的，至今仍是一個謎。楊士奇在《東里文集・聖諭錄》裡，回憶了仁宗在「宮車晏駕」前一月裡的一次召見。

楊士奇說，仁宗從小受太祖皇帝的影響，對星象之學頗有研究，經常夜觀天象，默察人事。他常常對東宮輔臣說：「宋、元儒者多曉習（星術），不可忽也。」洪熙元年（1425年）四月的一天，尚書蹇義、夏原吉、楊榮、楊士奇等人在奉天門奏事畢，和皇上聊起閒話，仁宗問他們：「夜來星變，可曾見否？」四人都搖頭：「未見。」仁宗拿眼望楊士奇，道：「他們三個雖見不能知，你應知之。」大概楊先生家藏天文望遠鏡，也常看流星雨的。不想楊士奇也道：「臣愚，亦不能知。」

仁宗嘆息一聲，說道：「這是天命啊！」也不把話說明，就起身回宮了。幾位重臣面面相覷，不知何意。

第二天早朝罷，仁宗又把蹇義和楊士奇召上奉天門，和他們嘮些私話。

「我監國二十年，為讒慝所構，心之艱危，我三人共之。」仁宗開口說起舊事，感喟不已。「幸賴皇考仁明，才得以保全。」言訖已泫然泣下。

蹇、楊二人也陪著流淚，楊士奇勸慰道：「今已脫險即夷，皆先帝所賜，亦陛下至誠之效。」仁宗嘆道：「然則我去世後，誰復知我三人同心一誠？」遂取出兩件敕書與銀印，賜與二人。

連著兩日的奏對，仁宗輾轉反側，纏綿用情，楊士奇初不覺其可怪，只當皇上顧念舊誼，與舊臣嘮幾句嗑，共同緬懷當年的艱難。但後來回想起來，或許當時仁宗已透過星變，知道自己將不久於人世——因為僅僅過了一個月，果然「宮車晏駕矣」！

我們作為現代人，已經知道，天上不管哪一顆星，變與不變，與地上之人都沒有半根寒毛的關係。

古人相信星變，純屬自作多情。

仁宗是個高明的預言家，但他能預見自己將不久即世，恐怕是感到身體狀況每況愈下，忽又看到一顆星星閃爍不定，便胡思亂想，而不幸言中了。這時仁宗的身體一定糟糕透了，只是他不肯與臣下說說罷了。

這裡花開兩朵，另表一枝，先說一位名醫。此人姓盛名寅，字啟東。前文講到，此人曾將朱棣的痿痺之症斷為風濕，大獲帝心，得以擢入太醫院，做了一名御醫。

仁宗在東宮時，太子妃張氏（即宣德、正統朝的張太后）有一次連著十個月不來月事，御醫會診，都說是喜脈。女人有沒有懷孕，當然自己最清楚，張妃不認為自己懷孕了，但腹脹如鼓，又十月不見紅，若說無孕，也難以啟齒。所以張妃耳聽眾醫稱賀，心中只是不悅，卻不便直言道破。

過一會兒，盛啟東來了，把脈一把，就說不是懷孕，並且準確說出張妃的病症，歷歷如指。張妃大喜道：「有這樣的好醫生，為何不早讓他來看我！」太子也很高興，就讓盛啟東開方。

這位盛御醫似乎是治「病脈」的國手。曾經有個宦官，得了脹病，被他治好了，就推薦他去治另一位正「苦脹」的太監。這位太監正脹得一塌糊塗，天大捧腹而不樂，要死而未死，盛啟東一劑藥投下去，立刻藥到病除，立馬跑去見皇上。朱棣見之大奇：「還以為你死了，你如何復活過來的？」太監便說，有神醫盛啟東神誇了一番，朱棣見有神醫如此，也請來給自己看病。這是盛啟東發跡之始。

如今太子妃也是肚兒脹得老高，不治便死，其情之急不下於那位太監。盛啟東卻不急不忙，開出一方破血之劑。看官，你可查《準繩·瘍醫》，所謂破血藥，主治「打撲墮馬，從高跌下，皮肉不破，此淤血停積內攻，不能言語，而或譫妄」。盛啟東開出破血的藥，乃是認為太子妃屬於跌傷淤血致病，需要

化血以解。

然而皇太子卻是相信張妃有孕的，他對盛啟東的診斷半信半疑，只是將就著用盛啟東的藥。可是過了些天，張妃的病仍無好轉，只好再把盛啟東找來。

盛啟東又寫了個方子，太子接過來一看，還是前日那副破血的藥方。太子生氣，欲不用此方，但張妃堅持要用。太子沒法，就把盛啟東抓起來，威脅他：你的方子要是傷了胎兒，必拿你殉葬！

此後三天都沒有消息，這三天，盛氏合族驚懼，度日如年，都怨盛啟東不該冒死進方，太子妃一旦不諱，「是始磔死」——那可是凌遲之罪！

然而，滿門的惶怖，終於在一片喧鬧的鑼鼓中消解了。原來張妃堅持服藥，果然「血大下」，鼓脹的肚皮頓時癟了，病也好了。太子大喜，賜以重賞，還把東宮的儀仗隊派出去，敲鑼打鼓，熱熱鬧鬧，把盛啟東送回家。

但盛啟東始終為太子所惡。

太子厭惡盛啟東的原因不詳，但那怨懟一定極深，即便他治好了太子妃的怪病，怒氣猶然不解。盛啟東為此整天惶恐不安，生怕哪一天禍事降臨到自己頭上。恰好他的老鄉，相術界的名人袁忠徹，也是太子討厭的人，他偷偷對盛啟東說：「老兄，你不要過於憂慮，我觀太子之相，非永壽之人，即便登了寶位，也不能長久。」如此大逆不道的話，袁忠徹竟敢與盛啟東說，毫不忌諱，顯然這兩位在御前行走的神相與神醫，他們是利害與共的。

袁忠徹的話後來果然應驗，仁宗只做了一年天子就去世了。

以上記了兩件事，一個是仁宗自觀天象，謂己不久於世；一個是相士相面，知其壽不永。好像天上的星星與仁宗的臉皮合了謀似的，都來與仁宗過不去。

然而性命之夭，必有戕生之利斧，不能說星星如何，面相如何，其人便「死得其所」。老天爺不讓人

活，至少也得放個炸雷，劈人一傢伙，總不會莫名其妙就讓人飛仙吧！

那麼，仁宗到底怎麼死的？看官你恐怕想不到，明仁宗朱高熾之死，竟是明朝十六帝死亡證明書中最大的疑案。

由於仁宗死亡太驟，對他的死因，在當時已不能無疑。

成化時人陸釴《病逸漫記》記：「仁宗皇帝駕崩甚速，疑為雷震，又疑宮人欲毒張后，誤中上。」指出當時社會上對仁宗之死，有二種猜測：被雷震死；被宮人誤殺（本來的目標是張皇后，即那位脹肚子的太子妃）。

明代中期以後流布較廣的《明記略》一書，則指出：仁宗或云死於雷，或云為宮人所毒，或云為內官擊殺。在前書的基礎上，又增一種：為宦官所弒。

儘管清人修《四庫全書》時，對這些記載大加刪減，稱之為「委巷之傳聞」，是「刪除猶有未盡」者謊言奇談，但這些傳聞見諸多種野史筆記，流傳極廣，信者極多。

仁宗是被雷劈死的嗎？民間說「天打五雷轟」，是壞人的專有下場，何以慈悲為懷的仁宗也落得這個下場？嘉靖時人張合揭密說，雷只是個幌子，仁宗其實是被宦官擊殺的。他在《宥載》中說：在一個陰雨天，仁宗上罷朝，退回後宮，突然就報「上崩」了——「或疑內侍（宦官）弒之，適有雷，故內侍云雷震」。

至於為什麼人們會猜疑仁宗是被宦官所弒，張合解釋道：「仁宗即位後，惡宦官，每欲誅戮」，結果被宦官先下手為強殺死了。他還繪聲繪色地說：仁宗入斂時，是沒有頭的，此「尤為可疑」！這令我想起清朝的血滴子傳聞，也說雍正皇帝失了腦殼，不禁笑了一下。仁宗爺爺的首級還在不在，無法從文獻中考索，只好等獻陵發掘時再考證了。

仁宗已死於雷，死於弒，又說他死於下毒。

下毒者為不知名的宮人，或某位妃嬪，她投毒的目標本是張皇后，卻不料誤中了仁宗。假如此說成立，也是冤大頭似的枉死，比被雷震死好不了多少，對於仁宗名譽來講，總歸是大損。

仁宗到底是怎麼死的？陸釴曾好奇地向一位雷姓太監求證，這位太監彷彿一位考古學究，搖首道：

「皆不然，蓋陰症也。」——這下好了，關於仁宗之死，就有毒殺、弒殺、雷殺、病殺四種死法了，不幸的仁宗，《1000種死法》（1000 Ways to Die，是部美國影劇的名稱）中，他一人竟占了四種！

陸先生與我同好，喜聞宮闈祕事，且頗多獨見，如景帝朱祁鈺被宦官蔣安勒死一說，就僅見於他著的《病逸漫記》一書。景帝之死的異說，不知是否也是他向那位雷公公求教來的？陰症是個什麼症？雷老公沒有詳說，或者他附耳對陸釴細細道過了，陸先生不願賜告。所謂陰症，或許是中醫裡常說的外邪入陰經，或者就是羞不得見人的代名詞。然則此病何以竟致人速死也？我不懂醫，不敢亂解，但我敢大膽揣測：此陰症之陰，應該靠陰事之陰多一些，大概也是不好見公婆的。

第五十五章　仁宗給景帝帶來一簾驚夢

仁宗生前最後一年，脾氣異常暴躁，很容易激怒，而一旦發作，幾乎難以遏制自己的行為。從這些表現來看，他很可能與其父親一樣，也是服用丹藥中毒的。

仁宗臨御之初，多次下詔，向群臣求言。可是臣子在朝堂上進言，他又不耐煩聽，或「厭其繁瑣」，或怪其不敬。比如大理寺少卿弋謙，響應皇上求言的號召，多次上疏言事，仁宗就嫌他「逾分」，「賣直沽名」，每當臨朝之際，對弋謙的反感「數形於詞氣」，話不好聽，臉不好看，大概事也難辦吧，搞得「朝臣皆悚仄，相與以言為戒」。

仁宗的性格很敏感，性情又易浮動，臣下說話稍不謹，就易激了聖怒。有一次，他差點將明初的名臣，任過國子監祭酒的李時勉當朝打死。

李時勉挨打這件事，據李氏行狀[17]記載，起因是李時勉因為父親得到朝廷的封贈，為報答皇恩，決定上書言事。

其實這位李先生本就是個好言敢諫之人，就是沒好事，他也喜歡說話，為此在永樂年間吃過不小的苦頭。到底江山易改本性難移，他又開口說話了，惹來大禍。時間是洪熙元年五月，也就是仁宗死亡的那個月。

李時勉為人耿直，說話不懂得委婉，仁宗見他所言峻直，大為震怒，又有不喜歡李時勉的宦官在旁挑撥，仁宗的暴怒便壓抑不住，在次早臨朝時，命侍衛用金瓜狠狠地打他（《明史》還有「仁宗怒甚，召至便殿，對不屈」的情節）。當時就打斷三根肋骨，差點斃命。

打了還不消氣，仁宗又降了他的官，讓他做交阯道御史，命他每天審一囚，言一事，實際上是借此磨他的傲骨。

不料李時勉性格竟如此九傲，他三天內果然連上三章，提了更多的意見。仁宗勃然大怒，認為李時勉不服氣，故意向他挑釁，就將他拿下詔獄，施以嚴刑。虧得詔獄掌刑的錦衣衛千戶曾受過李時勉的恩，祕密請來醫生，給他療傷，才僥倖不死。

仁宗到「大漸」那一天，對此事猶有餘恨，切齒對夏原吉說：「李時勉當廷辱我！」一念此事，還是忍不住勃然暴怒。當晚，他就死了。

仁宗之死，確為暴亡，完全出乎他自己以及廷臣的意料（楊士奇的觀天象說，從實錄的記載來看，

17 行狀是人死後請他人代寫的一生事蹟，用於供撰寫墓誌的參考。

其實只是馬後炮似的聯想）。他死在洪熙元年的五月，就在上一個月的初五日，他還下敕給南京守備太監王景弘，告訴他明年春天將還都南京，教他提督官匠人等，趕緊修理南京宮殿，以備還鑾；還派皇太子朱瞻基（宣宗）離京南下，到南京坐鎮居守。如果仁宗身有痼疾，有性命之憂，絕對不會在這個時候放皇位繼承人外行，還勞師動眾實施遷都的計畫。

進入五月，一切政事都很正常，仁宗還多次透過敕諭的形式向群臣發表講話，每天堅持上朝。為了翰林院侍讀李時勉、侍講羅汝敬在朝放言無忌，他還忍不住大發雷霆，狠狠揍了李時勉，將二人貶官。而當天夜裡，天象報告說：金星犯輿鬼。這是很不好的星象，預示著誅殺大臣，或者國內有「兵起」，善觀天象的仁宗，為此加劇了憂懼。

第二天仁宗就「不豫」了，這病來得急，勢如山倒，仁宗也清醒地認識到了，所以他立即命閣臣書敕，派太監海壽飛騎南下，召皇太子來京。次日，實錄中出現「上疾大漸」這個詞，這是帝王死亡的專用語。在仁宗去世的當天，即「遺詔天下」。

這份遺詔不是仁宗自己寫好藏起來的，而是由閣臣在皇帝靈前匆匆擬定，重臣集體會商討論，並經張皇后確認無異議後，再由禮部向天下發布。遺詔文字不長，才三百餘字，除了按慣例對「朕躬」（皇帝的自稱）一生事業做出簡單的總結（基調是謙遜，將一切成就推功於祖先的遺澤），還對大喪期間天下臣民應守的禮儀做出安排，關鍵是宣布由皇太子朱瞻基繼承大位。

由於太子未至，皇位空懸，內廷沒有為仁宗發喪，而「沐浴、襲奠、飯含如禮，設几筵宮中，朝夕哭，上食」。但是仁宗還沒法入斂，因為皇帝死得太突然，毫無準備，直到仁宗駕崩，司禮監才著急忙慌地準備「作梓宮」（皇帝的棺槨）。可以想見，當時宮內全無措備，內內外外都是手忙腳亂。

仁宗很可能是服毒過量，驟然死亡的。但他為毒所斃，並非如傳言所說，是妃子要毒害張皇后，結果毒酒誤中仁宗，仁宗所服之毒，是煉

丹家煉出的金丹。

這從仁宗死亡的地點可以看出。仁宗並沒有死在「大子正寢」乾清宮，而是死在位於紫禁城中軸線北端的欽安殿。這座宮殿至今還保留了部分明代的建築型材與風格，它始建於永樂年間，供奉的是永樂皇帝的保護神真武大帝，該殿是宮中進行道教活動的重要場所。雖然沒有任何史料記述仁宗晚年每天在欽安殿裡幹些什麼，但顯然和尚廟裡不會住著道姑，仁宗在這裡除了燒符煉丹，也別無好事可做。可能因為他身子弱，燒煉時操之過切，內火旺盛，經常嘴裡冒火，脾氣十分暴躁，但沒有引起足夠的重視，結果鑄成大錯，竟然中毒而亡。

仁宗生活的不幸——對皇位二十多年惟謹惟危、險象環生的等待，他威嚴苛刻的父親、強勢的妻子、不友的弟弟、爭寵的妃嬪，和他本人軟弱的性格——驅使他去毒品中尋找片刻的安寧。

對於臣民，仁宗是被包裹在「聖君」的金紙之下，一個沒有內心世界的偶像，但宮廷卻對一位作為「人」的祖先，抱有更多的同情和懷念。

景泰三年（1452年）十一月的一天，景泰帝清晨起床後，急令御用太監尚義到內庫領袞服一襲，速去仁宗獻陵祭告焚化。原來景帝昨夜夢到皇祖仁宗皇帝了。天可憐見！開創「仁宣盛世」的仁宗昭皇帝，死後竟沒有一件像樣的衣服，在冷颼颼的陵寢裡熬不住了，只好跑來跟孫兒乞討。

景帝怎麼知道他夢到的就是皇祖仁宗呢？仁宗死時，景帝還未出世，他在逝世二十七年之後，怎會無端地漂移入孫兒的夢中？有意思的是，景帝夢到的仁宗皇帝，沒有升仙成佛，金光閃閃，卻是那樣一副慘兮兮的潦倒模樣！

我想，與民間一樣，可能內廷也流傳著一些關於仁宗的故事，但多數是不光彩的，與他在國朝正史中的仁德聖明的形象大為不同，仁宗在宮廷遺存的記憶中，是可憐不幸的，故而他出現在景帝的潛意識時，竟是一夜驚夢。

第五十六章　紫禁城：吸毒大院兒

依《明史》的書法，忠讜直言的李時勉竟成了仁宗促壽之毒藥。

宣宗即位後，有人拿這件事在御前挑撥，撩撥得宣宗也震怒起來，命人去捆李時勉，要親手殺了他，以報父仇。

這個挑唆者是誰？明人許浩《復齋日記》直指太后張氏，他說：仁宗之死，張太后認定是李時勉激怒所致，必欲殺之，為夫報仇。她公子宣宗自然奉太后懿旨唯謹，馬上命人把李時勉從獄裡直接逮進宮來，要親自審問他。

幸虧李時勉命大，太后老娘娘要他的命，他還是死不了。

據《復齋日記》講：李時勉此時正攤牢裡坐著，宣宗先命人去捆，要親自鞫問他，但隨即變了主意，令王指揮去傳旨，將李時勉就西門外斬訖算述，不必來見。可是當王指揮從端門（中國北京故宮裡天安門與午門間的那座門）西旁門出去時，正巧李時勉被捆綁著從端門東門進來了，兩下恰巧錯過。李時勉這才有機會見到宣宗，當面辯白，否則他已經是死人了。

李時勉是如何辯白的，諸家記載稍異，大致謂他奏事懇切，感動聖衷，宣宗遂憐而宥之，因與本書主題無關，就不備述了。

我私意以為，李時勉之所以落在宣宗爪中而不死，主要因為那是宣德初年，倘若再遲數年，宣宗也得了個狂躁之症，時常乘怒殺人，那時他縱然有十個腦殼，恐怕也難保了。

宣宗與他父親一樣，也是「驟崩」的。他從宣德九年（1434年）十二月底發病，到次年正月駕崩，時間非常的短，且歿時年僅三十八歲，正當壯年。據太監阮安留目擊，宣宗死時，「肌膚燥裂猶燔魚」，

身上的皮膚就像燒烤架上的烤魚一般，一片片的翻裂開來，這是一幕非常可怕的場景。阮太監說，出現這種情況，是「以烈劑故」。宣宗所服的烈藥肯定是道家丹藥，只是不知道，它是用來壯陽的，還是修煉長生不死之術的。考慮到宣宗還年輕，可能壯陽的需求要更大一些。

宣宗好色，是有名的。在這方面，他與其祖父永樂皇帝同調。

朱棣曾多次派太監到朝鮮去索取「處女」，宣宗徒見美色，未得其滋味，很是念想。他即位後，父皇仁宗三年的喪期還沒出，已迫不可待地派人去朝鮮徵求美女了。朝鮮國王大為詫異：「(仁宗) 初喪，(宣宗) 使人求處女，意實急急。」笑宣宗色心太急，你等脫了孝服這點時間都等不及嗎？而在服喪期間選美，顯然是與傳統的道德相違戾的。

宣宗是個面子要光的人，不願臣民抓他不孝的把柄。朝鮮那邊奉詔把處女選好了，他等了一年多，看看差不多要「終制」(守喪期結束) 了，才派太監去取，順便再多要幾個會做茶飯、唱曲歌舞的女子，只要臉蛋漂亮，也不管茶飯做得香不香、音律跑不跑調，照單全收。所以說，才子皇帝宣宗得了一個要命的色急之症。

宣宗是文藝青年，屬於文化人，他的性生活比一般皇帝更具想像力，更享樂趣。據說他在禁中建了一間鏡室，上下四方鋪以青銅鏡料，刻上歡喜佛 (藏傳佛教密宗的偶像，其造型多為裸身交媾)，又畫上春宮圖，「每在此御妃嬪，美豔者以形影照映，為人間極樂」。宣宗一邊雲雨，一邊自拍三級片助興，你說他能不樂嗎？但宮中美豔者多，他底下那條毛茸茸的小蟲又是沒骨的，操練稍久，就要喊累，鬧罷工，爭取八小時工作的權利。而好色宣淫者，卻像萬惡的資本家，偏要壓榨勞動者，見「小兄弟」實在不賣力，便借藥來催。

據天順中閣臣李賢提供的可信資料，宣宗是很喜歡修煉這一套把戲的。宣德時有個吏部郎中叫常中孚，出身低微，只做了一個巡檢的小官，但此人身懷奇術。怎個奇法？原來他能「煮白金」(煮非煮酒之

煮，乃指煮煉，是一種化學工藝，煮白金就是燒煉白銀的意思），誰家寶玉之器損壞了，他能修補如舊。

宣宗聽說他的大名，把他找來，要試他的本事。不知常中孚搗的什麼鬼，居然瞞過皇帝，宣宗一高興，便授他吏部郎中之職（正五品）。以後更經常召他進宮，行其密術，還為他在宮內專門打造了一處場所，甚是神祕，就是宣宗非常親信的太監也不得一窺。常中孚得到的賞賚也非常多。

我實在不明白，富有四海的宣宗，為何要請一個江湖流棍來燒煉銀兩？他就那麼缺錢？如果常中孚真有那點石成金的本事，他家趁一口聚寶盆，何不去做神仙，跑來服侍皇帝幹麻？

幸好那些好財而愚蠢的皇帝不是當代君主，否則他不用燒煉，只須開動印鈔機，足夠他用也哉！——只是老百姓就慘了，手中的鈔票，一天不如一天值錢。

恐怕宣宗不止要錢，還要壯陽。中國土產的道家，最能滿足帝王的種種私欲。而皇帝握有無邊的權勢，他們的欲望也是無止境的。這方面世宗嘉靖皇帝最為典型。嘉靖是明代最有名的道教皇帝，他中年以後，幾乎不再上朝，整日泡在西苑裡，與一班道士煉丹作法，他是既要縱欲，又要延壽，所以想出各種法子來折騰，害人害己，好比他採少女經血製作藥丸服食的惡跡，幾乎無人不曉。

吸毒者有一些共同的特徵，首先就是短命。嘉靖大概是法術高，他活得最久，居然活到六十歲，勉強達標；往上直追成祖朱棣（六十五歲），從成祖往下排：仁宗，四十八歲；宣宗，三十八歲；英宗，幹了兩屆，用了正統與天順兩個年號，一共二十二年，也才三十八歲；憲宗，四十一歲；孝宗，三十六歲；武宗，三十一歲。我想，除了「吸毒界」，還有哪裡一個人四十多歲就是高壽呢？

這些皇帝是否都有服食丹藥的習慣？如果是，服食量有多大？由於宮廷史料的限制，已經很難搞清楚。以下我們略舉一些證據，表明除了仁宗、宣宗、世宗三位，至少英宗、憲宗和孝宗，可能也有吸毒史。

先說英宗，據李賢在《天順日錄》所記，他曾問英宗：「臣聞陛下夏不揮扇，冬不近爐，果然否？」

英宗表示肯定，並說了些自己身體的狀況：「暑天雖極熱，亦不揮扇，在宮內亦不令左右揮扇。冬雖極冷，亦不近火，亦不戴暖耳。稍用之，雙目即熱。」英宗冷熱不懼，簡直就像明代版的超級英雄，李賢對此的解釋是：「陛下聖質所稟，堅厚如此」，說是因為英宗「受氣厚」，天生身體素質好。

而我這個懷疑論者，一聽到「內熱」二字，不免神經過敏，揣測英宗可能也是一位元「化學愛好者」，經常在後宮煉丹吃。

再說憲宗。與一般的印象恰恰相反，憲宗其實是一個「性情趣」很高的皇帝。早年他寵著萬貴妃，被萬氏「專枕席」，一對一，能力足夠用了。但憲宗並非不想偷吃，只是被萬貴妃管得嚴，偷腥的機會不多。但他仍避開鬼子的哨卡，成功地偷吃過，還生下他第一個長大的孩子——也就是後來的孝宗，此事廣為人知。這孩子像野種一樣，在六歲之前，一直不為人知，就是怕遭了萬貴妃的毒手。可見貴妃在後宮之跋扈專寵，而憲宗的性格，又是一團和氣，他無力與鐵娘子抗衡——鬧不起嘛！

但憲宗私生兒子的事，終於曝光，萬貴妃氣得要死要活，也無可奈何，畢竟她自己不能生養，內心有愧。自從孝宗的身分公開，萬貴妃只好認命了，再者她也老了，沒氣力再和老公爭閒氣了，遂放鬆了對憲宗的監控。而當這塊石頭掀開，憲宗便一發而不可收，一連生了十一個兒子（憲宗共十四子）、五位公主，生產效能僅次於太祖朱元璋。

從子女的數量來看，憲宗是賣力耕耘的。但床榻間的這塊田地，耕作需要很大的精力，為此他不得不一邊學技術，一邊拼命吃藥。

憲宗也是崇信道教的，大概是曾經送藥給成祖朱棣吃的金闕、玉闕二徐真君，也給他送過藥，得了神靈的好處，憲宗也捨得給他們加官，封他兩位為「上帝」；憲宗所寵幸的佞幸李孜省、鄧常恩等人，都是長於方術之人，經常陪皇帝在宮內禱祀、齋醮和煉丹。

憲宗好色，外朝臣子盡知，但還沒人敢於像內閣首輔萬安一樣，偷偷地給皇帝傳受房中祕笈。這些

事在憲宗時也沒人知道，直到孝宗即位，在宮裡檢點內藏，得到一隻小盒子，發現裡面裝的都是講房中術的書籍，書末都署著三個字：「臣（萬）安進。」孝宗非常生氣，命司禮太監懷恩拿著這幾本書，到內閣去找萬安，責問他：「這是大臣所為嗎？」萬安慚愧得流汗，伏地無聲，不久被迫乞休而去。

再說孝宗。

據說，孝宗賓天之日，大風折木，黃沙四塞，有人看見黃袍人乘龍而上焉。一般說帝王之異，都在他初生時，很少有駕崩後還顯靈異的。那位自稱瞧見黃袍人乘龍上天的目擊證人，可能純屬眼花，但這一種傳聞得以產生並流傳，說明當時的人對孝宗之死懷有極大的遺憾，死因不能復生，輒希望他能夠乘龍上天——用今天的話講，就是希望好人能升天堂。

孝宗在明代帝王中，名譽甚好，他在位期間，有「弘治致治」的美名。孝宗十八歲登基，在寶座上坐了十八年，死時年僅三十六歲。從官史的記載來看，他並非長期患病，死亡非常突然。這是服食符水丹藥者死亡的共同特點，當然另一個特點就是他們死時都很年輕。

孝宗在弘治十八年（1505年）四月的最後一天，忽覺不豫，命暫免朝參（官史說是因「禱雨偶感風寒」）。以後再也沒有上朝，直到五月初七日駕崩，前後也就一週的時間。這期間，孝宗雖然掛牌免朝，沒有出來接見廷臣，卻並未荒廢政事，所有要緊的奏章均得到及時的批答。

但端午節（五月初五）第二天的凌晨，孝宗突然「大漸」，急忙派司禮監太監戴義到內閣召大學士劉健、李東陽、謝遷入宮見駕。三人因為皇上病得很重，一直在內閣坐班，不敢離去，忽見戴太監披月來召，便知大事不妙，一定是皇帝要辭訣托孤了。

李東陽記錄了當時的情形：三位閣臣來到乾清宮東暖閣，只見孝宗身著平常穿的便服，坐在龍床御榻上。三人進至床前叩頭問安，孝宗連連道：「太熱了，受不了。」命左右取水，拿布潤濕了，反復擦拭舌頭，然後嘆息說道：「我嗣祖宗大統，一十八年，今年三十六歲，乃得此疾，殆不能起。」劉健等

寬慰道：「皇上偶爾違和，何以遽言及此？臣等仰觀聖體，神氣充溢，萬壽無疆，幸寬心調理。」

孝宗稍微安神，然後發表長篇談話，從他即位講起，講了許久。他見左右只是聽，便示意記錄下來。在場的除了內閣三臣，還有司禮監太監六人，其中扶安、李璋捧紙、硯、戴義執朱筆，跪在榻前筆錄，太監陳寬、蕭敬、李榮等也都環跪在床下。眾人知道，皇上是要口述遺言了。

孝宗主要擔心皇太子朱厚照，怕他年少，且未成婚，性情未定，做皇帝會失職，因此說：「主器婚配，不可久虛，禮宜擇配，可於今年舉行。」要求在年內為皇太子選妃並盡快舉行大婚。

言畢，孝宗握著老臣劉健的手，叮囑閣臣一定要盡心輔導，說「東宮聰明，但年尚幼，先生輩可常常請他出來讀書，輔導他做個好人」。孝宗此時還能做長篇講話，且「語久，玉音漸清，反復告諭，若不忍釋，前後數百言」。次日，又召皇太子入宮，囑咐他將來好好做皇帝。當天午刻，忽然「旋風大起，塵埃四塞，雲籠三殿，空中雲端若有人騎龍上升者，人多見之。已而上崩」。

孝宗臨終前的主要症狀是「病熱」，中醫講就是內火旺盛。這樣的症狀，令人聯想起宣宗死前的情景。孝宗是否煉丹服食，史籍疏乏載記，但我們知道，在弘治中年，有一個很受寵信的大太監，名叫李廣，此人邀上寵的主要手段就是「左道」。

太監李廣，《明史》有傳，說他「以符籙禱祀蠱帝」。孝宗對李廣信任到什麼程度，從李廣在弘治中的跋扈可見一斑，《明史》說他因帝寵而為奸弊，矯旨授傳奉官（即不透過吏部，逕直傳旨授官，這是溫法制度的行為），四方爭納賄賂；他擅奪幾內民田，專鹽利巨萬，在京中起大第，引玉泉山水，前後繞之。言路交章論劾，孝宗皆不問。

弘治十一年（1498年），李廣勸孝宗在萬歲山上建毓秀亭（建亭作何用，史書未詳，然為建一亭而請示皇帝，大概是給皇帝做某項專門的用途吧）。可不想亭子剛剛建成，幼公主就夭折了，不久太后所居清寧宮也遭了災。有嫉妒李廣的術士趁機說，這是李廣建亭犯了歲忌。太皇太后周氏（英宗的貴妃，憲

宗生母）生氣地說：「今日李廣，明日李廣，果然禍及矣。」李廣聽到後，非常害怕，就自殺了。

李廣死了，孝宗懷疑他家中藏有異書，派人到他家裡去搜查，意外地得到一本李廣納賄的冊子，上面開寫的都是文武大臣的名字，各注明餽黃、白米各千百石。孝宗奇怪地問：「李廣能吃幾碗飯，乃受米如許？」左右道：「這是隱語，黃者金，白者銀也。」原來黃米就是黃金，白米就是白銀，孝宗才恍然大悟，知道李廣竟是如此恣肆行私。

但李廣充當孝宗的「神壇護法童子」這麼些年，沒有功勞也有苦勞，孝宗對李廣的死，十分惋惜。有宦官看出苗頭，就為李廣請祠額、葬祭（這是最高規格的葬禮，即由皇帝欽賜祠堂之名，並由官方為之辦理葬禮），雖然因為大學士劉健出面諫阻，沒有同意，但孝宗還是差官到李廣墳頭祭了一祭。

由於孝宗名聲非常的好，他的一些不太光彩的行為，都被有意掩蓋了。但我們從李廣「以符籙禱祀蠱帝」，孝宗求「異書」等碎片記載來看，孝宗一定是愛好禱祀齋醮那一套的，而燒煉服食丹藥，是這一派搗鬼之術的必有之義。

在臨終召見閣臣的對話中，有一個細節值得注意：因為口乾舌燥，孝宗經常需要拿濕毛巾擦舌，甚至說不出話來。旁邊一個宦官端過一個盤，說道：「萬歲爺，您嘗嘗今年的新瓜吧！」孝宗略略吃了一片，馬上能出聲說話了。顯然，瓜性涼，而他的本症屬熱，吃瓜對抗燥的身體能發揮降溫的作用，故此病體立刻有所緩解。可以說，孝宗的病是熱症，當施以溫涼之藥。可是他的主治醫師太醫院院判劉文泰不知何故，竟然開出熱劑，以熱攻熱，孝宗的身子本就虛弱，哪受得了這一攻，生命的堤防登時被沖垮了。修於嘉靖初年的《明武宗實錄》，說掌御藥局太監張瑜與劉文泰等數人「進藥皆與症乖，先帝遂彌留弗興」，認為孝宗是因誤診而死的。

給皇帝開錯方子，害死了萬歲爺，那可不是好玩的！張瑜、劉文泰等人均被逮繫下獄，廷臣痛恨他們，認為刑律中的「庸醫過失致死律」，只是為一般人所設，若是庸醫亂開藥方，「上誤人主，失宗廟生

靈之望，是為天下大害，罪在不赦」，建議以「合和御藥誤不依本方大不敬」，即以「大不敬」之罪將張、劉等人處死。他們使了許多錢，才保住一條命。

難道喜好醫術的孝宗，他的太醫院裡養的全是庸醫嗎？非也。我懷疑太醫院的國醫聖手們壓根沒機會為孝宗療治。

司設監太監張瑜，此人掌著御藥房，孝宗常年服食丹藥，身體被火煉得只剩一副骨架，他不可能不知孝宗身體的狀況。然則，他可能也是孝宗燒煉的主要助手，當孝宗突然病重後，他不是虛心地請來太醫院的御醫會診，平心對症開藥，而是顢頇地自作主張，再施以猛藥，這就好比越是陽痿者越是拼命要服壯陽之藥，勢必造成不可逆轉的結局。實錄說張瑜與太醫院議方，「不請診視輒用藥」，張瑜是駕前的紅人，太醫院與御藥房又是內外衙門，御醫們全指著張太監混飯吃，他的話，豈敢不聽？

實錄記載，孝宗好醫藥，經常在南城親自「修合諸丸劑」，並「親御宸翰」，書寫藥方，賜給身邊的臣子。孝宗做實習醫生的興致非常高，弘治十六年（1503 年）八月，他還在南城開局，命翰林院遣官，會同太醫院，重新纂輯《本草》──這是弘治朝的文化事業，不過供好醫術的孝宗好玩罷了。而「主其事者」，正是太監張瑜。劉文泰本是不學無術，因為和張瑜交好，得以引見，在御前行走供職，而「以此被寵，賞賜無算」。

有醫生說，最怕病人自己懂一些醫術，談起病症來頭頭是道，就是不信醫生。孝宗本人熟讀《本草》，又有著燒藥煉丹的豐富經驗，他更願意相信張瑜開出的方子，並執迷不悟，結果把自己誤了，年紀輕輕就枉丟了性命。

第八卷

明宮鬧鬼

第五十七章　洪武宮裡，巫蠱案頻發

只要深些的古宅大院，總有陰森逼人的氣息，枯壁破窗間，常有狐魅鬼影倏忽掠過，留下驚魂一詫。然若論牆垣之高、院庭之深、氣氛之幽寞，哪一家宅院又比得過皇朝大院紫禁城？——皇宮便不免鬧鬼！

金庸小說《鹿鼎記》裡，有一幕摹寫薩滿太太在後宮祈禳作法，眾人正祭著「死小寶」，兀地只見韋小寶的真身一步搶進來，差點被這活人驚散七魂八魄。眾人還當成是薩滿太太招回的魂呢！

驅鬼與招魂法，本是薩滿法師左右開弓的絕技，他們時而紅臉，時而白臉，周旋於人鬼二界，應付裕如也。其實，鬼和捉鬼人的相生關係，遠較先有雞還是先有蛋為清楚：有鬼才有抓鬼人的事業，一旦驅而盡之，天下清明，朗朗乾坤，吃鬼飯者才真要瞠然餓斃，做一死鬼咧！所以鬼故事永遠沒有完結篇，諺云「又做師娘又做鬼」，便是由精靈古怪衍出的辯證法。

今天的北京故宮，是清人的舊宮；清宮那麼大，千門萬棟，居人又多屬陰（婦女及閹宦），所容之鬼亦必甚夥。假若人死而靈魂不滅，那麼清宮裡的遊魂，多半都是前朝大明舊宮的老客。這一點是否正確，待筆者哪日有幸做了故宮的更夫，在月洗古磚的靜夜，才好去求證。值此，只好先向故紙堆裡尋索——

且說明宮的鬧鬼故事。

俗話說，心疑生暗鬼；嗜血者四顧，幢幢皆是鬼影。恰恰明朝開基的兩位皇帝，竟然都是第六天魔王父子投胎轉世，在人間大開殺戒，造出無數的冤業和怨鬼。

朱元璋還未做天子的前二年（1366年），把他親侄兒朱文正貶為庶人，安置到安徽六合縣。朱文正不服氣，密令道士用紅筆書寫叔叔的生辰八字，「釘地壓之」。這就是傳說中的詛咒魘壓之法，又稱巫

蠱，其法非常陰毒（其「毒」指施行者的用心，其真實效力自然是烏有的）。朱文正是被監視居住之人，他的悖逆行為豈能逃過叔叔的眼線，很快被人舉報，遭到殺身之禍。

這是有史可考的以朱元璋為目標的第一次暗殺事件（用「妖術」），時人俞本將它記在私撰的野史《皇明紀事錄》（又名《明興野記》）裡。

朱文正用的是魘鎮之術，極為狠毒，非深仇大恨不行。漢武帝晚年此風盛行，宮禁不肅，為此大興「巫蠱之獄」，最後逼死了自己的太子。洪武皇帝自然不讓古人，很快就把借鬼畫符的倒楣侄兒杖斃了。

朱元璋在位三十一年，屠滅功臣元勳，下及大小臣工。據俞本講，朱元璋屠刀初開，以洪武四年（1371年）為起點，究其緣由，竟然是「感天師言」。不知哪位倒楣催的王八天師，不知給皇帝灌了什麼迷藥，觸動他的心事，致「天下府州縣官吏多被誅戮」。

俞本的《紀事錄》沒有揭露是哪個「天師」造的孽，反正不是捉鬼人鍾馗，亦不定就可指實為龍虎山的張天師，因為在民間，也有將普通道士稱為天師的習慣。但不管怎樣，天師都是捉鬼的聖手，現在倒好，他們替陽間的「人王」作起法來，將朝廷百官都做成鬼，給一鍋端！

在清宮作法的是薩滿太太，而在明朝宮殿裡壟斷法事生意的是黃冠道流。

朱元璋主張三教合一，他對道教頗有雅好，曾親自為「羽流」做過傳記，如《鐵冠道人傳》、《周顛仙人傳》，他還多次派人尋訪活神仙張邋遢（張三豐）。

然而，朱元璋「追仙」，何亟亟也？原來，在他新建的輝煌殿宇裡，已是鬼哭狼嚎，危機四伏，不得不求道法高明的真人施援手相助！

洪武八年（1375年），明宮接連發生兩起巫蠱大案。

這一年年初，朱元璋巡幸中都鳳陽，在此舉行了祭告天地大典，祭文說：

「群臣集議，都說在濠州建都，正合古今之宜。為此我改濠州為鳳陽，於此建立都城。然大興土木，

實勞民力，今功將告成，惟上帝后土是鑒。」

朱元璋將他的「龍興之地」濠州升格為鳳陽府，定為中都，並勞民傷財，進行了大規模的城市建設。元璋兄，你勞的是民，為何不向百姓道歉，卻和皇天后土說什麼「鑒諒」的話，真是矯情！

奇怪的是，在中都城池及皇城、宮殿、衙署即將告成之際，朱元璋此行本為巡閱新都，又是衣錦還鄉，本該大大得意，多多盤桓。但他只稍作停留，即匆匆離去。據《明史‧太祖本紀》的記載，朱元璋本年四月辛卯，幸中都。到丁巳日，已回到南京。查洪武八年四月以庚寅為朔（初一日），辛卯、丁巳分別為初二和廿八日，刨去來往路途所需時日，朱元璋在中都駐蹕時間頂多不過半月。是什麼原因使他倉促回鑾，並從此永遠放棄中都營建計畫？

我們從工部尚書薛祥的傳記裡，能捕捉到一些資訊：「其時正造鳳陽宮殿，太祖坐在殿中，忽聽殿脊上若有人拿著兵器打鬥的聲音。甚是怪異！太師李善長奏稱，這是工匠們在施工時使用了厭鎮之法。太祖大怒，下令將工匠全部處死。薛祥勸諫說，宮殿蓋頂時，鐵匠與石匠都未參與，其他木匠、泥瓦匠也應該分在工不在工，不可一概濫殺。他這一諫，使上千人得了活命！」

原來朱老兄剛在新殿上坐定，哈哈一聲還未笑出來，殿脊上就響起兵戈之聲，如此鬧鬼！兵者，兇器也，這是很不好的徵兆。太師、韓國公李善長是個大妄人，他認為新殿鬧鬼是因為工匠們在宮殿的梁架間藏了什麼貓膩或不乾淨的東西，乃以「厭鎮法」妄奏，欲盡殺工匠！幸虧薛祥從眾多的工匠中，區別開沒有上工的以及鐵匠、石匠等上千人，饒了他們的性命，否則鳳陽城裡流的血，恐怕將上升不止呢！

未來的新都充滿戾氣，這可能是朱元璋倉促離去的一個主要原因。

衣錦還鄉的朱元璋，在故鄉的新房子裡碰了一頭的髒東西，灰頭灰腦地回到南京。五月裡，夏雨淋漓，因為前朝主殿奉天殿漏水，決定毀棄新造，結果又在殿中發現「魘物」。

難道僅僅因為漏水，就要把整座宮殿拆了重建？我很懷疑朱元璋先有了鳳陽之事，疑心病轉重，總覺得在大殿裡坐不安生，一定要把常坐的大殿拆個四零八碎查驗一番，居然又讓他找到「髒東西」。不知是哪個瓦匠或木匠，對皇上深懷怨毒，乃效仿朱文正的故伎，在大殿裡藏下魘鎮之物（這些對主人不利的東西其實很簡單，可以是一張符，也可以是一個玩偶，或其他汙穢的東西，在建房子時隨便往哪個角落裡一藏即可），給偉大的洪武皇帝施了魔咒！

奉天殿是朝廷舉行大典禮的所在，天子威嚴肅穆，卻不料天天頂著一個大「降頭」。是可忍孰不可忍，朱元璋這回一個不饒，將所有工匠「悉收戮之」，株連者不知其數。此事正史失載，亦見《紀事錄》。

朱元璋盤踞在他的宮廷裡，可謂步步驚心。

他在位的最後一年，某日在後殿燕居，忽見一條黑龍從井中躍起，他急忙引弓追射之。事亦見俞本《紀事錄》。

按理說，朱元璋對內廷兵仗管理極嚴，對擅用之人，處斷更有明條，如《大明會典》卷一六六、《刑部八·宮衛》下有「向宮殿射箭」一款：「在宮殿射箭、放彈、投磚石者，絞」！俞本的記載便令人生疑：後宮燕閒之所，怎會備有軍器？又何必備此凶物？——足證朱元璋一生害命無數，生怕有鬼來纏他索命，他防忌惶恐之心，是無時稍歇的。

然而朱元璋這一箭失了準頭，黑龍飛去，後數日又有一黃龍，亦自井中躍出升天。這回老邁的朱元璋射沒射，俞本沒講，但他說：黃龍升天，「或謂成祖之兆」，說這是未來成祖朱棣興起的佳兆。

第五十八章 鬧鬼不休的大明朝

成祖，就是朱元璋的四公子、以叔篡侄的永樂皇帝朱棣。說到以叔滅侄的先例在，莫非報應不爽？

朱棣奪取帝位後，用詔書的形式公開指責侄子建文帝允炆的過失，主要說他不孝：你爺爺太祖皇帝才死一天即入斂，到第七天就下葬了，民間還講究個「出七」，你就那麼等不及嗎？

朱棣還像描繪一個胡鬧的孩童，說太祖皇帝咽氣不久，朱允炆就將鬼見愁、硫磺、雄黃等物調水，在滿殿裡灑，甚至潑灑到朱元璋的棺材上，穢氣觸忤了梓宮（即皇帝的棺槨）；及至發引時，允炆仗劍在後，對人曰：「我仗此劍，不畏強鬼。」可笑朱元璋一世英豪，死後卻被自己的孫兒當強鬼來整治。

受朱棣指使編寫的《奉天靖難記》一書，說建文帝矯遺詔嗣位，一登帝位，即忘哀作樂，讓巫覡仗著桃劍在宮禁裡揮舞，用硫磺水遍灑灑宮廷各個角落，還燒穢物以辟鬼神。梓宮發引時，他與弟弟允熥二人，各仗一劍，立於宮門，指斥梓宮，罵老頭子說：「你今天還能說話否？你還能督責我否？」言訖皆笑。

以上皆見於永樂時的官書。只是，朱棣造假太多，信用已經破產。好比他誣衊建文帝的作為，說他遣宦者四出，選擇女子，充滿後宮，又作奇技淫巧以媚悦婦人，各王府宮人有色者，則選留與之通姦，常服淫藥，藥燥性發，血氣狂亂，連御數老婦，猶覺不足，更縛母羊、母豬與之交媾——這就不止荒唐，簡直是令人作嘔，毀人三觀。

這些文字，只可能出自朱棣本人的指授，再無聊的文人也不敢如此胡亂編造，此足以暴露朱棣的內心世界有多麼齷齪，侮人沒有底線，節操碎了一地。後來，在纂修《明太宗實錄》時，將這些實在醜膻

的「罪證」都刪除掉了。

朱四公子的殺人手段，不消說，是直追其父的，朱元璋生前不是說過「第四子最類朕」嘛？

朱棣血淋漓的發跡史，簡直就是一部鬧鬼史。

他初起靖難之兵時，即設計誘殺了北平布政使張昺，不消說，是一部鬧鬼史。令他寢寐難安。但朱棣也是個惡人，死人之後，他就頻頻夢見張昺「被發為厲」，跑到他夢裡來糾纏，後來登極，猶不忘仇，又命族滅其家。但自此來磨他，他不怕，反以暴制暴，命人將張昺的屍身挖出來，焚灰棄之。

其實，從朱棣進城那一刻，他就連續碰上鬧鬼之事。

當谷王、李景隆獻出金川門後，朱棣騎著高頭大馬，趾高氣揚地整隊進城。忽見一個文官，自報名是「御史連楹」，急欲到燕王駕前叩拜。當時朝廷大勢已去，這等趨附之人真是如蠅逐臭而來，好比後來做到閣老，有「三楊」之一稱譽的楊榮，便是其一。朱棣也沒太在意，准其近前說話，還準備勉慰他幾句。不料連楹突然躍起，抓住馬韁，手中早亮出一柄利刃，向他當胸刺來。兩旁衛士急忙救駕，將其亂刀砍來。但奇怪的是，連楹死了，卻滿身血汗地挺立當地，推之不倒（「屍植立不仆」）。

朱棣心神為之所觸，遂惡念陡生，進城之後祭開屠刀，大施濫殺，許多忠於建文帝的官員被殺，這些受難者並非都是小官，其中有一位姓景名清的，已做到御史大夫的高位。

說起來，景清與朱棣並非素昧平生。建文之初，景清從金華知府升任北平布政司參議，即與朱棣有過交集。景清是洪武朝的進士，洪武三十年已做到僉都御史的高官。因為一點小的過失，才被外放做了知府。這回升做北平參議，也只是過渡一下，朝廷馬上給予重任，升為御史大夫（御史大夫是建文改制中由原都御史改設）。就在景清在北平為官的很短時間裡，他與朱棣見過幾次面，交談之下，朱棣對其「言論明晰」，大為稱賞，留下了很好的印象。據說著名相士袁忠徹還給他相過面，稱其「身短而聲雄」，但預測其結局會很不好，也是「於法皆當刑死」者中的一個。

景清是位正人，傳說他年少時，一次趕考，寄宿在一戶人家。這家主人的女兒，就像高老莊莊主的女兒，夜夜被一個妖怪來欺負（不知是不是豬八戒），一家上下不得安寧。巧的是，景清借宿的這晚，妖怪竟然沒來，但景清一走，妖怪又來了。女孩詰問妖怪，這是為何？那怪倒說實話，稱是「避景秀才耳」。

女孩將此話記在心裡，第二天告訴父親。父親大喜，原來救星過門而不知！趕緊去追景清，將原委告訴他，請他回去幫忙伏妖。但趕考事大，景秀才沒法坐鎮這戶人家給女孩當護法，卻又不能不管。他著實為難，突然靈機一動，寫了「景清在此」四個大字，交給女孩的父親，讓他貼在家門口，試試法力。

女孩父親回去把字條粘在門戶上，那妖怪果然畏懼，從此再不敢來騷擾了。

看官！景清的本領，由此看來比孫悟空還牛，那猴兒在高老莊降服豬八戒，不僅變了形，還出了棍，但景秀才人不到場，要耍筆桿子——得，齊活！

景清還是書生時，正氣便足以禦鬼，死後竟化厲逼帝。

朱棣率「靖難軍」打進南京，方孝孺、練子甯等大臣皆不屈而死，可是素來「倜儻尚大節」的景清卻頓改大節，「委蛇侍朝」，做了一個可恥的叛徒。人們對此有所懷疑，也有人譏諷他言不顧行，貪生怕死。

朱棣也是將信將疑，但對他能投降還是表示欣賞，讓他仍然擔任原職。

一日，占星者奏，說有一顆紅色的異星直犯帝座甚急，不可不防，請皇上有所預備。

朱棣志忑不安，勉強打起精神上朝，只見朝班之中唯有景清一人身著緋衣，便懷疑赤色異星所指便是他，當即下令搜身，果然從他懷裡搜出私藏的短劍。詰問所為何用？景清奮起答道：「欲為故主報仇耳！」原來景清投降是假，實為委曲以求大義，他身懷利刃，伺機刺殺篡逆者——真乃一漢子也！然暴君一怒，把他殺害了。

王鏊《王文恪公筆記》所記更為戲劇化，他說當燕軍入京時，百官皆出迎拜，唯獨景清「祖立罵不已」。他似乎學的是「禰正平裸衣罵賊」（禰衡擊鼓罵曹）的故事，借誇張的形式，大抒痛快之氣。朱棣又羞又怒，命「抉其齒」，拔光他滿口的牙，他仍是罵，還把一口汙血噴在竊國者剛換的龍袍上！

景清死況甚慘，朱棣見他「詰責不屈」，遂將其處以磔刑，剝其皮，實以草，掛在長安門上（王鏊說是施以醢刑，即將他殺死，然後剁成肉醬）。但是，就在當晚，宮裡就鬧鬼了……

「是夕精爽疊見，上夢（景）清仗劍逼」。

好個男兒，他竟敢仗三尺長劍，殺入篡位者的夢中——朱棣的夢，設備不嚴，已多次為死朝廷之難的忠臣突破了。

朱棣一夜沒睡好，早晨勉強打起精神，從宮裡出來。景清的皮就懸掛在宮門口，當龍輿經過時，掛屍首的繩索突然斷了，屍體落下，還向前走出二三步，直向朱棣撲來，就像要來「犯駕」一般。

朱棣被景清嚇了一夜，魂魄還沒收束歸位，又被他這麼一嚇，幾乎暈厥。只好命人把景清的遺骸取下，藏於庫中，同時實施了殘酷的報復，下令夷滅景清九族，並掘焚其先人之墓。

然而景清亦是強項，他也不肯放過篡逆者。不知他死前有沒有說過「我做鬼也不放過你」之類的話，總之自此之後，朱棣白天黑夜就沒好夢可作了，經常夢見景清披頭散髮、一身是血的耿清繞殿追趕他。

而朱棣在夢裡，就像秦始皇遭遇殺手荊軻，慌了神，只顧逃跑。

成化十七年（1481 年）進士宋端儀著《立齋閒錄》所記更怪，說景清來到暴君的夢中，和血唾罵，朱棣挨了一夜的罵，次日醒來，只見他所穿的衣服上，還能看到「血星燦燦」——看來這鬼是要玩出界，鬧到陽間來了！

朱棣怕是嚇得夢遺，一身盜汗，從夢中醒轉過來，見侍衛林立，方才靈魂歸竅，仍復發威道：「耿

清猶能為厲耶！」[18]遂以「奸惡」之名籍其鄉，轉相攀指抄拿，受害者數百人，人稱「瓜蔓抄」。耿清出生的村子，人煙為之一空。

作為一代忠烈，景清身後留下許多傳說。其中一個講，景清肩上本懸有三盞神燈，分別是三位大仙。有二盞燈因他事先已熄滅，他刺殺未遂後，被剝皮實草，懸掛於長安門，激憤之下，失口罵了看守紫禁城的門神爺秦瓊和尉遲敬德，誤了他們巡夜，最後一盞燈也滅了——原來皇宮的大門口還有一個「黑社會」，只不知秦叔寶、尉遲敬德是神還是鬼？

永樂後，仁宗、宣宗在位，宮中戾氣漸不如昔之盛，但仍不時有鬼怪出沒。祝允明《野記》載：宣宗曾經因一時之怒殺了兩名小太監，怒氣消後，方覺死者無辜，死得可憐，但悔之無及矣。他晚年一日在宮中游幸，突然瞪大眼，指一處大叫道：「那廝又在此！」即命取彈丸亂射。左右不知何故，奇怪地問：「那是什麼？」宣宗驚魂未定，喘著粗氣道：「就是被我殺死的那兩個太監，他們見朕來了，伏在那裡，一言不發。」然而左右什麼都沒有看到。

此後這樣的怪事愈發頻密，直到宣宗晏駕。

這兩隻鬼一直「伺候」宣宗到晏駕，且不失其恭謹之狀，可謂善能報復者，當是鬼中的智者。

後來的諸帝，修煉、服藥者不少，丹鉛性燥，人服食後性情大變，難以自制，故常有乘怒殺人之舉。而枉死者冤魂聚結不散，整日在宮中糾纏不去，致害人者精神恍惚，則不免在白日也見鬼了。

明中期以前，宮裡常見的異物是「黑眚」。《明史·憲宗紀》載：「成化十二年秋七月庚戌，黑眚見。」

編注：據《明史》載，「景清本姓耿，訛景」。

「眚」這個字音「省」，常與災字連用，合稱「災眚」。歷代「正史」都有《五行志》，多記載各種怪異之事，依著金木水火土五行之法，眚也被分為赤、青、黑、白、黃五眚。黑眚性屬水，色為黑。

先來看《明史‧五行志》所記成化十二年（1476年）之前的「黑眚」案例：

洪武十年（1377年）正月丁酉，金華、處州雨水如墨汁。

——這是下黑雨。那時沒有工業汙染，雨水變得黑漆漆的，一定是怪物來了。不是妖怪經過之處，都冒一股黑煙嗎？大概同此一理。

洪武十四年（1381年）正月，黑氣互天。十一月壬午，黑氣互天者再。二十一年（1388年）二月乙卯，黑氣互天。

——這是一道黑氣橫互於天。藍藍的天空鋪開一條巨大的黑帶，就像一個人臂纏黑帶，是報喪致哀的標誌，預示著大大的災異。

宣德元年（1426年）二月戊子，北方有黑氣東西互天。八月辛巳，樂安城中有黑氣如死灰。

——《五行志》裡記載的黑氣，大都未指明發生地，而宣德元年八月的這次，則確指籠蓋在山東樂安州。樂安是宣宗叔父漢王朱高煦的封地，這年八月，這位抑鬱不得志的皇叔終於在賭氣反了，馬上召來宣宗的親征大軍，同時他的封城裡出現了如死灰一般的黑氣，等於預定了他的失敗。我很懷疑這是「觀氣者」為討皇帝歡喜附會出來的。

正統元年（1436年）九月辛亥，未刻（約在下午一點鐘），黑氣互天，其走向是自西南縱貫東北。二年（1437年）八月甲申，北方黑氣東西互天。

——這兩處記載稍詳，點出了黑氣的走向和大致方位（北方）。

正統十四年（1449年）十一月己丑，晡時（約下午三點到五點），西方有黑氣從地而生。

——西方某地，平地裡升起一道黑氣。古人還是能夠分得清黑氣與黑煙的，西方冒黑氣肯定不是山

林失火，那黑氣一定頂厲害，讓人擔心裡面突然躍出一怪，所以才認真記下來。

還有：景泰元年（1450年）二月壬寅，黑氣南北互天。十月辛未，西南黑氣如煙火，南北互天。二年（1451年）四月庚辰，有黑氣如煙，摩地而上。

天順五年（1461年）七月己亥朔，東方有黑氣，須臾蔽天。

成化七年（1471年）四月丙辰，雨中夾沙，色黑如漆。八年（1472年）三月庚子，黑氣起西北，臨清、德州兩地大白天伸手不見五指……

從上面所記數例來看，黑眚一般顯現為黑氣，像有人提著一大桶黑漆，在半天裡亂刷；或者是一道來歷不明的怪異煙氣，慢慢升騰，很快漲滿天空，但偶然也顯現為墨汁一樣的黑雨。其他白、黃、青、赤等眚大致相近，主要是顏色不同。

但成化十二年（1476年）秋天的黑眚，卻大不一樣。

這年七月初九日，還在夜裡，京城裡突然鬧起了黑眚。不知是從哪一坊先鬧起的，很快全城受到驚擾，人們都不敢待在屋裡，紛紛走上街頭。有人張燈持刀，敲鑼打鼓，滿城追逐，也沒有捉到怪物。據目擊者報告，那妖怪長著一對金色的眼睛，尾巴很長，既像狐狸又像土狗，裹著一團黑氣，從窗戶飛入飛出，直如無人之地，凡與之相遇者無不昏迷。

這樣滿城擾攘，鬧了一夜。

到了凌晨，憲宗皇帝正坐在奉天門上上朝，突見門上侍衛軍人的佇列亂了，有人驚呼道：「黑眚！」憲宗聽了害怕，站起來就要逃，虧得司禮監太監懷恩還鎮靜，一把將他的衣服拉住，不然我們英明神武的皇帝就要拋下群臣，自逃回宮了。

本來上朝之時，天已漸亮，陽氣生髮，一般什麼僵屍、吸血鬼，都見不得陽光，也該四散躲起來。禁衛嚴密、百官濟濟的朝堂之上居然鬧起怪來，這一番變故實為少見，加劇了人們驚懼不安的心情。

了；況且奉天門前廣場上，露天地裡站立文臣武將上千人，兩旁劍戟林立，也不是妖孽敢出沒的地方。

但如此咄咄怪事，為何偏偏發生在朝堂之上？還差一點驚飛了龍馭！

其實上朝的官員們一夜餘悸未消，雖然大夥聚在一起湊陽氣，膽兒略壯，但交頭接耳，互傳消息，疑心病反而傳染加劇，稍見恍惚的影子，便忍不住神經痙攣，再聽人喊一聲妖怪來了，自不免一起發作了。

三十多年後，京畿地區又鬧了一次眚。

先是正德七年（1512年）六月二十日，在北京以南的涿州和順德、河間二府，傳聞有人見到黑眚，大者如犬，小者如貓，數量極多，它們在夜裡出來傷人。不久，黑眚就上京來了，顏色有黑有紅，行動敏捷，若風行有聲。居民都很驚慌，到夜裡紛紛自發組織起來，持刁鬥器械，巡察警告，一直到天明，不敢合眼。

這一次鬧的時間很久，過了一個月才漸漸平復。隨後河南封丘縣又報告鬧眚，大約怪物移師南下了。

崇禎十一年（1638年），在明王朝風雨飄搖的當口，京師又鬧了一次黑眚。據記載，黑眚狀如狐狸。既是狐狸，就要作祟。這回黑眚在許多人的家裡鬧「為祟」，鬧了半年才止。

這種動物形態的黑眚，到底是什麼，誰也沒搞清楚。即便以今天的知識，也難以做出合理的解釋，只能懷疑是素有迷信思想的古人，被幾隻在梁上屋角亂竄的發情貓狗驚嚇到了，或酒後開了天眼，看見了本不存在的東西，遂張大其詞，播散謠言，以為鬧眚了。當時的人們是被自己狠狠地嚇了一跳！

其實不單紅牆之外，就是宮廷裡也是時常有黑眚出沒，把皇帝嚇得不輕，這個留到後面講。還是先把憲宗朝的事說完。

第五十九章　又一個想得天下的和尚

黑眚給人造成的心理影響剛剛消退，明宮又發生一件異事：一個叫侯得權的「妖人」，以「符術」在京廣收徒眾，他甚至在宦官中發展了不少弟子，多次潛入禁廷，由此案發。

關於此案，實錄的記載非常簡略，畢竟一朝國史不等於刑部的案卷，能夠把案件的來龍去脈交代詳盡清楚。本人深知這支筆是在寫史，豈敢率意發揮？但又不能寫得太過草率枯澀，令人讀來味同嚼蠟。

讀者討厭讀史書，埋怨「讀不懂」、「枯燥無味」，其實這倒不是史家在「故作高深」，而是歷史記載常常是破碎的，以片斷的形態存在，歷史學家的責任是將這些「斷爛」的資料編綴起來，盡量還原歷史真相，而同時必須遵守真實的原則，不能挾想像之力以超東海。可一般讀者呢，卻希望像讀一部驚險小說那樣去痛快地讀史，除了要求文筆淺顯生動，還要有大量的細節，故事必須完整，線索須當清晰，人物還應該有性格（其實小說中的人物性格最鮮明，而歷史人物卻是複雜的，有時甚至複雜到難以捉摸其性格）。

本人自問不敢靠想像去聯綴故事，也不敢進行瑣碎考證以膩煩讀者，所幸東魯古狂生的擬話本小說集《醉醒石》，第十二回〈狂和尚妄思大寶，愚術士空設逆謀〉講的就是這件事。狂生兄著書時離侯得權事件也有二百來年了，但時代總比我近，他又是明末清初的人，耳食亦較我為廣，不妨將這段有鹽有醋的故事與歷史混搭著一起講，好添一些趣味——

故事的主人公叫侯得權，小名立柱兒，是保定府易州人。他幼年時在狼山廣壽寺出家，取僧號為明果。

侯得權在廟裡混到二十多歲，開始四處游方。和尚光會梵唄是不成，只會撞鐘念經的和尚是迂和

尚，好比侯得權的前輩模範朱元璋，若沒有三年的遊方經歷，大大增長了見識，後來怎成得大業？話說這侯得權自離了寺，四處流蕩，在紅塵中打滾，對世事人情，便練達通透，成了一個禿頂的老江湖。

這一日他來到河南少林寺。

看官，你莫以為下面要講侯得權如何拜在名師門下，勤學苦練，成為一代棍僧。少林寺，都是後世漸漸敷衍張大的，在俺這部依史直說的故事裡，絕無棍僧、神功什麼事，甚至與少林本院也無甚干係。只是侯得權在少林寺逢了一段孽緣，從此徹底改變了命運。

少林寺似乎是個異人大本營，看官可還記得，神相袁珙就是在這裡遇見姚廣孝，點撥他走上造反道路。侯得權也遇到一位相術師傅，是個道人，只把他一看，就點贊兩個字：「好相！」

這位明果和尚侯得權半生得意的，正是他那副出眾的尊榮，只是久而不遇，困頓禿林，今日陡然聽那道人一排他八字，卓然大驚，喜笑顏開，忙求他指點休咎，斷一個前程。

道人一喝，彷彿天尊下降，道：「和尚！你將來富有天下，是個帝王之造！」

這是東魯狂生的演義，而這次算命是後來那件大事的引子，《明憲宗實錄》也把道士的判語記錄下來，只說侯得權「後當極貴」。意思倒差的不遠。

侯得權是老江湖了，他深知那些掛半仙幡兒的術士，都是出一張油嘴，靠奉承人吃飯：經商的、個個財主，讀書的，個個科甲。假若那道人許他一個手握千軍，立功異域，或者良田千頃、牛馬如雲，他或許還在疑信之間，沒料到道人竟許了他一個皇帝做！大出意外，他臉上數粒七星鴻運的黑麻子頓時奇癢起來，倒有七八分信了。

東魯狂生說：「人當著奉承，也沒個不喜的。就是做不來的事，初始驚恐，道沒這樣的事，後邊也畢竟疑道：這人怎輕許我，或者有之嗎？」將人的心態模擬的極是。

其實，許人皇帝做，也不是特別意外的事。陳勝說過：「帝王將相，寧有種乎？」孫悟空也說過：

「皇帝輪流做，明年到我家。」瞧歷史上，許多農民「起義」，才占了幾個山頭，就馬上稱帝，宣布改

元，大封宰相、元帥。不要說成化朝，就是洪武年間，陝西有個叫田九成的「妖賊」（凡以民間宗教號召

人的，都被稱為妖賊、妖人），在勉縣自號漢明皇帝，改元龍鳳，其黨羽分別稱彌勒佛、四天王等——

他仗著幾塊山地，就要和大明皇帝並駕齊驅呢！

那道人察言觀色，見侯得權臉上黑點發亮，卻有疑難之色，心知奏效，乃更催一把火道：「和尚，

我朝太祖高皇帝，也曾在皇覺寺出家為僧，後來還不是登了大寶？和尚你竟與他相似。學生算過多少

命，沒一個差的。事在人為，只是得志之日，不要忘了小子江朝！」

江朝的名字，不是東魯狂生編出來的，這個嚼舌頭騙飯吃的小人物，在官方正史裡，可是存了

名的！

有朱元璋的榜樣力量，再加上江朝的勵志教育，侯得權不由得信了，從此便欲做一番大事業。但到

底是「功業」未成而身先死，把戴皇冠的頭給弄丟了。侯得權雖然沒如願坐上江山，但在獄中坐牢時，

沒「忘了小子江朝」，把多年前贈他「後當極貴」四字咒語的道人供了出來。江朝是謀逆大案有名中的

人物，自然插翅難飛，很快在少林寺束手就擒。經過這麼多年，江朝還是落了網，顯然他是個擺地攤

的，常年在少林寺支帳賣卦。當朝廷派來的錦衣衛探員一擁而上，將他撲倒在地，拿重重鐵鐐鎖他脖頸

時，他一定惶恐掙起，大呼「冤枉」。然而，這兩字與他平生所算一樣，都是不準的。

且說侯得權聽說自己有皇帝命，歡喜至極，但轉念一想，心中好不疑惑：如今天下無事、四海升

平，正所謂光天化日，朗朗乾坤，這皇帝怎輪得上他來當？卻很犯躊躇。

正巧又讓他遇到貴人，還是一個胡說道人，名叫田道真。這田道兒對他說：「如今真主已有了，北

邊人都曉得的，有書為證。」就從囊中取出一本書來。這本皺巴巴、鬼畫符的書上講，陝西長安縣曲江

村金盆李家，有一女子，懷孕十四個月，始生一男，名叫李子龍。此子生時，有紅光滿室、白蛇盤繞之

異，長大後當有天子之分。

看官看到此，可能要笑了：這小子，成了人形，還不快快出來見世面，不變成哪吒，也要成死胎了！但當時的人，哪有今人見識高，以為降生時有紅光、白蛇，再加上一個超長的孕期，都是聖人、異人的標籤和符號。侯得權立刻興致勃勃地看起來。

東魯狂生將侯得權遇見兩位異人的事寫到一起，還說他們兩位發生了爭執。田道真（東魯狂生的書裡作周道真）指他的寶書道：「這事可妄許得人的？若後來不準，我也不算命。」他甚至推算出：「登基只在丑字運，申酉之年。」他將自己比作神相，慨然道：「須信我這鐵冠道人、袁柳莊！」

其實這兩位所爭的，只是侯得權到底是天子命，還是輔相之命，但對於明果和尚面相之貴不可言，均無異議。侯得權便想了個「從權」的辦法，我何不自認作李子龍，應了這符讖，真命不就是我了？

想定，和尚也不做了，即刻檢裝西行入陝，從此去謀他皇帝的營生了。

第六十章 姓李的不得了

其實田道真、侯得權當做寶的所謂「異書」，就是民間流傳的祕密宗教文本，這種書籍種類雜亂，多借一些含糊不清的附會之詞來做政治預言，也就是所謂讖緯之書。這類書在漢代特別流行，並且得到官方的認可，甚至將它推尊到與經學等量齊觀的地位。但當權者後來發現，這是一柄雙刃劍，你能利用它獲利，也可能因為它而遭受不可承受的損失。西漢末年，王莽就是利用「代漢」的讖語，公然篡漢，建立新朝；東漢末年，黃巾軍起義也打出了「蒼龍已死，黃龍承天」的旗號……有了這些教訓，後來的

各姓王朝，開始轉變對讖謠的態度，稱之為「妖書」，加以禁絕。

在帝制時代，凡不服官府管理者，都被稱為「賊」；若賊前再加一「妖」字，所謂妖賊、妖人、妖氛等，多是指借宗教名目為號召的個人或團體。然而，精神力量的生命力遠比肉體為強大，雖然歷代朝廷使用嚴刑峻法，對民間流傳的名目繁多的預言書（如密書、寶書、經卷等）屬行禁止，但毫無成效，奉這些寶卷為精神支柱的民間祕密宗教相當昌盛，代代不衰，層出不窮。

侯得權得到的那本異書，宣稱當得天下者，是一個叫李子龍的人。這個名字並非完全胡謅，他是有其來路和隱祕的傳承的。好比「李」這個姓就不得了，它與一個流傳了一千多年，影響非常深遠的「李王當興」的讖語有著密切的聯繫。

李氏當興的預言，可以上推到東漢末年原始道教中一個叫「李弘」的人，以後「稱名李弘，歲歲有之」。據湯用彤先生考證，從西元 322 年到 416 年，前後不過百年，東起山東，西至四川、陝西，南到安徽，在這麼大的範圍內，都有人利用李弘的名義領導民變（我盡量不亂用「起義」這個詞，是因為不知道他們是否有「義」）。

第一個李弘出現的背景，是漢末黃巾大起義，黃巾軍利用的宗教武器，是道教（五斗米教等）。道教之長是李耳，所以農民起事，利用原始道號召群眾時，多取用李耳之姓；有學者認為，李弘可能就是李耳的別名。也就是說，眾多的「李弘」，其實都是當時利用道教發動農民暴動的領袖的代名詞。

利用李氏當王的讖語，在隋末最為突出。當時社會上傳播「李氏當為天子」的讖語，其流傳之廣令隋帝感到切實的威脅，以至於有個叫安伽陀的方士上言，請「盡誅海內凡李姓者」。看來元末殺盡天下李、趙、張、王、劉五姓漢人的動機，不是沒有先例可學的。

隋末還有一個李玄英，他聽到一首歌謠《桃李章》（即「桃李之歌」），認為「當為天子」的李氏就是瓦崗寨的李密，就跑去獻桃。李密從此就以「李王」自居，在反隋的檄文中說自己「姓符圖緯，多協

歌謠」），以此作為天下歸心的號召。

不料這時又興起一位「李王」，就是建立唐朝的李淵、李世民父子，他們父子在起兵時也宣稱：「李氏將興，天祚有應」。李密與李淵父子都自稱其姓「著在圖讖」，但讖文之應，又不能「彼我所共」，李密、李淵兩家不免一戰。而就在這兩李在中原逐鹿時，西北武威又有一位李軌起兵，他的口號也是「常聞圖讖云李氏當王，今（李）軌在謀中，豈非天命也」！三家都來爭這個天命，後來李淵父子勝出，在建立唐朝後，為了絕人口實，趕緊認了道教李耳為祖先。

可能是李唐搶了這一先機，加之唐、宋兩朝都尊崇道教，托言「老君當治」，號召李王當興的聲音漸漸沉寂。但到元代晚期，李氏當王的古讖又隨著白蓮教的活躍復蘇了。元末白蓮教領袖韓林兒，就曾自稱是「李氏子」。當然他後來又改了口，對外宣稱是宋徽宗八世孫，以適應「反元復宋」的需要（其子韓林兒建立的政權，國號為宋）。

而當時的讖語，有許多比「李王當興」的口號風頭更健，如著名的「明王出世」，人們都相信，將取代蒙古人的，必是一位「明王」（而非「李王」）。所以韓林兒自稱小明王；而他的部下，也是出自紅巾軍系統的朱元璋，在建國後定國號為大明，都是為了應符這個預言，好讓天下愚民相信，自己才是天命的真主。

這表明，無論是接過「李氏當興」古讖的接力棒，還是強扯某姓大腿亂認祖宗，都不過是為了搭梯子上樓，好摘權勢的桃子，而與信仰並無多大關係。

明代白蓮教主要活動在陝西、山西等中國北方地區，也就是妖道田遇真所說「如今真主已有了，北邊人都有曉得的」；他所挾的妖書虛構了一個將取代明朝而興的「真主」李子龍，並將這個神祕人物的降誕地定在陝西，而陝西恰恰又是白蓮教異常活躍的地區，這都表明，侯得權奉為經典的那本奇書，可能是陝西白蓮教某一支的祕密教義讀本（中國的民間宗教，流派複雜，魚龍混雜，各自的「教義」雖有

一定的來源，但在傳播過程中隨意演繹、附加、重構的內容非常多）。

這本書宣稱「真主」已經降生，而且很有來頭（懷孕十四個月，誕時有白蛇、紅光等），這是現成的「意識形態」，侯得權直接撿了這個便宜，冒充李子龍，又利用他學的「符術」在北直隸真定（今中國河北正定）一帶活動，誘人入教。由此可以認定，侯得權的身分，是白蓮教在京畿地區衍生出的一個分支——當然，白蓮教不存在一個嚴密的組織與網路，侯得權搞的精神傳銷，可以自由發展下線門徒，他未必有一個上線領導。

前面說到，「李氏當興」的古讖在元、明兩代已經式微，但它又換了一種形式發展起來。李這個姓，在民間宗教語言裡，常以圖錄、讖語的形式出現，還經常被拆解開來使用，以增強它的神祕性，如「木了一」、「木子弓ム」等（見《太上洞淵神咒經》）；其中最有名的，當屬「十八子」之讖了。在明代晚期，一個「十八子，主神器」的讖語在那個天下大亂的特定環境下，迅速播散開來，「十八子」就是李姓，「主神器」是做皇帝，意思是說朱家必亡，取代他的，將是一位李皇帝。這個讖語，就是由一名術士宋獻策，獻給闖王李自成的。李自成當然很高興，立刻把這句話拿來作為取天下的依據，其實與侯得權冒充李子龍又有何異呢？所以《綏寇紀略》的作者吳偉業在記李自成應讖這件事時，馬上聯想到成化中「李子龍」的舊事，以為兩者是一脈相承的。

侯得權混世界有他的模式，主要憑恃他有一副貴相，先拿他的尊榮唬一唬人，然後再掏出那本祕密手冊，照書直講，驚人一跳：俺就是李子龍！

若沒有一副格外驚人的異相，農家出身的「李子龍」也不會那麼自負，以為自己就有資格坐江山。至於他的尊容如何之異，官史也沒有寫出來供我等瞻仰，東魯狂生的小說中有兩處描寫，一處寫他「方面大耳，廣額聳鼻，真也是個異相」；一處寫他「方面大耳，獅鼻劍眉，也是異人」。真不真且勿論，其

描述已不小心露了破綻，如「聳鼻」與「獅鼻」，好像分別說的是法國的大鼻子情聖與香港的某位功夫明星，壓根兒不是同一號人。

想來東魯狂生平生無幸識荊州，「方面大耳」兩句，全屬臨文之際的隨想，不敢作真的。大概侯得權除了一張並不少見的國字臉外，至少還應有腳踏七星、臂生龍文、股點黑子之類的怪異吧！

總之，當李子龍的賊船上升起貴相的旗號，四方臭客紛紛逐腥而來。又有一個術士，名叫黑山的，為侯得權批命，說了六個字：「若遇猴，雞鳳凰。」他的批語通俗易懂：「雞鳳凰」，當然是侯得權這隻野雞將變鳳凰的預言；至於什麼時候變？則有「遇猴」這個前提條件。猴兒是十二屬相之一，在申年，當然含申的年份很多，並無定指，但一旦遇到屬相為猴的年份，就是重要的節點。

侯得權想，江朝說他是極貴之命，黑山又算准了他發達的年份，就在猴兒年，兩下都印證上了，於是十分自得自信，越發狂恣得意起來。黑山也便留在他身邊，做了個謀主，拿侯得權的這個貴命去煽惑人，還喊出一個口號，道是「當今持世救苦拔災好生止殺佛王如來」，稱只要投他門下，便可祛病免災，還有好大的福分，只待申（猴）、酉（雞）之年，便要起事，更易天下，撫治萬民。

侯得權開門收徒，在北直隸真定一帶活動，漸漸打開名氣。但偌大事業不能在鄉下做，農村包圍城市那一套，這裡是行不通的。於是侯得權在一個名叫方守真的道士的引薦下，來到北京，他要直殺入皇朝統治的心臟。

他到北京後，住在軍匠楊道仙家。楊道仙因為服役於內府的關係，與宦官多所相識，由他牽線，侯得權結識了內使鮑石、崔宏，長隨鄭忠、王鑒、常浩，左少監宋亮，右副使穆敬等多人。侯得權很快取得這些人的敬信，而且彼此介紹結識的人越來越多。

鮑石就介紹他的親戚羽林衛百戶朱廣入夥，主動來投拜結識，而朱廣起先並不輕信，就約同本衛小旗王原一起來訪。

王原看相很有一套，經他一看，大為驚服，兩人都成為侯得權的忠實信徒。

侯得權花果山水簾洞裡的猴子猴孫越聚越多。羽林衛是皇帝的親軍衛，負責守衛皇城，日久情熟，朱廣、王原等人尊侯得權為師，不僅常相往來，贈送禮物，甚至還祕密地將侯得權引入內府萬歲山（今中國北京故宮景山），向禁中張望。

這位貴人倨立於京城的最高點，俯視深邃的紫禁城，大概其心亦悠悠飛騰吧！憲宗後來才得知，他有一次在大內踢球，侯得權就遠遠地在躲在一旁看覷。侯得權看憲宗踢球遊戲，那麼多宮女宦官，圍護伺候他一個人，會不會當年項羽、劉邦看見巡遊的秦始皇時，一樣生出取而代之的心思？項、劉二人當時不過是布衣，秦始皇挾一統之勢、皇帝之尊，勢焰正盛，兩人就敢想取而代之，貴相早露的侯得權為什麼就不行呢？

這時有個在織染局管事的內官韋寒（東魯狂生書中作御馬監太監韋舍，《明史》作韋舍），鮑石本為他名下的官。一日韋太監偶感風寒，鮑石就代他向侯得權求了些符水，服食之後，不期然竟好了。韋太監感激侯得權，置酒請他，拿出些錢來酬謝。侯得權手下雖有些太監老公，但都是些閒冷衙門的低級宦官，而韋寒做著太監的官，又現管著事，算是內廷裡握權把子的人，侯得權就有心拉他入夥。一般人入夥，都圖著富貴，而韋老公富也富了，貴也貴了，豈肯做這險事？他一旦不從，而泄了先機，為害不小。於是他想出一計，要讓韋寒濕身落水。

以下內容根據東魯狂生的小說改寫：

為了將韋老公強拽入夥，黑山和楊道仙設出一計。韋寒有個兄弟叫韋喜，人稱韋老二，此人粗魯，與鮑石最相好。他有個女兒，一直由韋太監養在身邊，已經十六歲了，正要為她尋一門親。但讀書的秀才多不肯與中貴人締婚，在京武官多出身勳戚之門，也少有人願意與太監結親，而一般商人富戶，太監又不肯。是以韋家的女孩一直待字閨中，沒有出嫁。

黑山和楊道仙就對侯得權說：「前日韋太監見李大哥人材出眾，甚是敬重，連稱大哥你不是凡相。

如今只消著鮑石先說動韋老二，再遊說太監。好事成了，做了親戚，便休戚相關，不怕他不依。

但侯得權有些擔心：「若是娶妻，怕不是我們上師的行徑。」他畢竟是個「佛兒」，一旦濺落凡塵，亮出陽物，娶妻生子，到底說不過去。鮑石初聞此事，也說：「上師是個佛，怎要嫂子？」黑山道：「這有什麼！當日鳩摩羅什，是個古佛，秦王曾送他十個宮女，一幸即生二子，這是有故事的。」鮑石這些人哪裡是有知識的，見黑山如此說，也就信了。

於是他們找韋太監說親，只說侯得權是個貴相，他日老公公扶他一扶，文官、武官盡可以做得。可嘆韋寒也是一時糊塗，並未細究侯得權的來歷，以為他是個貴相，又有好人品，想將來憑著咱的力量，少不了給他掙一頂烏紗帽，就答應了這門親，將視若己出的侄女許給了神棍侯得權。侯得權先前住在楊道仙家，還是個來歷不明的流棍，如今搖身一變，成了太監親戚。

侯得權的祕密組織，發展非常快，信徒中不僅有內廷宦官，還是許多窮軍、百姓，他們入夥時，都要跪拜，設誓賭咒，服從教主。這些人對侯得權極為信服，日常饋贈鞍馬衣服，還要經常設宴招待，見到本人，不敢正視，紛紛北面而拜，稱為「佛爺」、「上師」。而侯得權對他們毫不為禮，簡直就是一個邪教的頭子。他的勢力日益張大，就等「猴運」一到，便一聲令下，裡應外合，打進禁宮，俘虜皇帝，自己來做天子。

成化十二年（1476年），農曆是丙申年，正是一個猴兒年。侯得權躍躍欲試，猴子要做孫大聖了。卻沒想到，他這一夥的行為早被錦衣衛官校偵知，一本奏進去，九月裡，奉了密旨，內外一起動手，所有人都一繩收了。

罪犯到案，照規矩由錦衣衛鎮撫司用刑先審，然後送都察院鞫問。其中最倒楣的要屬太監韋寒了，他是被人唬嚨進妖案的，下獄後，又恨又悔，深知「近臣交通叛逆」這一本是參定了，與其打問砍頭，倒不如先死，落個全屍。他事先預備了毒藥，待錦衣衛押送犯人出監，將轉送都察院時，他覷個空子，

把藥吞了，當場斃命。

因為該案案情清楚，很快審結，奏請處分，量刑的結果是：侯得權、楊道仙、黑山、朱廣、鮑石五人處死，餘黨俱免死充軍。

刑科給事中雷澤認為處罰太過寬縱，上疏參駁，說侯得權等內外交通，陰謀不軌，醞釀禍亂，死有餘辜，請將餘黨王原等九人悉數誅殺。但沒有獲得憲宗同意，可能是因為此案牽涉到的宦官較廣，憲宗在處理此事時，不得不格外慎重，所以本案列名的內員，除韋寒自殺外，僅處死鮑石一人。

黑眚之變和妖人事件，形成一個導線，直接導致憲宗決意開設新的特務機關西廠。《明史》說，這些宮廷異常之變接連發生，憲宗「心惡之，銳欲知外事」，他看中了年輕、「為人便黠」的太監汪直，令他換上便服，帶著一兩名親信的錦衣衛校尉，祕密伺察外情。

第六十一章 紫禁城，最大的凶宅

在現代人的印象中，明朝的皇帝要比清朝的皇帝差許多。看官，容我說一句公道話，明朝的皇帝是遠不及清帝活得滋潤、瀟灑的！譬如說吧，清帝一年有大半光景駐形於京郊或河北承德等處園子裡，自新正祭過天即移居園子，冬至大祀前才回大內——「蓋視內廷為典禮之所，事畢即行，無所留念」。外表堂皇的紫禁城，主要是舉行典禮的地方，皇帝很少在此長期居留。但是，明朝皇帝以乾清宮為正寢，此乃煌煌祖制，由乖戾、偏執而意志頑強的群臣監督執行；多數皇帝都在乾清宮咽下最後一口氣，稱為「壽終正寢」，這叫死得其所，並被渲染為優秀皇帝的必備美德。

凡是迷信一點，都很忌諱死過人的房子，稱為凶宅。但朱家皇帝，白頂一個專制君主的高帽子，竟

連逃離凶宅的自由都沒有，自正德皇帝之後，連勇氣都沒了。有幾位強項一些、不怕人罵的臣子進的苦藥，硬是不在乾清宮裡住，到了蹬腿咽氣那一天，仍免不了任人擺布，乖乖地被抬回去，在乾清宮「正寢」裡，與歷世先鬼會合。

然而，朱家子孫，一代一代的，生活在這樣一間不祥的殿宇中，夜半覷那黑魆魆的梁架之上，只見魅影重重，鬼影飄飄，彷彿歷代祖先都蹲在那裡，怎不教人魂飛！

傳說好玩的武宗正德皇帝朱厚照，常在乾清宮裡開弓放箭（他，再加上前述之洪武與宣德，就是宮中三射了，而所射皆為鬼物）。在我看來，這不是神經發作，他不是為鬼所驚，就是在發洩對古宅的不滿。好多人很詫異，正德九年（1514年）正月的一場宮火，將乾清宮燒得乾乾淨淨，朱厚照不驚不恨，反笑道：「好大一棚煙火」。覺得不可思議。看官，你若理解了，在朱厚照眼裡，乾清宮不過是軟禁他的一座地上活死人墓，他的表現就再正常不過了。

事實上，牢籠焚毀了，第二個月，朱厚照就開始快樂的「微行」了。

其實，明代的皇帝們就是躲開禁宮，也沒好地方去玩（正德一忽北巡，一忽南征，在宣德以後，那是絕無僅有的例外），因為明朝皇室沒有清帝一樣星羅棋布的離宮別苑，他只有西苑海子（包括今中國北海及中南海，都在皇城的範圍內）一處地方好去，仍在皇城的高牆之內。

明朝皇帝就是在西內小小的地方，建幾座殿閣樓亭，仍不免招惹小臣議論。而清朝康雍乾三世，用了百年的時間，花了不知多少白銀，營建規模宏大、富麗堂皇的圓明園，臣下沒有半個不字；對清帝修園子，好像只有一樁事遭人非議，就是慈禧太后修頤和園，那也是因為據說修園子動用了海軍款項，要為甲午之戰的慘敗負責。兩廂比起來，明朝皇帝真要大呼「不公」了！

他們受著很深的約束，日常只在「高牆裡住坐」，與囚徒無異，宣宗之後的絕大多數皇帝，從降生到離世，從未踏出宮門一步。在那小小的空間裡，他們精神空虛，百無聊賴，又常為宿鬼所攝，免不了

要靠講道來尋求保護，靠修仙寄託一些幻想，靠吃藥來找尋一點刺激；然而藥性一發，則免不了大發脾氣，杖斃宮女太監，更添許多冤魂厲鬼！

明朝的宮禁總是不寧的。自從憲宗年間宮裡鬧過黑眚後，再一次宮禁不寧，是在世宗嘉靖年間。

「宮禁不寧，得法官而廓清」。這「法官」可不是最高法院的大法官，就是一群黃冠道士和羽流術士。嘉靖皇帝朱厚熜就信這個，他坐在油漆塗彩、鉤心鬥角的木頭森林裡，幻想這裡是海外仙山蓬萊和東瀛，不是燒一爐龍涎香，振羽乘鸞，研究永壽登仙之道，就是披了髮，舞桃劍，飲符水，與鬼玩過界。這種頑強鬥爭的精神與堅定不移活下去享受生活的意志，足以令許多輕生者學習。

朱厚熜在後宮裡，一面持經修真，一面揮劍斬魔，這部道魔相高史，我敢用「書劍恩仇錄」來為它命名。

朱厚熜一生溺於仙道，可能與他來自素有巫覡傳統的楚地有關。

嘉靖皇帝的父親興獻王朱祐杬，是孝宗同父異母的弟弟，封在安陸，也就是今天中國的湖北鐘祥。

此處有一座與北京十三陵一同列入世界遺產名錄的明顯陵，就是興獻王夫婦的合葬墓。本來它只是一位親王墳，忽然有一天墳頭冒起青煙，從京師傳來消息，正德皇帝朱厚照駕崩，沒有兒子，決定由他支屬最近的堂弟，也就是嗣興王朱厚熜來京繼承大位。

朱厚熜剛剛守孝完畢，還沒來得及接過興王之位，即一步登天，直接做了皇帝。朱厚熜連二元錢的彩票都沒買，居然中了億元大獎，你說他會不會發嘆說：此非天乎？此非天也乎哉！這是他成為終生不渝的有神論者和溺道者的經歷基礎。

明朝的腐儒，編了些毫無創意的故事，來為嘉靖皇帝塗脂抹粉，說什麼「誕聖之日」，宮中紅光燭天，遠近皆為驚異；那個時候，連渾濁的黃河都變清了，在天上翼軫分野的地方，還出現了美好的祥

雲，而翼軫之交，正應在地上湖廣之地。

我沒去查，朱厚熜出生的正德二年（1507年）八月，黃河有沒有清；因為聖人生不生與黃河清不清，沒有半毛錢關係，如果非要那麼攀扯，那一定是皇帝的「五毛黨」！黃河現在很不清，泥沙滾滾，形成一條懸河，難道要怪中國生的聖人太少嗎？如果一定要說，誕聖之日，黃河清，那也不能去查正德二年，應該查成化十二年（1476年），即嘉靖他爹興獻王出生之年。因為興獻王朱祐杬在孝宗諸弟中年紀最長，依著嫡、長繼承的原則，孝宗絕了（武宗既無子，亦無弟），皇位轉到孝宗庶弟中最長、最近的這一支來，理由最充分。可以說，朱厚熜之所以能一飛沖天，做了皇帝，完全是他爸爸預訂下的機票。

明代中期的皇家課堂上，時髦的話題是「正心誠意」，經典的教材是宋人真德秀的《大學衍義》。朱厚熜十五歲登基，很快就作了一首令群臣膜拜、自歎不及的詩，其中有一句「萬化修身始」，可惜不消多久，他就以實際行動將之篡改為「萬化修仙始」了。

朱厚熜對修仙長生這一套非常癡迷，他在大內乾清、坤寧、五花等宮，以及西天、西番、漢經諸廠，都建有法壇，齋醮作法，發起狂來，他會不分日夜地搞，即便是平常，也是間日一舉，或一日再舉。每一次齋醮，所費都能達到一萬八千兩白銀。四十年間，上有道君皇帝，下有青詞宰相，君臣一起祈禱修真，樂此不疲。

在嘉靖二十一年（1542年）前，朱厚熜主要在乾清宮裡搞這些亂七八糟的東西，二十一年以後，他帶領一干道士，移師西苑，從此不再上朝。紫禁城是絕不回去了，至於那間老屋乾清宮，他下定決心，再也不要見！

原來，他差一點在乾清宮丟了性命，這既令他驚恐，亦成為他一生不願回顧的奇恥。

今日故宮的乾清宮，是清朝嘉慶三年（1798年）重建的。在明朝，乾清宮五次焚於火，最後一次是

崇禎帝在「殉國」前所為。清軍占領北京後，對乾清宮進行了重修，其形制漸漸與原狀不同。

據刑部主事張合在嘉靖二十一年親眼所見，乾清宮暖閣內，樓上樓下，一共有二十七張床。由此產生二個問題：第一，皇帝寢宮為何要安置那麼多床？許多陰謀論者的頭腦裡立刻會蹦出「防備暗殺」四個字，斷定二十七張床是一種安保措施，殺手即便摸進宮來，一見到處是床，登時傻眼。張合也說：

「上下置床二十七張，天子隨時居寢，如是防不測耳。」

根據禮制，天子就寢的地方，從來就不止一處，如《周禮》記有六處（「六寢」），《呂氏春秋》記有十三處。它是有原則的，即不同季節住在一個建築或建築群不同方位的房間裡，其中有規律可尋，並不是狡兔三窟、躲躲藏藏。乾清宮的二十七張床，就在宮殿後部暖閣的樓梯上下，九間相錯的板屋內，每一間排設床榻三張，其間距離不遠，真要有俠客擎刀殺進來，昏君無可躲。

這二十七張床，或許真是為防不測，或許還有我們尚不清楚的禮儀依據。其實，假若一個古人穿越到今天，見馬路上跑的小汽車，一人開車，卻拖著四把椅子，他也會好生奇怪的。

第二個問題：張合是一名文官，他如何能進乾清宮，考察皇上的寢室？這與他的身分有關，張合是刑部主事（相當於今天最高法院的庭長），他為了查案，才有幸進入充滿神祕色彩的深宮帷幕之後，滿足一把凡人的偷窺之欲——這對於長鬍子的外人，可是百年不遇的。

第六十二章　最糟糕的死法：被宮女勒死在床上

這要從朱厚熜搞的那些齷齪名堂說起。

到底是哪樣的重案，竟要驚動外臣到皇帝的寢宮來勘驗現場？

道教的許多玩意兒，如合體雙修、採陰補陽等，都很汙濁，只有坐在最低級的妓院裡，才能想出這樣的歪招；一班邪道還喜歡搞些稀奇古怪的玩意兒入藥，好比處女的經血、新生嬰兒口中的含血。這要多麼卑鄙無恥的人才想得出來呀！瞧瞧，道貌岸然的嘉靖皇帝，他每天「渴飲少女血」時，是副什麼德行！

為了煉丹，朱厚熜向民間徵選了大批少女，專門為他修煉服務，甚至還為他提供藥引，這些年少的女子，在宮中遭受到非人的身體折磨和精神凌虐。朱厚熜服食了性燥之藥後，性格變得異常乖戾，常常為一些小事痛責身邊的宮人，被打死的宮女不計其數。這都直接導致了嘉靖二十一年（農曆壬寅年，1542年）十月的「壬寅宮變」，十餘名宮女集體動手，試圖殺死昏君。

這依照過去的模式，簡直要高呼萬歲，稱之為「無產階級被壓迫婦女向封建主義總頭頭的偉大反抗」了。

現有記載尚不足以復原後宮女子所受的苦難，我也不忍、羞於去想。但俗話說：「捨得一身剮，敢把皇帝拉下馬」，這些女子應知弒君的後果，不管她們行事成與不成，都無法逃脫慘遭活剮的可怕報復，但她們仍義無反顧地去做了，她們是寧願死也不願與暴君共生的。

《明世宗實錄》對此事並未完全隱諱，有兩段記載。第一條於嘉靖二十一年十月二十一日，簡單記載了宮變的經過及處結情況：

「宮婢楊金英等共謀大逆，她們等皇上睡熟時，突以繩縊之。幸虧繩子打成死結，陰謀才沒有得逞。有個叫張金蓮的，知事不成，臨時變意，跑去告訴皇后。皇后往救，皇上才得倖免。於是命太監張佐、高忠抓捕逆犯，嚴加訊問。

審知：楊金英與蘇川藥、楊玉香、邢翠蓮、姚淑翠、楊翠英、關梅秀、劉妙蓮、陳菊花、王秀蘭等人均參加了弒逆行動，首謀是甯嬪王氏；端妃曹氏雖然沒有直接參與，但她對於逆謀是完全知情的（「然

始亦有謀』）。

張金蓮等到事情敗露，方才上告。另有徐秋花、鄧金香、張春景、黃玉蓮，亦是同謀之人。」

實錄一共提到十七名女子的名字，除了「首謀」的王寧嬪與「始亦有謀」，其餘的都是宮婢。從行文來看，徐秋花等四人，沒有直接參與動手，只是旁觀，但皇后娘娘來時，卻有「把燈打滅」的情節；「親行弒逆」，也就是動手收拾那王八蛋的，是「常在（或答應）」[19] 楊金英和宮婢蘇、楊、邢、姚、楊、關、劉、陳、王等十人。

這一年朱厚熜三十六歲，本當壯年，但他平日養尊處優，吃藥又把身子淘虛空了，實在是花拳繡腿，沒幾兩力氣。幾個女子，壓胸的壓胸，扯腿的扯腿，勒脖子的勒脖子，幾乎要了他的命。只因絞殺他的繩子打了死結，「起義軍」中又有人臨陣叛變，他才僥倖撿了一條命。

對她們的處罰異常嚴厲，不分主犯與從犯，一律凌遲處死（唯端妃在內廷受刑，餘者都在西市公開處決），死後仍「銼屍梟示」（梟示是將犯人的頭顱割下來掛於高杆，銼屍是將其遺體肢解砍斷，即碎屍）；她們的近屬，按今天的話說，不管是否在一個戶口本上（「不限籍之同異」），均受到牽連，被斬者十人，發功臣家為奴者二十人，財產全部沒官。

本來家裡有個女孩兒在宮裡，即便是一般的雜使婢女，也是一件特別榮光的事，保不齊哪天沾了天恩雨露，一家老少翻天就做了皇親國戚，可以在長安路上威風煞了。誰料到，她們的女兒膽大包天，竟敢取皇帝的腦袋，這真叫他們受死也喊不出冤來！

據實錄記載，謀逆的當天，就是十月二十一日，皇帝雖然一時未死，但也被牛頭馬面很候了些時然而，這其中固然有敢於反抗暴政、可歌可泣的奇女子，而含冤枉死者也是實實在在有的。

19

答應、常在，均是宮中有一定職務的宮女。

辰。有個叫許紳的御醫壯著膽子，開了一副下血的猛藥，辰時下藥，到未時忽然作聲，一大口紫血吐出來，才緩過來，「群心乃定」。這位御醫卻因為驚悸過度，不久就死了。

皇上還在慢慢從死亡線上往回掙，報復的詔書已在當天發布，所有涉案人員全部被酷刑處死。這個「不分首從」之詔，自然不是朱厚熜本人所發的。詔書的發布者，實為皇后方氏。

實錄關於此事的第二條記事，是十一月初二日的一份敕諭，主要是通告中外：朕躬無恙矣。宮婢伏誅時，次輔嚴嵩入閣才月餘，仍掌禮部。對此有人頗不以為然，如王世貞說：「內廷謀逆，幸而無成，這本非聖朝美事，何必頒示四方？其傷國體甚矣！」這要是清朝，一定將此事隱瞞下來，外人不准講、不准傳、違者定然殺頭。

然而，正是這份敕諭，對外稍稍公開了案情。其中說：

「是年十月二十一日，變生楊寢，二逆御氏結宮婢楊金英等，大肆謀逆，戕害朕躬。」

「二逆御氏」，指的是王寧嬪與曹端妃。敕諭的基調是：這次宮變，是王、曹二氏密結宮婢幹的。

人們不能無疑：自古為爭奪皇位而起的宮變不少，妃子率領宮女殺皇上卻是前無古人。妃子把皇帝殺了，總不是自己來幹吧？

本案的審理及對犯人的宣判與處決，在皇帝不能理事期間，都是由上文中的那位「后」，即朱厚熜的第三任皇后方皇后主持的。

朱厚熜即位很久，一直沒有子息，於是在嘉靖十年（1531年）三月，按照天子六宮、九嬪的古禮，同時冊封九人為嬪，其中就包括現在的皇后方氏（德嬪）與那位「首謀」受誅的王寧嬪。

嘉靖十三年（1534年），朱厚熜的第二任皇后張皇后被廢，方氏繼立為皇后，嬪中的沈氏、閻氏被分別封為宸妃、麗妃，合稱「三宮」，相當於戲劇裡常說的中宮與東、西二宮。

從方氏的地位迅速上升，並取皇后而代之，可見她是一個特別屬害的角色。各位看官，估計您已經

聞出一些人世滄桑的味道了。當年一起被封的九嬪，如今做皇后的做皇后，做妃的做妃，卻也有人——如王寧嬪——十年屁股沒挪窩，她肯定非常難受，內心充滿怨懟。這是不是王寧嬪弒逆的動機？她與原先的姐妹，如今權蓋六宮的方皇后，是否因此生出巨大的嫌隙和仇恨？

在宮變前的那段日子，最得皇帝寵愛的，是端妃曹氏。

曹氏是嘉靖十四年（1535年）選進宮的「淑女」，當年十一月冊封端嬪。曹氏被封為嬪，是為了補足原選的九嬪之數。十五年（1536年）九月九日，同日封五妃四嬪。其中麗妃閻氏以「首誕子祥」（即為朱厚熜生下長子朱載基，但此子出生僅二個月即夭折，追封為哀沖太子），與宸妃一起進封貴妃。端嬪曹氏「首出淑祥」，進封為端妃。「淑祥」與「子祥」相對，端妃冊文中又說她「首占虺蛇之祥」，說明曹氏進封的原因是因為生了皇長女。查《明世宗實錄》，嘉靖十七年（1538年）三月，皇第二女行剪髮禮，命名福媛，並以皇長女名壽瑛示禮部登識玉牒；又嘉靖二十八年（1549年）七月，皇第一女薨，追封常安公主，十二月葬於西山。綜合以上資訊，朱厚熜的長女，名壽瑛，為曹端妃生，卒年約十五歲。而宮變發生的時候，這孩子還小，約莫六歲光景，應該還由母妃撫養。

以上大致介紹了牽涉進宮變的幾個主要人物，再來看宮變的詳情。

因為張金蓮的背叛告密，方皇后及時趕到現場，救下皇帝，宮婢楊金英等功敗垂成，束手就擒。方皇后隨即下「懿旨」，令司禮監「好生打著問」，也就是用刑嚴究「逆情」及主謀、預謀人員。

據楊金英供招：十月十九日點燈時分，聽王、曹侍長（即王嬪與曹妃）在東稍間商議道：「咱們下了手吧！強如死在他手裡。」當時在旁的還有楊翠英、蘇川藥、楊玉香、邢翠蓮四人，楊玉香當即往東稍間去，將細料儀仗花繩解下，搓了一條繩子。

到二十一日卯時（約在凌晨五點），蘇川藥將行兇用的繩子遞給楊金英拴套兒，約好一齊下手。邢

翠蓮將一塊黃綾抹布遞與姚淑翠，先蒙在朱厚熜面上，然後姚淑翠掐著脖子，邢翠蓮按著胸，王槐香壓在身上，蘇川藥拿著左手，關梅秀拿著右手，劉妙蓮、陳菊花按著雙腿。頓時昏暗的宮殿裡，燈火搖曳，人影幢幢，木床吱呀，朱厚熜夢中驚醒，拼命掙扎，但很快被勒得只有出氣沒有進氣。

不料眾女子使足勁，勒了好一會，皇帝總不死。姚淑翠急了，幫關梅秀一起扯繩套兒。楊翠英急呼道：「掐著脖子，不要放鬆！」再看繩子，原來誤打了個死結，無論怎樣加力，朱厚熜都存著游絲般的一口氣，喉間齁齁發喘。眾女子慌起來，竟沒人想起拿個枕頭給他壓上，只顧使勁力氣。

這時張金蓮見事不好，抽腿溜了，跑去報告方娘娘。皇后馬上趕過來，不想剛進殿來，先挨了姚淑翠一拳，王秀蘭急呼陳菊花吹燈。張金蓮讓總牌[20] 陳芙蓉把燈點著，卻被徐秋花、鄧金香、張春景、黃玉蓮打滅。陳芙蓉見對方人多，就跑出去叫管事牌子，這才將各犯拿了。

以上是司禮監太監張佐據楊金英供詞的奏報。這份很可能受到方皇后授意的讞詞，究出的主謀是王寧嬪與曹端妃，稱甯嬪王氏叨受封號，卻乃首先造意，揆其所犯，罪與楊金英等相同；端妃曹氏計議謀害，雖不親與弒逆，亦係造意之人。大概楊金英所供聽見王、曹二人在東稍間說「咱們下了手吧」，便是鐵證。

謀殺當今皇帝，這樣一個大案，以極高的效率審訖並立即執行。皇帝還沒有醒轉過來，方皇后已代他出旨，除了總牌陳芙蓉，其餘的人全部押赴市曹處死。陳芙蓉當時也在謀逆的現場，聖旨說：「陳芙蓉雖係逆婢，阻攔免究」，但從太監張佐的奏報來看，她只是在方皇后趕到後，在同是「逆婢」的張金蓮的要求下，把燈點著了，又跑出去叫管事牌子，她之所以免究，可能別有緣故。張金蓮有「犯罪中止」與贖罪的行為，但她的舉報之功不被認可，因為是「見事敗

「總牌」是各宮的宮女頭頭，下行的「管事牌子」是各宮管事負責的宦官頭頭。

露，方才報知娘娘」，她沒有得到寬免。

宮變最大的疑問是發生在哪裡？只有案發第一現場確定了，才能明確涉案人員以及作案動機。刑部所奉聖旨只說「（群逆）弒朕於臥所」，並沒有說明是那間宮殿。《明史・方皇后傳》說「是夕，帝宿端妃宮」。沈德符《萬曆野獲編》「宮婢肆逆」條也說：「是夜上寢於端妃所」；然而同書「嘉靖始終不御正宮」條又說：「至壬寅宮婢之變，嘉靖帝因謂乾清宮非善地，遂將先朝重寶法物，盡徙於永壽宮，後宮妃嬪俱從行。乾清遂虛，直至丙寅上賓。」稱宮變發生在乾清宮，所記自相矛盾，可能沈德符對宮變地點也不甚了解。

嘉靖年間曾任刑部尚書的鄭曉，在宮變發生時，剛剛進入刑部工作。他在《今言》一書中，鑿鑿謂為「西苑之變」。《今言》中一共二處提到「西苑之變」，他還採訪了為朱厚熜配藥的許紳，似為言之有據。他說：「嘉靖西苑宮人之變，聖躬甚危，得（許）紳藥始蘇。」

鄭曉曾親自造訪許紳，問起「聖躬安否」。許紳道：「此變禍起不測，從官守上來說，開方進藥非我輩之事，但切念念受聖主深恩，當以死報。」

許紳以工部尚書掌太醫院事，他不是御醫，本不必親自開藥。他將下血藥進呈後，已做好了「不效必自盡」的心理準備。然而幸賴「天地廟社之靈」，皇上康復了。為了表彰許紳進藥之功，朱厚熜特加他太子太保銜，改禮部尚書（禮部地位比工部要高）。

鄭曉聽了，嘖嘖稱奇。過了幾個月，忽然聽說許紳病了，便去探視。許紳對他說：「我必不復起矣。我這病是那日西苑用藥驚憂所致，至今神魂不寧，百藥不效。我就要死了，幸得主上萬壽，我死無憾！」沒幾天，許紳果然死了。

在二次訪談中，許紳多次提到「西苑」，這是當事人在距離事件發生很短的時間內做的第一手回憶，可信度極高。鄭曉被稱為明代的「掌故大家」，他很注意收集史料，這段談話在他看來，正是他親

自採訪所得的「口述歷史」，在一些關鍵資料上他不會亂寫，不是西苑，胡寫作西苑。

以上三說（端妃宮、乾清宮、西苑），到底孰是呢？我以為曹端妃宮的可能性最大。此說看起來最近情理，皇帝來了，彷彿掉落在為他預設的陷阱裡。但此說如成立，那麼楊金英等人就應該是曹妃的侍婢，若欲為其開脫，是無論如何辦不到的。但曹妃卻是無辜的，連加她罪的敕諭也說她「不與」逆謀，而且在事發時，她並不在場，如果是她的住所，她到哪裡去了？所以此說可排除。

那麼鄭曉的西苑說，以當時人記當時事，看起來最難置疑。但我們應注意這樣一個情況，即許紳只是在「西苑用藥」。在宮變後，驚得半死的朱厚熜如何肯再在原地停留？他可能被轉移到較利於他養病的西苑。故許紳多次來診斷開藥，都是在西苑。至於宮變發生在哪裡，以他當時「驚悸」的心理（這一嚇竟留下不治的病根），哪裡顧得上打聽，又哪裡敢問？

人們往往將壬寅宮變與朱厚熜厭居大內聯繫起來，如《明史》說：「帝自二十（一）年遭宮婢變，移居西內，日求長生，郊廟不親，朝講盡廢，君臣不相接。」這樣一個大的背景不能忽視，如果朱厚熜差點受死之所就在西苑，那他何以日後二十四年，就賴在西苑不願再回大內呢？

除此之外，我覺得有二個理由可證明宮變就發生在乾清宮。

首先，如果案發第一現場不在乾清宮，為什麼刑部主事張合會跑到乾清宮進行調查，還把皇帝的床有多少張數了一遍？其次，在明代，帝后分別居住在乾清宮與坤甯宮，兩宮之間僅隔一交泰殿，其間有穿堂相連（明代的後三宮形制與清代大不相同，可參見明末太監劉若愚《酌中志》的記載），乾清宮告急，居住在坤甯宮的皇后才能很快趕到。否則待叛徒張金蓮拐著小腳趕到，皇后再趕過去救援，路上往復，朱厚熜早就該忍不住洩氣了。而後期朱厚熜在西苑玄修，將皇后拋在一邊，帝后則不再如此相近了。

從宮變發生時的情景來看，朱厚熜身邊並無妃子侍寢，久蓄怨氣、抱定必死之心的宮婢們突然發

難，「戶外聞咯咯聲」，而沒有驚動外人。這種情況，只有較大的宮殿才有可能。朱厚熜住在乾清宮的暖閣裡。明代乾清宮的暖閣是指宮殿後側的樓閣，分上下兩層，與清代的暖閣分別在殿的左右不同。宮變發生後，裡面發出的聲響，一時不易為殿外察覺。

值得注意的是，方皇后趕來時，並沒有帶著較有力氣的宦官。這可能是明朝制度，更深上鎖後，總管內寢的乾清門內，不允許宦官停留，全都是宮女。所以直到方皇后接報趕來，挨了一拳，才有人想起去呼喚管事牌子太監來救駕（可能住在門外值房裡）。

這次謀逆大案的主謀，據宮婢供稱，是王寧嬪。我們無法確知王寧嬪是不是平日為方皇后所憎，而乘機將其「濫入〔逆案〕」者。供詞也沒有提供她造謀弒逆的理由。楊金英供稱，王寧嬪曾對曹端妃說：「咱們下了手吧！強如死在他手裡。」但這或許表明，寧嬪已無忍受朱厚熜的折磨與冷遇，決定不顧一切把皇帝拉下馬；或許那只是一句氣話，而它卻是所有預案者，包括那些沒有動手，卻採取了默許旁觀態度的宮婢們的共識。

供詞並沒有交代謀逆發動者如何造意、如何發動、如何預謀的過程，這是一大疑點。而且，作為「造意」的主謀，王寧嬪並沒有出現在案發現場。根據各種史料，在宮變之中，發揮最主要作用的是擔任「常在答應」的楊金英，無論供詞還是受刑名單，均以她為首。不能排除，涉案宮婢在受刑時，將平生所恨之人扯入本案的可能。司禮太監張佐在他奏詞中特地強調：「臣等唯恐不的，再三格外用刑研問，各犯供招與楊金英相同」，似乎有欲蓋彌彰之嫌。

另一個不在案發現場而罹難的，是端妃曹氏。

一般認為，曹端妃並未參與此事，她是「以寵，故及於難」。如沈德符《萬曆野獲編‧宮婢肆逆》說：「故老相傳，曹妃為上所嬖愛，方皇后因妒而將其竄入逆案，曹妃實不與逆謀。」但他也表示：「宮禁事祕，莫能明也。」

沈德符注意到，在當年刑部決囚後的奏疏中，列名者有王寧嬪及宮婢楊金英十六人，並無曹端妃。

「不列名於疏，想正法禁中矣」。其實刑部疏文中說：司禮監張佐傳旨後，「臣等隨即會同錦衣衛掌衛事左都督陳寅等，當將重犯楊金英等，共十六名，拿綁去市曹，遵奉明旨，俱各依律凌遲處死」，並沒有王寧嬪。故我的想法與沈先生相同：「想（王寧嬪亦）正法禁中矣。」將皇帝的媳婦兒拿到街市上，剮光衣服凌遲，於皇家體統實有大礙，猜想方皇后之計雖毒，亦不當出此。

當內亂初定時，朱厚熜剛剛復蘇，但仍未省人事，一時處分，盡出方皇后之手，而當時人已猜疑這遭難者中，「不無平日（為方皇后）所憎，乘機濫入者」。方皇后借著皇帝昏迷，大肆復平生之仇，將所有她惱恨之人皆借此案實行人身消滅。

沈德符據故老回憶說：「行刑之時，大霧彌漫，晝夜不解者凡三、四日。時謂有冤，蓋指曹妃諸人。」外間盛傳，許多女子是冤死的。

作為六歲小公主的媽媽，的確很難想像，曹妃會參與謀殺親夫。然而方皇后借上旨，將她強拉入案，並用凌遲的酷刑處死了她，可見此善妒之人，其心何等慘毒！她數年之後死於一場宮火，恐怕便是天報。

對於方皇后之死，明實錄與《明史》都只簡單地記載：「后崩。」沒有更詳細的交代。毛奇齡《勝朝彤史拾遺》載：曹妃死後，朱厚熜才回過神來，得知心愛的妃子慘死，非常心痛，他不相信曹妃有逆志，說：「端妃，我所愛，宜無此心。」從此對方皇后懷了很深的嫌隙，只因她救駕有功，暫時沒有發作。

嘉靖二十六年（1547年）十一月的一天，方皇后所居之宮忽然冒起濃煙，宮人急請救火，但朱厚熜瞑目不答，眾人便不敢去救，活生生看著方皇后被燒死在宮火之中。

此說未知的否？朱厚熜懷疑疑案中之人有冤，應該有個過程，如前引嘉靖二十一年十一月初二日的敕

諭，仍認定「二逆御氏」結宮婢楊金英等所為，也就是說，在宮變過去十餘天後，朱厚熜仍相信此案的罪魁是王、曹二氏。故此他對方皇后的救命之恩大為感念，將皇后之父進封為侯爵。但久而久之，偶爾憶起舊事，又見曹妃所遺之弱女，不禁前情復萌，遂「翻然病已憶端妃」，乃「因德后救己，而翻以妃故憾后」。其間有一個心理變化的過程。

但以朱厚熜暴躁偏狹的性情，他若覺察到是惡婦方皇后背後搗鬼，害死他的寵妃、他愛女的母親，他能忍到六年後，待一場宮火，令其自斃嗎？須知，他的第一個老婆是被他亂發脾氣，驚墮了胎，活活嚇死的。第二個老婆，不得他意，徑直就廢了。如何對方皇后就能忍得？

他是一個吸毒的人，肚腹中的毒氣，每天都要散發才舒服的！況且，此說也無法解釋，方皇后死後，朱厚熜給予她很高規格的葬禮，把第三個老婆以「元后」之禮安葬在自己的永陵裡，說這是拿方后與太祖馬后、成祖徐后相比。顯然在他眼裡，方皇后仍是賢德之后。如果方皇后真是間接被他燒死的，兩人合葬，那兩人還不天天在陰間幹仗？這個矛盾，毛奇齡可能注意到了，他在「后遂崩」後，又加了一句：「已而復悼曰：『后救我，而我不能救后。』」乃欲厚其喪葬禮。」總之毛奇齡的這段詭異的記載，沒有被《明史·后妃傳》採納。

第六十三章　群鬼玩過界

朱厚熜經歷了壬寅宮婢之變，「益厭大內」，從此搬離乾清宮，不願再在此居住。有傳說楊金英等人正法後，冤死者化為鬼厲，經常迫害精神虛弱的皇帝，有一次他對閣臣徐階說：「壬寅大變，其內有枉死者，尚在宮內為厲。」徐階倒不否認，道：「彼生而貴近，無端受枉，能不化鬼為厲嗎？」

其實為屬者豈止曹妃那幾個人，朱厚熜自稱「大真人」、「萬壽帝君」，但他卻像陰曹地府裡的閻羅王，滿眼皆是鬼魂。宮中鬧鬼，皇帝被折騰得日夜不安，這件事不僅京中士民皆知，還傳到來華的朝鮮使臣耳朵裡，作為一件趣事，記錄了下來。

據他們說，嘉靖皇帝常「眼見鬼狀」，驚惶不安。道士們教他個法子：以糯米屑作成人形，列立於經常見鬼的幽暗之處，在其旁設一油鍋，沸沸地煎開。然後道士引著皇帝走到幽暗之處，忽稱「這裡有鬼」！輒拿住人形，扔到煎油之中。道士們像捉蚱蜢一般，將鬼一一捉去煎炸了，皇帝的病居然就好啦！

這件事記錄在嘉靖二十三年（1544年）正月的朝鮮李朝《中宗實錄》裡，正在壬寅宮變之後。皇帝這種病，朝鮮人稱之為「虛心之症」，真是恰如其分。而道士搗鬼捉鬼，其實使用的是心理療法：既然皇帝心中有鬼，且將「鬼」捉去，他心神稍寧，自然病體也康復了。

朱厚熜疑心病達到什麼程度呢？前文講到，方皇后命太監張佐、高忠捕訊宮婢。張佐是出身與王府潛邸的太監，從興獻王起，就為朱厚熜父子效命，一直做到司禮監掌印太監。他得到朱厚熜的信任，自不待言。另一位高忠，時任內官監太監，他不是潛邸出身的舊人，與朱厚熜的關係不如張佐深厚。像這樣的人，要得到皇帝的信任，自然要多經歷些敲打和磨煉。

就在宮變發生前不久，高忠曾因為「忤旨」，被關到宮城的內獄裡。而他前腳出獄，後腳就發生了宮婢之變，朱厚熜便懷疑逆婢們是被他挑唆的，嘴中雖不說，而眼裡卻射出強光紅外線、紫外線，不停地掃描高太監。

看官，我正在講的這件事，見《明世宗實錄》嘉靖二十三年三月，此時距宮變已經十七個月了，朱厚熜仍在胡亂猜測背後的真正主使。然而王、曹二氏慘死已久，朱厚熜懷疑另有主謀，卻並沒有為她們平反昭雪。在宮變中，朱厚熜懷疑背後的真正主使，見《明世宗實錄》嘉靖二十三年三月，此時距宮變已經十七個月了，朱厚熜仍在胡亂猜測背後的真正主使，顯然他並不真的認為，那些宮婢想要他的命，是受了王寧嬪、曹端妃的指使。

厚熜本人雖然沒有被一群女子絞死，但那根打了死結的絞繩卻徹底勒斷了「聖明之君」的偶像脖子，朱厚熜深以為恥，可能是這種心態使他羞於啟動一次全面的調查，而是始終默認方皇后的處置。

高忠是否與壬寅宮變有關，我毫不知情。但他此時被皇上的雷達鎖定，卻是件大麻煩。

高忠任內官監掌印太監，掌管著宮廷營造及維修事務。在古建築的修建過程中，凡破土定磉，豎柱上樑，都是重要的節點，需要搞點儀式和慶祝活動。嘉靖二十三年三月的一天，正在興建的大享殿要定磉（指地基平整後，固定柱礎基腳等），高忠職責所關，照例上疏，奏請遣官祭祀司工之神。

這種不打緊的公文，一般都是官樣文章，書手那裡都有現成的模版。不料朱厚熜卻把這種垃圾文字看得仔細，他見疏中將「定磉」二字寫作「定頂」，頓時龍顏大怒。他認定疏文以「定磉」二字為忌諱，故意不使用這二個字，他憤怒地說：「定磉是常言，礙了何理而諱避之！」好哇！終於抓住了高忠

「包藏惡念，任意欺罔」的鐵證，立刻下旨，命法司將高太監論大不敬律處斬。

看官，且聽我把故事講完，你再猜朱厚熜為何震怒？

高忠為了二個字的失誤，又回內獄裡蹲了。朱厚熜發怒時，大概不是剛吃了一粒紅鉛丸，就是半塊含真餅，所以動念就要殺人。後來藥性一退，竟把此事忘了。過了幾天，刑部見皇上還沒把高太監發出處置，就上疏來問，請把高忠轉到刑部大獄。朱厚熜的怒氣，此時已經消了，他批答道：

「朕初因『定磉』二字，一時怒疑，遂將高忠處以重罪。但有人將責朕以片言罪人，我見昨日工部上奏及翰林院撰文，皆易為『安磉』，哪有這種用法？自後內外行文，仍用『定磉』字。」

初讀這段記載，我以為朱厚熜忌諱的是那個「磉」字，在壬寅宮變中，那條黃綾不正勒在他嗓子眼上嗎？所以凡與「嗓」同音形近的字眼，都屬禁忌，不可在御前出現。京城內外營建，在內府屬內官高忠的無妄之災，也便來之無影，去之無蹤了。

監，在外衙門是工部，翰林院大約是奉旨作祭司工之神的祭文。工部與翰林院官員在高忠得罪後，可能以為皇上所恨之字應為「定」，於是自作聰明，改定礠為安礠，結果還是不能令皇帝滿意。幸好朱厚熜見臣子如此支絀狼狽，主動提出來，以後還是用定礠二字，不必忌諱。

說實在話，朱厚熜是否因嗓而忌礠，「定頂」如何就包藏惡念？我也是胡亂猜測，究竟如何，竟是懸筆難斷，望看官有以教我。

而我們從這件事上，至少可以知道，朱厚熜經過那次宮變，神經已經相當過敏，大白天看人，都是壞的，夜晚看人，皆為鬼物。他這個皇帝，當得甚不爽利！

即便如此，因為他身邊有無數捉鬼老道護駕，他也樂得相信那些鬼話胡話，所以並不改弦更張，反而變本加厲。

沈德符記載了嘉靖晚期兩次選取處女的例子，一次是嘉靖三十一年（1552年）冬，京師內外選八歲至十四歲幼女三百人入宮；一次是嘉靖三十四年（1555年）九月，又選十歲以下幼女一百六十人。這些無辜的幼女都是供此惡徒煉藥用的。

朱厚熜一邊要升仙，一邊卻做色中饞鬼，行戕生害命之事。這看起來矛盾，其實在道家觀念裡，是和諧統一的。孫思邈在《千金方‧房中補益》裡就說：「昔黃帝御女一千二百而登仙……能御十二女而不復施泄者，令人不老，有美色。若御九十三女而自固者，年萬歲矣。」我們這位萬歲爺，他道修得再好，也不過是勾欄院裡一名老嫖客，哪有什麼精神與胸懷！

如果嘉靖皇帝的後宮裡，盡是索命的厲鬼，他熬不到六十歲，也該掛了。任誰經得起那樣的驚嚇！宮中有惡鬼，折騰得皇帝惶恐不寧，把他纏出病來，所幸「烏鴉飛過喜鵲叫」，宮裡還是有個把喜鬼的。

朱厚熜晚年的一個夏夜，他在玄殿內靜坐，忽一詫眼，見御幄中突然現出一桃。他奇怪地詢問左

右：「此桃何來？」都說不知。卻有人道，適才見空中墜落一物，疑即此桃。——看官，要是你我，一定問：「今天是愚人節嗎？幹麻胡謅騙我？但我們偉大英明的嘉靖皇帝，竟然歡天喜地發表感恩演說：「此天賜也！」當即決定修迎恩醮五日，以仰答天貺，對上清所賜仙桃，表示感謝。

第二天，居然又降下一桃。他更歡喜了，以為這是天人感應之速效，便命禮部遣官告於宗廟——當時，戚繼光剿滅福建倭寇，捷報傳來，他也遣官告廟，讓列祖列宗聽到這個好消息。可見這幾個桃兒，是相當不簡單的。

過了兩天，西苑裡養的白兔生了兩隻小兔子，梅花鹿也生了兩隻小壽鹿，群臣聞訊，紛紛上表稱賀。朱厚熜大喜過望，以為「奇祥三錫，天眷非常」，親自寫了一份手詔，做出答謝。

以後呢，輒降桃、降仙藥，一會降在御幄裡，一會降在御座後，廟裡還生出靈芝，嘉靖君臣，你騙我我哄你，玩得不亦樂乎。海瑞在他那篇著名的死諫疏裡，道明瞭真相，他說皇帝昧於修齋建醮，「是陛下之心惑」，這才有臣下的「相率進香，仙桃天藥，同辭表賀」。

難道朱厚熜真看不明白，這些所謂的祥瑞，其實都是人在搗鬼？恐怕他真不知道。當一個人整日被一幫諛臣所包圍、為諛辭所淹沒的時候，他會逐漸喪失明辨是非的能力。那些騙他的人，並不都是宦官和道士，許多還是朝廷大員。

好比朱厚熜決定將其父興獻王的親王園寢升格，改建為帝陵，命內官監與工部遣官前去修造。官員很快就來報喜了，說顯陵所在的湖北安陸地區，沒有建陵所需的白石材料，為尋找優質石材，一直找到棗陽石塘山。一位老人指遠處道：「前數日此處有鶴鳴千群，飛鳴旋繞，頗有異徵，何不去那裡找找？」說罷，就不見了。官員們大奇，遂依此老所指之處試掘，果然得到瑩潔如玉的良材。當地人都表示不敢相信，說過去哪裡有這樣的美石，都是地底下新生出來，專門供皇帝他爸爸做壽石的！

傻子才信呢！但皇帝是傻子嗎？群臣百官是傻子嗎？

不待朱厚熜反躬自省：他是否配得上仙人指路，群臣已爭先上疏，對顯陵出現的祥瑞表示慶賀——

這便由不得朱厚熜不信了。

第六十四章 人鬼「弊」未了

後宮的「鬼」們，除了偷偷擲一桃、拋一物，還時時顯身降世，來干預陽間的人事。但各界鬼神非請不來，來也是受扶鸞者之請，光降專門搭建的仙壇。

朱厚熜晚年特別相信扶鸞之術，尤其寵愛一位叫藍道行的道士。

擅長扶乩的術士，建壇請神，不是任誰都請的，他們與鬼神界交朋友，也非泛交，往往請一位或數位特定的神明來捧場；好比經常光顧藍道行箕壇的，是紫姑神。

紫姑，俗稱茅姑、坑姑、廁姑、坑三姑娘。看官，從這位「姑娘」的雅號，你猜她是掌什麼的神明？

坑三姑娘，自然是茅坑之神嘍。

現在幾乎每家都有一到兩間廁所（或稱洗手間），想來廁神便同灶神一樣普及了。但你可不能瞧不起她，若說了她的壞話，小心跌進糞坑裡！或稍寬其罰，讓你手機掉進去，洗個臭水澡，然後你再伸手去撈，把你的手臂卡在馬桶洞裡，進退不得，狼狽得要死。這便是得罪紫姑神的下場。

看官你若查一查地山先生《扶乩迷信的研究》中的案例，便知紫姑在扶乩界，還是相當熱門吃香的人物呢，許多扶鸞者都愛請她——這就是「香」與「臭」的辯證關係！

在嘉靖年間，「道行之輩，紛然並進」，其中最蒙寵者有三人：陶仲文、邵元節和藍道行。他們得了

寵，又不斷向皇帝引薦八方道侶，相當於徒子徒孫，在明宮盤根錯節，勢力很大。

這些人被收入《明史·佞幸傳》裡，傳記說他們「口銜天憲，威福在手，天下士大夫靡然從風」，就是英武聰察的成祖朱棣、世宗朱厚熜，也與「昏庸失道之主」一樣，受到他們的迷惑蒙蔽，致使「嬖幸釀亂」。《明史》的筆法真是厲害，不知它是在誇人聰察，還是罵人昏庸呢？

陶、邵兩位，主要是侍奉皇上禱祠焚修，藍道行則以扶鸞術為長技。朱厚熜很相信這一套把戲，當時在西內以扶鸞之術侍上的，還有藍田玉、羅萬象等多人。他有什麼疑難之事，就把問題密封了，派宦官送到壇前焚燒。燒化的意思，是問神不問人。可惜答問的還是人，結果常常答非所問。這是為什麼呢？朱厚熜不反思是否上當，卻遷怒於宦官，怪受過閹割的宦官「穢褻」，不乾淨，所以神明不來捧場。宦官怕了，沒奈何，只好來找藍道行，就雙方共同關心的興妖作法問題以誠交換意見。藍道行由於前一段請神，所答多不如旨，正在惶遽，見宦官來找，彼此利益攸關，遂一拍即可，達成了符合雙方利益的祕密合作協定。

自從道士與宦官簽了密約，乩壇上再不來癡愚的糊塗鬼，突然就靈驗了，總能給予皇帝可心可意的回答，令龍顏大悅。

其中祕密何在呢？原來皇上把所要問的問題寫好封訖，交給宦官，宦官曾在焚燒前偷偷拆閱，然後告訴藍道行，由他順著皇帝的心思來答，自然就「言多奇中」了。朱厚熜不曉得內外勾結的隱情，還以為藍道行道行高，愈加寵信他。

本來藍道行如果像他的前輩陶仲文、邵元節一樣，「小心慎密，不敢恣肆」，或許能保持榮寵不衰。然而藍道行野心不小，他摻和到嘉靖末年日益激烈的政爭中去，並且選擇了站隊，從而犯了大忌。

藍道行站在內閣次輔，也是他的介紹人徐階一方。

徐階在表面上對首輔嚴嵩唯唯諾諾，其實此人很有城府，時刻算計著要把嚴嵩拱倒，外表上卻一點

都看不出來。藍道行要幫助徐階上位，一次皇上問神仙：「今天下何以不治？」藍道行預先拿到這個提前揭密的作文題後，假借坑三姑娘的口氣，好好把嚴閣老臭了一頓——也算嚴嵩倒楣，皇帝從糞坑神那裡聽到對他的評語，能噴噴香嗎？

朱厚熜聽了，想了一會，問三姑娘：「如果嚴嵩是個壞蛋，上仙何不殺了他？」

這個問題不好回答，虧得藍道行腦瓜轉得快，立即代坑仙答道：

「留待皇帝自己收拾他。」

我就想啊，像我這樣的榆木腦袋，幹扶乩搗鬼這一行肯定不行，非得在腦袋瓜裡加裝十來個轉軸不行，否則不可能如此應答迅捷。朱厚熜本來就對年老愚鈍的嚴嵩感到厭煩，藍道行的話，更是深深觸動了他。這時御史鄒應龍又受徐階的指使，上疏參劾嚴嵩，他就借勢把嚴嵩罷官，放其歸鄉了。

但嚴嵩也不是好惹的，他在皇帝身邊廣布眼線，很快就知道了藍道行的所為。於是重重行賄皇帝身邊的人，讓他們揭發藍道行怙寵招權諸不法之事。朱厚熜眼裡不揉沙子，就把藍道行判了死刑，下到詔獄裡監起來。藍道行不久死在獄裡，沒得善終。

其實，陰陽分界，人鬼殊途，鬼哪裡能知曉人事？乩仙兒的鬼畫符，不過是扶乩者的代言。藍道行是人，不是蛔蟲，他不可能知道主家肚皮裡的話，他不過靠著賄買內監，預先探知皇帝的心事，所以每答必獲歡心。藍道行搗的鬼，除了嘉靖本人，盡人皆知，薦他的宰臣徐階更常借他的乩語詆毀政敵。徐來情事敗露，藍道行掉了腦袋，仙姑也不來救他。

按理說，藍道行罪行敗露，朱厚熜應該覺醒了。然而他的當還沒上夠呢，那就接著上吧！

這回出場的，名叫胡大順，他與陶仲文同為湖廣黃岡縣人，靠著陶仲文的引薦上京，在靈濟宮供事。陶仲文死後，胡大順因「奸欺」之事，被斥回原籍（大概是變戲法時道具穿了幫吧）。但他不甘心，

回到林下，一天到晚想的是如何能夠復出。

他偽撰了一本書，名為《萬壽金書》，詭稱是呂祖所作。看官，您聽他的，又是萬壽，又是呂祖，這本書的賣點，顯然是養生；他還說，呂祖傳授給他三元大丹，可以「去疾不老」——胡某真是掌握了完美「科技」，既能使人長生不死，還能活得健康，沒病沒災，一生幸福，誰不豔羨？但有一個問題，呂祖呂洞賓是八百年前的人物，他如何給胡大順傳授金丹和祕笈？您莫急，胡大順自有「穿越」的法寶，那是什麼呢？就是扶乩。

沙盤擺好，筆一簸箕，一路神仙就下凡了。

與藍道行與坑三姑交好不同，胡大順的好朋友是呂洞賓。胡大順聲稱，他的書與丹，都是呂洞賓降他的壇，專誠給他送來的，即「得之鸞筆」。

胡大順把戲碼排好了，就派兒子胡元玉帶著他的《萬壽金書》，與一個叫何廷玉的術士一道上京，讓他想辦法把書與丹獻給皇帝。

他們找的仲介是左演法藍田玉和左正一羅萬象（都是道錄司的道官，其地位差不多等於道教協會的副會長、祕書長吧）。藍田玉原是江西南昌鐵柱宮的道士，嚴嵩罷歸後，回到南昌（嚴嵩是江西分宜人），適逢皇帝聖誕，便請藍田玉為朱厚熜建醮祈壽。剛好這時朱厚熜派到四處訪求祕法的御史姜儆來到南昌，嚴嵩便向藍田玉索取符籙，請姜儆代為奏進。嚴嵩雖然八十多歲了，仍懷老驥伏櫪之心。而藍老道正當壯年，爭先之心愈是強勁。他用符籙做人情，送給嚴嵩，自己留了一手絕活，稱為「召鶴術」，向姜儆大大吹噓了一番，請他向皇帝宣介。朱厚熜一聽，果然大感興趣，立刻將藍田玉召來，授以左演法的官職。

其實我與朱厚熜一樣，對藍田玉的召鶴術非常感興趣，不知他如何召法。這與扶鸞術比起來，是特別高超神祕、不可思議的大型魔術。可惜史書沒有介紹他是否在內殿嘗試，或是否應驗，只說他「進法

祕授官」。不過藍田玉在宮廷站穩腳跟，與藍道行一樣，還是靠扶鸞之術。當時宮裡還有一個此中高人，就是左正一羅萬象。他們一起以扶鸞之術在西內奉侍皇上，同行多了，可以互相配合，相互抬樁，更容易糊弄皇帝。

此時在內廷幫助朱厚熜處理齋醮修煉這方面事務的私人祕書，是太監趙楹。他與藍田玉、羅萬象二人臭味相投、利益相關，遂一見定交，結成嘉靖末年最受朱厚熜寵愛的鬼三角。胡大順在京這些年沒有白混，他深悉京城走關係的路數，知道獲寵的路線圖是怎樣的，他首先厚賄藍、萬二人，再透過趙楹，把寶書與金丹送到御前。

朱厚熜是懂行的，他一翻這本書，便說道：「此乃扶乩之書。扶乩者為何不來？」他只是隨口一問，並沒有召胡大順上京的意思。而大膽的藍田玉就假傳上諭，宣胡大順來京。胡大順久旱逢甘霖，馬上興沖沖地來了。但來了許久，皇上就是不召見，他欲火太重，內心煎急，就頻頻上書請見。

朱厚熜還記得這個靈濟宮的道士，同意見他。見面時，首先來了場面試，當場請胡大順建壇扶乩。扶乩這類騙術，單打獨鬥是不成的，必須形成一個詐騙集團，各自分工，集體配合，這也是為什麼道士們那麼樂於「薦賢」的緣故）不知是緊張，還是別有緣故呢？（我猜是倉促之際，沒來得及與內監通氣。扶乩這類騙術，單打獨鬥是不成的，必須形成一個詐騙集團，各自分工，集體配合，這也是為什麼道士們那麼樂於「薦賢」的緣故）胡大順表現不佳，對皇帝的問題，答非所問。朱厚熜很不高興，加以責問，胡大順滿頭大汗，只是推說：

「仙人未降」。

第二天，朱厚熜氣呼呼地對大學士徐階說：「此人不是我召來的，是藍田玉、羅萬象因我之問，妄將他喚來的。」

朱厚熜便把昨日胡大順扶乩不靈的事說了一遍，問徐階：「自藍道行下獄，遂百孽擾宮，或有所使然者。今大順來，可復用乎？」他一語道出心中的惶惑。原來自藍道行死後，宮裡便不乾淨，各路惡鬼

開始活躍起來，攪得他日夜不得安寧。他懷疑是藍道行靈魂不滅，留在宮裡鬧鬼（「或有所使然者」）。

而藍田玉、羅萬象等人的本事，有所不濟，不是藍道行的對手，所以不能掃平宮孽。朱厚熜希望能物色到新的拿鬼能手，如果胡大順有真本事，他願意重新起用他。

徐階否定了扶乩的可靠性，他說：「今宮孽已久，似非藍道行所致。且用此輩，孽未必消。就是後宮孽擾息了，不敢保其不別生事端。小人無賴，宜治以法。」

「藍田玉實在是素行無狀。」朱厚熜稍稍有些醒悟，牙齒開始咬起來。「去年冬天，他代何廷玉呈進『清霞玉粉神丹』。其名色雖然多，作為燒煉老專家的朱厚熜知道，這種丹藥的主要成分是水銀，所以直接稱為水銀藥。

水銀藥就是三元金丹，它取黑鉛為料，燒煉至變為白色，即為『先天火銀』，再加煅煉，則成為水銀藥，遂詐傳密旨，爭取胡大順來京。不治之，無以儆將來！」

機說道，「扶乩之術，惟內外勾結，方能偶然應驗，否則茫然不知，只以浮詞文吾而已。」徐階借皇帝之問，趁機說道，「大順等皆無賴小人，不畏法度，而藍田玉尤甚，觀其妄自傳呼，即可類推。」

我們平常接觸到的水銀，就是溫度計裡那一小段液體，水銀是有劇毒的！

「水銀不可服食，詐傳詔旨之罪尤重。」徐階道，「倘若置之不問，群小互相朋結，恐怕釀成大患。

在徐階的推動下，朱厚熜下旨，將胡大順連同藍田玉、羅萬象一起拿下錦衣衛獄。錦衣衛審理過後，將獄詞奏上。這時朱厚熜那團戾氣已經過去，不怎麼生氣了，有心寬處這幾個人，便又找徐閣老來諮詢。

徐階力言不可，道：「聖旨至重，若聽憑詐傳，他日半夜出寸紙，有所指揮，將若之何？此其機芽，實當預防，必須重治，乃保邦深計，乞聖明斷而行之。」朱厚熜這才決意，將胡大順等人付法司衙

乞聖明速斷，以消隱禍。」

門，從重擬罪。

藍、羅二人得罪，急壞了他們的內應太監趙楹，要為他倆出頭講情。

平常裝神弄鬼的人，把戲玩多了，做什麼都離不開鬼把戲。趙楹寫好一份密疏，不是透過通政司或會極門奏進，而是藏在宮殿的窗欞中，趁在御前行走辦事時，突然從欞隔間取出呈上，在朱厚熜前哭訴，極力為胡大順等人申解。

這一招未免拙劣，氣壞了朱厚熜，二話不說，將趙楹拿下，送司禮監拷訊，嚴刑究問他與胡大順等人的「通姦」之狀。

這時已是嘉靖四十四年（1565年）五月，徐階在推倒嚴嵩後，繼任內閣首輔，聲望如日中天，深得皇帝倚信，在廷臣中威望又高，是說話非常有分量的人。他在司禮監與刑部兩頭一打招呼，大家一起往裡使勁，很快盡得諸人「交通」的奸狀。於是胡大順父子，以及藍田玉、羅萬象、何廷玉等皆「論死」，而趙楹已先斃於獄中了。

刑部見趙楹死了，循例奏請驗屍，然後埋葬。不想又觸到皇帝的氣頭上，朱厚熜暴怒一回，說道「逆囚當顯戮於市」，謂趙楹應該與眾人一樣，押赴市曹斬首，如何讓他僥倖死在獄中，不得盡法？責令刑部「對狀」（就是檢討錯誤，寫出深刻檢查）。於是，刑部尚書黃光昇率領部屬一起請罪，最後停了該司郎中二個月的俸，以作懲罰。

第二年（1566年）十二月，求了一輩子長生的朱厚熜，還是沒能跨越生命的界限，終於上天做神仙去了。終年亦不過六十歲。更令他死時難以瞑目的是，當他「大漸」昏昏之時，被人不由分說地從西苑抬回曉隔二十多年，曾令他驚恐、憎惡的乾清宮。這正是一幕滑稽的人間喜劇。

第六十五章 請關羽來伏魔

在考古學家眼裡，大明神宗萬曆皇帝朱翊鈞是這樣一副衰樣：駝背，兩腿長度不一致，身高約一六四公分；患有嚴重的口腔疾病，主要是齲齒、牙周病和氟斑牙，由於刷牙不當，有的牙齒形成楔狀缺損。

這是 1956 年定陵發掘後，朱翊鈞遺骨的檢測結果。

20 世紀 50 年代中期開始的大躍進，也波及到考古界，一些心浮氣躁、表現欲強烈的專家學者，摩拳擦掌，躍躍欲試，準備發掘古代帝王陵墓。他們原想從十三陵中最大的長陵下手，那裡的寶貝可不少，最後決定先試掘神宗定陵，累積些經驗，再來整那個大傢伙。你瞧瞧，帝王陵的發掘，是多麼重大的事情，哪有為研究一個罐罐，先打破一個罐罐做實驗的道理？那真是一個不可理喻的時代。

很快推土機就開進定陵陵園，不消多久，就把朱翊鈞和他兩位皇后的骨頭挖出來，當然隨之出土的，還有大量的奇珍異寶。

定陵發掘的第二年，全國開始「反右」，熱情過頭的專家們被兜頭摜了一頂右派帽子，又被鋪天蓋地的大批判攪得心灰意冷，這都影響到定陵的發掘，文物的保護與研究非常草率，許多珍貴文物遭到不可挽回的破壞。幸虧考古界的大躍進沒有持續下去，否則學術權威們為了爭表現，「將功補過」，又將高舉鎬頭鋤把，從定陵開始，向全國的皇帝陵寢進軍了！

朱翊鈞夫婦的枯骨，被挖出來後，經過簡單的檢驗，即存之空庫。數年之後被一群「革命群眾」揪出，一通狠批之後，付之一炬。

從當時留下的檢測結果來看，明神宗朱翊鈞生前是一個身有殘疾的病夫。

中年以後，朱翊鈞就經常以頭暈、腿病等為由，在內宮靜攝，不再上朝。許多大臣懷疑皇上的病是

裝出來的的，其實就是為了偷懶。但從朱翊鈞的遺骨來看，他的確是多病纏身，長期被病魔折磨，生活並不快樂。

可能因為殘疾（跛腿駝背），使他產生了強烈的自卑心理，這是他疏遠群臣的一個重要原因。

也不是所有人都懷疑皇帝裝病，有個叫雛於仁的小官就正經八百地上了道疏，說皇上啊，你確實是得病了，我今天給你開個方子。他說皇帝得了四種病，合起來就是「酒色財氣」四個字。把朱翊鈞氣得發瘋，竟還殺不了姓雛的。在明代，臣子罵皇帝，罵出幾位千古名臣，這在歷史上是非常少見的。要是在清代，簡直不可想像。清朝人只敢說皇帝好，明朝人難得說皇帝的好，這種差別，不論在當時的政治中，還是實錄等史書中，都表現得非常明顯。比如酒色財氣疏，就老老實實記在《明神宗實錄》裡，再去看清朝的實錄，本本乾淨，皇帝們都好像到韓國整過容，個個撞臉，因為他們聖明得就像一個人。

酒色財氣四字已成了神宗朱翊鈞的歷史標籤。人們多拿色、財二字數落他。如色，說他如何溺愛鄭貴妃，又如何與「十俊」（十名年輕的宦官）親近，好像他是一個瘋狂的雙性戀，有雙性取向。如財，裡裡外外都說神宗好財，不要說他晚年派出許多太監到各地去當礦監稅使，苛斂財貨，騷擾天下，他在政治上的一些舉動，也被深度解讀出斂財的動機。如抄沒首輔張居正和司禮太監馮保，有人說他是為了給公主大婚籌款；重新起用黜退家居的東廠太監張鯨，則有人說，那是張鯨向皇上行賄的結果。朱翊鈞對小臣這種亂嚼舌頭的行為，大為光火，憤憤然對閣臣說：「是那樣嗎？我若貪張鯨的錢，何不抄沒了他！」

朱翊鈞生前，名譽就不好，不過他「四病」中的酒與氣，被人攻擊較少，即便談到，也多從規勸的立場。

朱翊鈞年少時就好酒，有一次幾乎惹出大禍。那是萬曆八年十一月，十八歲的他，喝醉酒，發酒瘋，在腰裡掛了口寶劍，在宮裡四處遊蕩。一個醉漢，在褲帶上插把菜刀，在街上亂逛，都讓人覺其危

險，何況是一條醉龍。果然有宦官遭了秧，一個被他割去頭髮，令我想起一句唱詞：「小女子年方二

八，正青春，被師傅削去了頭髮」，又令我想起曹操削髮代首的故事。不知朱翊鈞學的是哪一出？這算

便宜的，他還打了兩個宦官的屁股，一頓竹筍炒肉絲，幾乎把他們打死。

不想皇帝的胡作非為傳到母親李太后耳裡，老娘娘非常生氣，心想這孩兒不學好，如果任其發展下

去，將來不知要怎樣禍害國家。她決定給皇帝一個嚴厲的警示。第二天一早，太后脫去頭上的簪珥首

飾，換上青布素衣，聲言要召見閣部大臣，謁告太廟，廢掉朱翊鈞，改立潞王朱翊鏐（穆宗第四子，也

是李太后所出）。

太后老娘娘大張旗鼓一作秀，馬上全宮哄傳，朱翊鈞立刻就知道了。他慌了神，急忙跑到母后身

前，跪下來哭著告饒。閣臣聽說了，也來解勸。李太后像熬一鍋骨頭湯，慢慢地熬，等到香味溢出，湯

汁濃厚，才掀開蓋子，答應饒恕他，但不許他再犯。

李太后這麼做，固然戲劇色彩十足，震懾效果立竿見影，但這種做法是否合宜，恐怕值得商榷。在

太后眼裡，個子矮小清瘦的兒子，始終只是個孩子。雖然他玩性不減，但畢竟是在位已經九年的天子。

用這種簡單粗暴的方式，令他在全宮之人面前出醜，他雖迫於形勢，不得不暫時隱忍服輸，但終究會造

成持續的負面心理影響。他們母子的關係，後來便不怎麼好。

萬曆十年（1582 年），權相張居正死去，在接下來對張居正和權監馮保等人的清算中，朱翊鈞真正

掌握了朝廷的大權。他一度想有所作為，萬曆十三年（1585 年）四月，因為京師久旱不雨，朝廷三次遣

官祈雨，都沒有效果。朱翊鈞忽然做出一個令人吃驚的決定：他要從大內親自步行到南郊禱雨。到了那

一天，天還沒亮，他穿著一身素布衣服，從大明門裡走出來，赴郊壇行禮。禮畢將還，左右請御法駕，

他興致仍然很高，決定依舊走回去。等到回宮，已經太陽偏西了。他還沒有倦意，又在皇極門召見閣

臣，命內閣擬旨，蠲免天下受災田賦一年。然後又去奉先殿與母后宮中，把今天親自祈雨的情況告訴祖先與母后。累了一日，不辭辛勞地全程完成所有規定的禮儀項目。

朱翊鈞的這番舉動，與後來的他完全判若兩人。

從大明門到南郊天壇，往返幾二十里路，在孟夏炎炎之日，可不是好消受的。可見此時的神宗，還不那麼神兮兮、病快快、精神狀況也不像後日那樣萎靡頹廢。他敢於直接面上對京師百萬看熱鬧的民眾，而不是躲在龍興裡，說明他背不駝、腿不瘸，糾纏他大半生的各種病患，還沒有牢牢地把他捆縛住。可惜，只在幾年間，這點餘暉般的光景，就離他而去了。

他把自己關在牢籠裡，變成一個多疑的狂夫。

萬曆的後半段，朱翊鈞與群臣的關係，大致可以用「鬥氣」二字來總結；而在他「靜攝」的深宮，朱翊鈞與身邊人的關係，卻要用「使氣」來概括。

我們來看萬曆二十四年（1596 年）六月的一條記載：

「司禮監太監田義奏乞寬宮人、內官刑罰。不報」。

「不報」二字，專指皇帝對內外官員的奏疏，不做任何答覆，也不表示意見，就讓它如泥牛入海一般去也。這是在萬曆朝君臣的對抗中，朱翊鈞最常採用的方式，任你千言萬語，我一個不理不睬，你也無可奈何。

田義是司禮監掌印太監，在宦官中地位最高，他上這一本，是替皇帝身邊整日膽顫心驚的宮女和宦官說話。因為皇上脾氣太壞，宮人動輒得罪，在隨時飛來的慘刑之下，過著朝不保夕的生活，許多人白白送了性命。明末太監劉若愚在《酌中志》中記述田義生前事蹟時，特地提到他進諫，請求寬宮人、內官刑罰這件事，可見此事多麼的得人心。

萬曆二十四年三月，乾清、坤甯兩宮受災，朱翊鈞下詔，命百官修

省（在古人看來，天災是政事缺失的表現，修省是令百官反省自己的德行與工作）。這提供了一次進言的良機。但田義沒敢輕率行動，他與時任東廠太監的陳矩商議此事，兩人「深夜坐語，仰天太息」，對時政之失有共同的觀感。於是由陳矩擬出兩稿，經田義看過，一起署名，採取密諫的方式奏上。

其中寬刑罰一疏說：「臣等竊見御前執事宮人、內官，經常因為觸犯聖怒，遭到嚴懲，責處發遣，絡繹不絕，每每致其重傷，兼患時疾，死亡者，殆無虛日。」

原來皇帝要打人了，聖旨一傳，即於本日動刑。得罪皇帝的人，行刑者豈敢輕饒，使罪及於己？於是在用刑時一定要打實打狠。而押解者也怕受到牽連，遂將犯人日夜墩鎖，絲毫不予寬縱，致使受刑犯人得生者十無一二，死亡率非常高。

田義舉例說，如近日二宮失火，為追查原因，「熾火煆煉」之下，許多人竟成「灰燼」；隨著調查範圍的擴大，守門太監「又斃幾命矣」。

不單執事太監有過受責，就是宮人病死，他也要受連累，或打一百二十，或打一百五十，往往性命不保。田義感嘆：一人病死，尚然可憫，何況又波及無辜生命：宮中「耳聞目見，哭聲載道，怨氣沖天」，簡直是一副人間煉獄的景象了。

朱翊鈞看過密疏，是什麼態度呢？劉若愚說：「神廟嘉納之。」其實「嘉納」只是比「不報」多了一點和氣的色彩，朱翊鈞暴虐成習，已不可改了。

第二年，即萬曆二十五年（1597年）四月，刑部左侍郎呂坤上疏，言「收拾人心」數事，其中一款專講「收左右之人心」。他描寫宮人慘痛之情道：「列聖在御之時，宦官、宮妾死於棰楚者未之多聞。陛下年來疑深怒重，廣廷之內，血肉淋漓，宮禁之中，啼號悲慘。」因問道：「吉祥之地，豈宜如斯？」

這就是田義前疏所說的「如此致傷天和，豈聖世所宜有哉！」

呂坤更進一步，指出了這種情形的危險性：

「宮闈近地，護愛聖躬，惟在此輩。今宮中侍奉之眾皆傷心側目之人，他們懷著朝不保夕的畏懼之心，又何愛其九死一生之身？臣竊憂之。」

呂坤說宮人們「何愛九死一生之身？」，是婉轉的說法，說宮人們反正性命有憂，活著如九死一生，他們一定會鋌而走險，做出危害皇帝之事的。

呂坤還不敢拿世宗朝的「壬寅之變」來提醒皇帝，隨便棰楚、侮辱左右下人，有多麼危險。他如果熟於掌故，應該拿太祖朱元璋對秦王樉、晉王棡的訓誡來啟發皇上。秦、晉二王打了廚子幾鞭子，就讓他們的父皇大驚失色，當作一件了不得的大事，專門寫信加以告誡。其中道理很簡單：做皇帝的，得罪天下人都不打緊，他們恨你，想殺你，你卻是看不見、摸不著；眶要是得罪了身邊人，尤其是侍寢管膳之人，他要害你，你防不勝防。朱翊鈞是不懂這道理，還是他管不住自己的壞脾氣呢？如果一個人連白己的脾氣都管不住，隨意地去殘害人，並以此為樂，我想他一定患上了嚴重的心病！

我們來看《明史．孝端王皇后傳》：

「皇后性端謹，事神宗母李太后，能得其歡心。光宗在東宮時，常處於危疑之中，皇后調護備至。鄭貴妃專寵，皇后也不與之計較。她正位中宮四十二年，以慈孝稱。」

哪裡是「不計較」，這位老巫婆奈何鄭貴妃不得，她只好拿身邊人的性命出氣呢！這種「慈孝」，應該叫《明史》的「寫手」去試試。

值得一提的是，神宗的皇后王娘娘，也就是在定陵與他同穴的孝瑞王皇后，也不是個好東西。據太監劉若愚講，她宮裡的管家婆老宮人（管家婆又稱婆子，是各宮管事的老年宮人）以及小宮人，常罹其毒打，死者不下百餘人；近侍太監也動輒得咎，被墩鎖降謫。倒是鄭貴妃較能善待下人，身邊的近侍常能得到她的提攜關照，到好衙門供職帶俸。

「正史」與私家載記，兩種資料，我相信劉若愚的話，《明史》的記載真是鬼話連篇。鄭貴妃名聲很

差，王皇后聲名素佳，這是歷史聲價的低與昂；然而「好人」的宮中哀鴻遍野，「壞人」宮裡卻鶯歌燕舞，這是何圖景？

我們在太監和宮女中來次投票吧，問：你們覺得鄭貴妃好，還是王皇后好？準備幾個詞給他們選，想必「慈孝」的王皇后得到的最多評語，將是二個字：「狗屎」。

萬曆晚年以來，明宮綱紀的廢弛到了令人驚詫的地步，太監中群毆成風，與宮女軋頭屢見不鮮，遊人只要花錢，可以買通太監，到大內西苑等處禁地遊覽；什麼奇形怪狀、光怪陸離的事都在大內發生過，比如內閣的大印被人盜了，某人因為受了冤屈，跑到會極門上吊，莫名其妙宮裡就抬出一具死屍，也不知是誰的……如此種種，皆是大明王朝夕陽西下的真實寫照。

而明宮的每一座門裡，都供奉著武聖人關雲長。關羽在此做什麼？當然不是夜讀《春秋》，保護他的嫂夫人，他在那裡擋煞呢！

生前敗走麥城，身首異處的關羽，自宋代以來，地位被捧得很高，已封到王爵，稱為義勇武安王。

明朝初年，打回原形，恢復了漢壽亭侯的舊爵，好像有些英雄落寞。到嘉靖中才恢復了武安王的稱號。

萬曆中，關羽的地位加速上升……十八年（1590 年）加封帝號，四十二年（1614 年）更加封為「三界伏魔大帝神威遠震天關聖帝君」。

朱翊鈞的公子福王朱常洵，在萬曆四十五年（1617 年）為洛陽關帝廟所刻簽簿寫了篇序，說：「前歲我承命分封河南之時，宮中頗不安靜。關公以單刀伏魔於皇父宮中，父皇在夢寐之中，見證了關公的壯舉，事後，宮廷果然寧息多了。是以父皇大隆其徽號以報之，關公亦由是敕聞天下而得到更加尊顯的地位」。

原來關羽吃香不是無緣無故的，晚景末世的明宮中，妖孽屬鬼橫行，正是關聖人大顯身手的時節！

關羽護駕有功，才得到伏魔帝君的獎賞。

大明王朝家裡事兒

揭開朱家禁苑的大門，窺探第一家庭的面紗

大明王朝家裡事兒

作　者	胡　丹
發行人	林敬彬
主　編	楊安瑜
副主編	黃谷光
責任編輯	王艾維
內頁編排	王艾維
封面設計	何郁芬（小痕跡設計）
編輯協力	陳于雯・曾國堯
出　版	大旗出版社
發　行	大都會文化事業有限公司
	11051 台北市信義區基隆路一段 432 號 4 樓之 9
	讀者服務專線：（02）27235216
	讀者服務傳真：（02）27235220
	電子郵件信箱：metro@ms21.hinet.net
	網　　　址：www.metrobook.com.tw
郵政劃撥	14050529　大都會文化事業有限公司
出版日期	2015 年 12 月初版一刷
定　價	380 元
I S B N	978-986-6234-90-3
書　號	History-075

◎本書由陝西新華出版傳媒集團／太白文藝出版社　授權繁體字版之出版發行。

◎本書如有缺頁、破損、裝訂錯誤，請寄回本公司更換。

國家圖書館出版品預行編目 (CIP) 資料

大明王朝家裡事兒 / 胡丹 作 .
-- 初版 . -- 臺北市：大旗出版：大都會文化發行 , 2015.12
384 面；17×23 公分

ISBN 978-986-6234-90-3（平裝）
1. 明史 2. 通俗史話

626　　　　　　　　　　　　　　104024931